LA TEORIA DEL ESTADO EN LOS ORIGENES DEL CONSTITUCIONALISMO HISPANICO (Las Cortes de Cádiz)

Colección "Estudios Constitucionales"

LA TEORIA DEL ESTADO EN LOS ORIGENES DEL CONSTITUCIONALISMO HISPANICO (Las Cortes de Cádiz)

Joaquín Varela Suances-Carpegna

(Prólogo de Ignacio de Otto)

Premio «Nicolás Pérez Serrano»
para tesis doctorales, 1982,
del Centro de Estudios Constitucionales

CENTRO DE ESTUDIOS CONSTITUCIONALES

MADRID-1983

Director de la Colección, FRANCISCO RUBIO LLORENTE

Edición: Centro de Estudios Constitucionales
ISBN: 84-259-0685-7
Depósito legal: M. 38386-1983
GRAFOFFSET, S. L.
Pol. Ind. "Los Angeles" - GETAFE (Madrid)

A MIS PADRES

SUMARIO

Págs.

Págs.

Págs.

Págs.

Págs.

Págs.

Págs.

PROLOGO

Joaquín Varela me ha enfrentado —le era bien fácil, porque no tenía más que insinuarlo— al deber de escribir para este su libro unas palabras de presentación, tarea siempre dificultosa, porque se ha de acometer con una terca duda sobre su utilidad, pero que lo es más aún cuando se trata de la obra de un compañero y amigo y se ha tenido ocasión de asistir desde el comienzo y de cerca a la gestación del texto hasta quedar prácticamente privado de toda capacidad de distanciamiento. Por eso no puedo, en rigor, llevar a cabo la labor que Joaquín Varela me pide —presentar la obra—, sino tan sólo advertir al lector sobre la exacta naturaleza de lo que va a leer o, lo que es lo mismo, explicarle por qué y para qué se ha escrito el libro que tiene entre sus manos.

Sin duda es obligado reconocer que la historia constitucional de España, aun con sus carencias y lagunas, ha recibido un trato de favor por parte de los estudiosos, sobre todo porque ha tenido la fortuna, bien rara en una materia jurídica, de ser objeto de un tratamiento interdisciplinario, de ser atendida desde puntos de vista múltiples y complementarios: desde la perspectiva del derecho constitucional en sentido estricto; desde la historia general del derecho, en ocasiones con sagaz visión de conjunto para presentar las Constituciones en el cuerpo del ordenamiento de que forman parte; por último, también desde la historia general, sin duda especialmente generosa con la Constitución de Cádiz.

No obstante, creo que dentro de esa notable producción científica se puede advertir cierta escasez, al menos si nos ate-

nemos a las monografías, en cuanto al cultivo de la historia de la dogmática constitucional, de los conceptos básicos de derecho público de que se han servido las ideologías políticas inspiradoras de los textos constitucionales. Para ser más exacto y también más justo: quizá la dogmática del constitucionalismo liberal-democrático no ha recibido —posiblemente por su íntimo parentesco con la del resto de Europa— la misma atención que la del constitucionalismo conservador, en concreto en su teoría de la constitución histórica. En ese campo se viene a situar este libro cuya pretensión es examinar el debate gaditano en torno a la determinación misma del concepto de soberanía nacional y el despliegue de éste en una concreta estructura de derecho constitucional positivo. No se trata, por tanto —y quizá no esté de más advertirlo— de historiar una vez más la teoría político-constitucional que se inicia en Cádiz y que viene a ser uno de los dos caudales de la historia del constitucionalismo españoll, sino de examinar con rigor la factura y manejo de la herramienta dogmática-constitucional con que esa teoría opera, y de hacerlo en su génesis misma.

Quizá con un enfoque de este tipo se pueda aportar algo a la debatida cuestión de la influencia extranjera en nuestra historia constitucional, y muy concretamente en las Cortes gaditanas, pero entiendo que, al menos en cuanto al concepto de soberanía de que aquí se trata, lo importante no es eso, sino el poner de manifiesto la extrema dificultad de entender y explicar un sistema de derecho constitucional positivo a partir del instrumentario dogmático de la tradición continental europea, más en concreto de la francesa. Para decirlo de un modo preciso: si el principio monárquico de la tradición sudoccidental alemana dificultó y retrasó como lo hizo la construcción del concepto jurídico de Estado, sus opuestos políticos, los dogmas de la soberanía nacional y popular han dificultado igualmente la elaboración teórico-jurídica de la democracia constitucional, del moderno Estado constitucional en una palabra. Y ello porque soberanía y constitución —que es tanto como limitación jurídica del poder— son en definitiva conceptos antinómicos que sólo pueden conciliarse con una contradictradictoria autolimitación de aquélla, a la larga con la renuncia a lo que su núcleo esencial. Porque, a la postre, el dogma positivo de la soberanía tiene que contener inevitablemente la idea de su carácter preconstitucional, de su anterioridad respecto de todo derecho positivo y, por tanto, entraña una dificultad altísima para edificar el concepto de Constitución, o si se quiere de soberanía de la Constitución, único con el que es posible dar cumplida cuenta del moderno Estado democrático-liberal.

Por eso me parece el mérito más relevante de la obra de Joaquín Varela haber mostrado cómo en Cádiz el dogma positivo de la soberanía nacional —que había de estar presente aunque no fuera más que por la realidad inmediata de la insurrección patriótica— operó en la obra constitucional como reconocimiento objetivo de la soberanía del Estado, de la Constitución en definitiva, permitiendo así que el primado de la Constitución quedase asentado sobre lo que son sus cimientos propios. Porque pienso que es eso, el reconocimiento de la estatalidad y de la primacía del derecho positivo lo que encierra la verdadera aportación de los constituyentes del 12 y lo que constituye la diferencia última y más radical entre la tradición democrático-liberal y la corriente, tan poderosa, del pensamiento y la política conservadoras.

Debo decir, para finalizar, que he sido testigo durante largos años —y lo soy aún— de la rara mezcla de imaginación intelectual y rigor académico que guían el trabajo de Joaquín Varela. Sé que tal juicio se atribuirá de inmediato a un deber de cortesía o se considerará simple fruto del afecto personal. No rechazo aquélla, claro está, y sería inútil intentar disimular éste, pero estoy seguro de que quien lea las páginas que siguen concluirá que mis palabras no tienen esas fuentes, sino que vienen dictadas por el deber de prestar testimonio veraz.

Ignacio de Otto.
Octubre de 1983.

NOTA PRELIMINAR

En este trabajo he querido examinar algunos de los conceptos básicos de Teoría del Estado que, explícita o implícitamente, se defendieron en las Cortes de Cádiz. Algunos conceptos, quizá los más importantes, pero en cualquier caso no todos. Tan sólo los que se desprenden del análisis de dos cuestiones íntimamente entrelazadas: el problema de la soberanía y el de la reforma constitucional, cuyo nexo constituye el hilo conductor de esta investigación. Ahora bien, el esclarecer el ligamen entre ambas categorías, básicas en sí mismas, permitirá desentrañar (de ahí que se hayan escogido) un repertorio conceptual medular para la Teoría del Estado del germinal constitucionalismo hispánico. Así, por ejemplo, la noción de poder constituyente, las ideas de Nación y de Representación, el postulado de la división de poderes o las premisas acerca de la Constitución y de la Monarquía. De todo ello, y de algo más, pero en esta misma línea, se ocupan las páginas que siguen. No es éste, pues, y tal extremo conviene ya aclararlo, un trabajo de Historia Contemporánea, ni tan siquiera de Historia Constitucional, que son las dos disciplinas desde las que se ha abordado casi en exclusiva el estudio de las Cortes gaditanas. Se trata, en puridad, de un trabajo de Dogmática Constitucional. De un trabajo elaborado por un jurista y no por un historiador, aunque tenga un relieve inequívocamente histórico. Su cometido no ha sido otro que el de bucear en la primera doctrina iuspublicista hispánica, y muy en menor medida en su más inmediata plasmación jurídica, desde el arsenal categorial que ofrece la Ciencia del Derecho Público. Probablemente en este em-

peño, más que en sus conclusiones, radique el interés que pueda suscitar y el valor y la originalidad que puedan atribuírsele. Por razón de esta naturaleza, las referencias históricas serán tan sólo las imprescindibles para penetrar y aprehender con mayor rigor los conceptos que se expusieron o que se agazaparon en el curso de los debates parlamentarios. Estas referencias están más en el contexto que en el texto de esta investigación, acaso con la excepción del capítulo primero, que tiene una finalidad introductoria, puramente accesoria o instrumental.

Por otro lado, el uso del término "hispánico", que figura incluso en el título de este libro, quizá merezca asimismo una previa explicación, puesto que pudiera resultar un tanto chocante y susceptible de confusión. Para el que esto escribe, las Cortes de Cádiz no supusieron sólo una etapa originaria (o la etapa originaria, por antonomasia) del constitucionalismo español, sino también del americano, del hispano-americano. Conviene no perder de vista, y muchas veces se pierde, que el Congreso doceañista significó el primer parlamento moderno de las Españas (y el último, ay). De la peninsular y de la Ultramarina. Y este alcance, que trasciende su sentido meramente geográfico, bihemisférico, para representar un dato y un símbolo histórico y cultural de primera magnitud, incrementa sobremanera la dimensión de estas Cortes y la importancia de su estudio. Como se intentará ir poniendo de manifiesto, adentrarse en la polémica que se entabló en su recinto, además de permitir conocer, y ello ya es bastante, el primigenio pensamiento constitucional español, tanto en su vertiente progresista como moderada, permitirá aproximarse a la prehistoria del constitucionalismo hispano-americano. Por eso, difícilmente podrá hallarse en nuestra historia un parlamento constituyente que ofrezca un mayor atractivo para la pesquisa científica. Y por eso también me ha parecido que limitarse a situar en las Cortes del doce los orígenes del constitucionalismo español, restringiría y, por ende, falsearía la verdadera trascendencia de estas Cortes.

En otro orden de cosas, debo decir que este trabajo fue concebido inicialmente como una Tesis Doctoral, y como tal se presentó en su día en la Facultad de Derecho de la Universidad de Oviedo. El Tribunal que la juzgó, compuesto por los profesores José Antonio González Casanova, Manuel Ramírez Jiménez, Joaquín Tomás Villaroya, Luis Ignacio Sánchez Rodríguez e Ignacio de Otto, director de la misma, decidió concederle la máxima calificación, decisión que nuevamente quiero agradecer, así como las observaciones y objeciones que en su momento me formularon. Esta circunstancia radical explica, y espero que disculpe, algunos rasgos que esta obra presenta. Así, y pese a haberla revisado y corregido, no he conseguido subsanar totalmente la extensión de las "precisiones conceptuales" que preceden a cada capítulo, cuyo encaje estructural, por otra parte, reconozco que es bastante discutible. De igual modo, me hubiera gustado aligerar algo más el sistema de citas y el todavía abultado aparato bibliográfico, que, como suele ocurrir, confieren a los trabajos académicos de esta índole un tono procesal característico y no precisamente muy literario. Sin embargo, el llevar a cabo plenamente estos propósitos me obligaría a redactar de nuevo el presente trabajo, y sinceramente creo que las mejoras, al no afectar al contenido del mismo, no justificarían ni la fatiga ni el tiempo que tal menester a buen seguro conllevaría.

Finalmente, quisiera expresar mi agradecimiento a todas las personas que de uno u otro modo han contribuido a hacer posible esta investigación. Especial mención merecen mis compañeros del Departamento de Derecho Político de la Universidad de Oviedo, profesores Ramón Punset y Francisco Bastida, cuyas sugerencias me han sido siempre de gran utilidad. Asimismo, aprovecho esta ocasión para dar públicamente las gracias a Nicolás Pérez Serrano (hijo) y a los profesores Francisco Murillo Ferrol, Tomás Ramón Fernández, Julio D. González Campos y Francisco Tomás y Valiente, miembros del Jurado que concedió a este trabajo el premio "Nicolás Pérez Serrano", convocado por el Centro de Estudios Constitucionales. A este organismo, y dentro de él a los profesores Elías Díaz y Manuel Aragón Reyes, director y subdirector del mismo, agradezco también la publicaciónn de esta obra. Pero, muy particularmente, deseo hacer constar mi gratitud al profesor Ignacio de Otto, amigo y maestro, quien desde el principio ha alentado y seguido muy de cerca todo el proceso de gestación de este estudio.

Oviedo, septiembre de 1983

CAPITULO PRIMERO. **LA CLASIFICACION Y FILIACION DOCTRINAL DE LOS DIPUTADOS DOCEAÑISTAS.**

I. INTRODUCCION

Aunque la intitulación de este capítulo es de por sí reveladora de su posible contenido, conviene hacer una serie de puntualizaciones para acotar de antemano su objeto con toda claridad.

En primer lugar, aquí se intentará agrupar a los diputados doceañistas en virtud de su filiación doctrinal, así como conocer los principales ascendientes ideológicos de cada grupo. No interesará, pues, remitirse a otros criterios de clasificación y análisis. Por ello, se ha descartado –o mejor, se ha dado por supuestas y conocidas– las referencias a su extracción socioprofesional, a su edad y a su procedencia geográfica. Todos estos extremos, de indudable interés general, además de haber sido estudiados ya por numerosos autores (1), carecen en sí

(1) **V. J. Rico y Amat.** *El Libro de los Diputados y Senadores. Juicios Críticos de los Oradores más notables desde las Cortes de Cádiz hasta nuestros días.* T. I. Madrid (1862), pp. 16 y ss. **José Belda y Rafael M.º de Labra.** *Las Cortes de Cádiz en el Oratorio de San Felipe.* Madrid (1912), pp. 64 y ss. y las referencias bibliográficas de las pp. 109-110. **R. Solís.** *El Cádiz de las Cortes.* Alianza Editorial (1969), pp. 220-222 y 456-457. **M. Fernández Almagro.** *Orígenes del Régimen Constitucional en España.* Labor (1976), pp. 81-83. **J. L. Comellas.** *Las Cortes de Cádiz y la Constitución de 1812.* Revista de Estudios Políticos (REP) núm. 126, (1962), pp. 77-80 y 84-85. **M. Artola Gallego.** *Los Orígenes de la España Contemporánea.* T. I. pp. 462-464. Aparte de estos trabajos de conjunto, existen otros estudios parciales: **M. Ardit.** *Els Valencians de les Corts de Cádiz.* Dalmau. Barcelona (1968). **E. Jardi Casany.** *Els Catalans de les Corts de Cádiz.* Barcelona (1963). **Gómez Villafranca.** *Los Extremeños de las Cortes de Cádiz.* Badajoz (1912). **Julio Argüelles.** *Biografía de los Diputados Asturianos de las Cortes de Cádiz.* Oviedo (1912). **Andrés Martí-**

mismos de gran relevancia para el propósito que este trabajo persigue. La remisión a estas circunstancias, o a otras de similar naturaleza, sólo tendrá aquí sentido cuando sirvan para ilustrar el hilo argumental de un determinado grupo o diputado.

Conviene advertir, en segundo lugar, que en este capítulo no se tratará de agrupar a los miembros de las Cortes de Cádiz en función de sus actitudes políticas, sino en virtud de sus actitudes doctrinales. No se pretende, desde luego, negar la interrelación entre uno y otro plano, sino, simplemente, distinguir ambos aspectos y perfilar el objeto a estudiar de acuerdo con la opción temática y metodológica de la que parte esta investigación. Esta no identificación entre "grupo doctrinal" y "grupo político", en el marco espacial de esta obra no resulta, en modo alguno —como se verá más adelante— una distinción artificiosa. Ambos grupos pueden coincidir, pero no siempre ocurre así. La noción de "grupo doctrinal" apunta en este trabajo a un conjunto de diputados vinculados entre sí por un repertorio de ideas sustancialmente común, a una comunidad ideológica, en suma, que revela, a su vez, el vestigio de unos veneros informativos y formativos afines, cuyos trazos se impone desvelar y desmenuzar. El concepto de "grupo político", en cambio, se orientaría más a señalar la presencia de un haz de diputados ligados por una afinidad de "talante" (ilustrado, conservador, progresista, por citar tres ejemplos). En las Cortes de Cádiz, la homogeneidad doctrinal de un grupo persiste, pese a que en su seno se puedan apreciar diferencias políticas, distintos talantes. Esta no coincidencia entre "grupo doctrinal" y "grupo políti-

---

nez Salazar. *Apuntes Biográficos de los Diputados Gallegos Doceañistas.* Santiago de Compostela (1912). **Rafael M.º de Labra.** *Los Diputados Americanos en las Cortes de Cádiz.* Madrid (1914). Hay también otros trabajos biográficos sobre algún diputado en particular, de los que se irá dando cuenta a lo largo de este capítulo.

(2) *Cfr.* **M. Tuñón de Lara.** *Metodología de la Historia Social de España.* Madrid (1973), pp. 70 y ss. **R. Solís.** *O. c.* p. 253. Sobre el origen de los partidos políticos y su desarrollo en las primeras décadas del siglo XIX, pueden consultarse, **F. Suárez.** *Los Partidos Políticos Españoles hasta 1868 (Ensayo).* "Revista General de Derecho" XIV (1958). **L. Sánchez Agesta.** *El Origen de los Partidos Políticos en la España del siglo XIX,* en *Historia Social de España. Siglo XIX.* pp. 173-183. **M. Artola.** *Partidos y Programas Políticos (1808-1936).* T. I. Madrid. Aguilar (1974).

co" es un fenómeno al que ciertamente no era ajeno la inexistencia en aquél contexto de unos verdaderos partidos políticos, como repetidamente se ha señalado (2). Los miembros de las Cortes, en efecto, no estaban encuadrados en unas estructuras organizativas suficientemente estables y cohesionadas, ni estaban apiñados en torno a unos programas doctrinales completamente perfilados, elementos ambos que son decisivos para poder detectar la presencia de un partido político (3). Ello no quiere decir que en algún caso, sobre todo entre los diputados más imbuidos del ánimo reformista, no hubiese una rudimentaria plataforma organizativa y doctrinal: ciertos dirigentes, ciertas tertulias, ciertos periódicos (4). Pero cuando ésta existía, era muy laxa y voluble. Por ello, todo lo más, cabe hablar de "grupos", "tendencias" o "corrientes", ya fuesen políticas o doctrinales (5).

En tercer lugar, aquí se procurará delimitar las tendencias doctrinales que se perciben en la Asamblea constituyente, y no las que podían pulular por la España de 1812. El primer ángulo de enfoque es más particular y se subsume en el segundo. Los debates parlamentarios quizá supongan el principal caudal informativo para conocer el flujo de ideas de aquella época, pero, desde luego, no es el único. Pensar que el primer Congreso constituyente español era una especie de panóptico ideológico, a través del cual se podía escrutar y calibrar todo lo que doctrinalmente bullía en aquel entonces, es un error. Ciertas tendencias doctrinales, de no poco interés, no se vieron representadas en aquella Cámara, y nadie puede dudar de su vigencia fuera de su recinto: ¿acaso los "afrancesados" no constituían una fracción doctrinal específica? (6). Pues probablemente sí. Pero

---

(3) *Cfr.* **M. Duverger.** *Los Partidos Políticos.* Fondo de Cultura Económica (FCE). México (1975), pp. 13 y ss. **Giovanni Sarotri.** *Partidos y Sistemas de Partidos.* Alianza Editorial. Madrid (1980), pp. 19-48.

(4) *Cfr.* **E. Martínez Quinteiro.** *Los Grupos liberales anntes de las Cortes de Cádiz.* Narcea, Madrid (1977), pp. 15-68.

(5) *Cfr. Ib. Loc. Cit.* y **R. Morodo** y **E. Díaz.** *Tendencias y grupos políticos en las Cortes de Cádiz y en las de 1820* en, "Cuadernos hispanoamericanos", Madrid, núm. 201 (sept. 1966), pp. 637-651.

(6) **V. Hans Jurestschke.** *Los afrancesados en la Guerra de la Independencia.* Madrid, (1962). **M. Artola,** *Los Afrancesados,* Turner, Madrid, (1976). **E. M.**

es que, además, no se puede perder de vista que en 1812 España solía escribirse en plural. Esto es, que no se circunscribía, como unidad política al menos, al territorio peninsular, sino que en ella se incluía el vasto imperio colonial americano, cuyo solar era un crisol de diversas tendencias doctrinales, algunas de las cuales —como las que respaldaban a los movimientos independentistas— carecieron también de portavoz en las Cortes (7). Sin embargo, el conocimiento de todas las corrientes doctrinales que afloraban en ambas Españas, escapa del marco espacial de este estudio, y obligaría a consultar otras fuentes de información que aquí, deliberadamente, se han omitido: la Prensa, la innumerable colección de documentos, opúsculos, proclamas y manifiestos, los resultados de la consulta que la Junta Central hizo al país... Fuentes que en buena medida han sido recogidas y estudiadas por M. ARTOLA (8), en relación a la España peninsular, y por O. C. SOETZER respecto a la América española (9).

En cuarto lugar, la clasificación y el análisis de los grupos doctrinales se supeditará a los criterios que los diputados doceañistas sostuvieron acerca de las categorías conceptuales de las que este trabajo se ocupa, y no acerca de otras. Ciertamente, la clasificación que aquí se mantiene pudiera seguir siendo válida si se examinasen las restantes cuestiones tratadas en el debate constitucional, debido a la capital importancia de los temas que aquí se han escogido. Al fin y al cabo, de ellos se desprende un sistema conceptual que constituye el armazón medular de todo un cuerpo de doctrina constitucional. No obstante, estos criterios clasificatorios acaso hubiese que matizarlos si se abordasen otras materias (como, verbigracia, la organización

---

Quinteiro. *O. C.* pp. 100-103. **Carvajal.** *El Pensamiento Político Español en el Siglo XIX. Primer Período. Historia General de las Literaturas Hispánicas.* T. IV. (1957), p. 349.

(7) Una visión de conjunto del mundo de las ideas en la América hispana en los años inmediatamente anteriores y posteriores a las Cortes de Cádiz, puede verse en el libro de **Stoetzer** citado en nota 9.

(8) *Los Orígenes... O. c.* T. I. y II.

(9) *El pensamiento Político en la América Española durante el Período de la Emancipación (1789-1825).* Instituto de Estudios Políticos (IEP). Madrid (1966). 2 Vols.

del sistema tributario). Ante estas materias habría que señalar, además, la influencia de otras corrientes de pensamiento que trascienden del ámbito puramente constitucional (10), que es —en un sentido lato: más ontológico que técnico-jurídico— el que aquí importa considerar. Observaciones éstas que pueden aplicarse, y con mayor razón aún, si este trabajo pretendiese abarcar el estudio de otros problemas ajenos al debate constitucional, como por ejemplo, los internacionales (11) o los económicos.

Precisamente —y ésta es la última y también la más importante puntualización— el que la clasificación y filiación doctrinal de los diputados doceañistas se haya hecho en virtud, exclusivamente, de los planteamientos que éstos mantuvieron sobre los problemas que aquí se abordan, ya avisa sobre el carácter que cumple atribuir a esta clasificación y filiación. Queremos decir con ello que una y otra no son más que un *resultado* (colateral) de la investigación propiamente dicha, del análisis categorial de los debates, del que se ocupan los capítulos siguientes. Por este motivo, interesa dejar claro, desde ahora, que el esquema clasificatorio y filiativo que se adelanta —sin probarse— en este primer capítulo, se irá corroborando en los que le siguen. Se trata, pues, de un esquema que, al ser inducido del conjunto de la investigación, se muestra o se expone inicialmente *como si* fuese válido, mientras que a lo largo de la misma se tratará de demostrar su validez.

No es difícil explicar el porqué de este proceder. El análisis sistemático de los debates parlamentarios gaditanos, al menos desde un punto de vista doctrinal, exigía escoger, como poco, entre dos alternativas: o bien no partir de un previo esquema clasificatorio y filiativo, o bien partir de él. La primera solución ofrecía, en principio, una indudable ventaja: relegar a cada capítulo la clasificación y filiación de los diputados del doce, con lo cual ambas surgirían de *soi même,* sin esquemas apriorísticos que pudiesen forzarlas. Sin embargo, con esta solución se

(10) Una reciente visión de conjunto en, **M. Martínez Sospedra.** *La Constitución de 1812 y el Primer Liberalismo Español.* Univ. Valencia (1978).

(11) Sobre este aspecto, *V.* **J. Sevilla Merino,** *Las Ideas Internacionales en las Cortes de Cádiz.* Univ. Valencia (1977).

incurría, a nuestro juicio, en una menor claridad y en una mayor dispersión expositivas. De ahí que –pese a sus riesgos– hayamos preferido decantarnos por la segunda vía. Esta, además, permitirá encuadrar el marco espacial y temporal de este trabajo desde un punto de vista histórico-doctrinal, lo que redundará en una mayor y mejor comprensión de los debates parlamentarios, y de las diversas posturas que en ellos se manifestaron. Tiene, pues, este primer capítulo una finalidad netamente propedeútica.

II. LA CLASIFICACION DOCTRINAL DE LOS DIPUTADOS DOCEAÑISTAS.

Son tres los grupos doctrinales que, a tenor de los criterios que se acaban de establecer, aquí se han distinguido: el "realista", el "americano" y el "liberal-metropolitano". Estos tres grupos presentan una común y esencial contextura doctrinal, que permite diferenciarlos con nitidez, sin perjuicio de que contasen también con ciertos rasgos comunes. Por otro lado, conviene adelantarse a decir que el reconocimiento de estos tres grupos no implica que se desconozcan, ni que se pasen por alto, las disensiones individuales que se manifestaron en su seno. La inexistencia de unos partidos politicos y de unos grupos parlamentarios explica en gran parte estas disensiones. La versatilidad y labilidad de estas tres tendencias, tanto en lo doctrinal como en lo político, es evidente.

La denominación de "realistas" (12) para designar a los diputados de la metrópoli opuestos a las tesis liberales, se ha preferido a la de "conservadores". La primera, a diferencia de la segunda, tiene unas connotaciones más doctrinales que políticas. Alude más a una comunidad ideológica que a un talante. Se ha desechado, en todo caso, otras denominaciones habituales, como la de "serviles", frecuente en la historiografía liberal

(12) Utilizada, entre otros, por **L. Sánchez Agesta** en su *Historia del Constitucionalismo Español.* Madrid (1955).

(13), y que es puramente descalificatoria: en rigor, más que una denominación es un dicterio. También se ha descartado la de "absolutistas" (14) y la de "reaccionarios" (15), que además de ser imprecisas, tanto política como doctrinalmente, son inexactas, como se verá. En este grupo doctrinal se ha incluido a aquellos diputados que, clasificados desde una perspectiva política, suelen figurar escindidos en dos tendencias: la absolutista, de un lado, y la reformista o jovellanista, de otro (16). Desde este punto de vista, esta diferenciación es sin duda muy acertada, pese a lo incorrecto del primer término. Sin embargo, como se intentará mostrar más adelante, desde un punto de vista doctrinal esta escisión no es oportuna.

El grupo americano, pese a ser el más original y curioso de todos, suele preterirse en la mayor parte de los estudios que proceden de historiadores o constitucionalistas españoles. Este injusto olvido quizá esté motivado (aparte de por ciertos prejuicios inconscientes, que tal vez operan todavía) por la perspectiva puramente política con que suele hacerse el agrupamiento de los diputados del doce. Desde este punto de vista, a lo sumo se menciona a este grupo para consignar sus peculiares planteamientos sobre las cuestiones relacionadas con su continente de origen (17), ante las que reaccionaron al unísono. Pero si se exceptúa este extremo, a los diputados americanos se les suele

---

(13) Y no sólo en la decimonónica, sino en algunos trabajos no muy distantes de nuestros días. Así, por ejemplo, es empleada por **F. Almagro,** por **R. Solís** y por **R. Morodo** y **E. Díaz,** en las obras anteriormente citadas.

(14) En el empleo de este término ve **F. Suárez** uno de los "más graves defectos" del trabajo citado de **M. Artola,** *Los Orígenes... Cfr. Sobre las Raíces de las Reformas en las Cortes de Cádiz*. REP, núm. 126, año 1962, pp. 61-62, nota 29. Es utilizado también por **R. Morodo** y **E. Díaz,** *O. c. passim.*

(15) Expresión usada por **J. Herrero** en su libro, *Los Orígenes del Pensamiento Reaccionario Español, passim.* Edicusa (1971). También por **R. Morodo** y **E. Díaz,** *O. c. passim.*

(16) Así, por ejem., *Cfr.* **R. Morodo** y **E. Díaz.** *Las Tendencias O. c... passim.* **M. Sospedra** habla a veces de "realistas puros" y "centristas" o "moderados". *O. C. passim.*

(17) Así, p. ej., **Agustín Argüelles.** *La Reforma Constitucional de Cádiz.* Estudios, notas y comentarios por **Jesús Longares.** Madrid (1970), pp. 242 y 245 y ss. (aquí se citará siempre esta edición).

incluir en los grupos conservador, reformista o liberal (18). Tal modo de proceder es hasta cierto punto lógico, ya que, si se prescinde de la excepción señalada, los diputados americanos no formaron una tendencia política específica. Desde un punto de vista doctrinal, en cambio, sí constituyeron una tendencia diferenciada, pese a sus innegables discrepancias políticas o de talante.

El tercer y último grupo es el "liberal-metropolitano", en el que se ha incluido a los diputados cuyas premisas doctrinales fueron hegemónicas en las Cortes y que en lo esencial se plasmaron en el texto constitucional allí elaborado. Esta denominación no es, en modo alguno, gratuita o superflua, y no obedece a ninguna absurda pretensión de seudo-originalidad, sino que con ella se ha querido subrayar la mentalidad metropolitana y centrípeta –no siempre disimulada– de estos diputados, y que juega un papel importante en sus planteamientos doctrinales (especialmente en su idea de Nación), al contrario de lo que acontece con los diputados realistas, en los que esta mentalidad era muy débil o inexistente.

A describir el perfil doctrinal de cada uno de estos tres grupos se dedicarán las páginas que siguen.

III. LA FILIACION DOCTRINAL DE LOS DIPUTADOS REALISTAS.

Son fundamentalmente tres las líneas doctrinales que revelan las tesis sustentadas por los diputados realistas: En primer lugar, el pensamiento escolástico del Siglo de Oro español, y muy especialmente el de SUÁREZ; en segundo lugar, el historicismo nacionalista de corte Jovellanista; y, en tercer término, es patente también la admiración de estos diputados por el constitucionalismo inglés.

---

(18) Así, p. ej., **R. Morodo y E. Díaz.** *Las Tendencias... O. c.* o el mismo **A. Argüelles.** *O. c.* pp. cit.

1. El escolasticismo

La influencia de la neoescolástica española de los siglos XVI y XVII (y en general la del pensamiento aristotélico-tomista, en el que aquélla se asienta), no debe resultar extraña, si se tiene en cuenta que durante todo el siglo XVIII siguió gozando de predicamento. Incluso, como se verá más adelante, la estela de esta corriente se trasluce también en algún diputado liberal. Ciertamente, las reformas universitarias carlotercerisitas, la expulsión de los jesuitas, la penetración de las ideas enciclopedistas y la reconversión teocrática de muchos teóricos del absolutismo, fueron factores que contribuyeron a debilitar el influjo de los escolásticos en el Siglo de las Luces. No obstante, como notan STOETZER (19) y SARRAILH (20), todos estos hechos estaban lejos de ahuyentar completamente su prestigio. M. y J. L. PESET, por su parte, han mostrado la pervivencia de la "filosofía perenne" en los planes de estudio de las universidades españolas setecentistas (21). Y en las Cortes de Cádiz, alrededor de la clásica noción de la "translatio imperii" gravitarán las tesis de los diputados realistas, cuando éstos se manifiesten sobre el origen, los límites y el sujeto de imputación del poder político.

2. El historicismo nacionalista y Jovellanos

Por lo que concierne al historicismo nacionalista, MEINECKE ha mostrado como la conciencia histórica y nacional surge, al igual que el racionalismo renovado, del fecundo movimiento de la Ilustración, que así evidencia su bifronte y contradictorio carácter (22). En este extremo insiste también E.

(19) *Cfr. O. c.* Y pp. 65-67.

(20) *Cfr.* **Jean Sarralih.** *La España Ilustrada de la Segunda Mitad del Siglo XVIII.* FCE (1979), pp. 85 y ss. y 194 y ss.

(21) **Mariano Peset** y **José Luis Peset.** *La Universidad Española (Siglos XVIII y XIX). Despotismo Ilustrado y Revolución Liberal.* Taurus. Madrid (1974). *Cfr.*, capits. IV, V, IX, XII y XIII de la primera parte.

(22) *Cfr. El Historicismo y su génesis.* México (1943). *passim.*

CASSIRER (22 bis). Pues bien, algo similar ocurrió en la España del siglo XVIII, como R. HERR (23) y J. A. MARAVALL (24) han puesto de manifiesto. El interés por la historia de España se percibe ya desde el reinado de Felipe V, y a medida que el siglo avanza, este despertar de la conciencia histórica y nacional —fenómenos ambos siempre estrechamente imbricados— no dejaría de crecer. Destaca HERR la buena acogida dispensada a la "Historia General de España", del jesuita MARIANA, entre otras muchas obras de historia que circulaban con profusión (25). El profesor MARAVALL, por su parte, señala la renovación que se produce en los estudios de Historia del Derecho, a cargo de una larga lista de autores: MACANAZ, ASSO DE MANUEL, SEMPERE Y GUARINOS, SOTELO, BURRIEL, JOVELLANOS Y MARTÍNEZ MARINA (26). En el ámbito universitario, sobre todo a partir de la segunda mitad del siglo, el Derecho Patrio —escriben M. y J. L. PESET— irá abriéndose paso, con el subsiguiente decaimiento del Derecho Romano. Al lado de la *Instituta,* del *Código* o del *Digesto,* se difundirá el conocimiento de las Partidas, del Fuero Real y del Fuero Juzgo, de las Leyes de Toro y de la Nueva Recopilación (27). Al socaire de este movimiento de autoreflexión colectiva del pasado nacional, nacerán las ideas y los tópicos que en las Cortes de Cádiz se manejarán a diestro y siniestro: la acuciante pesquisa y el un tanto vano desbrizne de la Constitución histórica o de las leyes fundamentales de la Monarquía española; la reivindicación y exaltación de Padilla y de la gesta comunera; o, en fin, ese querer engarzar con la Monarquía "templada" o "moderada" de los siglos

---

(22 bis) *Cfr.* **Ernest Cassirer.** *El Mito del Estado.* Fondo de Cultura Económica. México (1968), p. 213.

(23) **Richard Herr.** *España y la Revolución del Siglo XVIII.* Aguilar. Madrid (1979), pp. 281-289.

(24) **J. A. Maravall.** *Mentalidad Burguesa e Idea de la Historia en el Siglo XVIII.* "Revista de Occidente". T. XXXVI (1972), núm. 107, pp. 250-286, *passim.*

(25) *Cfr. O. c.* p. 282. *V.* también sobre este extremo **F. Tomas y Valiente,** *Manual de Historia del Derecho Español.* Madrid. Tecnos (1979), pp. 37-39.

(26) *Cfr., Mentalidad Burguesa... O.c.* p. 252.

(27) *Cfr., La Universidad... O.c.* pp. 286-292.

góticos, superando el largo y denostado guadiana de depotismo de Austrias y Borbones (28).

En las Cortes de Cádiz el remitirse a la Historia nacional y el exhumar los viejos documentos y códigos para probar tal o cual interpretación del pasado –y, porqué no, para liberar, de modo más lucido que lúcido la acumulada erudicción (28 bis)– se convertiría en un manido expediente, tanto para justificar las reformas como para evitarlas: "en la lucha que mantienen los revolucionarios contra los conservadores –escribe ARTOLA–, la tradición presta sus armas a todos por igual. Los mismos textos utilizados por autores de ideologías distintas sirven como argumentos para probar posiciones radicalmente enfrentadas" (29). No obstante, el significado y alcance del historicismo nacionalista cobraba unos perfiles bien distintos en unos y otros diputados. El historicismo de los realistas se situaba en unas coordenadas de franca inspiración jovellanista, mientras que el de los liberales se acercaba más al de MARTÍNEZ MARINA, sin confundirse del todo con él, como más adelante se verá. De este modo, los primeros identificaban a la Historia con la Tradición –con una de las muchas tradiciones: la suya–; y le asignaban una misión no sólo condicionante, sino normativa: no cabía, pues, más que su aceptación pura y simple. Los segundos, en cambio, adoptarían una actitud bien distinta, similar, en este caso, a la de MARTÍNEZ MARINA. Para los liberales doceañistas, al igual que para el historiador español, "la Historia es condicionante, no normativa. No cabe, por tanto, reducirse a la herencia... Ante el legado del pretérito hay que proceder a beneficio de inventario" (30). Ambos sectores doctrinales, pues, por mor de su historicismo, podrían suscribir y adscribirse a la bella definición orteguiana del progesar como

---

(28) *Cfr.*, **Herr** *O. c.* pp. 281-289. Y **Maravall.** *Mentalidad Burguesa... O. c. passim.*

(28 bis) No olvidar que una buena parte de los constituyentes eran juristas. *Cfr.* bibliografía citada en nota 1.

(29) *Los Orígenes... O. c.* pp. 282-283. Y *Cfr.*, **Pérez-Prendes.** *Cortes de Cádiz y Cortes de Castilla.* REP núm. 126 (1962), pp. 321-322.

(30) **J. A. Maravall.** *Estudio Preliminar al "Discurso sobre el Origen de la Monarquía y sobre la Naturaleza del Gobierno Español"*, de **Martínez Marina.** IEP (1957), pp. 26-27 y 30.

un constante "acumular ser, tesaurizar realidad" (31). Sin embargo, mientras que los diputados realistas, siguiendo a JOVELLANOS, sustraerían de la crítica racional la "esencia" de una tradición histórica: la suya; los diputados liberales, lo mismo que MARTÍNEZ MARINA, asumirían la Historia como algo dinámico, como un proceso que debía discernirse con la ayuda de la Razón. Por ello, los diputados realistas, a la inversa de lo que acontecía con los diputados liberales, ante el conflicto entre la Historia y la Razón, se decantarán siempre por la primera. Alzaprimarán lo histórico y lo estático, lo pasado que es y debe seguir siendo, frente a lo racional y dinámico, frente a la voluntad actual y actuante. Querrán mostrar, siguiendo los pasos de JOVELLANOS, una Constitución inamovible de la Monarquía española, y no tan solo, como ocurría con MARTÍNEZ MARINA, el "germen en que aquella Constitución política se contiene, y que el solo hecho de ponerlo en claro ante la conciencia pública será el arranque de que ésta se mueva a su conveniente desarrollo" (32). De ahí sus puntos de vista, tan diversos al del de los liberales, cuando se manifiestan sobre los límites del poder político y sobre el problema de la reforma constitucional, en los que se advierte con nitidez la repercusión de la teoría jovellanista de las Leyes fundamentales.

3. El constitucionalismo inglés y Montesquieu

La influencia del constitucionalismo inglés se había dicho que constituyó el tercer filón doctrinal que se percibe en las tesis de los diputados realistas. Que tal línea de pensamiento hiciese mella en este sector tampoco debe resultar extraño, habida cuenta de su difusión durante el siglo XVIII, y de su significado profundamente conservador. MARTÍNEZ SOSPEDRA subraya la expansión durante este siglo de los escritos de SIDNEY y de los comentarios constitucionales de BLAKSTONE, así como la divulgación del constitucionalismo británico merced a la Pren-

(31) **José Ortega y Gasset.** *Historia como Sistema.* Edic. de la Revista de Occidente. El Arquero 7.ª edic. (1975), p. 63.
(32) **J. A. Maravall.** *Estudio Preliminar... O. c.,* pp. 24-25.

sa, en particular al "Espíritu de los mejores Diarios Literarios de la Europa", editado por CLADERA. Pero, sobre todo, destaca este autor la influencia de LOCKE (33), cuya recepción en España ha sido estudiada por R. de ARANDA (34). Sin embargo, como se verá oportunamente, las tesis básicas de este autor –estado de naturaleza, pacto social, derechos naturales, etc.– no eran, precisamente, del agrado de los diputados realistas, aunque sí de algún liberal. Habría que añadir, además, el influjo de DE LOLME, de cuyo libro "Constitución de Inglaterra, descripción del Gobierno Inglés comparado con el democrático, y con las otras Monarquías de Europa", hubo una traducción de JUAN DE LA DEHESA, fechada en Oviedo en 1812. Dentro de esta línea doctrinal debe consignarse la gran influencia ejercida por MONTESQUIEU (35), cuya principal obra, "El Espíritu de las Leyes", aparecida en 1748, es considerada por R. HERR como la que más resonancia obtuvo en la literatura política del siglo (36). A. ELORZA, por su parte, ha mostrado cómo el publicista francés era conocido y aceptado no sólo por autores liberales o ilustrados IBÁÑEZ DE LA RENTERÍA, ENRIQUE RAMOS, LEÓN ARROYAL, ALONSO ORTIZ, ALCALÁ GALIANO, CADALSO, FORONDA, JOVELLANOS– sino por los pensadores opuestos a la Ilustración: ANTONIO XAVIER PÉREZ Y LÓPEZ, FORNER, PEÑALOSA (37). En las Cortes de Cádiz, MONTESQUIEU gozaría de más crédito entre los diputados realistas que entre los liberales. Su teoría de los cuerpos intermedios, su exaltación de la aristocracia y de un poder ejecutivo monárquico fuerte, tres elementos consustanciales a la Constitución inglesa, serían repetidos por los diputados realistas, cuando éstos se pronuncien sobre las ideas de Nación y de Representación.

---

(33) *O. c.*, pp. 25-27.

(34) *La Recepción e Influjo de las Ideas de J. Locke en España.* REP, núm. 76 (1954), pp. 123 y ss.

(35) *V.* **P. Barriere.** *Montesquieu et L'Espagne.* "Bulletin hispanique". XLIX (1947), pp. 299-310 y **C. Corlier.** *Montesquieu et L'Espagne.* "Cuaderni Iberoamericani". II (1948-1950), pp. 6-8.

(36) *Cfr. O. c.* p. 48.

(37) **Antonio Elorza.** *La Ideología Liberal de la Ilustración Española* (1970). *Cfr.*, capít. IV. *La Recepción de Montesquieu,* pp. 69-90, esp. p. 87.

4. Un elemento diferenciador: la presencia o ausencia de un "talante ilustrado". Su alcance doctrinal

Como se puede apreciar, las fuentes doctrinales que se acaban de mencionar son las que prestan su más sólido asidero al pensamiento constitucional de JOVELLANOS (38); de ahí la importancia que cumple conceder a este autor en este trabajo. JOVELLANOS, en efecto, no sólo fue un destacado y ferviente anglófilo, y uno de los máximos exponentes del historicismo nacionalista (al menos desde su discurso de recepción en la Real Academia de la Historia, en 1780 (39), sino que, además, pese a distar mucho de ser un autor escolástico (40), recurrirá también a las tesis de la Escuela cuando pretenda fijar sus planteamientos en torno a la soberanía, tal como más adelante se verá.

Desde luego, el "talante" de muchos de los diputados que aquí se ha incluido dentro del sector realista, difería sensiblemente del de JOVELLANOS. Tal era el caso de PEDRO INGUANZO, de BORRULL, de LERA, de FRANCISCO MATEO AQUIRIANO, Obispo de Calahorra, de ANTONIO LLANERAS, o de tres de los cuatro miembros de esta tendencia que formaban parte de la Comisión Constitucional: FRANCISCO GUTIÉRREZ DE LA HUERTA, JUAN PABLO VALIENTE Y FRANCISCO RODRÍGUEZ DE

---

(38) Una visión de conjunto del pensamiento constitucional de **Jovellanos** puede verse en **L. Sánchez Agesta.** *El Pensamiento Político del Despotismo Ilustrado,* IEP (1953). Tercera Parte, "madurez y crisis del siglo, Jovellanos", pp. 187 y ss. También, **M. Artola Gallego.** *El Pensamiento político de Jovellanos según la Instrucción Inédita a la Junta de la Real Hacienda y Legislación.* "Archivum", Oviedo, XII (1962), pp. 210-216. *Id. Vida y pensamiento de D. Gaspar Melchor de Jovellanos.* Estudio Preliminar al V. 85 de la Biblioteca de Autores Españoles (BAE en adelante), Madrid (1956), pp. 1-87. **Francisco Ayala.** *Jovellanos en su Centenario. Experiencia e Invención. (Ensayos sobre el escritor y su mundo).* Madrid, Taurus (1960), pp. 205-256. **Augusto Barcia Trelles.** *El Pensamiento vivo de Jovellanos.* Biblioteca del pensamiento vivo, 38. Buenos Aires. Losada (1951). **Jesús Evaristo Casariego.** *Jovellanos o el Equilibrio (Ideas, Desventuras y Virtudes del Inmortal Hidalgo de Gijón).* Madrid (1943). **Enrique Gandía.** *Las Ideas Políticas de Jovellanos.* "La nueva democracia, Comité sobre cooperación en Latinoamérica", Nueva York, 39, Julio (1959), pp. 36-45.

(39) *V.* sobre este Discurso, **R. Herr.** *O. c.* pp. 284-285.

(40) Sobre el antiescolasticismo de **Jovellanos,** *V.* **J. Caso González.** *Escolásticos e Innovadores del Siglo XVIII,* en "Papeles de son Armadans". T. XXXVII, núm. 109, abril (1965), pp. 25-48.

la Barcena (41). Por ello, el talante de estos diputados no se puede identificar con el de aquellos que aquí se ha etiquetado también de realistas, y en los que eran patentes las concomitancias con Jovellanos, como Felipe Aner y Esteve, Joaquín Lorenzo Villanueva, Bernardo Nadal y Crespi, Obispo de Mallorca, Jose Ramón Becerra y Llamas, Ramón Lázaro Dou, o, en fin, Alonso Cañedo, sobrino del polígrafo asturiano y miembro también de la Comisión Constitucional.

¿Cuál era la principal diferencia que, aun dentro del mismo grupo doctrinal, separaba a unos diputados de otros? Ya se ha dicho, se trataba de una diferencia de talante. ¿Pero de qué talante? De un talante ilustrado: en la presencia o ausencia del mismo radicaba el más importante factor diferenciador. Intentemos delimitar el alcance de lo que se acaba de decir. Tracemos un perfil de unos y otros diputados y veamos en qué medida estos distintos perfiles resquebrajaban o no la unidad doctrinal de este grupo.

Los diputados primeramente citados, que suelen ser definidos como "absolutistas puros", "reaccionarios" o "conservadores", representaban de un modo paradigmático la mentalidad tradicional, opuesta al espíritu de las Luces y a todo "modernismo". Defensores a ultranza de los privilegios estamentales del Clero y de la Nobleza; contrarios, sí, al despotismo borbónico, y más al de Godoy —al cabo un "libertino"—, pero todo ello desde atrás, es decir: desde los principios y modos inspiradores de la Monarquía austracista. Constituían, pues, un acrisolado arquetipo de la mentalidad castiza española, una inconfundible y genuina muestra de la España "eterna". De esa España populista y antiburguesa, circunspecta y desdeñosa del

(41) Algunos autores, como **Sevilla Andrés y Rico y Amat,** incluyen a **Pedro María Rich** entre los "absolutistas" o "realistas". *Cfr.* respectivamente *Historia Política y Parlamentaria de España* (1860), T. I. p. 332. *Historia Política de España* (1968), p. 32. Otros, como **Comellas,** lo excluyen de tal grupo, *Cfr. Las Cortes de Cádiz... O. c.* p. 95. La no participación de este diputado en ninguno de los debates aquí tratados, nos obliga a no pronunciarnos sobre su filiación. Los antecedentes de la Comisión de Constitución, su formación y composición, puede verse en el Estudio Preliminar de **María Cristina Díaz-Lois** a las *Actas de la Comisión de Constitución* (1811-1813). IEP (1975), pp. 9-68.

lujo —cosa de franceses—, y cuyo sostén primordial podría reducirse a un sólo binomio: la alianza entre el Altar y el Trono.

En cambio, los diputados mencionados en segundo lugar, a los que es frecuente que se agrupe como "reformistas" o "jovellanistas", estaban influidos por el ideario del Despotismo ilustrado, que en buena medida asumían. Regalistas eran los catalanes ANER Y LÁZARO DOU, o el Obispo de Mallorca, y de jansenismo sería "acusado" VILLANUEVA por MENÉNDEZ Y PELAYO (42). Eran todos ellos partidarios de llevar a cabo ciertas reformas económicas y sociales en el anticuado armazón de la Monarquía española, y de reforzar las prerrogativas del Rey, sin que esto último les impidiese mostrarse favorables a limitar el ejercicio de su poder, para evitar que se repitiesen ciertos excesos cometidos por aquél o por sus validos. Eran, pues, liberales; pero liberales del Antiguo Régimen, del Despotismo ilustrado, como JOVELLANOS o como podía serlo, a su modo y en su contexto, E. BURKE.

Ahora bien, pese a las diferencias entre los dos talantes que se acaban de diseñar, todos estos diputados, fuesen ilustrados o no, fuesen más o menos conservadores o más o menos reformistas, estaban anclados en una línea de pensamiento claramente pre-estatal y en unos supuestos pre-constitucionales esencialmente idénticos. Así, frente a la soberanía de la Nación, opondrían la del Monarca (más o menos "compartida" o limitada), y frente a la idea de Constitución, se parapetarían en la vieja teoría de las leyes fundamentales. Esta afirmación quizá haya que matizarla por lo que a ANER respecta, cuya filiación doctrinal no es fácil determinar con nitidez. Su actitud en los debates parlamentarios fue muy fluctuante: unas veces apoyaba a los diputados realistas y otras a los liberales (43).

En definitiva, como ya se había anunciado en la introducción de este capítulo, si desde un punto de vista político, que se atuviese a los talantes, resultaría de todo punto necesario establecer una línea divisoria entre los diputados aquí indistinta-

(42) *Cfr. Historia de los Heterodoxos Españoles.* Biblioteca de Autores Cristianos (BAC), 3.ª edic. Madrid (1978). T. II. p. 717.

(43) *V.* la semblanza de este diputado en, *Las Cortes del Oratorio de S. Felipe. O. c.* pp. 98-99.

mente englobados en el grupo realista, desde un punto de vista doctrinal (acaso con la excepción de ANER) tal línea divisoria no dejaría de ser, en cambio, artificiosa.

Este juicio se corrobora si se procede a discernir y a aquilatar la filiación doctrinal de este grupo desde un punto de vista inverso al hasta aquí utilizado. Es decir, desde un punto de vista negativo, que se ocupe de señalar las corrientes doctrinales que los diputados de este grupo rechazaron. Desde esta perspectiva se advierte un común y dual despegue: del pensamiento revolucionario francés, de un lado, y del absolutista, de otro.

5. La "afinidad en el rechazo": la crítica al pensamiento revolucionario francés y a las doctrinas absolutistas

La repulsa por el pensamiento revolucionario francés —MABLY, ROUSSEAU, SIEYES— y por los textos constitucionales elaborados a su abrigo, fue tan unánime que no precisa de mayores comentarios. Con mayor o menor virulencia —y en esta gradación sólo entraba en juego las distintas formas de ser de cada diputado, más o menos vehementes o fogosas— este general disentimiento se expresó de un modo inequívoco, sin que se revelase actitud contemporizadora alguna, ni siquiera entre los diputados más ilustrados y ecuánimes, como podía serlo el catalán FELIPE ANER.

Pero, además, y en este extremo sí es conveniente extenderse, durante los debates parlamentarios se hizo patente el común distanciamiento de este grupo respecto de las tesis sostenidas por el pensamiento político absolutista, fuese de corte racionalista o teocrático. En este sentido, el nuevo rumbo que toma el pensamiento realista del doce, respecto al hegemónico en la centuria anterior, no puede ser más palmario. Veámoslo.

En el siglo XVIII español la soberanía del Monarca se defiende primordialmente desde dos plataformas doctrinales distintas: o desde una de impronta racionalista y contractual, o desde otra de índole teocrática. La primera plataforma sería la escogida por los prohombres de la Ilustración. A la segunda acudirían los más furibundos denostadores de este amplio movimiento intelectual. Ambas vertientes del pensamiento absolutista se aunaban, sin embargo, en una común y bifurcada condena: la de las teorías revolucionarias de la soberanía nacional o popular, de una parte, y la de las teorías realistas de sustrato escolástico, de otra. Ilustrados y antiilustrados se hermanaban, pues, en su común repudio a las tesis sustentadoras del liberalismo y de la democracia moderna, y a las "peligrosas máximas jesuíticas", como así era frecuente tildar a las viejas y fecundas premisas escolásticas reelaboradas por los grandes publicistas hispanos del Siglo de Oro. El que, *comoditatis causa,* puede denominarse absolutismo racionalista, pretendía dotar al poder regio de una fundamentación contractual, recurriendo para ello a la idea del pacto de sujeción, mediante el cual el Pueblo –concebido de un modo orgánico, lo que sería una esencial diferencia respecto a las tesis hobbesianas– enajenaba todos sus derechos al Monarca, quien debería ejercer el poder sin limitación alguna. De esta visión contractualista, escribe J. A. MARAVALL, "se sacaba la consecuencia de una imagen de la sociedad perfectamente estática, inmóvil, como correspondía a esa concepción estamental" (44). A estas tesis contractuales, tomadas, sobre todo, de SAMUEL PUFFENDORF, se acogería CAMPOMANES (45), y también, como nota SÁNCHEZ AGESTA, ARANDA Y FLORIDABLANCA (46).

El pensamiento absolutista teocrático, en cambio, –observa CARLOS E. CORONA–, se escudaría en las teorías providencialistas acuñadas, *ad usum delphini,* por BOSSUET, en su voluminosa obra "La Política sacada de la Sagrada Escritura", en las que defiende el origen divino de los reyes y su derecho a ejercer un omnímodo poder, sin limitación legal alguna (47).

---

(44) *Las Tendencias de Reforma Política en el Siglo XVIII Español.* "Revista de Occidente", T. XVIII (1967), pp. 51-82.

(45) *Ib.* Y también, del mismo autor, *Cabarrús y las Ideas de Reforma Política y Social en el Siglo XVIII.* "Revista de Occidente". T. XXIII, núm. 69 (diciembre, 1968), pp. 285-286.

(46) *Cfr. El Pensamiento Político del Despotismo Ilustrado. O. c.,* pp. 95 a 113 y 260.

(47) *Cfr. La Doctrina del Poder Absoluto en España en las Crisis del XVIII al XIX.* En "Cuadernos de la Cátedra Feijoo", núm. 13 (1962). Universidad de Oviedo, pp. 15-20.

Estos puntos de vista, difundidos por los también franceses BERGIER Y FLEURY, y tan opuestos a los que habían inspirado a la tradicional Monarquía española, serían defendidos por ANTONIO XAVIER PÉREZ Y LÓPEZ, por CLEMENTE PEÑALOSA, o por el primer JOAQUÍN LORENZO VILLANUEVA (autor del "Catecismo del Estado según los principios de la Religión"). Todos estos tratadistas refutarían las tesis de la neoescolástica española, y aún pretenderían revestir a sus máximas absolutistas de una supuesta tradicionalidad (48).

En las Cortes de Cádiz, como se tendrá ocasión de ver en los capítulos siguientes, el pensamiento realista se abroquela en unos supuestos doctrinales sensiblemente distintos a los que habían servido de asidero a las dos versiones absolutistas que se acaban de examinar. Ahora, los únicos planteamientos realistas que se defienden se basan en las clásicas doctrinas neoescolásticas, minoritarias en el siglo anterior –aunque no del todo olvidadas, como se ha dicho, y como FEIJÓO bien lo muestra (49)– y en la teoría de las leyes fundamentales, reconstruida por el historicismo nacionalista. Cierto es que algunos diputados ilustrados de esta tendencia –como ANER, DOU o CAPMANY– no se ampararon en las premisas contractualistas escolásticas (aunque sí en la teoría de las leyes fundamentales), pero no lo es menos que tampoco las impugnaron, ni ofrecieron alternativa doctrinal alguna.

Se verifica, pues, un giro doctrinal muy importante en el pensamiento realista del doce en relación al mayoritario en el siglo XVIII. Mientras este último –fuese o no obra de los ilustrados– se manifiesta decididamente antiescolástico y puramente absolutista, el primero –lo expusiesen diputados afectos o ajenos al ideario ilustrado–, se apoyaría exclusivamente en las tesis de la Escuela y en la reivindicación de una supuesta Constitución histórica, todo ello con el objeto de reformar en

---

(48) *Cfr.* **Javier Herrero.** *Los Orígenes del Pensamiento Reaccionario Español.* Edicusa (1971), pp. 117 y ss. Y también, **Antonio Elorza.** *La Mentalidad Absolutista en los Orígenes de la España Contemporánea,* en *La Utopía Anarquista de la Segunda República.* Ayuso (1973), pp. 31-33.

(49) *Cfr.* **L. Sánchez Agesta.** *El Pensamiento Político... O. c.,* parte primera, *Feijóo y la crisis del Pensamiento Político Español,* pp. 35 y ss.

un sentido limitador la Monarquía española (50). Las causas de este giro y las concreciones argumentales del mismo, son dos extremos de los que se tratará en los siguientes capítulos. Ahora tan sólo interesa consignar que la "afinidad en el rechazo" que se detecta en el grupo realista, frente a las tesis revolucionarias y frente a las absolutistas, viene a corroborar dos cosas: en primer término, su unidad doctrinal; en segundo término, la incorreción en que se incurre cuando a sus miembros o a alguno de ellos, se les tacha sin más de absolutistas. Los diputados realistas de Cádiz, bien al contrario, no sólo no eran –o no se manifestaron, al menos– doctrinalmente absolutistas, como se acaba de mostrar y como más adelante se intentará demostrar, sino que, además, todos ellos –incluso los más conservadores– estaban animados de un espíritu político de reforma. De una reforma que, como reconocen, entre otros, MENÉNDEZ Y PELAYO (51) y HANS JURETSCHKE (52), era un deseo unánimemente sentido, tras el absolutismo del siglo XVIII, el favoritismo de Godoy y el triste espectáculo de las renuncias de Bayona. Ahora bien, el alcance del reformismo sustentado por los diputados realistas –en el que insiste SANCHEZ AGESTA (53)– era sustancialmente diferente al que animaba a los diputados liberales. Unos y otros se habían manifestado a favor de la convocatoria de las Cortes y, una vez convocadas, de que se fijasen unos límites al poder del Monarca, en consonancia con la antigua Constitución española, cuyo contenido sería objeto de muy diversas interpretaciones. Sin embargo, diferirían en el modo de concebir el intrincado y decisivo problema de la soberanía, en el que radicaba la clave para distinguir a un reformismo de otro.

---

(50) **Joaquín Lorenzo Villanueva** es un buen ejemplo de este cambio doctrinal. De ser un defensor de las tesis de **Bossuet,** en su "Catecismo", publicado en 1793, llegó a escribir un libro cuyo título es de por sí muy expresivo: *Las Angélicas Fuentes o el Tomista en las Cortes,* editado en Cádiz en 1813. *Cfr.* **R. Herr** *O. c.* p. 307 y **Menéndez y Pelayo.** *O. c.* II. p. 734.

(51) *Cfr. O. c.* II. pp. 695-696.

(52) *Cfr. Los Supuestos Históricos e Ideológicos de las Cortes de Cádiz.* "Nuestro Tiempo", núm. 18 (diciembre, 1955). Madrid, pp. 18-20.

(53) *Cfr. Historia del Constitucionalismo... O. c.* pp. 30-31 y 35.

IV. LA FILIACION DOCTRINAL DE LOS DIPUTADOS AMERICANOS

Los planteamientos de los diputados americanos del doce muestran –como se verá– una curiosa mixtura de dos corrientes de pensamiento difícilmente compatibles: una de origen tradicional hispánico, que hunde sus raíces en el pensamiento neoescolástico de los siglos XVI y XVII y en los principios inspiradores de las Leyes de Indias; y otra de origen foráneo, procedente del iusnaturalismo racionalista germánico y anglofrancés.

¿A qué causas obedecía esta amalgama doctrinal? Sin duda a la peculiar evolución del mundo de las ideas en la América española durante los siglos XVI a XVIII. Período en el que se fue gestando una burguesía criolla con una creciente conciencia de marginación –sobre todo a partir de las revoluciones norteamericana y francesa–, y en franca contradicción no sólo con el armazón político de la Monarquía borbónica, sino también con el ideario de la burguesía liberal-metropolitana, que se presentaba como alternativa de la misma, pero que deseaba proseguir y aún incrementar sus tendencias centrípetas en todos los órdenes (54). Los diputados americanos, que en su mayoría procedían de esa burguesía criolla (55), sirvieron de cauce en las Cortes de Cádiz para expresar los anhelos reformistas y centrífugos de esa clase social, o al menos la de aquellas fracciones de la misma que no ponían en entredicho la unidad de la Monarquía española (56). Para tal propósito expusieron unas tesis doctrinales plenamente enraizadas en los ambientes intelectuales hispanoamericanos y fir-

---

(54) *Cfr.* **Demetrio Ramos.** *Las Cortes de Cádiz y América.* REP núm. 126 (1962), pp. 610 y ss. Para una visión global del período de la Emancipación y de las causas del crecimiento de esta conciencia criolla, *V.*, por todos, **J. Vicens Vives,** *Historia Social y Económica de España y América (1977),* R. T. pp. 443 y ss.

(55) *Cfr.* **Rafael M.º de Labra.** *Los Diputados Americanos en las Cortes de Cádiz. O. c. Id. América y la Constitución Española de 1812.* Madrid (1914), *passim.*

(56) *Cfr.* **D. Ramos.** *El Peruano Morales, Ejemplo de la Complejidad Americana de Tradición y Reforma en las Cortes de Cádiz.* REP, núms. 145-146 (1966), *passim.* **Luis Mariñas Otero.** *Las Constituciones de Guatemala,* IEP, Madrid (1958), pp. 30 y *Supra,* Cap. V y VIII.

memente asumidos por amplios sectores de su burguesía. Conviene, pues, señalar los rasgos y los hitos más importantes de la evolución doctrinal acaecida en aquél continente, en los que ya se otean muchos de los trazos que caracterizaría al hilo argumental de los americanos doceañistas. En particular, interesa conocer el porqué de esa mixtura doctrinal que en él se observa entre los elementos procedentes del pensamiento tradicional, junto a otros de clara impronta extranjera y revolucionaria. Intentemos averiguarlo.

1. La evolución doctrinal de la América española durante los siglos XVI a XVIII: sus hitos y sus rasgos más sobresalientes.

La influencia del escolasticismo, y en especial de SUÁREZ, en la América hispana de los siglos XVI y XVII ha sido subrayada por O. CARLOS STOETZER: "Suárez, escribe este autor, llegó a ser la influencia intelectual irrefutable en la América española durante los siglos XVI y XVII" (57). Observa también STOETZER que durante el Siglo de las Luces hubo una mayor conservación y extensión de los estudios escolásticos en América que en la Península y una subsiguiente menor importancia en aquélla de las ideas de la Ilustración (58), fenómeno similar al que un siglo antes había ocurrido con las tesis bodinianas (59). A través de SUÁREZ y de sus discípulos –cuyo influjo es especialmente patente en lo tocante al problema de la soberanía y a los escritos sobre el derecho de resistencia y el *tiranicidio* (60)– las corrientes escolásticas mantuvieron durante el siglo XVIII "una influencia extraordinaria sobre los intelectuales, los centros universitarios y los colegios de toda la América española" (61). Como ya había notado M. GIMÉNEZ FER-

(57) *O. c.* T. I. p. 72.
(58) *Ib.* T. I. pp. 39-40 y 70-72.
(59) *Ib.* T. I. pp. 18-19.
(60) *Ib.* T. I. pp. 72-74.
(61) *Ib.* T. I. p. 74.

NÁNDEZ (62), la expulsión de los jesuitas no supuso un declive de las corrientes escolásticas. Antes bien, los jesuitas expulsos —cuyo papel de primer orden en la epopeya emancipatoria es bien conocido— "no fueron sustituidos por partidarios de las filosofías modernas, sinó que fueron reemplazados por sus estudiantes, quienes, en su mayoría, estaban todavía más imbuidos en el pensamiento tradicional" (63).

El influjo de las concepciones pactistas escolásticas, de modo muy especial, también, las de factura suareziana, sobre el proceso independizador hispanoamericano, y sobre buena parte de sus más importantes adalides, ha sido probado por M. GIMÉNEZ FERNÁNDEZ. Para este autor, "la base doctrinal general y común de la insurgencia americana, salvo ciertos aditamentos de influencia localizada, la suministró no el concepto russoniano del Pacto social perennemente constituyente, sino la doctrina suareziana de la soberanía popular..." (64). STOETZER, por su parte, que retoma y amplía esta tesis básica no es menos concluyente: "La filosofía escolástica fue la base intelectual de los grandes jefes de la guerra de la Independencia..." (65). Y añade: "la Revolución que empezó en los años 1808-1810 tuvo poca influencia de la filosofía política de Norteamérica o Europa (con excepción de España); estuvo basada sobre la teoría política de la escolástica española *(pactum translationis)*, que fue la palanca para todo el movimiento que finalmente condujo a la independencia" (66). Opiniones a las que se suman, entre otros muchos autores, HECTOR GROS ESPIELL (67), y FAUSTINO J. LEGON Y SAMUEL W. MEDRANO (68). Estos dos últimos (69), y de modo mucho más incisivo

---

(62) *Cfr.* **Manuel Giménez Fernández.** *Las Doctrinas Populistas en la Independencia de Hispano-América.* Consejo Superior de Investigaciones Científicas. Escuela de Estudios Hispanoamericanos. Sevilla (1947), p. 29.

(63) **Stoetzer.** *O. c.* T. I. p. 72.

(64) *O. c.*, p. 3 y *passim.*

(65) *O. c.* T. I. pp. 163-164.

(66) *Ib.* T. II. p. 257.

(67) *Cfr. Las Constituciones del Uruguay.* IEP. Ediciones Culturales Hispánicas. Madrid (1956). pp. 10-11.

(68) *Cfr. Las Constituciones de la República Argentina.* Ediciones Cultura Hispánica. Madrid (1953), pp. 110-111.

(69) *O. c.* pp. 110-111.

DEMETRIO RAMOS, insisten en que al lado de la influencia escolástica, no debe desdeñarse la pervivencia durante toda la época de la colonización de las tradiciones del período de los Austrias, cuyos principios e instituciones políticas se hallaban recogidas en el Derecho indiano. "Aspecto éste –escribe D. RAMOS– que no se ha valorado por extensión y profundidad, cuando se trata de la formación intelectual de la generación de los próceres y que puede tener mucha más importancia o tanta como la fuerza de la doctrina suareziana" (70).

Por lo que concierne a las corrientes doctrinales foráneas, es innegable su recepción e influencia en la América española durante los siglos XVII a XVIII y comienzos del XIX. Conviene, en primer lugar, destacar el flujo de ideas procedentes del iusnaturalismo germánico: ALTHUSIO, GROCIO, TOMASIO, WOLFF y PUFFENDORFF (71). De especial interés resulta consignar la gran resonancia de este último en el proceso emancipador –sobre todo en Uruguay y Argentina– a través de sus tesis sobre el pacto social y sobre la federación inspiradas en GROCIO y que contienen resabios suarezianos, en las que este autor sostuvo la licitud de la retroversión de la soberanía a los "pueblos" o "provincias" o "federaciones" o a otras "partes del Estado", en ciertos casos de interregno, e incluso su posible emancipación. Ideas que le habían permitido justificar la independencia de las provincias holandesas respecto a la Corona española (72).

En cuanto al iusnaturalismo anglo-francés y al pensamiento constitucional a él vinculado (ROUSSEAU, LOCKE, MONTESQUIEU), STOETZER comprueba su difusión a lo largo del siglo XVIII, pero de un modo tenue y parcial –sobre todo el de ROUSSEAU, que se patentiza fundamentalmente en el plano literario–, y que no llegó a quebrar la hegemonía del escolasticismo, mantenida hasta 1814 (73). Es a partir de 1812 –y no antes– cuando este pensamiento declina y se incrementa el influ-

(70) *El Peruano Morales... O. c.* pp. 185-186.
(71) **Stoetzer.** *O. c.* T. I. pp. 193 a 221.
(72) *Ib.* pp. 205-207.
(73) *Cfr.* T. II. pp. 14 y ss. (espec. 37 y 39), y T. I. pp. 222 y ss.

jo anglofrancés y norteamericano (74). Todas estas corrientes, al lado del utilitarismo benthamiano y de la obra de BURKE, cobrarían una gran importancia a partir de 1820, pese a que se superpusiesen siempre bajo una base intelectual de clara raigambre hispánica y tradicional (75).

De un modo muy especial, conviene hacer hincapié en un hecho en el que vienen a coincidir GIMÉNEZ FERNÁNDEZ, STOETZER, GROS, LEGON y MEDRANO, a saber: la recepción del pensamiento revolucionario anglo-francés desde la mitad del siglo XVIII hasta 1812 –fecha que aquí interesa poner como límite– al operar sobre el secular sustrato escolástico tradicional, originó una curiosa mezcla y entrelazamiento entre la nueva sabia y el viejo tronco doctrinal. Así, en los jesuitas exiliados y en los núcleos intelectuales independentistas, los viejos conceptos y expresiones se amalgaman con las nuevas ideas y la fraseología revolucionaria; o bien, aun manteniéndose intactas las nociones tradicionales, se les suele revestir de un ropaje revolucionario (76). Esto ocurrió en particular con las teorías del pacto social, en las que aunque sea patente su troquel suareziano, era sólito presentarlas con un barniz de indudable cuña roussoniana o lockeana (77).

2. La simbiosis entre lo tradicional y lo revolucionario en la filiación doctrinal de los diputados americanos.

¿Puede sorprender, tras esta ojeada histórica, que en los planteamientos de los diputados americanos se perciba la mixtura doctrinal a la que antes aludíamos? No, sin duda. A fin de cuentas, su filiación doctrinal no podía ser ajena a las líneas maestras mayoritarias que se detectan en la evolución ideológica de su continente. Y, en efecto, no lo era, ya que en ella se observa también, en primer lugar, un punto de partida fuertemente tradicional, mezcla del impacto escolástico y de los prin-

(74) *Cfr. Ib.* T. I. pp. 148 y ss.
(75) *Cfr. Ib.* T. II. pp. 152-153 y 258.
(76) *Cfr.* **Giménez Fernández.** *O. c.* p. 32-34. **Stoetzer.** *O. c.* T. I. p. 83. **Gros.** *O. c.* p. 11-12. **Legon y Medrano.** *O. c.* pp. 111-112.
(77) *Cfr.* **Stoetzer.** T. I. p. 126 y **Giménez Fernández.** *O. c.* pp. 32-34.

cipios consagrados por el Derecho indiano. Sobre este último extremo escribe DEMETRIO RAMOS: "entre los diputados americanos predomina una base muy distinta (a la de los peninsulares), más en contacto con las viejas tradiciones, pues por haber vivido apegados a la letra de las Leyes de Indias, aspiran a lograr por este cauce la rehabilitación de la Monarquía plurinacional de la época austríaca, que en América había persistido sobre este aparato normativo e incluso se había recrecido al contrariar el Despotismo ilustrado aquel sentimiento instintivo, que permitía ver en los nuevos reinos otras tantas patrias. Y mucho más aún en la época inmediata, al haberse remodelado la misma conciencia tradicional con el ejemplo de las Juntas peninsulares. Si antes y ante la reunión de las Cortes las dos posturas coinciden en el repudio del régimen regalista, pronto, en las Cortes, se manifestarán estas diferencias de base, que trascienden a la idea sobre la que la Constitución programada debe construirse" (78).

Pero, en segundo lugar, sobre este sustrato tradicional se superponían conceptos y expresiones insertas de modo inequívoco en las corrientes iusracionalistas y en el pensamiento constitucional. Esta amalgama es patente cuando, al discutirse el problema de la Representación, los diputados americanos exponen una muy peculiar idea de Nación y de soberanía nacional, que pone de relieve, más que en ninguna otra ocasión, la especificidad doctrinal de este grupo. Principios inspirados quizá en las leyes y en las estructuras de la Monarquía federativa de los Austrias y quizá también en las tesis de PUFFENDORFF, se engarzan en este debate con otros entresacados del dogma roussoniano de la soberanía popular.

Ciertamente, tampoco este grupo estaba libre de fisuras internas. La cincuentena de diputados procedentes de América —cifra que suponía un veinte por ciento de los componentes de las Cortes (79), y que contaban además con cinco repre-

(78) *El Peruano Morales... O. c.* p. 154.
(79) *Cfr.* **José Pareja Paz Soldán. Las Constituciones de Perú.** Ediciones Cultura Hispánica. Madrid (1953), p. 131. **Rafael M.º de Labra** y **José Belda** estiman en 63 el número de diputados americanos, y 303 en total, con lo cual la proporción se mantiene. *Cfr. Las Cortes de Cádiz en el Oratorio... O. c.* p. 64.

sentantes en la Comisión constitucional (80)– no formaron un grupo totalmente compacto, ni desde un punto de vista político ni doctrinal. Sería ilusorio y falso equiparar, a modo de ejemplo, al guatemalteco ANTONIO DE LARRAZÁBAL (81), inequívocamente conservador, con el chileno FERNÁNDEZ LEYVA (82), escorado hacia posiciones claramente progresistas, o a estos dos con el peruano MORALES DUÁREZ (83), paradigmático representante de las posiciones reformistas o centristas. También en el seno de este grupo, pues, coexistían talantes varios. Ahora bien, desde un punto de vista político tal pluralidad no fue obstáculo para que reaccionasen conjuntamente frente a todas aquellas cuestiones en las que se ventilaba algún asunto de trascendencia para América (84). Pero, sobre todo, lo que aquí importa consignar es que, por encima de sus preferencias políticas, todos los miembros de este grupo que intervinieron en los asuntos objeto de esta investigación, mostraron un sello doctrinal esencialmente igual, y sensiblemente distinto al que se vislumbraba en los otros dos grupos de la metrópoli. Algunos documentos, de gran importancia, signados conjuntamente por estos diputados (85), ayudarán a corroborar esta afirmación.

---

(80) En efecto, de los 15 miembros que componían la Comisión eran americanos los siguientes: **Joaquín Fernández de Leyva** (Chile), **Vicente Morales Duárez** (Perú), **Mariano Mendiola y Velarde** (Méjico), **Antonio Joaquín Pérez** (Méjico) y **Andrés Jáuregui** (Cuba). *Cfr. Ib.* p. 68.

(81) *V.* Sobre este diputado **P. Carmelo Sáenz de Santamaría.** *Centenario de la Muerte del Canónigo director don Antonio de Larrazabal, Anales de la Sociedad de Geografía e Historia de Guatemala.* T. XXVII. Y, **Francisco Fernández Hales.** *Las Cortes de Cádiz y la Actuación del Diputado de Guatemala en ellas. Ib.* Vol. 119-135.

(82) *V.* sobre este diputado, **Enrique Mata Vidal.** *El Diputado de Chile en las Cortes de Cádiz don Joaquín Fernández de Leyva.* "Revista Chilena de Historia y Geografía", núm. 37-38. Sobre los diputados mejicanos, *V., México en las Cortes de Cádiz.* Documentos. *V.* T. IX de *El Liberalismo Mejicano en Pensamiento y Acción.* México. Empresas editoriales reunidas, S. A. (1949).

(83) *V.* sobre este diputado, además del trabajo citado de **D. Ramos; Luis Alayza Paz-Soldán.** *La Constitución de Cádiz de 1812. El egregio limeño Morales y Duárez.* Talleres tipográficos de la editorial Lumen (1946).

(84) *Cfr.* **Agustín de Argüelles.** *La Reforma Constitucional... O. c.* pp. 245 y 246.

(85) Así, por ejemplo, "la Representación" y "el Dictamen" de los miembros americanos de la Comisión, de los que se hablará más adelante. *V. Infra.,* Cap. V.

3. La "afinidad en el rechazo": el distanciamiento del historicismo nacionalista y del constitucionalismo inglés

Por otra parte, puede hablarse también de una "afinidad negativa o de rechazo" entre estos diputados. Desde este punto de vista, se detectan, en efecto, dos importantes ausencias doctrinales en los planteamientos de estos diputados: de un lado, la del historicismo nacionalista, tanto en su vertiente conservadora o jovellanista, como en su vertiente liberal o progresista; de otro, la de la anglofilia, tan común entre los realistas, como se ha dicho. La primera ausencia no es difícil de comprender si se tiene en cuenta que el tan añorado restablecimiento de la Constitución histórica –piedra angular del historicismo doceañista– tenía poco o nada que ver con sus deseos de dotar a la Monarquía española de una nueva distribución territorial. El tradicionalismo de estos diputados no era, pues, historicista; o de serlo, más que reivindicar una supuesta tradición medieval, pretendía enlazar con una tradición y una historia –la de la Monarquía austracista– mucho más reciente y sentida en América (86). En cuanto a las escasas simpatías mostradas por estos diputados hacia el constitucionalismo inglés –casi general, si se exceptúa al peruano BLAS DE OSTOLAZA–, tal fenómeno era fruto de su común mentalidad antiaristocrática, partidaria de un igualitarismo que rebasaba los límites del clásico y primigenio igualitarismo liberal.

4. Los diputados americanos y Martínez Marina: un curioso paralelismo

Para acabar de perfilar la filiación doctrinal de los diputados americanos, es preciso aludir a una cuestión en la que se habrá de insistir a lo largo de este trabajo y que, hasta el momento, no hemos tenido ocasión de ver mencionada. Nos referimos al paralelismo que se observa entre las tesis defen-

---

(86) *Cfr.* D. Ramos. *El Peruano Morales... O. c.* p. 154.

didas por MARTÍNEZ MARINA en su "Teoría de las Cortes", y las sustentadas por estos diputados en el Congreso gaditano. Este fenómeno se comprueba al cotejar las ideas de Nación, de Representación, de soberanía nacional y de Constitución, que se desprenden de la "Teoría", con las que, de un modo implícito o explícito, mantuvieron los representantes de Ultramar en los debates parlamentarios. La comprobación de estas correspondencias doctrinales se irán mostrando en los capítulos siguientes, ahora tan sólo interesa averiguar sus causas. En este sentido, puede pensarse que o bien estas importantes concordancias obedecieron a un conocimiento directo del historiador español por parte de los doceañistas americanos, con el consiguiente influjo de aquél sobre éstos, o bien a una común pero no interferida formación doctrinal. Naturalmente, ambos supuestos son perfectamente compatibles, como es probable que ocurriese. Ahondemos a continuación en cada una de estas posibilidades.

Para valorar la primera presunción, esto es, la posible influencia que la "Teoría de las Cortes" pudo ejercer en los diputados americanos, conviene tener en cuenta que aunque esta obra se publicó en 1813 (87) –es decir, finalizado ya el debate constitucional–, las tesis fundamentales que en ella sostuvo su autor ya habían sido expuestas en 1808, en un escrito anónimo que MARINA remitió a la Junta Central, a través de JOVELLANOS. Datos que el mismo historiador proporciona en su "Discurso" (88) y en su "Defensa" contra las acusaciones de la Inquisición (89). A ellos aluden también

(87) Esta edición se componía de tres volúmenes, impresos por **don Fermín Villalpando.** *Cfr.* **Maravall.** *Estudio Preliminar al Discurso sobre el Origen de la Monarquía y sobre la Naturaleza del Gobierno Español.* IEP, Madrid (1957), p. 9, nota 1. "El Discurso", como señala **Maravall** en este mismo lugar, aparece también en 1813, y en ese mismo año vio la luz por segunda vez como Prólogo a la "Teoría".

(88) *Cfr. Discurso.* O.C.E.C. pp. 205 a 212 y 223.

(89) *Cfr. Defensa del doctor don Francisco Martínez Marina contra las censuras dadas por el Tribunal de la Inquisición a sus dos obras, "Teoría de las Cortes" y "Ensayo histórico-crítico sobre la Antigua Legislación de España",* escrita en diciembre de 1818. Obras escogidas de Martínez Marina. BAE, T. III., pp. 267-268.

MARTÍNEZ CARDOS (90) y RIAZA (91) en sus respectivos estudios sobre la vida y la obra del sabio asturiano. Pero es, sobre todo, en el prólogo a los "Principios naturales de la Moral, de la Política y de la Legislación" en donde MARINA se explaya sobre los avatares de este escrito –que puede calificarse de borrador de la "Teoría", según se colige–, añadiendo algunos datos de interés para poder sopesar el conocimiento que de sus ideas hubiesen podido tener los diputados americanos antes o simultáneamente a la discusión constitucional, iniciada en agosto de 1811 y que terminó en enero del siguiente año. Así, indica MARINA que una vez enviado este escrito a la Junta Central, "anduvo de mano en mano entre los literatos. Se reprodujeron sus argumentos en Sevilla, donde por una casualidad cayó en poder del citado Blanco (se refiere a BLANCO-WHITE), que, habiendo emigrado a Inglaterra, publicó parte de este escrito en el número uno del mencionado periódico (alude a "El Español"), con el siguiente epígrafe: "Carta sobre la antigua costumbre de convocar las Cortes de Castilla para resolver los negocios graves del reyno". Escribíala D..." (92). Añade MARINA que aparte de esta impresión fechada en 1810, se hizo una segunda, también en Londres, pero en 1812 (93). Por último, sigue diciendo que el P. VÉLEZ, en su famosa "Apología del Trono y del Altar", cuando habla "de los primeros escritos que influyeron eficazmente en las peligrosas novedades y en las revoluciones políticas de Cádiz, coloca en primer lugar nuestro discurso sobre la necesidad de juntar Cortes, da noticia de la edición que de él se hizo en Londres, y añade que se imprimió en Valencia en el año 1811, por los yernos de don José Esteban, y se extendió por provincias" (94).

---

(90) **Martínez Cardos.** *Estudio Preliminar de la Vida y Obra de Martínez Marina.* BAE, T. I., p. 21.

(91) *Cfr. Las Ideas Políticas y su Significación dentro de la Obra Científica de Martínez Marina.* "Revista de Ciencias Jurídicas y Sociales", núm. 65. T. XVI, Madrid (1933), p. 513.

(92) *Principios...* Estudio Preliminar de Adolfo Posada. Madrid (1933), p. 23.

(93) *Ib.* p. 24, nota 1.

(94) *Ib.* p. 24.

En virtud de estos testimonios, no resulta aventurado suponer que los diputados americanos –y no sólo ellos, claro es– merced al susodicho escrito, tan profusamente difundido, hubiesen podido tener acceso a las tesis doctrinales que MARINA expondría luego en la "Teoría", lo que explicaría las mencionadas concomitancias doctrinales. No debe perderse de vista, en apoyo de esta conjetura, las estrechas relaciones que existían entre los ambientes hispanoamericanos y BLANCO WHITE, director de "El Español" (95). Por otra parte, STOETZER observa que las tesis de MARINA, en particular la del restablecimiento de las Cortes, eran conocidas en América entre 1810 y 1811, aunque muy probablemente lo eran tann sólo a través del "Ensayo Histórico-Crítico", publicado en 1808 (96).

Sin embargo, es más plausible pensar que las similitudes –a veces literales– que se advierten entre las tesis que sostiene MARTÍNEZ MARINA en su "Teoría" y las que mantuvieron los diputados americanos, no fueron debidas, principalmente, a un posible conocimiento e influencia directa del primero sobre los segundos, sino, más bien, a un común punto de partida doctrinal. Así, en efecto, por mucha importancia que se conceda al primer supuesto –cuyo alcance exacto está todavía por determinar, y que aquí se ha traído a colación como mera hipótesis– sería ciertamente absurdo imaginar una súbita y total influencia del historiador español sobre los diputados americanos. Sin negar que esa influencia directa pudiese existir, y explicar en parte el mencionado paralelismo, conviene no perder de vista, para no confundir los efectos con las causas, que en la historia de las ideas las influencias doctrinales más que encontrarse se buscan. O mejor, se busca lo que se pretende encontrar. La atracción doctrinal sólo se produce, de este modo, cuando preexiste un terreno abonado y proclive a la recepción. Por todo ello, parece más ajustado explicar el paralelismo en cuestión, primordialmente, como consecuencia de un fenómeno más profundo y menos "ca-

(95) *Cfr.* **D. Ramos.** *Las Cortes de Cádiz y América. O. c.*, p. 489 y ss.
(96) *O. c.* I. p. 139.

sual": la existencia de un poso o de una formación doctrinal sustancialmente similar.

Precisamente, por carecer de este sustrato común, en las intervenciones de los diputados realistas y liberales no se detectan afinidades esenciales con el historiador español, pese a que también hubiesen podido tener acceso, y si cabe con mayor facilidad, a todos sus escritos.

Ahora bien, ¿hasta qué punto puede hablarse de una afinidad doctrinal entre MARTÍNEZ MARINA y los diputados americanos? Para responder a esta pregunta no es necesario bosquejar las múltiples corrientes de pensamiento que se ensamblan en este autor y que configuran su compleja filiación doctrinal. A tal cometido ha dedicado J. A. MARAVALL un minucioso estudio (97), enriquecido recientemente por los trabajos de J. ALBERTI (98) y PÉREZ PRENDES (99). Basta, simplemente, con entresacar algunos de sus rasgos más característicos y definitorios para percatarse de que entre el sustrato doctrinal de MARINA y el de los diputados americanos existía una evidente ligazón. Así, en efecto, en aquél, al igual que ocurre con éstos, sobre una base firmemente enraizada en el pensamiento escolástico, se sobreponen conceptos y palabras tomados del iusracionalismo y del constitucionalismo. En sus reflexiones sobre las más medulares categorías del Derecho Público se anudan tesis "comunitaristas", de claro regusto escolástico, y que a veces recuerdan a los monarcómacos (100), con otras incrustadas en el pensamiento liberal y, sobre todo, democrático. Así acontece cuando en la "Teoría de las Cortes" –o en los "Principios"– expone sus puntos de

---

(97) *Estudio Preliminar... O. c.* pp. 9-108.

(98) **Jaime Alberti Nieto.** *Derecho Natural y Comunidad Política en Francisco Martínez Marina (1754-1833).* Tesis Doctoral. Facultad de Derecho. Oviedo. 1978 (en Prensa).

(99) *Introducción a la "Teoría de las Cortes"*, T. I., pp. 9-51. Editora Nacional, Madrid (1979), (3 T). V. también nuestro trabajo *Tradición y Liberalismo en Martínez Mavina.* Oviedo (1983).

(100) De hecho M. M. fue acusado por el autor del *Discurso sobre la Confirmación de los Obispos,* publicado en Cádiz, en 1813, obra probablemente del realista **Inguanzo,** de haber seguido el sistema de **Marsilio de Padua** y de su discípulo, **Juan Wyclef.** *Cfr.* **Maravall.** *Estudio... O. c.,* p. 14.

vista sobre la soberanía nacional, en los que se funden y confunden axiomas neoescolásticos con otros que recuerdan e incluso reproducen a SIEYES. Otro tanto sucede cuando en su crítica al mandato representativo o a la rigidez constitucional se encadenan prejuicios mediavalizantes con opiniones de aparente textura democrática. En fin, algo semejante se produce cuando al discurrir sobre todas estas cuestiones se presentan entretejidos en un curioso maridaje principios individualistas con reveladores resquicios "provincialistas". Si este ensamblaje doctrinal era en gran parte inconsciente, como sugiere MARAVALL (101), o perfectamente deliberado, como sostiene PÉREZ-PRENDEZ (102), es asunto en el que, pese a su importancia, no interesa detenerse ahora. El hecho es que tal amalgama es indubitable y reiterada. Y en virtud de la misma, la filiación doctrinal de MARINA presenta un carácter muy contradictorio. "Los conceptos clásicos cabalgan sobre los modernos –escribe CARVAJAL–. Del conjunto de estos factores surge un armonismo no siempre congruente y aprehensible" (103). "Liberalismo, incluso radical, y tradicionalismo, se entrelazan y constituye un dato de partida para comprender su contradicción permanente", apostilla MORODO (104). En ocasiones, en efecto, MARINA parece aceptar ciertos postulados básicos de la teoría constitucional, y en otras estos mismos postulados se niegan o desvirtúan. Pero, a la vista de las diferentes y aún opuestas piezas que se articulan en su pensamiento, ¿podía MARINA evitar la contradicción?

Intentemos ahora retormar el hilo y respondamos a la pregunta arriba planteada: ¿existe o no una sustancial afinidad entre la filiación doctrinal de este autor y la que –según hemos adelantado– caracterizaba a los diputados de Ultramar? Si se prescinde del peculiar y conocido historicismo que

---

(101) *Cfr. Estudio... O. c.*, p. 77.
(102) *Cfr. Introducción... O. c.*, pp. 17-18.
(103) *El Pensamiento Español en el Siglo XIX... O. c.*, p. 354.
(104) **R. Morodo.** *La Reforma Constitucional en Jovellanos y en Martínez Marina.* "Boletín Informativo de Derecho Político de la Universidad de Salamanca", núm. 29-30, pp. 89-90.

tiñe todas las obras de MARTÍNEZ MARINA (105), y que, como se ha dicho, no tuvo un eco especialmente importante entre los diputados americanos, habrá que convenir en que la respuesta no puede ser más que afirmativa. Escolasticismo y democratismo, individualismo y provincialismo, mezclados entre sí, son rasgos comunes, aunque no siempre tengan el mismo alcance, ni sean esgrimidos con la misma intención política. Como resultas de este mestizaje, ambas partes coincidirán también en un común distanciamiento e incomprensión de las más cardinales premisas del liberalismo.

Para terminar este perfil comparativo, conviene consignar que la interrelación que aquí se examina no se agota con lo que se ha expuesto. Junto a la posible influencia de MARINA en los diputados americanos, y el paralelismo que se observa entre éstos y aquél, interesa hacer constar una influencia de sentido inverso: la ejercida por los diputados americanos sobre MARINA, y el paralelismo que se detecta entre éste y aquéllos. Tales extremos se comprueban si se cotejan las intervenciones de los parlamentarios americanos con los juicios que MARINA vierte sobre la Constitución de 1812 –insertos, *a posteriori,* en la "Teoría", y muy reveladores de su posición doctrinal– en los que se advierten importantes semejanzas. Incluso, se hace patente la expresa simpatía que le merecieron al historiador español significativas reivindicaciones planteadas por los representantes de Ultramar (106). Circunstancias todas ellas que refuerzan y amplían, desde una perspectiva inversa, los lazos que a ambas partes unían.

---

(105) "Basta hojear cualqiera de los libros de Martínez Marina –escribe RIAZA– para encontrar ya implícita, ya explícitamente, el pensamiento de utilizar la historia como instrumento puesto al servicio de una propaganda de ideas políticas, y no en el sentido mezquino de deformación consciente de los sucesos históricos, sino de una convicción profunda nacida precisamente al calor de investigaciones dilatadas y laboriosas" *O. c.* pp. 515-516.

(106) *V. Infra.,* Cap. V, I, 2, y Cap. VIII, IV, 3.

V. LA FILIACION DOCTRINAL DE LOS DIPUTADOS LIBERALES DE LA METROPOLI

Cuando se trata de los diputados liberales de la metrópoli, la distinción entre grupo doctrinal y político, o entre comunidad ideológica y afinidad de talantes, cobra mucha menor relevancia, por no decir que carece de sentido. Si entre los realistas había algunos picados del ideario ilustrado y otros hostiles al mismo, o si entre los americanos se podía y se debía distinguir a los conservadores de los progresistas y a éstos de los reformistas, entre los diputados liberales de la metrópoli no sólo existía una básica identidad doctrinal, sino que presentaban, además, una evidente cohesión política. Con esta afirmación no se quiere decir que no se pudiesen observar en este grupo diferencias políticas de matiz, o que no fuesen patentes en algunos de sus miembros ascendientes ideológicos inexistentes o de débil presencia en el resto. Precisamente, interesa comenzar su disección doctrinal examinando el alcance cuantitativo y cualitativo de aquellas corrientes de pensamiento tan sólo perceptibles en algunos de sus miembros. Tales corrientes se reducen a dos: el escolasticismo y el utilitarismo benthamiano. Verificado este examen, se analizará a continuación las influencias comunes al conjunto de este grupo.

1. **El alcance del influjo escolástico**

La presencia o ausencia de ciertos rescoldos escolásticos supuso el elemento diferenciador más importante en el seno del grupo liberal-metropolitano. La impronta de algunas tesis de la Escuela es notoria en DIEGO MUÑOZ TORRERO y en ANTONIO OLIVEROS, cuando abordan el problema del origen y de los límites de la soberanía, y cuando intentan delimitar el concepto de Nación. Ambos diputados —clérigos, extremeños, y antiguos alumnos de la Universidad de Salamanca, de la que el primero había sido Rector— representaron a este grupo en la Comisión Constitucional, junto a AGUSTÍN DE

ARGÜELLES, JOSÉ ESPIGA y EVARISTO PÉREZ DE CASTRO. Su actuación en las Cortes, en todos los debates y especialmente en el constitucional, fue destacadísima, en particular la de MUÑOZ TORRERO (107), considerado por algún autor, un tanto hiperbólicamente, "el padre de la Constitución" (108).

A la vista de estos hechos, parecería, *prima facie,* que llevan razón aquellos estudiosos que han sostenido que el escolasticismo constituyó un punto de unión entre todos los miembros de las Cortes, a la vez que un trazo original de liberalismo doceañista, y, por lo mismo, un factor que permite distinguirlo del liberalismo europeo. En tales juicios vienen a coincidir L. DÍEZ DEL CORRAL (109), SÁNCHEZ AGESTA (110), y la mayor parte de los autores que intentan resaltar —a veces en exceso— el carácter "genuino" del primer liberalismo español, como D. SEVILLA ANDRÉS (111) o, recientemente, MARTÍNEZ SOSPEDRA (112).

¿Hasta qué punto se comparten aquí tales asertos? Como se acaba de decir, no hay duda de la resonancia de ciertas tesis escolásticas en dos de los más descollantes liberales gaditanos, como tampoco era ajeno a este pensamiento —y M. QUINTEIRO lo ha puesto de relieve— un hombre de la significación e importancia de QUINTANA (113), o, años más tarde, bastantes años más tarde, BRAVO MURILLO, autor de una muy interesante disertación sobre la soberanía (114), rara vez citada. También hay que convenir con MARTÍNEZ SOSPEDRA en que algunos términos utilizados indistintamente por todas las tendencias procedían de la literatura escolástica, como, por ejemplo, los de "Monarquía moderada", o el de

(107) Sobre este diputado, *V.* **Rafael M.º de Labra.** *Muñoz Torrero y las Cortes de Cádiz en la España del Siglo XIX.* Madrid (1886).

(108) Así, **Martínez Sospedra.** *O. c.,* p. 159.

(109) *Cfr. El liberalismo doctrinario.* 3.ª edic. I. E. P. Madrid (1973). pp. 459-460 y 467.

(110) *Cfr. Historia del Constitucionalismo español. O. c.,* pp. 65 a 73.

(111) *Cfr. La Constitución de 1812, obra de transición. REP, núm. 126 (1962), p. 121.*

(112) *Cfr. O. c.,* pp. 34-35.

(113) *O. c.,* pp. 185-186.

(114) *Política y Administración en la España Isabelina.* Estudio, notas y comentarios del texto a cargo de **J. L. Comellas.** Narcea (1972), pp. 122 y ss.

poderes "comunicados", en vez del más liberal "delegados" (115).

Ahora bien, es preciso hacer dos puntualizaciones respecto a la influencia del escolasticismo en el grupo que se examina. En primer lugar, hay que decir que ésta sólo se redujo a MUÑOZ TORRERO Y OLIVEROS. En los demás, con la excepción terminológica mencionada, no hay resquicio escolástico alguno. En segundo lugar, importa advertir desde ahora que el influjo de la Escuela alcanza a los planteamientos de estos diputados, pero no –como se irá viendo– a las conclusiones que de aquéllos extraen.

Hablar, pues, del escolasticismo –o, más concretamente, de la neoescolástica española del Siglo de Oro– como uno de los componentes ideológicos del primigenio liberalismo español, solamente es cierto, a nuestro entender, si se tienen en cuenta las dos precedentes puntualizaciones. Y, por mor de las mismas, parece más correcto referirse al "eco" o a la "huella" de la Escuela en "algunos" de los liberales del doce. Pero sin exagerar su importancia, ni en un sentido cuantitativo ni, sobre todo, cualitativo. Opinión, ciertamente, que no es la que suele sostenerse. La influencia escolástica se señala sin matices e indiscriminadamente, sin parar mientes en la distinta trascendencia que ésta reviste en uno o en otro grupo doctrinal (116). Pero, si es evidente que en el grupo realista y en el americano el impacto del escolasticismo fue casi general, y tan decisivo que les situó a ambos en una posición doctrinal pre-liberal, en el grupo que ahora se estudia fue muy restringido y superficial: ni rompió su unidad doctrinal, ni a los diputados que acusan su influjo les impidió ubicarse en unas coordenadas inequívocamente liberales.

En rigor, la repercusión del escolasticismo en el sector liberal de las Cortes no podía ser otro. Si fuese mayor, si fuese crucial, si fuese de un fuste tal que permitiese distinguir sus planteamientos y sobre todo sus conclusiones esenciales de las acuñadas por el liberalismo europeo, sencillamente

(115) *Cfr. O. c.*, pp. 35 y 315-316.
(116) *V.* notas 109 a 112.

no podría hablarse del liberalismo español. Estar adscrito a las tesis escolásticas acerca del poder y de sus límites y ser liberal, es, en puridad, tan imposible en 1812 como en nuestros días. Intentar tender un puente entre estas dos corrientes, cuyo asiento filosófico e histórico es tan distinto y distante, no deja de ser un despropósito. Ciertamente que la neoescolástica –especialmente la tardía– influyó sobre el iusracionalismo e indirectamente, a través de éste, en el pensamiento constitucional liberal. Pero esta conexión era más histórica que filosófica. Las similitudes lógicas o conceptuales entre aquélla y el pensamiento liberal son, en verdad, más aparentes que reales. Si se hurga un poco en ambas las diferencias se muestran abismales. La conexión histórica, por otra parte, poco dice. Esta es posible en la medida en que en la Historia –en el transcurso del tiempo– confluyen y se enhebran corrientes filosóficamente dispares y contrapuestas, que responden a modos bien distintos de plantearse y solucionar el gran problema del poder y sus límites. Problema eterno, en cuanto humano, pero histórico, esto es, susceptible de enfoques radicalmente diversos, por el mismo motivo. Las corrientes escolásticas partirán de la naturalidad y perpetuidad del poder; el pensamiento liberal, bien al contrario, de su carácter convencional, contingente y, a la postre, finito. En las primeras estará ausente el problema constitucional –tan sólo, en algún caso, aparece la idea, bien distinta, de unas leyes fundamentales–, en el segundo, en cambio, se insistirá en la limitación racional del poder a través de una superley –la Constitución–, legitimada por un cuerpo social concebido como mero agregado atomístico de individuos formalmente iguales.

A lo sumo, los presupuestos escolásticos podrían cohonestarse con ciertas premisas democráticas –y MARTÍNEZ MARINA y los diputados americanos eran un buen ejemplo de ello– pero nunca con las liberales. En los capítulos siguientes se intentará corroborar estas aseveraciones y mostrar como, contra lo que pudiera parecer, no son tajantes o dogmáticas en exceso.

2. El utilitarismo benthamiano

Por lo que atañe al influjo del utilitarismo benthamiano, en las Cortes de Cádiz apenas se percibe. Tan sólo cabe advertir su reflejo en AGUSTÍN DE ARGÜELLES, cuando, al reflexionar sobre el origen de la soberanía, rechaza por "metafísicas" las tesis contractualistas revolucionarias. Al ser el diputado asturiano hombre en absoluto afecto al escolasticismo, puede conjeturarse con que esta actitud tuviese algo que ver con las tesis expuestas por J. BHENTAM, en particular en su "Tratado de los Sofismas Políticos" (117). Como es bien conocido, la influencia del publicista inglés en España fue enorme, pero sólo a partir de 1820, merced a la difusión que de sus ideas realizaron RAMÓN DE SALAS y TORIBIO NÚÑEZ y a los contactos directos con sus obras y su persona por parte de los liberales españoles durante los exilios provocados por las reacciones absolutistas de 1814 y 1823 (118). Sobre todo, la resonancia de BENTHAM alcanza cotas insospechadas en la década de los treinta, en la que irrumpe la llamada "generación bhentamista", cuyos postulados, tan distintos de los apotegmas iusracionalistas y del *pathos* historicista del doce, se plasmarán en la Constitución de 1837 (119). Sin embargo, ya desde la temprana fecha de 1807 alguna obra de BENTHAM era conocida en España, introducida, como otras muchas, por las tropas francesas en su marcha hacia Portugal (120). Por otra parte, no debe perderse de

---

(117) *Cfr.* **Jeremy Bhentam.** Oeuvres Traduits par **P. E. L. Dumont.** Reimpression de l'Edition. Bruxelles (1829). Scientia Verlag. Aalen (1969), 4 T. *V.* T. I. *Traité des Sophismes Politiques,* en particular, los *Sophismes anarchiques,* pp. 549 y ss.

(118) Sobre la influencia de **J. Bhentam** en España, *V.* **Luis Silvela.** *Bhentam en España,* Discurso de recepción en la Academia de Ciencias Morales y Políticas. Madrid (1894). **Juan Sánchez-Rivera de la Lastra.** *El Utilitarismo. Estudio de las Doctrinas de J. Bhentam. Su Expositor en España.* Prólogo de **Quintiliano Saldaña.** Madrid (1912). **M.º Jesús Miranda.** *Bhentam en España.* Apéndice a *El Panóptico* de J. Bhentam, y a *El Ojo del Poder,* de **M. Foucault.** Madrid (1979).

(119) Sobre el giro doctrinal que experimenta el liberalismo español entre 1812 y 1837, cuyo principal reflejo es la Constitución de este último año, esperamos publicar pronto un trabajo ya elaborado.

(120) Se trataba concretamente de los *Principios de Legislación Civil y Penal,* uno de cuyos ejemplares cayó en manos de **Toribio Núñez,** a la sazón residente en

vista que ARGÜELLES había vivido en Inglaterra entre 1806 y 1808 (121), en cuya estancia pudo haberse familiarizado con las obras y las tesis del tratadista inglés.

Conviene detenerse a continuación en los restantes componentes doctrinales que se aprecian en el grupo liberal-metropolitano, y que, a diferencia de los dos hasta aquí examinados, eran asumidos por todos sus miembros, aunque también con matices personales de interés. Estos componentes pueden reducirse a tres: el ideario de la Ilustraciónn, el historicismo nacionalista y el pensamiento constitucional anglo-francés.

3. Influencia del ideario de la Ilustración. Sus matices

La estela del ideario ilustrado en los diputados liberales es perfectamente comprensible si se tiene en cuenta que en las Cortes de Cádiz –y en la misma Constitución– cristalizan y se articulan buena parte de las aspiraciones de los grandes reformadores del siglo XVIII: FEIJÓO, MACANAZ, CAMPOMANES, ARANDA, FLORIDABLANCA, o JOVELLANOS (122). La Constitución de Cádiz, desde este punto de vista, y en virtud también de su racionalismo y su terminología todavía muy dieciochesca, es más una Constitución del Siglo de las Luces que del siglo XIX, como se encargarían de poner de relieve sus detractores en 1837. En esta época, y en realidad ya desde el trienio liberal (123), el código doceañista sería descalificado por su tosquedad técnica, consecuencia del espíritu racionalista y abstracto que había animado a sus redactores; por su carácter obsoleto; por poco acompasado, en fin, al "nuevo espíritu del siglo" (124).

Salamanca. *Cfr.* **Silvela,** *O. c.*, p. 49 y **Sánchez-Rivera.** *O. c.*, pp. 141-142, apéndices sobre las relaciones epistolares entre **J. Bhentam** y **T. Núñez.**

(121) *Cfr.* **Jesús Longares.** *Estudio crítico a la "reforma constitucional de Cádiz"*, de **Agustín de Argüelles.** *O. c.*, pp. 17-18.

(122) *Cfr.* **S. Agesta.** *Historia del Constitucionalismo... O. c.*, p. 83.

(123) *Cfr.* **Ramos Solís.** *Cara y Cruz. La Primera Constitución Española* (Cádiz 1812-Cádiz 1823). REP, núm. 126 (1962), p. 154.

(124) En estas objecciones coincidirán moderados y progresistas. *Cfr.* **J. T. Villarroya.** *La Constitución de 1812 en la época del Estatuto Real.* REP, núm. 126

Sin embargo, conviene precisar que la asunción del ideario ilustrado por parte de los diputados liberales era parcial: se asumía la mayor parte de su programa económico-social y educativo, pero no sus premisas políticas. En este campo la diferencia entre ilustrados y liberales era radical. Y la clave para distinguir sus respectivos puntos de vista residía –como con acierto señala E. MARTÍNEZ QUINTEIRO (125)– en el sujeto de imputación de la soberanía; y, a partir de aquí, en el modo de concebir el problema constitucional. Al liberalismo doceañista ya no le interesaba convertir al Monarca en el "nervio de la reforma" (126), ni consideraba suficiente la remisión a una legislación histórica fundamental como medida precautoria ante sus posibles excesos. Estas eran dos ideas-fuerza –especialmente la primera, ya que la segunda no siempre era defendida– de la burguesía ilustrada y de cierta "noblesse de robe". Pero insatisfactorias para la burguesía liberal revolucionaria, y no tan sólo reformista. Para ésta, la "Nación" –que no el "Pueblo"– habría de ser el único sujeto que legitimase el nuevo entramado político establecido, y la "Constitución" el gozne sobre el que habrían de girar todos sus límites. Por ello, los diputados liberales coincidirían a veces con los realistas ilustrados al abordar la abolición de la Inquisición, la extinción de los señoríos jurisdiccionales, la proclamación de la libertad de Industria y Comercio, o, en fin, la disolución de los gremios; pero cuando se trataba de apuntalar un sistema político, las discrepancias eran notorias.

Desde luego, cómo han demostrado MARAVALL (127) y ELORZA (128), las dos premisas liberales mencionadas –so-

---

(1962), pp. 251-275, también *Cfr.* **José M.º Jover Zamora.** *Sociedad y Estado en Tiempos del Estatuto Real.* "Revista Internacional de Sociología", núm. 107-108 (1969), pp. 50 y ss. Quizá el testimonio más ilustrativo de este cambio de mentalidad sufrido por los liberales españoles lo constituya el libro de **F. Martínez de la Rosa.** *Espíritu del Siglo.* Madrid. Imprenta de don Tomás Jordán (1835). 4 v.

(125) *Cfr. O. c.*, pp. 89 a 121. esp. pp. 99-100.

(126) La expresión es de **S. Agesta.** *El Pensamiento Político... O. c.*, p. 275. *V.* también **Elorza.** *La ideología liberal... O. c.*, p. 102.

(127) *Cfr. Cabarrús... O. c., passim.* y *Las Tendencias de Reforma... O. c., passim.*

(128) *Cfr. La Ideología Liberal... O. c., passim.*

beranía nacional y Constitución– habían sido defendidas ya por distintos autores a lo largo del siglo XVIII (como FORONDA, CABARRUS, ARROYAL, CAÑUELO, QUINTANA, IBÁÑEZ DE LA RENTERIA), incluso bastante antes de la Revolución francesa. Opinión bien diferente a la sustentada por SARRAILH (129), HERR (130), S. AGESTA (131), CORONA (132) y STOETZER (133), quienes entienden que la soberanía del Rey fue un dogma incuestionable durante el siglo XVIII, y sólo, si acaso, puesto en entredicho por una minoría a partir de 1789. Sin embargo, las investigaciones de MARAVALL y ELORZA, en rigor, mas que relativizar las diferencias existentes entre el ideario de la Ilustración y el liberalismo, evidencian que en el Siglo de las Luces hubo significados intelectuales que, por ser liberales, sobrepasaban los esquemas ideológicos de la Ilustración. De este modo puede hablarse en España de un liberalismo pre-doceañista, es decir, de un liberalismo que se asume antes de su eclosión histórica, de la misma manera que se puede hablar de un doceañismo pre-liberal, esto es, de unas corrientes de pensamiento que, en plena eclosión histórica del liberalismo, se parapetarán filosóficamente en un conjunto de premisas anteriores a él.

4. El historicismo nacionalista y Martínez Marina

Por lo que respecta al historicismo nacionalista, éste representó, sin duda alguna, uno de los componentes doctrinales más significativos en la filiación de los diputados liberales de la metrópoli. El principio de soberanía nacional sería justificado por buena parte de éstos –no por todos, como suele creerse–, alegando su tradicionalidad, su arraigo en la antigua legislación española. Y en general, casi todos los preceptos constitucionales, rigurosamente subversivos de los

(129) *Cfr. O. c.*, p. 573.
(130) *Cfr. España y la Revolución Política... O. c.*, p. 181.
(131) *Cfr. El Pensamiento del Despotismo... O. c.*, p. 223.
(132) *Cfr. La Doctrina del Poder Absoluto... O. c.*, p. 13.
(133) *Cfr. O. c.* T. II., p. 211.

ordenamientos jurídicos precedentes, intentarían defenderse mediante el recurso a una supuesta tradición española, que permitiese vincular todas las medidas innovadoras a un precedente histórico. Interesa ahora de modo especial precisar dos extremos que plantea este historicismo liberal: por un lado, sus causas y el sentido que debe atribuírsele; por otro, su alcance y significado. Comenzemos por el primer aspecto.

¿Era pura ingenuidad este recurso a la Historia, este intento de reconducir los nuevos principios e instituciones liberales a la antigua legislación medieval? ¿O se trataba, por el contrario, de una mera argucia justificatoria? La disyuntiva que aquí se plantea es –y probablemente lo seguirá siendo siempre– uno de los más importantes puntos de fricción que se observa entre los estudiosos de la obra doceañista. Así, y sin ánimo de incurrir en un exhaustivo y un tanto estéril análisis comparativo, para R. CARR el recurso a la Historia por parte de estos diputados era un "artificio táctico" (134); opinión por la que parecen decantarse TIERNO GALVÁN (135), COMELLAS (136), y FERNÁNDEZ ALMAGRO (137), aunque este último admita también alguna posible sinceridad en esta actitud. Para otros autores, en cambio, la alusión a la Historia y la creencia en una conexión entre ésta y la Constitución de 1812 revelaban sus más íntimas convicciones. Tal viene a ser el juicio que sostienen R. HERR (138) y PÉREZ-PRENDES (139). Por su parte, FERNÁNDEZ CARVAJAL, sin negar la finalidad justificatoria, deliberadamente aceptada, que subyacía en el empeño historicista de los liberales, parece inclinarse por entender que, ante todo, este fenómeno era fruto de un inconsciente e ingenuo error de apreciación, propiciado por el ambiente de la época: "un sentido histórico deficiente –escribe–, poco penetrado de la individualidad de los fenó-

(134) *Cfr. España (1808-1936)*. Ariel. Barcelona (1968), p. 105.

(135) *Cfr. Tradición y Modernismo.* Tecnos. Madrid (1962), pp. 146-151.

(136) *Cfr. Las Cortes de Cádiz y la Constitución de 1812*. REP núm. 126 (1962), p. 83.

(137) *Cfr. Orígenes del Régimen Constitucional... O. c.* pp. 81-83.

(138) *Cfr.* **Richard Herr.** *Ensayo Histórico de la España Contemporánea.* EDERSA (1971), pp. 108-109.

(139) *Cfr. Curso de Historia del Derecho Español.* Madrid (1973), pp. 667-668.

menos históricos, ocultaba a sus ojos las diferencias sustanciales entre la libertad concretada en privilegios y el liberalismo como doctrina abstracta. Pero a la vez, el propio sentido histórico de su tiempo, ya prerromántico, les inducía a esta posición. Obraban bajo dos influjos confluyentes: el de la Ilustración española, que en contraste con la de otros países se inclinaba a valorar positivamente la Edad Media, y el general de la Europa post-revolucionaria y prerromántica de los comienzos de siglo, que tendía a buscar en la Historia, cuando menos, colorido y temperatura emocionales" (140). Y en realidad hay que admitir, en efecto, que la invocación a la Historia en apoyo de medidas objetivamente revolucionarias, obedecía tanto a una creencia profundamente sentida como a una inequívoca táctica exculpatoria. La primera razón se explica, como recuerda CARVAJAL y como se ha visto páginas atrás, por el contexto de la época; y puede probarse, por poner un ejemplo revelador, con el testimonio de AGUSTÍN DE ARGÜELLES. Este prohombre liberal, lejos de todo condicionamiento ambiental, seguiría insistiendo desde su exilio londinense en el lazo de continuidad que unía a las instituciones góticas con las que "ponía en planta" la Constitución de 1812 (141). Pero en una parte no desdeñable la referencia a la Historia era un recurso táctico, dirigido a actuar de lenitivo contra los recelos y suspicacias de los diputados realistas y del país en general. Se trataba, pues, de un recurso forzado, obligado por las circunstancias del país, por el arraigo de las ideas tradicionales en él imperantes. "A pesar del tímido ensayo de la Ilustración –escribe C. ARAUZ DE ROBLES–, la burguesía no existía en España, no contaba, al menos, como clase; no disponía de fuerza para sacudir de un golpe todas las raíces que sustentaban la estructura estamental y dominar al mismo tiempo la fuerza del pueblo, despierta por la conexión entre la nobleza y la clase media. Por esta debilidad específica, la burguesía se justifica siempre con la tradición" (142).

(140) *O. c.*, p. 352.
(141) *Cfr. La Reforma Constitucional de Cádiz. O. c.*, pp. 258-278.
(142) *Cádiz entre la Revolución y el Deseado. (Apuntes sobre el Derecho Público y Privado de la Revolución).* Instituto Editorial Reus. Madrid (1963), p. 50.

Además, la referencia a una supuesta tradición nacional se presentaba como una exigencia de la misma situación histórica que posibilitó y condicionó el nacimiento de una "acción liberal" en la España ocupada de 1812. Sería inexacto, pues, explicar unilateralmente el historicismo nacionalista de los liberales y entenderlo sólo como fruto de su buena fe e ingenuidad, o como un mero subterfugio justificativo. Pero más que las causas y el sentido que cumple atribuir al historicismo de los liberales, interesa aclarar su significado y alcance. Sin duda, su precedente más inmediato hay que buscarlo en MARTÍNEZ MARINA. Ahora bien, del mismo modo que se ha distinguido entre el historicismo de los realistas, afín a las pautas marcadas por JOVELLANOS, y el de los liberales, próximo al de MARTÍNEZ MARINA, conviene ahora delimitar y diferenciar el historicismo de este autor del que hicieron gala los doceañistas liberales. En ambos casos se trataba de un historicismo no estático, sino dinámico; modulado y suavizado por la razón; de un "historicismo racionalista", en suma, que pretendía reivindicar una supuesta "tradición liberal", distinta y más falsa que la reivindicada por los realistas y por JOVELLANOS. La clave de este historicismo liberal estribaba en establecer un hilo de continuidad entre la Monarquía estamental española y la Monarquía Constitucional, y ver en esta última –al identificarla conn la primera– la forma tradicional de gobierno en España. Estas básicas coincidencias entre MARINA y los liberales doceañistas son evidentes y harto conocidas, por lo que insistir en ellas a estas alturas implicaría incurrir en una tediosa e innecesaria reiteración (143). Sí interesa, en cambio, profundizar en el distinto alcance y significado de que historicismo y otro, extremo que no ha sido valorado o tan sólo ha sido esbozado.

Desde este punto de vista, a diferencia de las opiniones de A. POSADA (144), R. RIAZA (145), FERNÁNDEZ ALMAGRO

(143) *V.* por todos, **J. M. Pérez-Prendes.** *Cortes de Castilla y Cortes de Cádiz.* REP núm. 126 (1962), pp. 221-429, *passim.*

(144) *Cfr. Estudio Preliminar a los "Principios...",* de **M. Marina.** *O. c.,* pp. 29-30.

(145) *Cfr. O. c.,* pp. 511-512.

(146), D. DEL CORRAL (147), T. GALVÁN (148), R. CARR (149), o R. DE ARANDA (150), que parecen confundir ambos, MARAVALL ha apuntado su distinto alcance y significado. Para este autor, ARGÜELLES "que no es historiador, interpreta las referencias que tiene del pasado en el sentido de las modernas ideas, alterando aquéllas radicalmente. MARINA, sobre cuyo pensamiento pesa mucho más un efectivo saber histórico, cree hallar en los testimonios del pasado las nuevas ideas y acaba desfigurando éstas al interpretarlas desde unos pretendidos orígenes con los que, en rigor, tenían muy escasa relación" (151). Observación que no debe limitarse a ARGÜELLES, sino que puede extenderse a los demás miembros de su grupo, ya que MARAVALL toma al diputado asturiano como "representante genuino de la línea de pensamiento que se expresa en el Discurso Preliminar de la Constitución de Cádiz" (152). Pues bien, este juicio de MARAVALL, al que implícitamente se suman S. AGESTA (153), y E. M. QUINTEIRO (154), encierra un gran interés para este trabajo, ya que permite conocer una de las razones que explican las sustanciales divergencias que se aprecian entre los doceañistas liberales y MARTÍNEZ MARINA, cuando ambas partes abordan las categorías más importantes de la teoría constitucional. En virtud de este interés, conviene ahondar en el diferente alcance del historicismo de MARINA respecto al de los doceañistas liberales, que MARAVALL solo certeramente se limita a apuntar, sin extraer sus consecuencias. Intentémoslo.

El historiador español, al insistir en la continuidad histórica antes mencionada, incurre en una serie ingente de ex-

(146) *Cfr. Del Antiguo Régimen a las Cortes de Cádiz*. REP núm. 126 (1962), p. 19.

(147) *O. c.*, pp. 467-570.

(148) *Cfr. Tradición y Modernismo... O. c.*, p. 149.

(149) *Cfr. O. c.*, p. 105.

(150) *Cfr. La Recepción y el Influjo... O. c.*, p. 170.

(151) *Estudio Preliminar... O. c.*, pp. 107-108.

(152) *Cfr.* Ib., pp. 107-108.

(153) *Cfr. Historia del Constitucionalismo Español. O. c.* Cotéjense las páginas 48-49, en las que se analiza el historicismo de los liberales doceañistas, con las páginas 62-64, dedicadas a explicar el historicismo de **Marina.**

(154) *Cfr. O. c.*, p. 173.

trapolaciones, que le conducen a deformar —a medievalizar— las modernas instituciones representativas y sus principios rectores. Se trata, pues, de un error de apreciación no sólo histórico, sino fundamentalmente ideológico, que se percibe, como a lo largo de este estudio se tendrá ocasión de mostrar, cuando intenta reflexionar sobre los más importantes conceptos del constitucionalismo. Los diputados liberales, al intentar hilvanar históricamente la Monarquía medieval y la constitucional, y sus principios inspiradores, se ven abocados ineluctablemente también a un sinfín de extrapolaciones y deformaciones. Pero con un alcance inverso: en este caso lo que se deforman y malinterpretan no son las instituciones representativas modernas ni sus principios axiomáticos, sino las premisas y las instituciones medievales. Se trata, pues, de un error histórico, pero que no comporta una incorrecta apreciación de los dogmas configuradores del Estado liberal. Dicho con otras palabras, MARINA, conocedor de los Códigos medievales, se empeña en ver sus principios plasmados en las modernas constituciones. Los liberales doceañistas, en cambio, conocedores sólo de éstas, o fundamentalmente de éstas, se obstinan en retrotraer sus principios a aquéllos. Por ello, aunque MARINA pretenda ser liberal, e invoque repetidas veces a paradigmáticos tratadistas de esta corriente, no puede incluírsele, en rigor, dentro del movimiento de ideas que esta corriente encarna. Al contrario, los liberales doceañistas, aunque intenten ocultar al máximo su liberalismo, y se cuiden, arropándose en una coraza supuestamente tradicionalizante, de no citar a los teóricos del liberalismo, sí deben considerárseles adscritos e inclusos en esta corriente doctrinal, como también se podrá comprobar si se presta atención a los capítulos sucesivos.

5. El iusnaturalismo racionalista y el pensamiento constitucional

Resta ahora aludir a la corriente de pensamiento más influyente y decisiva en la formación doctrinal de los diputados liberales de la metrópoli: la teoría constitucional, fundamentalmente la de origen francés, y su soporte filosófico: el iusnaturalismo racionalista. Como se ha dicho, el escolasticismo sólo se percibe en algunos miembros de este grupo, sin que, en todo caso, llegasen a asumir plenamente sus postulados jurídico-políticos esenciales. El eco del utilitarismo benthamiano es una mera hipótesis sin confirmar, pero, desde luego puede decirse que de existir fue muy poco intenso y extenso. El pensamiento del Despotismo ilustrado se reveló tan sólo en el modo de abordar cuestiones de índole extrapolítica. Y, en fin, el historicismo nacionalista más que una doctrina significaba, a la postre, un ropaje o barniz con el que se pretendía diluir y menguar –más o menos conscientemente– el impacto de unas premisas que poco o nada tenían que ver con lo anteriormente existente. En cambio, el iusracionalismo y el pensamiento constitucional –LOCKE, ROUSSEAU, SIEYES–, y, sobre todo, las tesis expuestas en la Francia de 1791, inspiraron de una manera crucial y terminante a todos los componentes del grupo doctrinal que se examina. De modo muy especial interesa destacar la sustancial similitud, cuando no identidad, que se detecta entre los principios informadores de la Constitución francesa de 1791 y los que defendieron los doceañistas liberales en las Cortes de Cádiz, recogidos en su mayoría en la Constitución de 1812.

Sin duda, la valoración de esta influencia doctrinal constituye, junto al discernimiento de las causas del historicismo liberal y a la evaluación de la huella del escolasticismo, uno de los puntos más controvertidos en los estudios sobre las Cortes gaditanas. Pero antes de adelantar los criterios que aquí se sostienen al respecto, interesa precisar que una cosa es el influjo de las doctrinas revolucionarias sobre el hilo argumental de los liberales doceañistas, y otra diferente el influjo de estas doctrinas y del texto del 1791 sobre la Constitución de 1812. Ambos extremos a veces se identifican o no se distinguen con nitidez. Y ciertamente son cuestiones muy unidas. Si los diputados liberales fueron los principales artífices de este código, es lógico, hasta cierto punto, pensar que en él se plasmaron sus ideas constitucionales. No obstante conviene diferenciar ambos supuestos, ya que la Constitución de 1812, como afirma E. M. QUINTEIRO, "no es tanto la expresión de lo que el liberalismo 'quiso', como la de que el liberalismo 'pudo'; y si es cierto que 'pudo bastante', no lo es menos que lo hizo a costa de algunas renuncias" (155). En consecuencia, si se parte de esta previa y necesaria distinción, es preciso detenerse ahora tan sólo en la repercusión del iusracionalismo y del pensamiento constitucional sobre los diputados liberales, puesto que la segunda cuestión –el carácter tradicional o revolucionario del código de 1812– escapa por el momento a nuestro interés, y sobre ella nos iremos ocupando a lo largo de esta obra.

La recepción del iusnaturalismo racionalista y del pensamiento constitucional en la España del siglo XVIII es algo fuera de duda, aunque se discuta su cuantía y alcance (155 bis). Los estudios de R. HERR (156), M. y J. L. PESET (157) y A. HERRERO (158), han mostrado los conductos que permitieron conocer en España parte de la literatura iusracionalista germánica y anglo-francesa, así como los principales hitos de este conocimiento. Los cauces más importantes para la penetración de las nuevas ideas fueron la Universidad, las Sociedades de Amigos del País, la Prensa, y los cada vez más frecuentes viajes al extranjero por parte de la élite culta de entonces. En la Universidad y los colegios fueron hitos decisivos para la difusión del iusnaturalismo racionalista germánico –PUFFENDORF, F. HEINNECIOS, GROCIO, ALMICUS, VATTEL– el Proyecto de Mayans de 1769, Las reformas de OLAVIDE de 1769, la creación, tras la expulsiónn de los je-

---

(155) *O. c.*, p. 182.

(155 bis) **V. Sarralih.** *O. c., passim.* **R. Herr.** *España y la Revolución... O. c., passim.* **Elorza.** *La Ideología Liberal... O. c., passim.* **J. Maravall.** *Las Tendencias.. O. c.*, y *Cabarrús... O. c.*, ambos *passim.* **S. Agesta.** *El Pensamiento... O. c., passim.* **Corona Baratech.** *Revolución y Reacción en el Reinado de Carlos IV.* Rialp. Madrid (1957), *passim.* **G. Anes.** *Economía e Ilustración en la España del Siglo XVIII.* Ariel. Barcelona (1969), pp. 139 y ss.

(156) *Cfr. España y la Revolución... O. c.*, pp. 136 a 165.

(157) *Cfr. O. c.*, pp. 227-229 y 292-295.

(158) *Cfr. Le Droit du Gens dans l'Espagne du XVIII Siecle*, en *Reccueil des Cours de l'Academie de Droit Internationale de la Haye*, La Haya (1954).

suitas, de los Reales estudios de S. Isidro, en 1771, en donde se introdujeron las primeras cátedras de "Derecho Natural y de Gentes", disciplina a la que su primer catedrático, JOAQUÍN MARÍN Y MENDOZA, dedicaría una historia publicada en 1776. Mención especial merece la Universidad de Salamanca, foco cultural muy inquieto, animado por MENÉNDEZ VALDÉS, RAMÓN DE SALAS, y TORIBIO NÚÑEZ, y por dos destacados doceañistas: MUÑOZ TORRERO y JUAN NICASIO GALLEGO. Por lo que concierne al iusracionalismo anglo-francés, el más directamente conectado con el pensamiento constitucional, ya se ha hablado de la recepción e influjo de LOCKE, y en cuanto a ROUSSEAU, su conocimiento e influencia, innegables, son, sin embargo, muy distintamente valorados (159). Este trasiego ideológico sufrió una notable inflexión en la época de CARLOS IV, tras los acontecimientos de 1789, en la que se suprimen las cátedras de Derecho Natural. Pero, como ha mostrado G. ANES, ni los controles del Gobierno ni los de la Inquisición lograron impedir la entrada y difusión de la Literatura enciclopedista y revolucionaria, incluso en los lugares más recónditos de España (160).

En las Cortes de Cádiz, la resonancia del iusnaturalismo racionalista, y en especial la de dos de sus tesis más caras: la del estado de naturaleza y la del pacto social, es evidente en buena parte de los diputados liberales cuando se manifiestan en torno al origen de la soberanía. Así ocurre, por ejemplo,

(159) *Cfr. V.* **J. Spell. Jefferson Rea.** *Rousseau in the spanisch wold before 1833: A study in franco-spanisch literary relations.* Austin. Texas. The University of Texas Press (1938). **J. Iriarte.** *El Emilio de Rousseau y el Reinado de Carlos III.* "Razón y Fe" núm. 788-789 (1963). **R. Herr.** *España y la Revolución... O. c.,* pp. 53 y ss. y 303. **Stoetzer.** *O. c.,* T. II., pp. 9 a 40. **S. Agesta.** *El Pensamiento Político... O. c.,* pp. 92-94. **J. A. Maravall.** *Cabarrus... O. c.,* pp. 285-287 y 289. "Cuando empezó a acrecentarse la fama de Voltaire y Montesquieu —escribe **Alcalá Galiano—,** cuando voló después hasta igualarse a la de ambos la de Rousseau, y cuando otros inferiores ingenios de la escuela llamada filosófica consiguieron una nombrandía que posteriormente han perdido, no faltaban españoles que admirasen y estudiasen tan célebres modelos. Vivía aquí la Inquisición poderosa todavía y severa, pero no alcanzaba a impedir la entrada de ideas prohibidas, así como no alcanzaban los aduaneros a atajar la introducción de géneros de ilícito comercio" *Indole de la Revolución en España en 1808",* T. 84. BAE, p. 312.

(160) *Cfr. O. c.,* pp. 139 y ss.

con José Espiga y Galdea, con Juan Nicasio Gallego, con Terrero, "el cura de Algeciras" –inefable e inclasificable personaje, graciosamente descrito por Galdós (161)– con Gordillo, o, en fin, con José Queipo de Llano, Conde de Toreno. Los postulados de Rousseau (162), de Sieyes o de Locke se repiten a veces de forma literal. En algún caso también se acusa el impacto de otros tratadistas de la amplia y heterogénea corriente iusracionalista (163). En realidad, no siempre es fácil ni aun posible determinar la paternidad exacta de algunas premisas sostenidas por los diputados liberales,

---

(161) *V. Cádiz. Episodios Nacionales.* Alianza Editorial. Madrid (1981), p. 68. *V.* también el prólogo de **G. Marañón** a la obra citada de **R. Solís,** *El Cádiz de las Cortes,* pp. 16-17. Este diputado era, en verdad, curioso y paradójico: en algunas cuestiones se puso al lado de los liberales; en otras, defendió las tesis de los americanos. De conocidas ideas cuasi-republicanas, se mostró partidario de no suprimir el Tribunal del Santo Oficio. En este trabajo se le encuadrará a veces entre los diputados liberales de la metrópoli, pero en otras ocasiones se le incluirá dentro del grupo americano. Sus contradicciones doctrinales, en realidad, no tenían más valor que el anecdótico, sin reflejar, por tanto, tendencia o mentalidad colectiva alguna, más que la suya: estrámbotica y ramplona.

(162) La influencia de **Rousseau** en las Cortes de Cádiz es también objeto de polémica. Para **Carvajal,** "los Discursos de Rousseau operan tempranamente en España, a pesar de la prohibición, y aunque el "Contrato Social" no aparece traducido hasta 1799, y en Londres, circulaba acaso manuscrita la versión de don Antonio Arango Sierra, y desde luego el original. El caso es que en formulaciones doctrinales o en notas patéticas el influjo de Rousseau aparece en la literatura liberal de el Semanario Patriótico y en los Discursos de las Cortes". *O. c.,* p. 349. Por su parte, **Fernández Almagro,** refiriéndose a las Cortes, señala: "Juan Jacobo empapa muchos discursos por la sola fuerza de su terminología. Aunque se le impugne o soslaye, el hecho evidente es que se habla mucho bajo la sugestión del Contrato". *Orígenes del Régimen... O. c.,* p. 85. **M. Sospedra,** en cambio, insiste en el, a su juicio, "escaso número de diputados que dan claras muestras de haber asimilado las ideas políticas del ginebrino" *O. c.,* p. 29. Cosa bien distinta, ciertamente, de haberlas conocido. Conocimiento que **Comellas** detecta hasta en el mismísimo Obispo de Orense, **Pedro Quevedo.** *Cfr. Las Cortes de Cádiz... O. c.,* pp. 88-89.

(163) Sobre la recepción e influencia de **Mably,** por ejemplo, **Alcalá Galiano,** al hablar del ambiente intelectual del Cádiz de las Cortes, dice: "En tanto empezaban a darse a la luz traducciones de obras que antes no habían podido publicarse en España. Una de Mably, de escaso valor, pero que lo tuvo no corto cuando su autor, hoy enteramente olvidado –escribe esto en la cuarta década del siglo pasado–, pasaba por grande autoridad en política, tuvo por traductor, o, como debe decirse, por traductora, a la excelentísima señora marquesa de Astorga, condesa de Altamira". *Recuerdos de un Anciano.* BAE, T. 83, p. 84. *V.,* sobre la influencia de **Mably, R. Herr.** *España y la Revolución... O. c.,* pp. 60-61 y 303. Y **Stoetzer,** *O. c.,* pp. 13-14 y 202-205.

ya que muchas de ellas, como las dos citadas, eran acogidas por todos los teóricos del Derecho Natural racionalista, pese a sus importantes diferencias (164). Pero, incluso aquellos liberales que expresamente rechazan estas dos nociones nucleares de la primera teoría constitucional, acabarán aceptando sus resultados, al tratar de definir el concepto de soberanía y sus límites. Lo mismo ocurre con los conceptos de Nación y de Representación, en cuyas delimitaciones planean siempre las disquisiciones de SIEYES y, sobre todo, las que triunfaron en la Francia de 1791. Conviene, en este sentido, hacer hincapié en la no siempre bien valorada y destacada repercusión del teórico del Tercer estado. Se suele citar como una más de las fuentes doctrinales en las que bebió el primer liberalismo español. Pero no suele sopesarse como merece su ascendencia sobre el mismo, y es frecuente identificar sus tesis con las que acabaron imponiéndose en la primera Asamblea constituyente francesa. Sin embargo, la huella de SIEYES fue muy fuerte (165), y sus postulados, en los que se lañan principios democráticos y liberales, se entreveraron a su vez con la "correción liberal" operada por los constituyentes franceses de 1791. Esta doble influencia –no siempre fácil de cohonestar por lo que fue causa de ciertas confusiones y contradicciones– constituyó la apoyatura doctrinal más importante para los diputados liberales de la metrópoli en sus reflexiones sobre el problema de la reforma constitucional.

En definitiva, el liberalismo doceañista se hallaba sin duda contrarrestado y atenuado por corrientes de otro signo doctrinal, por lo que no llegó a alcanzar la pureza y la extre-

---

(164) Sobre la génesis y desarrollo del iusnaturalismo racionalista, *V.* por todos, **N. Bobbio.** *Le Origine del Giusnaturalismo Moderno e il Suo Sviluppo nel Secolo* XVIII. Padua (1946), *passim. Id. Il Diritto Naturale nel Secodo XVIII.* Turín (1947), *passim.*

(165) No hay noticia de ninguna traducción o reimpresión en España, antes de 1812, de la obra más importante del **Abate Sieyes.** No obstante es probable que su opúsculo sobre el Tercer estado circulase por España en su idioma original, en el aluvión de literatura revolucionaria que penetró en España tras la Revolución francesa, o quizá más tarde al abrigo de las tropas napoleónicas. En todo caso, como se ha dicho, el conocimiento de las principales tesis de su panfleto es evidente en las Cortes de Cádiz.

mosidad de otras latitudes. Sin embargo, presenta un sustrato racionalista y revolucionario evidente y, a la postre, predominante. Ni el iusnaturalismo tradicional, ni el historicismo, ni la presencia todavía difuminada de una mentalidad presociologista –relativista y exaltadora de lo concreto–, que ya se atisba en las Cortes de Cádiz, llegaron a impedir que la mentalidad racionalista, abstracta y revolucionaria, primase en los planteamientos liberales.

Veamos, en las páginas que siguen, hasta qué punto esta aseveración, y todas las demás que se han adelantado en este primer capítulo, se ajustan a la realidad.

CAPITULO SEGUNDO. EL ORIGEN Y LAS ATRIBUCIONES DE LA SOBERANIA

I. INTRODUCCION

El artículo primero del proyecto constitucional sancionaba, un tanto lacónicamente, que la Nación española era "la reunión de todos los españoles de ambos hemisferios". El artículo segundo, por su parte, declaraba que ésta era "libre e independiente", y que no era ni podía ser "patrimonio de ninguna familia ni persona". Y el artículo tercero decía textualmente: "la soberanía reside esencialmente en la nación, y por lo mismo le pertenece exclusivamente el derecho de establecer sus leyes fundamentales, y de adoptar la forma de gobierno que más le convenga" (1).

El largo debate que suscitaron estos tres preceptos fue sin duda el de más enjundia doctrinal de los de todo el proyecto, y en él se expusieron los diversos planteamientos sobre el origen y las atribuciones de la soberanía; ya para impugnar la redacción de estos tres artículos, ya para apoyarla. Ahora bien, fuesen cuales fuesen los postulados sostenidos en su discusión, y las actitudes, contrarias o favorables, respecto a su aprobación, se apreció entre todos los diputados intervinientes un punto común de partida de singular importancia, a saber: que la Nación española no estaba realmente constituyéndose, que no había, por tanto, que elaborar una nueva Constitución. Las coincidencias acababan ahí, desde luego. Pues para los

(1) *Cfr. Diario de las Discusiones y de las Actas de las Cortes. (DDAC* en adelante). T. VIII, pp. 7, 45, 47, respectivamente.

diputados realistas tal premisa significaba que la Nación española estaba constituida, que sus leyes fundamentales tenían pleno vigor y que, en consecuencia, sólo era preciso fijarlas y mejorarlas para evitar en lo sucesivo cualquier suerte de abusos y excesos por parte del Monarca y sus ministros. Para los diputados liberales, en cambio, el que no hubiese que constituir a la Nación española no implicaba que ésta estuviese realmente constituida. Había que re-constituirla y para ello el proyecto de Constitución debía acomodarse a las antiguas leyes fundamentales de la Monarquía, "holladas y en desuso" tras tres siglos de despotismo. Las Cortes, pues, no debían limitarse a su mejora, sino más bien a su restablecimiento. Por supuesto, la significación y alcance de esta legislación fundamental eran asuntos también harto controvertidos.

Sin embargo, por encima de estas discrepancias de fondo, existía un acuerdo acerca de la necesidad de trazar las bases del edificio constitucional sin hacer tabla rasa del pasado, sin romper con la Historia. Y es precisamente este común punto de partida lo que ahora interesa subrayar, pues resulta de capital importancia para comprender los derroteros por los que transcurrió la discusión del origen y las atribuciones de la soberanía, y de modo especial para captar los titubeos y desacuerdos que se perciben en los planteamientos de los diputados liberales.

La idea de engarzar el proyecto de Constitución con las leyes medievales venía ya recogida en su "Discurso preliminar", redactado, según parece, por AGUSTÍN DE ARGÜELLES (2).

> "... nada ofrece la comisión en su proyecto –se decía– que no se halle consignado del modo más auténtico y solemne en los diferentes cuerpos de la legislación española... La ignorancia, el error y la malicia alzarán el grito contra este proyecto. Le cali-

(2) *Cfr.* **Jerónimo Bécquer.** *La Reforma Constitucional en Espña. Estudio Histórico-Crítico acerca del Origen y vicisitudes de las Constituciones Españolas.* Madrid (1923), p. 29. En esta atribución coincide **F. Almagro.** *Cfr. Los Orígenes... O.c.,* p. 82. Y, como se ha visto, **J. A. Maravall.** Supra, p. 62. El articulado del texto constitucional fue redactado, según la opinión de **J. Bécquer,** por **Muñoz Torrero,** *Cfr. O.c.,* p. 30.

ficarán de novador, de peligroso, de contrario a los intereses de la Nación y derechos del Rey. Mas sus esfuerzos serán inútiles y sus impostores argumentos se desvanecerán como el humo al ver demostrado hasta la evidencia que *las bases de este proyecto han sido para nuestros mayores verdaderas prácticas, axiomas reconocidos y santificados por las costumbres de muchos siglos*" (3)

Esta misma idea, junto a la no menos reveladora invocación a Dios como supremo legislador, se repetía en el Preámbulo del texto constitucional, que textualmente rezaba –y nunca mejor dicho– así:

"En el nombre de Dios Todopoderoso, Padre, Hijo y Espíritu Santo, autor y Supremo legislador de la Sociedad.

Las Cortes generales y extraordinarias de la Nación española, bien convencidas, después del más detenido examen y madura deliberación, de que las antiguas leyes fundamentales de esta Monarquía acompañadas de las oportunas providencias y precauciones que aseguren de un modo estable y permanente su entero cumplimiento, podrán llenar debidamente el grande objeto de promover la gloria, la prosperidad y el bien estar de la Nación; decretan la siguiente constitución política para el buen gobierno y la recta administración del Estado..." (4).

¿No conllevaban estas premisas una implícita condena de las tesis del estado de naturaleza y del pacto social? ¿El querer vincular el proyecto de Constitución con la antigua legalidad medieval no comportaba la imposibilidad de defender y captar cabalmente el dogma de la soberanía nacional? Veamos en qué medida ello era cierto.

---

(3) El texto del Discurso Preliminar puede verse en *Constitución Política de la Monarquía española, promulgada en Cádiz a 19 de marzo de 1812*. Cádiz en la Imprenta Real (1812), pp. 2-120. Y también (por donde se citará siempre) en **D. Sevilla Andrés.** *Constituciones y otras Leyes y Proyectos políticos de España.* Editora Nacional (1959). T. I, pp. 115-160.

(4) *DDAC,* T. VIII, p. 7.

II. PRECISIONES CONCEPTUALES EN TORNO AL CARACTER NATURAL O CONVENCIONAL DEL PODER Y LA INCIDENCIA DE ESTAS PREMISAS SOBRE SU FUNDAMENTACION CONTRACTUAL

1. La naturalidad del poder y la doctrina escolástica de la "Traslatio imperii"

La teoría política tradicional, afín a los esquemas aristotélico-tomistas, mantenidos por todo el pensamiento escolástico, partirá de la sociabilidad natural del hombre, y afirmará, en consecuencia, el origen natural de la Comunidad política:

> "La ciudad *(polis)* –escribe Aristóteles– es una de las cosas naturales, y... el hombre es por naturaleza un animal social *(zôon politikon)*.
>
> La ciudad es por naturaleza anterior a la casa y a cada uno de nosotros, porque el todo es necesariamente anterior a la parte" (5).

Y SANTO TOMÁS escribe:

> "Inherente es a la naturaleza del hombre ser social y creado para ser regido por leyes sociales; viviendo agregado a otros, mucho más de lo que se observa en los demás animales, como lo prueban las necesidades naturales" (6).

Corolario de estas tesis será la afirmación del carácter natural del poder político que surge en el seno de la Comunidad. El poder político se entiende como un fenómeno permanente y perpetuo, ligado a la existencia misma de la Comunidad en que se asienta:

---

(5) *Política* LI, 1253-a. Aquí se ha utilizado la edición Bilingüe del IEP Madrid (1970). Traducción, de **Julián Marías y María Araujo.** Introducción y notas de **Julián Marías.**

(6) *De Regimine Principum.* Edición Latina. **Marietti.** Reimpresión de 1971. LI, Cap. I.

"Regir y ser regidos –escribe el Estagirita también en la "Política"– no sólo son cosas necesarias sino convenientes, y ya desde el nacimiento unos seres están destinados a ser regidos y a regir" (7).

"Siendo natural que el hombre viva en sociedad –afirma Santo Tomás en "De Regimine Principun" debe haber en ella todo lo que sea necesario para su gobierno; porque si en una sociedad nadie se ocupa más que de si mismo, pronto se disolvería, a no ser que hubiera uno que la detuviera en su perdición, consagrándose al régimen y dirección de los intereses comunnes" (8).

La afirmación del carácter natural del poder político constituye la piedra angular de todo el pensamiento tradicional, por encima de sus diferencias en el tiempo y en el espacio. Y, a la inversa, supone el rasgo esencial –del que se derivan otros muchos– que la distingue de la moderna teoría del Estado (9).

Esta premisa comporta una consecuencia de gran importancia para el asunto que nos ocupa, ésta: la necesaria remisión a la idea de pacto contractual cuando se intenta fundamentar desde estos planteamientos el traspaso de poder –la "translatio imperii", en la terminología de la Escuela– de la Comunidad al Príncipe o a otro sujeto. Esta traslación la considerará necesaria todo el pensamiento escolástico. Así, FRANCISCO SUÁREZ, con SANTO TOMÁS el más destacado de sus representantes, dice en su "Tractatus De Legibus Ac Deo Legislatore":

---

(7) *O.c.*, LI, 1254-a.

(8) *O.c.*, LI, Cap. I.

(9) Esta tesis ha sido retomada y expuesta con gran claridad, recientemente, por **Javier Pérez Royo.** *Los Problemas Básicos de la Teoría del Estado.* Univ. Sevilla (1977), *passim.* Señala este autor que la afirmación del carácter artificial del poder "es ante todo el punto básico en el que se pone de manifiesto la ruptura de la teoría política estatal con la teoría política preestatal, precapitalista... "*O.c.*, p. 33. En virtud de este criterio diferenciador, sostiene este autor –y aquí nos acogemos a esta interpretación– que ni **Maquiavelo,** ni incluso **Bodino,** pueden, en rigor, encuadrarse dentro del pensamiento político estatal. Este, a su juicio, tiene en **Hobbes** su verdadero punto de partida. *Cfr. O. c.*, p. 34 y ss. Por su parte, señala **J. A. Maravall,** que en la literatura política del siglo XVI y todavía más en la del XVII, es patente la idea de que el Estado es obra humana, y de que, por consiguiente, son los hombres los que lo hacen y pueden deshacerlo. Por ello los mismos autores escolásticos del Siglo de Oro español, aunque parten, por ejemplo **Vitoria;** de que el Estado "no sería invención humana ni construcción artificial, sino que surgiría de la misma

"...El derecho natural no obliga a que o toda la comunidad lo ejercite directamente (el poder) por sí misma, o a que lo conserve siempre en sí misma. Más aún, como el hacerlo así sería moralmente muy difícil, porque serían enormes la confusión y la lentitud si las leyes tuviesen que darse por votación de todos, ennseguida este poder los hombres lo concretan en alguna de las formas de gobierno que hemos dicho..." (10).

Y, efectivamente, la remisión a la idea de la "translatio imperii" resultaba un recurso que *a fortiorii* tenía que hacer el pensamiento escolástico, ya que, de conformidad con la naturaleza del poder político, se partía de la base de que éste residía originariamente en la Comunidad, y no en el Príncipe directamente a través de Dios. Criterio este último que sustentarían, por citar a dos autores significativos y bien distantes en el tiempo, S. AGUSTÍN y BOSSUET. Para la Escuela —afirma E. GALÁN Y GUTIÉRREZ— lo que procede de Dios no es la institución del príncipe, sino la del principado (11). El origen del poder del Príncipe es, pues, *inmediate a populo et mediate a Deo*. Precisamente, como se puede colegir del citado párrafo de Suárez, en virtud del sujeto a quien se transfería el poder, esta corriente doctrinal re-formularía la clásica clasificación tripartita de las formas de gobierno, acuñada por ARISTÓTELES (12). Consustancial a la misma, como es de sobra conocido, era la introducción de un criterio cualitativo para designar las formas de gobierno "degeneradas", en virtud de la "rectitud" con que se ejerciese el poder político. Es decir, en función de su acomoda-

---

naturaleza, más allá de la voluntad de los hombres", se vieron obligados, "por la presión de las circunstancias históricas",... "a reconocer un mayor margen de intervención humana". *Cfr. Estado Moderno y Mentalidad Social. Siglos XVI y XVII.* Revista de Occidente, Madrid (1972). T. I, p. 46. Resulta de especial interés para la cuestión que ahora se dilucida la lectura del capítulo primero: *El Estado como artificio humano,* pp. 33 y ss.

(10) Libro III. Cap. IV 1. Se ha manejado aquí la edición bilingüe del IEP. Madrid (1967).

(11) *Cfr.* **Eustaquio Galán y Gutiérrez.** *Ius Naturae (Lecciones de Cátedra).* (1954). T. II, pp. 449-450. Especialmente, resulta de interés la consulta de los capítulos XIV y XV: *La Teoría del Poder Político a la luz del Derecho Natural, según la Escuela Española del Siglo XVI,* pp. 445 y ss.

(12) *V. Política. O. c.,* L. III, 1279-b.

ción a los fines para los que aquél había sido establecido (13). El problema del Derecho de Resistencia y del Tiranicidio –clásica cuestión, impensable ya desde los planteamientos de la Teoría del Estado–, se justificaba, en algunas ocasiones, merced al incumplimiento de los fines encomendados al titular del poder político, que se suponían previamente pactados entre los dos sujetos contratantes: la Comunidad y el Príncipe, en la Monarquía (14).

Desde luego, no cabe referirse a una única versión pactista y atribuirla por igual a todos los pensadores escolásticos, ni siquiera a los componentes de la Escuela Española de los siglos XVI y XVII, que es la que aquí importa considerar de un modo especial. Sin embargo, no interesa ahora analizar en detalle las peculiares interpretaciones de la "translatio" que ofrece esta corriente doctrinal (15). Lo que realmente conviene subrayar es, en primer lugar, que todas ellas, de un modo explícito o implícito, coinciden en reconocer dos partes contratantes con entidad previa en el momento en que se supone la realización de la transferencia del poder: la Comunidad y el Príncipe, en la Monarquía; forma de gobierno que todos estos autores estiman la más acertada y aconsejable, y que es la única que aquí cumple tener en cuenta. Pero, además, este dualismo no sólo se presentaba con anterioridad a la transferencia del poder, sino que persistía aún después de verificado el pacto de sujeción, esto es, la "translatio imperii". La fundamentación escolástica de la Monarquía incurría, pues, en un irremisible dualismo. En segundo lugar, fuesen cuales fuesen sus variantes, la noción de la "translatio imperii" implicaba partir de la distinción entre el poder originario o virtual, "in habitu" o "in radice" de la Comunidad o "populus", y el poder "in actu" del Monarca. Estas dos consecuencias de capital interés se inferían de todas las concepciones pactistas escolásticas, por encima de sus matices diferenciadores.

---

(13) *V.* sobre este punto, *Las Formas de Gobierno en la Historia del Pensamiento Político (De la Antigüedad a la Aparición del Estado Liberal de Derecho).* IEP, Caracas. Selección de textos e introducción de **Juan Carlos Rey.**

(14) *Cfr.* Los capítulos indicados en la nota 11.

(15) *Cfr. Ib.*

Por lo que a éstos respecta, baste decir que en algunos autores el componente dualista se incrementa considerablemente. Así, por ejemplo, en MARIANA, que expone sus tesis en su famosa y polémica obra, "De Rege et Regis Institutione", publicada en 1599. De este modo, mientras que para SUÁREZ o VITORIA, una vez realizado el pacto de traslacción, el poder recaería exclusivamente en el Monarca y sólo podría recobrarlo la Comunidad en casos excepcionales y taxativos, para MARIANA y otros autores el poder seguiría residiendo conjuntamente en ambos (16). También la amplitud de los límites del poder regio variaban a juicio de unos autores y otros, así como la existencia y la intensidad de los mecanismos de control. En algunos casos, surge la idea de las "leyes fundamentales", vigentes en la conciencia jurídica de la Comunidad, y que el Monarca estaba obligado a cumplir, de cuya naturaleza se hablará en el capítulo siguiente con la extensión que su importancia requiere.

Para terminar, hay que decir que la idea del pacto entre el Monarca y el Pueblo, o entre el Rey y el Reino, como fundamento del origen y de la subsistencia de la Monarquía, no sólo está presente en los publicistas españoles del Siglo de Oro, sino también –escribe MARAVALL– en la mayor parte de los teóricos de la Monarquía absoluta, como BODINO. Y este dualismo pactista, de clara raigambre medieval subsistirá durante el siglo XVIII (17).

En resumen, pues, en la Teoría pactista tradicional, incluso en la de BODINO y en las versiones más absolutistas –y, por tanto, más modernas– de la neoescolástica española, la unidad e indivisibilidad de la soberanía, pese a proclamarse en ocasiones, no podíann cobrar auténtica plenitud. Al partir de la naturalidad del poder, y verse por ello impelidos a sostener unas tesis pactistas claramente dualistas, era inevitable la persistencia de dos sujetos con entidad propia –el Rey y el Reino–, una vez realizado el pacto de sujeción. Con lo cual, un

(16) Sobre **Mariana,** *V.* Bibliografía citada por **A. Truyol y Serra.** *Historia de la Filosofía, del Derecho y del Estado.* Revista de Occidente. Madrid (1975). T. II, pp. 133-134.

(17) *Cfr.* **J. A. Maravall,** *Estado Moderno. Oc.,* T. I, pp. 263 y 294.

atributo esencial de la soberanía –la unidad se resquebrajaba sensiblemente. Por otra parte, y esto es más evidente en los tratadistas de la Escuela española, el poder del Monarca no era originario, sino derivado de la Comunidad, que en ciertas ocasiones podía lícitamente reasumirlo. El carácter originario, inalienable y perpetuo del poder no podía estar, pues, precisamente delimitado. Al lado del poder radical y originario de la Comunidad coexistía el poder delegado y finito del Monarca o, mejor, de la dinastía (18).

2. El carácter convencional del poder y la idea de pacto social en la teoría del Estado

Cómo es bien sabido, también el pensamiento político en el que se basa la teoría del Estado, recurrió a la idea del pacto para fundamentar la existencia del nuevo poder común. No obstante, la articulación de la moderna teoría pactista era muy distinta a la tradicional, al asentarse en una noción ignorada o, en su caso, abiertamente combatida por los tratadistas tradicionales: la noción del estado de Naturaleza, como un estado a-social y a-histórico, a partir del cual se edificaba todo el andamiaje de la sociedad civil y de la sociedad política, ya como instancias separadas (HOBBES, LOCKE, KANT), o pretendidamente unificadas (ROUSSEAU). Pero para el objeto que persigue este trabajo no interesa tanto subrayar los diferentes puntos de partida de ambas tesis pactistas, cuanto sus respectivos puntos de llegada. Por lo que respecta al punto de partida y, en general, en lo que concierne a la distinta factura de ambas tesis pactistas, habría que señalar la ausencia en las concepciones tradicionales de la noción del "pacto de sociedad" y la reducción de éste al de sujeción; todo ello conforme a la premisa básica que afirma la naturalidad del poder. O bien convendría destacar que cuando en el seno de estas concepciones se recurre a la noción del pacto social, su significación es

---

(18) *Cfr.* **F. H. Hinsley.** *El Concepto de Soberanía.* Labor. Barcelona (1972), pp. 117-118. Y *V.* **Giorgio del Vecchio,** *Sulla Teoria del Contrato Sociale.* Bolonia (1906), pp. 41 y ss.

radicalmente distinta a la acuñada por el iusnaturalismo racionalista. "En la teoría política preestatal –escribe I. DE OTTO– el concepto de "pactum societatis" se utiliza para explicar una forma de sociedad, no el hecho social en cuanto tal" (19). Así, la admisión de este pacto por SUÁREZ no le conduce a negar el carácter natural de la comunidad política, sino que lo explica. La *multitudo hominun,* en virtud del pacto de asociación, deja de ser un conglomerado sin ningún orden ni unión física, y se convierte –escribe A. TRUYOL Y SERRA– en una persona moral, en un *Corpus mysticum* (20). De ahí que, en rigor, como este mismo autor advierte, las diferencias entre las concepciones escolásticas y las que entroncan con el iusnaturalismo racionalista sean muy profundas; y en particular las de SUÁREZ y las de ROUSSEAU (21), pese a lo cual han sido a veces equiparadas por algún autor, como BERTRAND DE JOUVENEL (22) o, entre nosotros, ADOLFO POSADA (23).

Sin embargo, interesa centrarse exclusivamente en el punto de llegada de ambas formulaciones pactistas. En este sentido, mientras las tradicionales incurrían en un ineluctable dualismo al tratar de justificar y seguir justificando el poder político transferido, en las modernas concepciones, en cambio, todo vestigio dualista es rechazado *ab initio,* y a partir de este rechazo inicial podrá pensarse y construirse una realidad unitaria anteriormente desconocida: el Estado.

En las tesis pactistas iusracionalistas, efectivamente, al afirmarse el carácter artificial y convencional del poder, la Unidad e indivisibilidad de la soberanía y su naturaleza originaria, perpetua e inalienable, consustancial a este concepto, podrán sos-

---

(19) *Lecciones de Derecho Constitucional (Introducción).* Guiastur coliciones. Oviedo (1980), p. 231.

(20) *Cfr. O. c.,* T. II, p. 130.

(21) *Cfr. Ib.,* p. 130. *V.* sobre este particular, **Juan P. Salaberry,** *Origen de la Soberanía Civil según el P. Francisco Suárez.* Buenos Aires (1922). **L. Sánchez Agesta.** *El Concepto de Soberanía en Suárez.* "Archivo de Derecho Público". Granada (1948). **Ignacio Gómez Robledo.** *El Origen del Poder Político según Francisco Suárez.* México. Ius. (1948).

(22) *Cfr.* **Bertrand de Jouvenel.** *El Poder.* Editora Nacional. Madrid (1956), pp. 49-50, nota 20.

(23) *Cfr. Introducción a los "Principios" de M. Marina. Oc.,* pp. 31-32.

tenerse sin quiebra lógica alguna. Y, a la inversa, cualquier componente dualista y cualquier distinción entre soberanía radical y derivada carecen ahora de sentido. Así, en las elaboraciones doctrinales de HOBBES, de ROUSSEAU o de KANT, por citar tres ejemplos arquetípicos, a pesar de su diferente idea del estado de naturaleza y del pacto social, resulta siempre la afirmación de un único sujeto soberano sobre el que hacer reposar la realidad única y unitaria del Estado. Y ello con independencia de que este sujeto sea el Monarca (HOBBES), o la Voluntad General, entendida como una realidad empírica (ROUSSEAU), o como mero concepto ideal y apriorístico (KANT). En todas estas construcciones intelectuales, fundamento teórico del Estado y de la sociedad civil burguesa, se insistirá en el carácter monista del nuevo Leviathan, sin que se produzca antinomia lógica alguna: al partir del carácter artificial y convencional del Estado, el nuevo pensamiento político podría afirmar con plena coherencia su carácter no natural, la no aprioridad ni de la sociedad ni del poder político. Antes de la creación del Estado no habría más que individuos en estado de Naturaleza, los cuales deciden libremente entrar en la sociedad civil *al mismo tiempo* que se someten a la autoridad política por ellos creada. No hay aquí, pues, dos partes previas con entidad propia, sino sólo individuos en estado de naturaleza. El Estado es un poder pactado, se pacta su nacimiento, pero una vez pactado se sitúa por encima de los mismos individuos que lo han originado.

> "El único modo de erigir un poder común... —escribe Hobbes en el Leviathan— es conferir todo su poder y su fuerza a un hombre, o a una asamblea de hombres que puedan reducir todas sus voluntades, por pluralidad de voces a una voluntad. Lo cual equivale a elegir un hombre, o una asamblea de hombres, que represente su persona; y cada uno poseer y reconocerse a sí mismo como autor de aquello que pueda hacer o provocar quien así representa a su persona, en aquellas cosas que conciernen a la paz y la seguridad común, y someter así sus voluntades, una a una, a su voluntad, y sus juicios a su juicio" (24).

---

(24) *Leviathán.* Segunda parte, cap. XVII, se ha utilizado aquí la edición castellana de **C. Moya** y **A. Escohotado.** Editora Nacional (1979). Traducción de **A. Escohotado** e introducción de **C. Moya.**

Y ROUSSEAU, por su parte, reduce el "pacto social" a los términos siguientes:

> "cada uno de nosotros pone en común su persona y todo su poder bajo la suprema dirección de la voluntad general; y recibimos en su cuerpo a cada miembro como parte indivisible del todo" (25).

Es decir, como nota I. DE OTTO, "a diferencia de todas las teorías pactistas anteriores (las tradicionales), aquí no nos hallamos ante un pacto del pueblo con el soberano, sino ante un pacto entre los individuos a favor de un tercero que no forma parte del pacto y que, por esta razón, no resulta en absoluto obligado a nada por él" (26). Así, pues, el dualismo en la sociedad política no sólo no existe, sino que no puede existir: contradiría los presupuestos básicos de estas concepciones pactistas y destruiría el invento, el artificio del Estado, y la misma idea de soberanía.

Por otra parte, la teoría del Estado podía definir congruentemente a la soberanía como una cualidad originaria, permanente, inalienable y perpetua. No se trata ahora de una facultad concedida a plazo, finita, sino que reside y sigue residiendo originaria y esencialmente en el sujeto a quien se atribuye, ya sea el Monarca o la Voluntad General. Para HOBBES, aunque el Monarca recibiese el poder de la colectividad, ostentaría la soberanía de un modo irrevocable, perpetuo:

> "Puesto que el derecho de representar a todos se confiere al hecho soberano sólo por contrato de uno con otro —afirma Hobbes— y no de él con ninguno de ellos, no puede acontecer una violación del pacto por parte del soberano y, en consecuencia, ninguno de sus súbditos puede ser liberado de su sujeción por ninguna pretensión de expolio" (27).

En las formulaciones colectivistas posthobbesianas, la soberanía radicaba por Derecho Natural en la colectividad, y en ella permanecía de un modo consustancial y permanente:

---

(25) *Du Contrat Social.* Libro 1, cap. VI. Se ha manejado la edición de Editions Garnier Fréres. París (1962).

(26) Lecciones... *O. c.,* p. 255.

(27) *Cfr.* La segunda parte del *Leviathan.* C. XVIII. *O. c.,* p. 270.

> "Afirmo, pues, –escribe Rousseau– que la soberanía, no siendo más que el ejercicio de la voluntad general, no puede nunca ser enajenada" (28).

En último término, más allá de estas discrepancias sobre el sujeto de imputación de la soberanía, no cabe duda de que, objetivamente, se trataba de afirmar, desde HOBBES a ROUSSEAU, la soberanía del nuevo poder común y de su voluntad normativa, de un modo perpetuo o, dicho de una manera más gráfica, de un modo inmortal. Puesto que, como se verá más adelante (29), el reverso de las concepciones subjetivas o ideológicas de la soberanía, lo constituye la teoría objetiva que de ellas se desprende. Por ello, todas las cualidades que se atribuyen a los sujetos presentados como soberanos, revierten en el nuevo poder común y objetivo, esto es, en el Estado.

3. El problema del dualismo sociedad política-sociedad civil

En las teorías pactistas liberales, a diferencia de lo que ocurre con las tradicionales y con las democrático-radicales, se genera un nuevo dualismo de gran trascendencia: el que se verifica entre la sociedad política y la sociedad civil.

Este dualismo era inconcebible en la teoría política tradicional, puesto que al partir de la naturalidad del poder político que surge en una Comunidad, la subordinación jurídico-política dentro de la misma iba acompañada de una subordinación económica-social. La desigualdad natural consagraba un derecho desigual (30).

En la formulación pactista democrática de ROUSSEAU (31), la realización del pacto social excluía todo pacto político o de sujeción. El interés y la voluntad de todos los asociados se hacía coincidir con la voluntad y el interés de la Voluntad Gene-

(28) *Cfr.* por ejemplo. **Rousseau.** *O. c.,* Libro segundo, cap. 1.
(29) *Infra.,* Cap. IV, II, 2.
(30) *V.* **U. Cerroni,** *La Libertad de los Modernos.* Barcelona (1972), cap. 3.° *Derecho e Igualdad,* pp. 69 y ss. e *Id. Introducción al Pensamiento Político.* 5.° ed. Colección mínima. Siglo XXI (1974), *passim.*
(31) *Cfr.* Libro 1, cpts. V, VI y VII.

ral, del Todo. ROUSSEAU, con su apelación a la virtud del hombre nuevo, del *citoyen,* unificaba utópicamente, artificialmente, la sociedad civil realmente contrapuesta, y creaba *in vitro* la sociedad unánime. En esta concepción democrático-radical, no podía existir, pues, disociación alguna entre sociedad política y sociedad civil, entre voluntad e interés públicos y voluntad e interés privados, entre Política y Economía, entre igualdad formal ante el Todo y desigualdad real entre sus componentes. Al enajenar el asociado todos sus derechos naturales e individuales en la comunidad, en ésta la libertad ya no podría ser privada, aislada y negativa, sino pública: la libertad de todos en y a través del Todo, del yo común soberano (32).

En las concepciones pactistas liberales (HOBBES, LOCKE, KANT), en cambio, el pacto social llevaba consigo un pacto político o de sujeción: al verificarse aquél se verificaba éste al mismo tiempo, el uno contenía o implicaba al otro. Al fundarse el Estado como nueva sociedad política, se fundaba también la sociedad civil como esfera disociada de aquélla. En la teoría liberal del pacto, la creación de la nueva sociedad política no se concibe más que como defensora de la sociedad civil. Frente a la anarquía y al caos que imperan –según HOBBES (33)– o que pueden llegar a imperar –LOCKE (34) y KANT (35)– en el estado de Naturaleza, es preciso crear un poder público, fundado en un derecho igual, que garantice la ausencia

---

(32) *Cfr.* **Galvano della Volpe.** *Rousseau y Marx.* Barcelona (1972), pp. 17 a 84. **Lucio Colletti.** *Ideología y Sociedad.* Barcelona (1975), pp. 207 y ss. *Id. Estado de Derecho y Soberanía Popular,* en *Para una Democracia Socialista.* Anagrama (1976), pp. 11 a 47.

(33) Sobre la idea del estado de naturaleza en **Hobbes,** *V.* los capts. XIII, XIV y XV de la primera parte del *Leviathán,* y **L. Strauss,** *The Political Philosophy of Tomas Hobbes. Its Basis and its Genesis.* Clerndon, Press, Oxford (1936).

(34) *Cfr.* El capítulo II de su *Ensayo sobre el Gobierno Civil.* Se ha seguido aquí la edición castellana de Aguilar. Madrid (1973). Traducción del inglés por **Armando Lázaro Dos.** Introducción de **Luis Rodríguez de Aranda.**

(35) *Cfr.* **Giuseppe Lumia.** *La Doctrina Kantiana del Diritto e dello Stato.* Milán (1960), pp. 85 y ss. **Norberto Bobbio,** *Diritto e Stato nel Pensiero di Emmanuele Kant.* Turín (1969), pp. 205 y ss. **Dino Pasini.** *Diritto, Società e Stato in Kant.* Milán (1957), pp. 81 y ss. **Umberto Cerroni,** *Kant e la Fondazione della Categoria Giuridica.* Milán (1972), pp. 109 y ss. **Georges Vlachos.** *La Pensée Politique de Kant.* PUF (1962), pp. 297 y ss.

de poderío, de poder fáctico y particular. El Estado no sería más que aquel poder creado por una Voluntad General que coincide en que la generalidad de las voluntades debe buscar su interés particular, y para lo cual, precisamente, debe vertebrarse el Estado como un poder común garante del interés individual, de la privaticidad. Lo público, lo político, se subordina a lo privado, a lo económico. La igualdad formal que consagra "el Estado de todos" es el vehículo legitimador, y el instrumento de salvaguardia de la desigualdad real de la sociedad civil.

Conviene no olvidar (y MACPHERSON lo ha mostrado con claridad, sobre todo por lo que a HOBBES concierne) que la idea del estado de Naturaleza no era una abstracción sin sentido, sino que venía a identificarse con la sociedad civil inorganizada políticamente: la sociedad burguesa sin Estado. De este modo, las concepciones pactistas liberales no suponían mas que la justificación retrospectiva de una realidad política y social ya separada. El estado de naturaleza debía desaparecer, en tanto que su desaparición podía permitir la construcción del Estado y de su Derecho igual; pero, a la vez, debía conservarse, en tanto que sólo la conservación de la naturalidad a-social, egoísta e individualista, permitía articular la sociedad civil competitiva y realmente desigual (35 bis).

Pues bien, la básica coincidencia que se observa entre la teoría política tradicional y la moderna teoría democrático-radical (esto es, no representativa), al desconocer en un caso, o negar en otro, la disociación entre una sociedad política y una sociedad civil, entre Política y Economía, entre igualdad jurídica y desigualdad real, explican —y de ahí que se haya traído a colación este problema— las coincidencias que entre una y otra se perciben al discurrir sobre algunos problemas nucleares que plantea la teoría del poder. Y, a la inversa —como se irá viendo en los capítulos siguientes— aquélla básica coincidencia explica la colusión que entre ambas concepciones se percibe al negar las categorías axilares de la teoría del Estado y de la Constitución, que se asientan en el dualismo so-

---

(35 bis) **C. B. Macpherson.** *La Teoría Política del Individualismo Posesivo.* Fontanella. Barcelona (1970), pp. 28-37.

ciedad política-sociedad civil, y se formulan con el fin de preservarlo.

III. LOS PLANTEAMIENTOS DE LOS DIPUTADOS REALISTAS

Los presupuestos de los diputados realistas sobre el origen del poder y sus atribuciones, se incardinaban en las clásicas concepciones pactistas acuñadas por la neoescolástica española del Siglo de Oro, y en la teoría de las leyes fundamentales o Constitución histórica de España, en su versión conservadora y estática, que era, a la postre, la más auténtica y genuina. Desde esta atalaya argumental refutaron las nociones del estado de naturaleza y del pacto social, difundidas por la literatura revolucionaria dieciochesca, y expusieron en contrapartida dos tesis primordiales: de un lado, la naturalidad del poder político; de otro, la bilateralidad del pacto de sujeción, la "translatio imperii", supuestamente realizado entre la Nación española y su Monarca. De ambas tesis se infería una consecuencia de gran importancia: la imposibilidad de articular una estructura de poder unitaria y –paradójicamente con sus postulados– perpetua.

Antes de adentrarnos en el análisis de estos postulados quizá convenga advertir que estas ideas no se expusieron en las Cortes de Cádiz de un modo primero y aislado en aquel contexto histórico. Como ha señalado JAVIER HERRERO, fuera de su recinto habían sido sostenidas ya por PEDRO QUEVEDO, Obispo de Orense, en su polémica "Memoria" (36), enviada a las Cortes en octubre de 1811; igualmente habían sido sustentadas por el regente LARDIZÁBAL, en su "Manifiesto" del mismo año; y por JOSÉ JOAQUÍN COLÓN en su "España vindicada", publicada también en 1811 (37). Pero,

(36) *Cfr.* **E. López Aydillo.** *El Obispo de Orense en la Regencia del año 1810. Planteamiento de los Problemas Fundamentales de la Vida Constitucional de España.* Junta para la ampliación de estudios, Centro de Estudios Históricos. Madrid (1918).

(37) *Cfr.* **Javier Herrero.** *O. c.,* pp. 259 a 293.

sobre todo, fue JOVELLANOS el autor que con más claridad expuso todos estos puntos de vista, en su "Memoria en Defensa de la Junta Central" –especialmente en las notas a los apéndices–, escrita entre 1810 y 1811 (38), y en la que se extiende críticamente sobre el principio de soberanía nacional, solemnemente proclamado por las Cortes en el importante Decreto de fecha de 24 de septiembre de 1810 (39). El paralelismo entre los postulados expuestos por este autor y los defendidos por los diputados realistas en las Cortes es evidente, como se podrá comprobar en las páginas que siguen.

1. El rechazo de la noción del estado de Naturaleza y la afirmación de la naturalidad del poder

En la discusión del artículo primero del proyecto constitucional los diputados realistas expresaron su nítida y contundente oposición a la idea del estado de Naturaleza, y se aferraron, en consecuencia, a una consideración del poder político como fenómeno natural y consustancial a cualquier Comunidad. La definición que este artículo ofrecía de la Nación española –recuérdese que decía que ésta era "la reunión de todos los españoles de ambos los hemisferios"–, daba a entender que sus redactores habían querido describirla al margen de cualquier gobierno y legalidad, como algo previo y fundamentador de toda legalidad y de todo gobierno. En otras palabras, los términos de este precepto venían a insinuar que se había pretendido partir de la Nación española como si estuviese en estado de naturaleza. Esta insinuación se reforzaba merced al vocablo "reunión", que, como expresaron los diputados realistas al impugnar este artículo, implicaba reconocer una anterior desunión o dispersión de los españoles (40). Todas estas presunciones contradecían frontalmente los pre-

---

(38) *Cfr.* **Cándido Nocedal,** *Introducción a las Obras Escogidas de Jovellanos*. BAE, V. 46, p. 49.

(39) *V. Infra.*, Cap. II, III, 2, el texto de esta proclamación.

(40) *Cfr.* **Capmany y Guridi y Alcocer.** *DDAC,* T. 8, pp. 14 y 15, respectivamente.

supuestos doctrinales de estos diputados. Por ello, la redacción de este precepto era, a su juicio, peligrosamente incompleta. Era preciso añadirle una referencia al gobierno monárquico, consustancial a la Nación española, y sin cuya mención ésta no podía pensarse ni definirse correctamente.

> "Es, pues, muy diminuto el artículo –decía Bárcena– o expresa poco cuando dice que la Nación española es la reunión de todos los españoles... ¿Y cómo están reunidos o se reunieron estos hombres? ¿Qué vínculos los enlazan unos con otros? ¿Qué pactos han celebrado que los obligan recíprocamente entre sí mismos? *Este lazo, este vínculo y estos pactos entran en la idea esencial de una Nación, porque no puede formarse ni aún concebirse sin un expreso respeto a ellos.* Es, pues, forzoso –proseguía este diputado en una clara alusión a la idea suareziana del "Corpus Mysticum"– hacer una explícita mención de lo que constituye esta reunión; y tanto más quanto se trata de un todo o compuesto moral... Si así no se quiere, y se incluye enteramente, habremos de considerar como por una abstracción a los habitantes del territorio español, dispersos y errantes por los montes y las selvas antes de reducirse a sociedad, o en el punto de ir a constituirse en Nación. Entendido así el artículo, expresa lo que no es ni ha sido jamás. Esta es una idea del todo metafísica, y un concepto puramente ideal sin fundamento alguno."

Es decir, para BÁRCENA, que seguía a SUÁREZ, la Nación surgía como ser o "comunidad perfecta" mediante una unión o vínculo moral, pero tras una previa existencia social de sus componentes. Una cosa, pues, era la "sociedad" y otra la "comunidad perfecta" o Nación. Pero incluso en la "sociedad prenacional", anterior a su unión mística o moral, y cuyo origen se reputaba natural, existían leyes y gobierno; en suma: poder político. Así, este diputado agregaba:

> "Al través de las densas tinieblas que cubren la más remota antigüedad, ya descubrimos, aunque confusamente, a los hijos de Jafet poblar poco después del diluvio nuestra península; pero siempre formados en sociedad con su príncipe y leyes que los regían."

Y concluía su intervención con una consecuente aunque solapada condena de la noción del estado de Naturaleza:

"¿A qué, pues, dictar este artículo en una expresión que da cabida a aquella abstracta y falsísima inteligencia, que colima y es análoga al desbaratado absurdo y perjudicial sistema, que como un hecho real y verdadero han querido persuadir los filósofos libertinos de nuestros días?" (41).

En términos semejantes se expresó INGUANZO:

"...La nación española no se define bien sino en cuanto se expresa la reunión de los que la componen baxo su gobierno constitucional, que es, por decirlo así, el alma de su asociación. De otra manera sería definirla como pudiere definirse una nación de salvajes, entre los cuales existe también cierta reunión, pero que no es bastante para que pueda calificarse de una nación en sentido civil y político. Si acaso, quiere decirse que la definición se propone y debe hacerse de un modo genérico sin restricción a ninguna forma de gobierno, pero esto sería más repugnante a mi vista; pues además de que *yo no puedo concebir nación sin gobierno, cualquiera que sea,* aquí tratamos de la española, acerca de la cual es preciso convenir que debemos alejar toda idea, y hasta la posibilidad de tener otro alguno, que el que le es propio y constitucional, y está reconocido por ella" (42).

Nótese, pues, cómo no sólo se rechazaba la definición de la Nación española, al omitirse una expresa referencia a sus leyes fundamentales o Constitución histórica, sino que se negaba la existencia de cualquier sociedad a-política, incluso la más salvaje o incivil, y fuese o no española. Las relaciones entre los hombres no podían concebirse de un modo nantural, a-social y a-político, sino que tenían que ser siempre políticas por naturaleza (43).

2. La impugnación de la teoría del pacto social y la formulación de la doctrina de la "translatio imperii"

En congruencia con esta actitud condenatoria, los diputados realistas expresaron con no menor contudencia su opo-

---

(41) *Ib.*, pp. 17-18.
(42) *Ib.*, pp. 18-19.
(43) Conectar con lo dicho sobre la *"Constitución Genética"*, en el Cap. III, IV, 2.

sición a la doctrina del pacto social, en el debate del artículo tercero. La redacción de este precepto –observa SÁNCHEZ AGESTA– (44) "extendía más que subrayaba" el alcance político del principio de soberanía nacional, tal como había sido proclamado en el Decreto de 24 de septiembre de 1810. Así, en efecto, esta disposición normativa decía, entre otras cosas, lo siguiente: "los diputados que componen este Congreso que representa a la Nación española, se declaran legítimamente constituidos en Cortes generales, y que reside en ellas la soberanía nacional" (45). En rigor, tal declaración contradecía el dogma proclamado, ya que en virtud del mismo no podía residir la soberanía en las Cortes, sino tan sólo una parte de las facultades ejercitantes a ella inherentes: el poder constituyente (46). Sin embargo, lo que ahora interesa señalar es que el artículo tercero además de reafirmar este dogma, lo cualificaba, le daba todo su valor al añadírsele el término "esencialmente", no introducido en el Decreto y tomado muy posiblemente –como sostiene M. SOSPEDRA– (47) de la Declaración de Derechos de 1789. Por lo que atañe al trasfondo doctrinal de este precepto, no resulta difícil advertir el influjo de ROUSSEAU y SIEYES (48), autores que habían postulado como uno de sus principales apotegmas la soberanía inalienable y perpetua del cuerpo social.

En la impugnación del adverbio "esencialmente", los diputados realistas concordaron en que a la Nación española podía legítimamente considerársela soberana, pero siempre y cuando con ello se entendiese que era la única fuente de la que emanaba la soberanía, su origen y raíz. Pero manifestaron su disconformidad con el mencionado término por en-

---

(44) *Historia del Constitucionalismo Español. O. c.*, pp. 87-88.

(45) Su texto puede verse en *Colección de Decretos y Ordenes que han expedido las Cortes extraordinarias y Generales*. Madrid (1820). T. I, pp. 1-3 y también (por dónde se citará siempre) en **D. Sevilla Andrés**, *Constituciones y otras Leyes... O. c.*, T. I, p. 91.

(46) *V. Infra.*, Cap. VII, II, 2, B.

(47) *Cfr. O. c.*, p. 307. *V.* su art. 3.º: "le principe de toute souveranité reside essentiellement dans la Nation..."

(48) Esta es la opinión también de **L. Sánchez Agesta.** *Cfr. Historia del Constitucionalismo... O. c.*, p. 87.

tender que suponía atribuir esta cualidad a la Nación de un modo perpetuo e irrevocable, como cualidad inherente a su ser. En apoyo de esta crucial objeción, y al tiempo que combatían la idea del pacto social que, a su juicio, amparaba y explicaba la tan polémica expresión del artículo tercero, trajeron a colación la doctrina escolástica de la "translatio imperii".

La idea del pacto social fue expresamente descartada por el valenciano BORRULL, quien sostuvo, para impugnarla, el origen patriarcal y familiar del poder político, en una línea doctrinal más cercana a las tesis de FILMER que a las sustentadas por la neoescolástica española.

> "Se propone igualmente en este artículo –decía– que la soberanía reside en la nación. Yo reconozco la soberanía de ésta, y sólo me opongo a la palabra "esencialmente"; esto es, a que resida esencialmente en la misma: lo cual parece convenir con el sistema de varios autores que creyendo poder descubrir los sucesos más antiguos con el auxilio de conjeturas y presunciones tal vez demasiado vagas, atribuyen el origen de las sociedades a los diferentes pactos y convenios de los que se juntaban para formarlas. Pero yo, siguiendo un camino más seguro, encuentro el principio de las mismas en las familias de los antiguos patriarcas que usaban de una potestad suprema sobre sus hijos y descendientes, y no la habían adquirido en virtud de dichos pactos."

En lo concerniente a España, para este diputado el problema del origen del poder y de la fundamentación de su gobierno estaba claro, puesto que, a su entender,

> "... Después de la invasión de los sarracenos se levanta la Monarquía de Asturias, y la soberanía está dividida entre el rey y la nación, y ambos de conformidad hacen las leyes."

Principio que, a su criterio, se mantuvo a partir de aquel entonces.

> "... Mas ahora –concluía Borrull– se propone en este artículo que la soberanía reside en la Nación. Pero si reside esen-

cialmente en la nación no puede separarse de ella ni el todo ni parte de la misma, y por consiguiente ni competir parte alguna al señor don Fernando VII" (49).

Por su parte, FRANCISCO MATEO AQUIRIANO, Obispo de Calahorra, defendió la naturaleza contractual de la Monarquía española, pero ahora desde unos presupuestos inequívocamente anclados en la más pura tradición escolástica:

"... Prescindiendo por ahora de si la potestad de los reyes les es dada inmediatamente por Dios –argüía el Obispo, citando en apoyo de este aserto a S. Agustín y a otros autores de la Patrística– quiero suponer por ahora que la potestad soberana es derivada de Dios a los reyes mediante el pueblo, en quien se dice residir primaria y esencialmente; y paso a manifestar la injusticia del artículo 3.

En esta hipótesis es preciso confesar que el hombre, libre por naturaleza, no podía conservarse en seguridad, ni defenderse de los que atentasen contra su persona, derechos y propiedades, si no contaba con alguna potestad humana que le mantuviese el goce tranquilo de sus fueros; para este fin le imprimió el autor de la naturaleza (dicen elegantemente S. Juan Crisóstomo y Santo Tomás) dos principios: el uno que como animal sociable apeteciese natural y justamente vivir en comunidad o compañía de sus semejantes, el otro, que en una comunidad perfecta era necesario un poder a quien perteneciese el gobierno de ella misma, porque el pueblo, según la sentencia del sabio de los proverbios, quedaría destruido faltando quien le gobernase. De aquí se deduce ser una propiedad que dimana del mismo derecho natural del hombre esta potestad de gobernar, y que antes de elegirse determinada forma de gobierno reside dicha facultad en la comunidad o congregación de hombres... No se puede negar, por ser muy conforme al derecho natural del hombre, el que haya una potestad pública civil, que pueda regir y gobernar a toda comunidad perfecta, y también el que ésta tenga acción para depositarla en un sólo hombre, en muchos o en toda la comunidad baxo de estas o las otras condiciones; cuya diferencia de comunicarse la potestad soberana constituye la variedad de formas de gobierno que ha habido y hay en la superficie de la tierra."

Y con esta impecable enunciación de los principales jalones del pensamiento político tradicional, el prelado de Calahorra,

(49) *DDAC,* T. 8, pp. 57-58.

después de detenerse en la específica forma de gobierno que había caracterizado siempre a la Nación española –la Monarquía hereditaria–, concluyó de este modo:

> "la (soberanía) que se supone, o se quiere suponer, residir en la nación, ya la enajenó o trasladó a sus reyes electivos y después a los hereditarios, pues cómo se ha demostrado, y lo acreditan las leyes de nuestros códigos, los reyes de España han sido siempre soberanos... *Trasladada por la nación la soberanía a su monarca elegido, queda éste constituido soberano de su nación, y nadie le puede despojar del derecho de soberanía,* mas debe observar fielmente las condiciones y pactos que le están impuestos por las leyes fundamentales del reyno... Señor, a Fernando VII corresponde ser monarca soberano de las Españas; el solo imaginar la menor novedad en este punto esencial de nuestra constitución me hace estremecer" (50).

Pero fue LERA quien expresó con más claridad la distinción entre la soberanía "radical y virtual" de la Nación, y la soberanía "actual" del Monarca, así como la naturaleza contractual del pacto de sujeción o de traslación:

> "Señor, cuando se dice que la soberanía reside en la nación... es preciso considerarla bajo diferentes aspectos... Si se la mira como constituyente o como una sociedad que se forma de nuevo, no puede dudarse que... tiene en si misma este principado o soberanía y el derecho para establecer sus leyes fundamentales, y de adoptar la forma de gobierno que más le convenga...
>
> Pero constituida ya la nación y elegida la forma de gobierno ¿reside todavía en ella la soberanía? Digo que reside, pero de diferente manera. Constituida la nación, conserva en si lo que es inseparable de toda perfecta comunidad civil, que es el poder radical para gobernarse y establecer quien la gobierne, siempre que llegue el caso que falte la persona o personas constituidas por la nación para su gobierno... y ésto en virtud de la soberanía que reside en ella radicalmente *aún después de haberse constituido.*
>
> Pero mientras existe, la persona o personas constituidas en la Monarquía, y llamadas a ella, ¿podrá la nación usar de esa soberanía *más allá de las facultades que se reserva* y del pacto que

(50) *Ib.*, pp. 58 a 61.

celebró con el monarca? Digo que no: porque cuando trasladó el uso de la soberanía al monarca, las condiciones y limitaciones que mutuamente se impusieron, la nación trasladando y el monarca aceptando el uso de la soberanía, son condiciones y limitaciones de un pacto o *quasi contrato* que por justicia y derecho natural obliga a ambas partes contratantes a su observancia: de consiguiente, cumpliendo el monarca sus obligaciones, ni puede quitarle ni limitarle las facultades que le concedió cuando le llamó al trono...

Confesemos, pues, que la nación en todo tiempo ha tenido en sí radicalmente la soberanía o poder de gobernarse; pero que el uso o exercicio de este poder lo ha trasladado con un pacto solemne y jurado a un monarca, que en el día es Fernando VII; y que hallándose cautivo y de consiguiente imposibilitado del uso, de la soberanía, la nación volvió a entrar en el ejercicio de ella, para conservarla a su legítimo Rey y descendientes" (51).

3. Consecuencias de estos planteamientos respecto al concepto y a las atribuciones de la soberanía. La teoría de la "soberanía compartida"

Los diputados realistas, al afirmar la naturalidad del poder, y al aferrarse a la clásica concepción bilateral del pacto de sujeción, no se limitaban a impugnar el dogma de la soberanía nacional, sancionado en el artículo tercero. Su impugnación iba más allá, puesto que, implícita pero irremediablemente, negaban el concepto mismo de soberanía, al negar sus dos atribuciones básicas y consustanciales: su carácter unitario e indivisible, de un lado; e inalienable y perpetuo, de otro. Ni la Nación era únicamente soberana, ni lo era tampoco el Monarca. Al lado de la "soberanía virtual" de la Nación, coexistía la "soberanía actual" del Monarca, compartida con la Nación. Tampoco ambos sujetos gozaban de un poder inalienable y perpetuo. La Nación enajenaba parte de su poder, y tan sólo podía recuperarlo totalmente en ciertos casos, y aún así de modo interino. Su poder era, pues, precario, además de parcial. Lo mismo ocurría con el del Monarca, que, además de compartirlo, podía llegar a perderlo plenamente en aquellas

(51) *Ib.*, pp, 75 a 77.

circunstancias en que la Nación lo recuperase, aunque fuese de manera transitoria. *Es decir, para los diputados realistas eran soberanos ambos sujetos, lo que quiere decir que no lo era ninguno.*

Estos presupuestos eran esencialmente iguales a los que había sustentado JOVELLANOS, pocos meses antes, en su "Memoria en Defensa de la Junta Central". En este escrito, cuando su autor discurre sobre el problema de la soberanía, el infllujo de los postulados escolásticos, y en particular los de SUÁREZ, es evidente (52). Así, en efecto, JOVELLANOS partirá también de la sociabilidad natural del hombre y del poder originario de la comunidad o asociación (53), así como del necesario traslado de ésta al Monarca (54). Y su distinción entre el derecho de "soberanía" del Monarca y el derecho de "supremacía" de la Nación, era de similar naturaleza y producía las mismas consecuencias que las que se derivaban de la distinción entre "soberanía virtual" de la Nación y "soberanía actual" del Monarca, establecida por los realistas gaditanos. Para el escritor asturiano, una vez celebrado el pacto de traslación y constituida la Monarquía hereditaria, sólo en justicia podría denominarse soberano a aquel sujeto a cuyo cargo estuviese el poder ejecutivo, esto es, al Monarca. Por eso, al ser aquélla la forma de gobierno secularmente respetada por los españoles, era, a su juicio, "una herejía política" decir que la soberanía residía en la Nación (55). La Nación sólo podría aspirar al derecho de "supremacía". ¿Y en qué consistía este derecho? En primer lugar, en el poder que se reservaba la Nación a formar parte de las tareas legislativas, junto al Rey y a través de las Cortes; así como al obligar al Monarca a cumplir las condiciones del pacto realizado entre

(52) Esta influencia es señalada por **Martínez Sospedra,** O.c., p. 95.

(53) *Cfr. Memoria...* BAE, V. 46, p. 619. Cómo dice **M. Sospedra,** para **Jovellanos,** y así lo expone en su *Memoria* sobre la educación, "la base de la sociedad no es el contrato, sino que, por el contrario, su base es la sociabilidad natural del hombre". *O. c.,* p. 94. Sobre la teoría jovellanista de la soberanía y del pacto social, *V.* nota bibliográfica citada en nota 38 del capítulo primero. Y también **L. Díez del Corral,** *O. c.,* pp. 499 a 503.

(54) *Cfr.* BAE, V. 46, pp. 619 y ss.

(55) *Ib.,* 620. *V.* en igual sentido, p. 597.

ambas partes, y que se recogía –como más adelante se verá– en las leyes fundamentales del Reino (56); e, incluso, el derecho de "supremacía" permitía a la Nación resistir al Monanrca por la fuerza y "romper por su parte la carta de un pacto ya abiertamente quebrantado por la de su contratante, recobrando así (la Nación) sus derechos primitivos" (57). En segundo lugar, la Nación podría también reasumir –como sucedió en 1808– la plenitud del poder, interinamente, mientras durase la ausencia del Monarca (58).

En resumen, pues, la teoría del poder, que no de la soberanía, de JOVELLANOS; al igual que la de los diputados realistas, cuyo influjo acusan, cobraba un carácter bicéfalo y una fundamentación inestable por su finitud, por estar concedido a plazo, sometido a los vaivenes de las circunstancias históricas. Además –y en este extremo se insistirá en el capítulo siguiente– tanto el poder de la Nación, ejercido por medio de las Cortes, como el del Monarca, era limitado, al ceñirse al cumplimiento de unos pactos previos, estipulados entre ambas partes antes de la traslación del poder de la Nación a su Monarca.

Estaba formulada, pues, la doctrina de la "soberanía compartida" entre el Rey y las Cortes, que gozaría de una larga vida y de una gran fortuna en los años posteriores. A esta doctrina, en efecto, se acogerían los "Persas" en su célebre Manifiesto de 1814; en ella se asentaría el Estatuto Real en 1834; y a partir de esta época marcaría la línea hegemónica del constitucionalismo español en la pasada centuria, si se exceptúan los interregnos progesistas, siempre breves en España. MARTÍNEZ DE LA ROSA, PACHECO, DONOSO, ALCALÁ

---

(56) *Cfr. Ib.*, pp. 597-598 y *V. Infra.*, pp. 178 y ss.

(57) *Ib.*, p. 620. Para sostener este derecho de la Nación se basaba **Jovellanos** en "los principios generales admitidos en la política". *Ib.*, p. 620. Pero, como apunta **Sánchez Agesta,** es patente la influencia de la escuela clásica española en estos postulados. Influencia que él no cita quizá, apunta **Sánchez Agesta,** "por supervivencia de aquél prejuicio contra lo que el siglo XVIII llamó doctrina jesuita". *El Pensamiento Político del Despotismo Ilustrado. O. c.*, p. 224. También se apoyaba **Jovellanos** para defender este derecho de resistencia en las "Partidas" y en **Aristoteles,** *Cfr.* Ib., p. 620.

(58) *Cfr.* **L. Sánchez Agesta.** *Historia del constitucionalismo. O. c.*, p. 57.

GALIANO, BALMES y, años más tarde, CÁNOVAS (sin duda, junto a MARINA, los publicistas españoles más originales del siglo XIX), aquilatarían esta doctrina, remozándola y adaptándola al nuevo orden de cosas, ya desde la tribuna del Ateneo, ya desde el foro parlamentario. Pero, en todo caso, esta labor depuradora no llegaría a alterar las líneas maestras troqueladas por JOVELLANOS y expuestas por los diputados realistas del doce (58 bis).

IV. LOS PLANTEAMIENTOS DE LOS DIPUTADOS AMERICANOS

Los diputados americanos, a excepción de GURIDI y ALCOCER, no dieron a conocer sus postulados sobre el origen y los atributos de la soberanía, ni en el debate de los tres pri-

(58 bis) Sobre el Manifiesto de los "Persas", *V.* **F. Murillo Ferrol.** *El Manifiesto de los "Persas" y los orígenes del liberalismo español.* En el volumen de Homenaje a don Nicolás Pérez Serrano. Edit. Reus. Madrid (1959). **F. Suárez Verdaguer,** *Génesis del Liberalismo Político Español en Estudios de Historia de España.* "Arbor" (1953). Sobre el Estatuto Real, V. **Joaquín Tomás Villaroya,** *El Sistema Político del Estatuto Real (1834-36).* IEP, Madrid (1968), esp., pp. 95 y ss. y 619 y ss. (exposición preliminar del ER). Sobre la teoría de la soberanía compartida, V. **Alcalá Galiano,** *Lecciones de Derecho Político Constitucional,* dictadas en el Ateneo de Madrid. Imprenta de J. Boix (1843). **Joaquín Francisco Pacheco,** *Lecciones de Derecho Político Constitucional,* dictadas en el Ateneo de Madrid en 1844 y 1845. Madrid (1845). **Donoso Cortés,** *Lecciones de Derecho Político,* dictadas en el Ateneo de Madrid, en *Obras de Donoso Corté,* BAC, T. I, pp. 211 a 331. **Cánovas del Castillo, Problemas Políticos Contemporáneos,** T. II, Madrid (1884), pp. 152 a 181. **Garrorena Morales, A.** *El Ateneo de Madrid y la Teoría de la Monarquía Liberal (1836-1847).* IEP (1974), especialmente, pp. 531 a 673. **Díez del Corral,** *O. c.,* capts. XXI a XXVI. **Sánchez Agesta,** *Los Principios del Constitucionalismo español. Soberanía nacional y Constitución interna.* "Archivo de Derecho Público". Univ. de Granada. Vols. V-VII (1953-1954). *Id. Historia del Constitucionalismo... O. c.,* capts. I y II de la primera parte, cap. IV segunda parte, cap. III tercera parte, cap. II cuarta parte. *V. DSC 1844-1845: Dictamen de la Comisiónn sobre Reforma de la Constitución,* 5 noviembre 1844, pp. 285 y ss. *V.* intervención de **Pidal;** 30 octubre 1844, pp. 146, ss. **Y Seijas,** 2 noviembre 1844, pp. 197 y ss., **Alcalá Galiano,** 2 noviembre 1844, pp. 211 y ss. **Martínez de la Rosa,** 11 noviembre 1844, pp. 387 y ss. Sobre la Constitución de 1845, *V.* **Medina Muñoz. M. A.** *La Reforma Constitucional de 1845,* REP, núm. 203 (1975), pp. 75 y ss. **Joaquín Tomás Villarroya,** *Las Elecciones de 1844,* REP, núm. 211 (1977), pp. 61 y ss.

meros preceptos del proyecto constitucional, ni en el de los siguientes. La postura del diputado mejicano, en cambio, fue explícita, pero un tanto opaca. Sus planteamientos al respecto translucían la presencia de unos vestigios organicistas al lado de claros indicios individualistas. La huella del escolasticismo es evidente, pero matizada en relación a la que se apreciaba en los diputados realistas al manifestarse sobre estas cuestiones.

En el debate del artículo primero, GURIDI comenzaba distinguiendo dos conceptos de Nación, según se atendiese a un criterio físico o político. La "nación física" —expresión con la que posiblemente quería referirse al concepto etimológico de Nación, a la *natio*, al lugar de nacimiento o procedencia— existía y podía definirse sin necesidad de mencionar gobierno o autoridad alguna. La "nación política" o Estado, no. Y como a su juicio, el artículo primero debía y tenía que aludir a esta segunda acepción, consideraba preciso agregar a su redacción una referencia a la autoridad soberana o gobierno, en virtud del cual los españoles o España conformaban una "nación política" o Estado particular y diferenciado:

> "...El primer artículo —argüía Guridi no me parece una definición exacta de la nación española... Entiendo desde luego que no se habla de la nación formada físicamente, sino políticamente.
>
> Tomando, pues, políticamente a la nación española por el estado, no hallo exacta su definición... El objeto en que se unen los miembros de un cuerpo político es tan preciso expresarlo, como que en él consiste la diferencia esencial de los cuerpos, y sus diversas denominaciones. Si la unión es por los vínculos de la sangre, se llama familia; si es en algún instituto o regla monacal, se llaman órdenes religiosas; si es en el aprendizaje o cultivo de las ciencias, se llaman Universidades y colegios; si es en la profesión u oficio, se llaman gremios; y así en los demás.
>
> La unión del Estado consiste en el gobierno o sujeción a una autoridad soberana, y no requiere otra unidad" (59).

La distinción que GURIDI establece entre "nación y estado", y la consideración de la primera como pura unión o

(59) *DDAC,* T. 8, pp. 15-16.

"colección" de individuos al margen de cualquier legalidad y gobierno, aproxima a este diputado a postulados individualistas y, desde luego, le alejaba de las premisas sustentadas por los diputados realistas, para los que esta distinción y esta consideración resultaban completamente extrañas. Pero, por otra parte, el discurso del representante mejicano revela paladinamente el organicismo en el que incurre cuando intenta sistematizar y definir a los "cuerpos políticos". Esta sistematización no es ajena a la tradición escolástica, pero tampoco al iusracionalismo germánico; en particular a ALTHUSIUS, autor que distingue "familias, *collegia,* municipios, territorios y Estados, como posibles partes contratantes a tener en cuenta en la teoría del pacto" (60). La definición que del Estado formula GURIDI recuerda, asimismo, a la que BODINO ofrece al delimitar el concepto de República (61).

En lo que concierne a la fundamentación contractual del poder, este diputado, en la discusión del artículo tercero, pareció sumarse a las tesis de los diputados realistas, ya que, como éstos, insistió en la conveniencia de que el vocablo "esencialmente" se sustituyese por el de "radicalmente" al definir la naturaleza de la soberanía nacional.

> "...Me parece más propio y más conforme al derecho público —argumentaba Guridi— que en lugar de la palabra "esencialmente", se pusiese "radicalmente" o bien "originariamente". Según este mismo artículo, la nación puede adoptar el gobierno que más le convenga, de que se infiere que así como eligió el de una Monarquía moderada, pudo escoger el de una Monarquía rigurosa, *en cuyo caso hubiese puesto la soberanía en el Monarca.* Luego puede separarse de ella; y de consiguiente no le es esencial, ni dexará de ser nación porque la deposite en una persona o en un cuerpo moral...
>
> De lo que no puede desprenderse jamás es de la raíz u origen de la soberanía... La soberanía, pues, conforme a estos principios de derecho público, reside en aquella autoridad a que todos se sujetan, y su *origen y raíz es la voluntad de cada uno.*

---

(60) **J. M. Pérez-Prendes y Muñoz de Arraco.** *Introducción a la "Teoría de las Cortes" de F. Martínez Marina.* Editora Nacional. T. I, p. 26.

(61) *Cfr. Los Seis Libros de la República.* C. VIII Libro 1.° Se ha utilizado aquí la edición castellana de la Edit. Aguilar (1973), p. 46.

> Siendo esto así, ¿qué cosa más propia que expresar reside "radicalmente" en la nación? Esta no la ejerce, ni es su sujeto, sino su manantial...
>
> ¿Y qué dote más gloriosa que ser la fuente de donde emana la soberanía y la causa que la produce? ¿Ni que más necesita la nación para precaver y remediar la tiranía y despotismo, que ser la raíz de la superioridad?" (62).

El eco de la terminología y de las premisas pactistas escolásticas es –como fácil resulta percibir– también patente en este discurso de GURIDI; y, por consiguiente, su distanncia con las concepciones pactistas revolucionarias. La soberanía para este diputado, al igual que para los realistas, no era un atributo único e inalienable de la colectividad nacional, sino delegable y –en la "monarquía moderada", no en la "rigurosa"– compatible y compartible con la del Monarca. Obsérvese, sin embargo, que en este caso el diputado mejicano, tras afirmar la "soberanía radical" de la Nación, añade y precisa que "el origen y raíz" de esta facultad "es la voluntad de cada uno". Puntualización que le separa del pensamiento escolástico y de los diputados realistas, para quienes –como se ha visto– la raíz de la soberanía no se encontraba en cada voluntad *ut singuli* considerada, sino en la comunidad nacional en su conjunto. Los atisbos individualistas vuelven, así, a aflorar en los planteamientos de GURIDI y a ensamblarse con los postulados tradicionales.

En resumen, pues, las disquisiciones del único diputado americano que se manifestó sobre los asuntos que ahora nos ocupan, muestran un franco despegue respecto a las concepciones pactistas revolucionarias; y por ende, respecto al concepto de soberanía que de ellas se desprende –el único, en rigor que merece tal nombre. Pero a la vez, es diáfana la distancia y peculiaridad de las mismas en relación al sustrato escolástico puro, no mixtificado, que revelaban las tesis de los diputados realistas. La originalidad y especificidad del grupo americano, a la que se ha hecho mención en el capítulo anterior, se comprueba ya en estas dos citadas intervenciones

(62) *DDAC*, T. 8, p. 62.

de uno de sus más destacados y agudos representantes, en las que se concatenan premisas de muy varia procedencia, no siempre fáciles de ubicar ni de vertebrarse objetivamente de manera armónica y coherente.

V. LOS PLANTEAMIENTOS DE LOS DIPUTADOS LIBERALES DE LA METROPOLI

En los debates parlamentarios y en especial en las intervenciones en apoyo de los tres primeros artículos del proyecto de Constitución, se produjo entre los diputados liberales una significativa disparidad de criterios que afecta muy directamente a las cuestiones que ahora se examinan: mientras algunos invalidaron sin ambages las tesis del estado de naturaleza y del pacto social, otros, más o menos abiertamente, las reivindicaron. No obstante, estas discrepancias, siendo importantes, no fueron trascendentes. Representaban un dual y contrapuesto punto de partida, pero confluyeron —y luego veremos cómo— en un mismo punto de llegada. Así, en efecto, tales desavenencias no impidieron que todos los miembros de este grupo defendiesen de modo inequívoco y categórico el principio de soberanía nacional y sus dos atribuciones primordiales: su unidad y su carácter inalienable, y mostrasen su disconformidad con la doctrina de la "translatio imperii".

1. La dualidad de actitudes frente a las nociones del estado de Naturaleza y del pacto social

A) *Su crítica*

La impugnación de las tesis del estado de Naturaleza y del pacto social corrió a cargo de ARGÜELLES, OLIVEROS y MUÑOZ TORRERO; tres sobresalientes diputados liberales, sin duda.

En el debate del artículo primero del proyecto constitucional, AGUSTÍN ARGÜELLES, al defenderse de las acusaciones proferidas por los detractores de este precepto, manifestó su desafección a la idea del estado de Naturaleza cuando, con ánimo conciliador, afirmó:

> "Aquí –es decir, en la redacción de este artículo– no tanto se trata de ideas teóricas sobre la naturaleza del estado primitivo de la sociedad, quanto de establecer sobre la base de nuestro antiguo gobierno uno que pueda servir para que el señor don Fernando VII, que felizmente reyna, nos dirija y haga dichosos en adelante" (63).

En este mismo debate, intervino OLIVEROS para dejar constancia de que la Comisión Constitucional había rehusado partir del supuesto estado de naturaleza al definir a la Nación española:

> "En esta (definición) se expresa –decía el diputado extremeño adelantando su concepto organicista de Nación– que la nación es la reunión de todos los españoles de ambos hemisferios, las familias particulares que están unidas entre sí, *porque jamás hubo hombre en estado de naturaleza,* estas familias se reunen en sociedad, y por esto se dice reunión..." (64).

MUÑOZ TORRERO, por su parte, no fue menos concluyente al respecto:

> "Dios es el autor de la potestad pública –puntualizaba el Presidente de la Comisión Constitucional– porque lo es de la sociedad y del orden que debe reynar en ella; y esta es la razón porque en el proyecto se invoca el nombre de Dios como autor y supremo legislador de la sociedad. *Así, con una sola palabra se desechan todos los vanos sueños e hipótesis inventadas por algunos filósofos, para dar razón del origen y condición primitiva de los hombres,* a quienes suponen en un estado salvaje o de ignorancia y barbarie. Pero éste no es el estado primitivo y natural del hombre, que fue criado por Dios mismo, que fue su maestro" (65).

---

(63) *Ib.*, pp. 19-20.
(64) *Ib.*, 23.
(65) *Ib.*, p. 85.

Con no menor claridad, y en coherencia con sus afirmaciones anteriores, estos tres diputados expresaron su repudio a las tesis del pacto social, y, en particular, a ver en el proyecto constitucional su cristalización. Esta actitud renuente se puso de manifiesto en el debate del artículo tercero. Así, ARGÜELLES precisó que la Comisión constitucional no había olvidado:

> "un sólo instante que las Cortes estaban congregadas para restablecer la antigua constitución... Así es que sabía que había venido no tanto a formar de nuevo el pacto, como a explicarle e ilustrarlo con mejoras" (66).

Fue, sin embargo, en la polémica que originó el artículo 373 (67), cuando de manera más explícita y reiterada se descartó la teoría del pacto social y su aplicación a las circunstancias históricas por las que atravesaba España. En este sentido, para MUÑOZ TORRERO era de la mayor importancia tener bien presente que no se trataba de establecer una nueva Constitución, sino de restablecer la antigua. Y ello era juzgado así, "a fin de que jamás se crea que las Cortes actuales han sido convocadas para fundar y constituir nuevamente el Estado, o hacer un nuevo pacto social" (68). A este dictamen se adhirieron OLLIVEROS y ARGÜELLES:

> "... No se trata aquí –decía Oliveros– de formar de nuevo el estado y presentar a los españoles un nuevo pacto social... En la cautividad de su rey, toda la nación le ha de nuevo reconocido y proclamado: el estado es el mismo; la Monarquía no ha sido trastornada..." (69).

Y ARGÜELLES, por su parte, apostillaba:

> "la constitución que se discute no será si se quiere la mejor que pudiera presentarse a los españoles; pero es sin duda la más acomodada a las circunstancias en que se halla hoy en día la nación.

---

(66) *Ib.*, p. 52.
(67) *V.* su contenido, *Infra.*, Cap. VII, IV.
(68) *DDAC.*, T. 11, p. 317.
(69) *Ib.*, p. 336.

> Esta, como ha mostrado el señor Torrero, no viene ahora a hacer de nuevo el pacto social. Ni para legitimar la constitución se necesita recurrir a esta idea quasi metafísica" (70).

Como fácilmente puede inferirse de las intervenciones transcritas, la actitud refractaria de estos tres diputados se explicaba, en parte, por su común historicismo. Por ese "defecto óptico", tantas veces aquí mencionado, que les incapacitaba –y ello no dejaba de tener su ironía– para conocer y aprehender con exactitud la Historia; para captar, en este caso, la enorme brecha que separaba la antigua legislación medieval de la Constitución en ciernes. Si la Nación no precisaba constituirse, si tan sólo era necesario reconstituirla y reimplantar la antigua legalidad del medievo (de un medievo falaz y románticamente re-creado), según lo expuesto en el Discurso preliminar y en el exordio del proyecto, ¿cómo podrían defender las máximas abstractas, a-históricas, del estado de Naturaleza y del pacto social? Evidentemente, de ningún modo. Sus espejismos historicistas, sus extrapolaciones históricas conducían indefectiblemente a estos tres diputados a sostener que el código que se estaba elaborando no podía partir de una España jurídicamente amorfa, constituible *ex nihilo* ni, por consiguiente, que fuese preciso realizar un nuevo pacto social.

Ahora bien, como tampoco es difícil percatarse, no sólo al historicismo cumple imputar esta actitud reticente. No sólo o no tanto se desechaba la posibilidad y conveniencia de aplicar las dos mencionadas tesis iusracionalistas a la España de 1812, como se rechazaban en sí mismas, más allá de cualquier consideración circunstancial. Al lado de este *pathos* historicista había algo más. Y ese "algo más" era ya de diferente factura en ARGÜELLES, de un lado, y en OLIVEROS y MUÑOZ TORRERO, de otro. En las intervenciones de estos últimos el indudable sustrato historicista venía adosado de un tinte escolástico, que nítidamente transparece en su defensa de las tesis tradicionales sobre la sociabilidad natural del hombre y sobre

---

(70) *Ib.*, p. 351.

la concepción de la naturaleza como mera proyección divina. En ARGÜELLES, en cambio, tales rescoldos escolásticos no se translucen en modo alguno. En este caso se percibe una cierta displicencia "positivista" o "realista" hacia los supuestos pactistas del iusracionalismo, que se sobreponía a sus desatinos historicistas. Y esta displicencia por lo "metafísico" puede achacarse a un forzado "antifilosofismo", a una consciente intención de "non epater", pero también, y quizá con mayor razón, a un posible influjo de los postulados benthamianos, que es probable conociese, como se ha dicho en el capítulo anterior (71).

B) ***Su aceptación***

Pero en el debate de los tres primeros artículos del proyecto constitucional hubo también destacados diputados liberales que sacaron a relucir una de las tesis más repetidas y significativas de ROUSSEAU y SIEYES: el Pueblo o Nación como sujetos previos a toda legalidad positiva y a todo gobierno, como sujetos, además, fundadores y fundamentadores del Derecho y del nuevo poder común, el Estado. Premisas que exigían considerar a estos sujetos constituyentes sumergidos en un estado natural, y a las relaciones entre sus miembros —los individuos que luego devendrían ciudadanos— como unas relaciones pre-políticas, a-sociales y a-históricas (72). Pues bien, el eco de estos postulados también resonó en la Asamblea gaditana por boca de ESPIGA (miembro de la Comisión Constitucional) y GALLEGO, en cuyas intervenciones se venía a asumir, si bien de modo soterrado, la tan denostada noción del estado de Naturaleza.

> "Los señores preopinantes —argumentaba Espiga, refiriéndose a los diputados realistas— han debido advertir que presentando la comisión el proyecto de constitución a unas Cortes constituyentes, y poniendo el primer cimiento de este magestuoso edificio

---

(71) *V. Supra, V.* 2.

(72) *Cfr.* **Rousseau,** *Du Contrat Social,* L. 1.º capts. V al VIII. **Y Sieyes,** *¿Qué es el Tercer Estado?* cap. V. Se ha utilizado aquí la edición castellana de la Edit. Aguilar. Madrid (1973). Trad. **F. Ayala.**

en la definición de nación que se expresa en el primer artículo, no han debido definir a la nación como constituida, aunque lo esté –añadía Espiga apaciguadoramente–; sino que ha sido necesario considerarla en aquel estado en que usando de los grandes derechos de establecer las leyes fundamentales; está constituyéndose, o lo que es lo mismo, está mejorando su constitución. Así es que no ha podido definirla más exactamente, *ni ha debido hacer expresión alguna de leyes, de rey ni de gobierno, porque considera a la nación como antes de formarlo,* o quando lo está formando. No se debe olvidar, Señor, que la nación y el gobierno son cosas muy diferentes, y que qualquiera que las confunda no puede tener idea de política" (73).

GALLEGO abundó en estas mismas ideas:

> "*Una nación* –decía este diputado– *antes de establecer sus leyes fundamentales, y adoptar una forma de gobierno es ya una nación,* es decir, una asociación de hombres libres que han convenido voluntariamente en componer un cuerpo moral, el cual ha de regirse por leyes que sean el resultado de los individuos que la forman, y cuyo único objeto es el bien y la utilidad de toda la sociedad" (74).

Y TORENO, por su parte, en el debate del artículo 248 (75), recurrió expresamente a la noción del estado de naturaleza cuando precisó –siguiendo las premisas difundidas por LOCKE en su "Ensayo sobre el gobierno civil" (76)– el objeto que debía encomendársele a las leyes, que no era otro, a su juicio, que el de

> "asegurar el goce de los bienes y de la propiedad, y establecer la felicidad y la tranquilidad entre los ciudadanos; de manera que aquél que en el *estado de naturaleza* era inferior a los otros por su constitución física, sea igual a todos en presencia de la ley" (77).

---

(73) *DDAC,* T. 8, p. 20.

(74) *Ib.*, p. 68.

(75) "Los eclesiásticos –sancionaba este precepto– continuarán gozando del fuero de su estado en los términos que las leyes en adelante prescribieren". *DDAC,* T. 10, p. 117.

(76) *Cfr.* C. IX y XI.

(77) *DDAC,* T. 10, p. 126.

Por lo que atañe a la tesis iusracionalista del pacto social, no se apreció durante el debate constitucional una aceptación explícita de la misma. No obstante, esta idea late, subyace, en las intervenciones que se acaban de transcribir; como no podía dejar de ser, puesto que el acogerse a la noción del estado de naturaleza conlleva la aceptación de la tesis del pacto social, si se postula como necesario –como así lo consideraban estos diputados– el tránsito del estado natural al civil, de la Nación al Estado. Además, como más adelante se verá, la idea del pacto social planea y se agazapa tras la crítica que GALLEGO y TORENO formularon a la doctrina de la "tranlatio imperii". Debe agregarse, por último, que la mención laudatoria a la tesis del pacto social se produjo explícitamente durante la polémica acerca de la supresión de los señoríos jurisdiccionales –concluida poco antes de iniciarse el debate del proyecto. En aquella ocasión GORDILLO –uno de los españoles que, junto a CABARRUS, mejor conocían la doctrina roussononiana, según criterio de SÁNCHEZ AGESTA (78)– sacó a relucir las notas primordiales de la versión pactista acuñada por ROUSSEAU: la igualdad natural de los hombres, la cesión absoluta de sus derechos naturales a la soberana Voluntad General; y, en fin, el carácter indivisible e inalienable de la misma:

> "es fuera de duda –argumentaba Gordillo– que iguales los hombres por naturaleza, y dueños de sí mismos, con exclusión de toda subordinación y dependencia, no han podido ni debido reconocer autoridad que les rija y gobierne, sino en tanto que reunidos en sociedad *han cedido parte de su libertad, y formando una voluntad general que, constituyendo por esencia la soberanía de la nación, es la única que puede dictar leyes y exigir imperiosamente la obediencia y respeto.* Fixadas estas bases, y reconocidas las que por un convenio mutuo deposita cada individuo todo su poder en la comunidad social; que este depósito o cesión es igual y absoluto en todos los miembros que la componen; y que no hay preferencia, excepción ni reserva en ninguno de ellos y que cada uno ha adquirido sobre todos los propios derechos que ha enajenado de sí mismo; es evidente que los hombres no han nacido para

(78) *Cfr. Prólogo a "Los Orígenes del Régimen Constitucional"...* de **Fernández de Almagro.** *O.c.*, p. 11.

servir a cierta clase de su especie, como quería Grocio; que no hay diferencia natural entre los que mandan y los que son mandados, como decía Philón, que todos han salido de las manos del ser supremo adornados de plena libertad, contra lo que opinaba Aristóteles; y que no existiendo otra autoridad humana que la que ha resultado del pacto social, y siendo ésta inenajenable e indivisible, sólo puede residir en los mismos pueblos o en las personas en que éstos la depositan próxima o inmediatamente, sin perjuicio de aquellas delegaciones que sean necesarias o que convengan para la conservación del buen orden y seguridad del estado" (79).

2. La defensa del dogma de soberanía nacional

Las divergencias que se aprecian entre los diputados liberales respecto a las dos premisas que se acaban de examinar eran, pues, notorias. No obstante, como ya se había adelantado, estas divergencias eran más de forma que de fondo, más subjetivas que objetivas. Afectaban a los planteamientos, pero no a las conclusiones que de éstos se extraían. Así, en efecto, se aceptasen o no las tesis del estado de Naturaleza y del pacto social, todos los diputados liberales coincidían en una cuestión de capital importancia: la defensa del dogma de soberanía nacional.

Habrá que convenir en que la defensa de este dogma por parte de aquellos diputados que —como TORENO, ESPIGA, GALLEGO o GORDILLO— habían asumido, de forma más o menos encubierta, las tesis del estado de naturaleza y del pacto social, no suponía más que una lógica conclusión. Cierto que es factible sostener estas premisas y no concluir afirmando la soberanía de la colectividad. HOBBES es un buen ejemplo. Sin embargo, como se ha podido ver, el hilo argumental del que partían estos diputados revelaba un muy diferente troquel. Las tesis pactistas que se adoptaban no eran en este caso las de HOBBES, sino las de ROUSSEAU o las de LOCKE. El que postulasen, pues, que en la Nación y sólo en ella residía esencialmente la soberanía, no revestía sorpresa alguna. Tal actitud,

(79) *DDAC.*, T. 6, p. 455.

por esperable, no encerraba mayor enigma. Ahora bien, habrá que reconocer que el que ARGÜELLES, y, sobre todo, OLIVEROS y MUÑOZ TORRERO se adhiriesen a este dogma de la soberanía es algo a la verdad no tan lógico, no tan indefectible, ni desde luego tan carente de misterio. Pues, en efecto, ¿cómo podía ser posible cohonestar el pretendido restablecimiento de la legislación medieval con la defensa del principio de soberanía nacional? ¿De qué modo podía resultar compatible el rechazo de las tesis del pactismo revolucionario con la decidida defensa de este dogma? Sigamos con los interrogantes y tratemos de desvelar el *quid* de la cuestión que se emboza tras esta, en apariencia, contradictoria y "misteriosa" actitud. ¿Cuál fue el expediente al que recurrieron estos diputados para rehusar dos de las nociones nucleares propaladas por los revolucionarios franceses, y aceptar, sin embargo, una de sus principales consecuencias, estampada en los códigos de la Nación vecina? Pues bien, el sorprendente recurso al que se acogieron fue —nada menos— al de proclamar que el dogma de la soberanía nacional —entendido en su más estricta y exacta acepción— era un principio tradicional de España... Esta historicista y extrapolativa declaración permitía, así, a OLIVEROS y a MUÑOZ TORRERO conciliar la asunción del más importante axioma liberal con sus vestigios escolásticos, y a ARGÜELLES con su actitud antiespeculativa y "positivista".

Pero a esta atalaya argumental no sólo se acogieron estos tres diputados, sino también todos los demás que intervinieron en apoyo del artículo tercero, con excepción del conde de TORENO. Esto es, incluso aquellos que —como GALLEGO— habían hecho suyas las máximas abstractas del iusnaturalismo racionalista. En realidad, puede decirse que la defensa del principio de soberanía nacional gravitó en las Cortes de Cádiz en torno a este curioso expediente historicista, al que se yuxtapuso el alegato nacionalista y patriótico. Cierto es, como se verá en el epígrafe siguiente, que TORENO defendió las cualidades o atribuciones inherentes a este dogma desde una perspectiva puramente doctrinal o abstracta, sin acudir a extrapolación histórica de ningún género. Pero no lo es menos que tampoco este diputado trató de corregir los desvaríos historicistas de sus compañeros de grupo. Conste, pues, la excepción; pero conste también su matiz.

A) *La "tradicionalidad" del principio de soberanía nacional*

En el carácter tradicional de este principio se insistía ya en el "Discurso preliminar" del proyecto de Constitución:

> "La Comisión –se decía allí– no necesita más que indicar lo que disponía el Fuero Judgo sobre los derechos de la Nación, del Rey y de los ciudadanos acerca de las obligaciones recíprocas entre todos de guardar las leyes; sobre la manera de formarlas y ejecutarlas. *La soberanía de la Nación está reconocida y proclamada del modo más auténtico y solemne en las Leyes fundamentales de este código...* ¿Quién a la vista de tan solemnes, tan claras, tan terminantes disposiciones –se seguía diciendo tras citar y reinterpretar extrapoladamente ciertos preceptos de este código– podrá resistirse todavía a reconocer como principio innegable que la autoridad soberana está originada y esencialmente radicada en la Nación? ¿Cómo sin este derecho hubieran podido nunca nuestros mayores elegir sus reyes, imponer sus leyes y obligaciones y exigir de ellos su observancia...?" (80).

Y en el debate del artículo tercero la remisión a la tradicionalidad del dogma de la soberanía nacional fue el argumento medular en el que se apoyaron los diputados liberales para defender los términos en los que aquél estaba redactado, y en particular, el vocablo "esencialmente". Así, GIRALDO, a la sazón Presidente del Congreso, manifestó:

> "todos los reyes de España desde dicha época –aludía a las Cortes de Burgos de 1511– han reconocido la soberanía de la nación en el único congreso nacional que había legítimo en la península, que eran las Cortes de Navarra, y así me parece que no puede ponerse en duda este artículo, aunque no mediase el decreto de 24 de septiembre del año próximo" (81).

MUÑOZ TORRERO, enlazando con lo expuesto por GIRALDO, agregó:

---

(80) **D. Sevilla Andrés.** *Constituciones y Otras Leyes... O. c.,* T. I., p. 317.
(81) *DDAC.*, T. 8, p. 71.

> "el señor Presidente ha mirado la cuestión baxo su verdadero aspecto, citando los fueros de Navarra... Desde luego se echa de ver que aquí no hay teorías ni hipótesis filosóficas, sino una exposición breve y clara del derecho que han ejercido nuestros mayores, con especialidad los navarros y los aragoneses... Se ha dicho aquí que la soberanía reside originaria y radicalmente en la nación; pero que por la institución misma de la Monarquía el pleno exercicio de los poderes que constituye aquélla pertenecía al rey. A esto responderán los navarros que sus Cortes exercen la potestad quando consienten en el establecimiento de sus leyes... Otro tanto dirán los aragoneses respecto de sus antiguas Cortes... Dispútese muy enhorabuena sobre los términos en los que está concebido el artículo, y háganse las variaciones que se crean más oportunas para expresar con más exactitud y precisión la idea principal; mas ya no puede ponerse en duda la soberanía nacional porque este es un derecho declarado por el único juez legítimo, que es la misma nación, cuya voluntad general debe ser nuestra regla en este negocio, así como en todos los demás que interesen a su conservación y seguridad" (82).

Y, en fin, también J. NICASIO GALLEGO —que, como se ha visto, había aceptado las tesis pactistas revolucionarias— se sumó al efugio historicista para apoyar el artículo tercero:

> "si la nación no es esencialmente soberana —argüía— ¿en qué derecho se fundan tantos hechos que lo acreditan en nuestras historias? ¿Con qué facultades se ha puesto el cetro de España en otras manos que las que el orden establecido de suceder establecía? ¿Con qué facultades se despojó públicamente en Avila de las insignias reales Enrique IV? ¿Con qué facultades resistieron los aragoneses a viva fuerza las órdenes de Felipe II?... Y finalmente, ¿con qué objeto estamos sancionando estas leyes, y discutiendo una constitución, si ha de estar en manos del rey destruirla con un decreto al momento que llegue? Todo esto es ilegítimo y nulo si no es esencialmente soberana la nación que representamos" (83).

Y, ciertamente, por no considerar esencialmente soberana a la Nación, sino a su persona, FERNANDO VII, casi "al momento de llegar", declaró a la Constitución y demás decretos expedidos por las Cortes "nulos y de ningún valor ni efecto...

---

(82) *Ib.*, pp. 83 a 85.
(83) *Ib.*, p. 69.

como si no hubiesen pasado jamás tales actos, y se quitasen de en medio del tiempo..." (84).

¿Había en la actitud adoptada por los diputados liberales algún antecedente doctrinal inmediato y nítidamente equiparable? Sí, sin duda lo había. Y en MARTÍNEZ MARINA cumple hallarlo. Así, en efecto, como R. MORODO recuerda, el historiador español "querrá montar una nueva legalidad, ya que la antigua legalidad, la legalidad monárquica, ha sido destruida; pero esta legalidad, como se hará en las Cortes de Cádiz, se legitimará en el pasado, y no desde el presente, como hizo la Revolución francesa. La solución no puede ser otra que ésta: afirmar que la soberanía nacional es un principio tradicional" (85). No obstante, y contra lo que en este párrafo parece insinuar MORODO, conviene distinguir la postura de MARINA de la de los liberales doceañistas. En ambos casos, se incurre en una evidente extrapolación histórica, al hacer pasar por tradicional un principio, como el de soberanía nacional, rigurosamente novedoso, moderno, ignoto durante toda la Edad Media y aún siglos después. Sin embargo, las causas de este error de apreciación –prominente, sin duda, y acaso burdo, podría decirse, si no mediase la buena fe que mediaba– no eran idénticas en uno y otro caso, ni mucho menos las consecuencias que de él se derivaban. MARINA proyecta el pasado medieval –ya que de él parte– hacia el presente. Y, en puridad, no retrotrae el principio de soberanía nacional a la Edad Media, sino que intenta empalmar una supuesta, idealizada y deformada legalidad medieval con la exégesis liberal del dogma de la soberanía nacional; que, como el mismo MORODO nota, no llegó a captar (86). Los liberales doceañistas, en cambio, trasladan el presente, que bien conocían, al pretérito mal conocido. Y, por consiguiente, retrotraen el principio de soberanía nacional bien entendido y asimilado– a una

(84) *V.* **D. Sevilla Andrés,** *Constituciones y Otras Leyes... O. c.,* T. I, p. 223 (se trata del Decreto de 4 de mayo de 1814).

(85) *La Reforma Constitucional en Jovellanos y en Martínez Marina.* "Boletín Informativo del Seminario de Derecho Político de la Universidad de Salamanca", núm. 29-30, p. 91.

(86) *Cfr. Ib.,* pp. 89-90.

Edad Media que por desconocer desconocía la idea misma de soberanía, y no tan sólo la de soberanía nacional (87).

En el fondo de ambas posturas latía, pues, un común e inconsciente deseo de justificar un futuro anhelado a partir de un inventado pretérito. Digámoslo, parafraseando a UNAMUNO, con términos más precisos y preciosos: MARTÍNEZ MARINA y los doceañistas liberales se aferraban, sin saberlo, a un "ex-futuro"; a un será diferente –apetecido, en este caso– en virtud de un ser y de un hacer ser diferente de lo que ha sido. Pero el péndulo de esta artificiosa lucubración giraba en sentido inverso en uno u otro caso. En MARINA iba de atrás a adelante, de la legalidad medieval a la legalidad nacional y representativa. En los doceañistas liberales, al contrario, de adelante a atrás, de esta legalidad y de éste su principio animador –el de soberanía nacional– a aquélla. Aunque (y de ahí el común "ex-futuro"), la esencia del "atrás" se trastocaba en beneficio de un ansiado y próximo "adelante".

Ahora bien, no sólo eran distintas las causas que empujaban a MARTÍNEZ MARINA y a los liberales del doce a declarar la tradicionalidad del dogma de soberanía nacional. Muy primordialmente, eran distintas las consecuencias de esta declaración. MARINA no llegará a captar la esencia de este dogma, ni conseguirá perfilar cabalmente sus atribuciones inherentes. Los diputados liberales, sí. Pero el análisis de este importante extremo conviene relegarlo para el epígrafe siguiente. Veamos ahora el segundo argumento al que recurrieron los diputados liberales para justificar el principio de soberanía nacional.

B) *El principio de soberanía nacional como fundamento de la insurreción patriótica*

La defensa del principio de soberanía nacional, y especialmente la del párrafo último del artículo tercero, que facultaba

---

(87) *V.* **Walter Ullmann,** *Principios de Gobierno y Política en la Edad Media.* Revista de Occidente (1971). **Y Rene Fedou,** *El Estado en la Edad Media.* **Edaf** (1977). **Otto Von Gierke,** *Political Theories of The Middle Ages.* Boston. Beacon Press (1958).

a la Nación para adoptar la forma de gobierno que más le conviniere, se hizo también desde un flanco diferente al hasta aquí examinado. Se trataba, ahora, de recurrir, con suma habilidad y evidente oportunidad, a un argumento al que eran particularmente sensibles todos los miembros del Congreso: al argumento patriótico, que por fuerza iba acompañado en aquel entonces de un claro componente galófobo, antifrancés. El artículo tercero, venían a decir los diputados liberales, implicaba, desde luego, declarar que la Nación era la única dueña de sus destinos en el seno del Estado, dentro de su estructura jurídico-política. Pero significaba, también algo más, y no menos importante en la España de 1812. Suponía proclamar que la Nación española era soberana frente al exterior, frente a toda potencia extranjera que —como entonces ocurría con Francia— intentase imponer sus designios contra o al margen de la voluntad de sus miembros. De este modo, los diputados liberales pretendían mostrar a las Cortes que sólo invocando este dogma podría justificarse la guerra de Independencia y la inaceptación del Rey intruso, aupado al trono merced a las renuncias de Bayona. El acendrado sentimiento nacionalista y patriótico que animó siempre a los diputados liberales —y no sólo a ellos— se transparenta en este debate con mayor vigor que en ningún otro. Aunque, ciertamente, el vínculo entre soberanía nacional e independencia no dejaba de ser también un recurso ladina e interesadamente aducido para acallar reticencias y acelerar la aprobación del polémico articullo tercero.

A este vínculo se aludía ya en el comentado Decreto de 24 de septiembre de 1810, en el que, entre otras cosas, se decía:

> "Las Cortes generales... Reconocen, proclaman y juran de nuevo por su único y legítimo rey al señor don Fernando VII de Borbón; y declaran nula, de ningún valor, ni efecto la cesión de la Corona que se dice hecha en favor de Napoleón, no sólo por la violencia que intervino en aquellos actos injustos e ilegales, *sino principalmente por faltarle el consentimiento de la nación*" (88).

---

(88) **D. Sevilla Andrés.** *Constituciones y Otras Leyes... O. c.*, T. I, p. 91.

Y el artículo segundo, al sancionar que la Nación española era "libre e independiente", y que no era ni podía ser "patrimonio de ninguna familia ni persona", venía a incidir en el vínculo entre soberanía nacional e independencia. De hecho, en el corto debate que suscitó, ESPIGA lo trajo a colación (89).

Pero fue durante la discusión del artículo tercero, sobre todo la de su último párrafo, cuando el ligamen entre soberanía nacional e independencia, y la naturaleza legitimadora de la resistencia atribuida a aquel principio, se pusieron más claramente de manifiesto:

> "La comisión –decía Argüelles– con el horrible atentado de Bayona... No podía menos de introducir en el artículo una cláusula que recordase en todos los tiempos que la independencia de la nación debía ser tan absoluta, que a ella sola le tocase adoptar la forma de gobierno que más le conviniere" (90).

El Conde de TORENO, por su parte afirmó:

> "Recuerdo y repito al congreso que sí quiere ser libre... Menester es que declare solemnemente este principio incontrastable (el de soberanía nacional) y lo ponga a la cabeza de la constitución... Y si no debe someterse a los decretos de Bayona, a las órdenes de la Junta Suprema de Madrid, a las circulares del Consejo de Castilla; resoluciones que con heroicidad deshechó la nación toda, no por judgar oprimidas a las autoridades, pues libres y sin enemigos estaban las de las provincias que mandaban executarlas, sino valiéndose del derecho de soberanía, derecho que más que nunca manifestó pertenecerle, y en uso del qual se levantó toda ella para resistir a la opresión, y dar al mundo pruebas del valor, de la constancia y del amor a la independencia de los españoles" (91).

Tesis en las que este diputado insistiría al escribir su "Historia del Levantamiento, Guerra y Revolución de España" (92).

---

(89) *Cfr. DDAC,* T. 8, p. 47.
(90) *Ib.*, pp. 53-54.
(91) *Ib.*, pp. 66-67.
(92) *Cfr. O. c.*, Madrid (1839). T. II, pp. 214 y ss.

GALLEGO, abundando en estas premisas, dijo:

> "permítaseme suponer por un momento que el rey Fernando en país libre de la influencia del su opresor, por exemplo en Inglaterra, hiciese de nuevo la renuncia de sus derechos en el emperador de los franceses. ¿Creen las Cortes que por esta cesión se entregarían los españoles al yugo de un hombre que detestan? Yo estoy seguro de todo lo contrario. ¿Y por qué? Porque sin atar hechos ni leer códices reconocen en sí esta soberanía, acreditando en esto que las grandes y simples verdades, que tienen inmediata derivación del derecho natural... son en menos un consentimiento de la razón, que un sentimiento del corazón de las gentes sencillas" (93).

Y, en fin, MUÑOZ TORRERO, cerrando el debate del artículo tercero, redujo astutamente el alcance de este precepto del siguiente modo:

> "en una palabra, el artículo de que se trata, reducido a su expresión más sencilla, no contiene otra cosa sino que Napoleón es un usurpador de nuestros legítimos derechos: que ni tiene ni puede tener derecho alguno para obligarnos a admitir la constitución de Bayona, ni a reconocer el gobierno de su hermano, porque pertenece exclusivamente a la nación española el derecho supremo de establecer sus leyes fundamentales, y de determinar por ella la forma de gobierno" (94).

Hay que reconocer que los argumentos empleados por los diputados liberales si no convincentes, sí, eran, al menos, persuasivos; pues en aquella circunstancia histórica, aunque no fuese necesario recurrir al principio de soberanía nacional para legitimar el levantamiento español, había que situarse, en todo caso, frente al principio monárquico. No era preciso recurrir al dogma de soberanía nacional, pues podía alegarse –y de hecho así se hizo–, para justificar la invalidez de las cesiones de Bayona y su subsiguiente inobligatoriedad, la coacción que había mediado en las mismas. No obstante –recuerda E.

---

(93) *DDAC,* T. 8, p. 70.
(94) *Ib.,* p. 84.

MARTÍNEZ QUINTEIRO– este razonamiento no dejaba de ser peligroso, puesto que el mismo Fernando VII había subido al trono en virtud de la forzada abdicación de Carlos IV (95). Tal alegato era, pues, un arma de doble filo que podía volverse contra los que la esgrimían. Quedaba, sin embargo, un segundo recurso, mucho más consistente, al que se acogieron los realistas dentro y fuera de las Cortes: el de exhumar la vieja teoría escolástica de la reasunción del ejercicio del poder por parte de la Nación, interinamente, mientras durase la cautividad del Monarca. O también, como había hecho JOVELLANOS, lo que a fin de cuentas venía a ser lo mismo, "alambicar un nuevo término político para explicar el derecho que la Nación tenía a levantarse, pese a la legitimidad formal del trono de José Bonaparte: el derecho de "supremacía", distinto, según él, de la soberanía que corresponde al Monarca" (96).

En todo caso, lo que sí estaba bien claro es que si se aceptaba el principio monárquico, tal como había sido entendido mayoritariamente durante el siglo XVIII, esto es, el principio de soberanía regia sin aditamento alguno, resultaba indefectible el acatamiento de las cesiones de Bayona, salvo el peligroso y poco sólido alegato de su carácter forzado, no voluntario. Precisamente, según el criterio de ALVARO FLÓREZ ESTRADA, los "afrancesados" se amparaban en el cumplimiento de la voluntad del Monarca en lo relativo a la abdicación de sus derechos, y acusaban de revolucionarios a los insurrectos, fuesen o no liberales (97).

Por este motivo, aunque el principio de soberanía nacional no era el único alegable contra el principio monárquico, no era tampoco una simple doctrina artificialmente expuesta por una minoría radical, sino –como años más tarde reconocería DONOSO CORTÉS en sus "Consideraciones sobre la Diplomacia" (98)– una realidad provocada por las circunstancias

(95) *Cfr. O. c.*, p. 190.

(96) **L. Sánchez Agesta.** *Historia del Constitucionalismo... O. c.*, p. 57.

(97) *Cfr. Representación hecha a SMC el señor don Fernando VII en Defensa de las Cortes.* BAE (1958) *apud.* **E. Martínez Quinteiro.** *O. c.*, p. 189, en nota.

(98) *Cfr. Obras Completas de Donoso Cortés.* BAC, T. I, pp. 247 a 251, en nota.

históricas por las que atravesaba el país. Como escribe L. Díez del Corral, en 1812, tras la formidable resistencia popular a la ocupación francesa, no era preciso inventar el principio de soberanía nacional, se trataba "sencillamente de reconocer un hecho palmario: el levantamiento espontáneo del pueblo español... De seguir siendo rigurosamente monárquicos, habría que reconocer como Rey de España a José Bonaparte" (99).

3. El rechazo de la doctrina de la "translatio imperii" y la afirmación de la unidad y la inalienabilidad de la soberanía

Las discrepancias que se observan entre los diputados liberales al aceptar, unos, y al impugnar, otros, las nociones del estado de naturaleza y del pacto social, no impidieron, pues, que todos ellos defendiesen el principio de soberanía nacional. Pero, además, y como consecuencia de ello, todos los miembros de este grupo mostraron un franco rechazo hacia la doctrina de la "translatio imperii", y hacia los resultados que de ésta se desprenden en orden a perfilar las atribuciones del poder político. Digámoslo con unos términos más incisivos: aunque Argüelles, Oliveros y Muñoz Torrero impugnasen, al igual que los realistas y el mejicano Guridi y Alcocer, las dos tesis revolucionarias citadas, esta impugnación cobraba un alcance diferente. En primer lugar, porque —como se ha visto— no les impidió proponer y apoyar —tan rotundamente como Toreno o Gallego pudieron hacerlo— el dogma proclamado en el artículo tercero. En segundo lugar, porque la condena de los dos postulados del iusnaturalismo racionalista no les condujo, como sí había ocurrido con los realistas y con Guridi, a defender la doctrina de la "translatio imperii". Así, en efecto, no puede pasar desapercibido un hecho, o mejor, una omisión muy significativa: cuando los tres diputados liberales intervienen en contra de aquellos postulados, en ningún momento se adhirieron a la doctrina de la

(99) *O. c.*, p. 490.

"translatio imperii", ni siquiera Oliveros y Muñoz Torrero de quienes hubiese podido esperarse esta adhesión conforme a sus planteamientos escolásticos. La categórica defensa del principio de soberanía nacional –en abierta contradicción con aquella doctrina– corrobora esta afirmación y disipa cualquier duda al respecto. Pero, además –como ahora se verá– los diputados liberales no sólo defendieron el principio de soberanía nacional, sino que lo entendieron. Esto es, captaron su plena significación desde el momento en que afirmaron su carácter unitario e inalienable.

Es precisamente en este punto en donde con más nitidez se aprecia la distancia que separaba a estos diputados de Martínez Marina. Este autor defendería también el dogma de soberanía nacional –como se ha visto–, pero las atribuciones esenciales al mismo aparecían claramente desdibujadas en las tesis que este autor expuso en la "Teoría de las Cortes". Es más, sus planteamientos al respecto eran más arcaicos y estaban más alejados del concepto de soberanía que los que había sustentado Jovellanos en su "Memoria", y que los habían sostenido los diputados realistas y el mejicano Guridi y Alcocer. Ciertamente, también Marina asumiría las tesis escolásticas claves: la comunidad política era para él, al igual que la familia, una "sociedad natural necesaria" (100), y la autoridad que en su seno surge "permanente y perpetua, así como la sociedad" (101). Asimismo se acogería a la doctrina del pacto de traslación y condenaría las modernas formulaciones del pacto social, que él reduce y confunde con el pacto de sujeción (102). Sin embargo, el arcaísmo y el componente dualista se incrementa considerablemente en Marina en relación a Jovellanos y a los diputados realistas, en virtud de su peculiar interpretación del pacto de sujeción, y

(100) *Cfr.* **J. Alberti Nieto.** *O. c.*, p. 253. En general, para la cuestión del origen del poder M. M., *V.* la segunda parte de este trabajo *"Comunidad y Poder Político en la Concepción Iusnaturalista de M. Marina,* pp. 234 y ss.

(101) *Discurso... O. c.*, p. 131. Igual tesis mantiene en los *Principios. O. c.*, pp. 328 y ss.

(102) *Cfr. Principios... O. c.*, pp. 239 y ss. La Crítica del pacto social en su "Principios", pp. 328 y ss. *V.* también. **Maravall,** *Estudio Preliminar... O. c.*, pp. 66 a 70. **Y Pérez-Prendes,** *Introducción... O. c.*, p. 25.

de los efectos de la transferencia del poder. Tal interpretación venía motivada por dos razones: en primer lugar, por su peculiar historicismo medievalizante, que le abocaba a explicar y a encajar el principio de soberanía nacional en el marco de las instituciones medievales, desde el horizonte del dualismo Rex-Regnum a ellas consustanciales (103). En segundo lugar, por la no menos peculiar filiación de su sustrato escolástico. Así, en efecto, MARINA, al abordar el problema de la soberanía, se separará de SUÁREZ, de VITORIA o de MOLINA (104), y partirá de otros tratadistas de la Escuela, como COVERRUBIAS o VÁZQUEZ DE MENCHACA (105). Pero, sobre todo, recogerá los postulados más "democráticos" o comunitaristas de esta corriente —esto es, los más arcaicos— como los de MARIANA y especialmente los de ROA DÁVILA y ANTÚNEZ DE PORTUGAL (106). Bajo el influjo de las doctrinas de la soberanía nacional y popular (107), el historiador español radicalizará estos presupuestos escolásticos y tratará —vanamente— de engarzarlos de aquellas doctrinas (108). ¿Resultado de todo ello? La palmaria incomprensión del concepto de soberanía. Para MARINA, —a diferencia de JOVELLANOS y de los diputados realistas— la Nación conservaba la titularidad de la soberanía aún después del pacto de sujeción (109), y también parte de su ejercicio, el poder legislativo, que él atribuye exclusivamente a las Cortes, sin participación alguna del Rey (110). El poder ejecutivo del Rey y el legislativo de las Cortes debían ser, para este autor, "independientes e incomunicables" (111). Pero

---

(103) Esto es constante en la *Teoría de las Cortes. V.* por ejemplo, T. II, p. 270 y 241-242. (Se ha utilizado aquí la edición de la BAE) y en los *Principios*, p. 341.

(104) *Cfr.* **Alberti.** *O. c.*, pp. 403 y ss.

(105) *Cfr. Ib.*, pp. 403 y ss. Los múltiples apoyos doctrinales que **Marina** utiliza para apoyar sus tesis sobre el origen del poder político y sobre su teoría de la soberanía, pueden verse en su *Defensa Contra las Acusaciones... O. c.*, sección segunda de la primera parte.

(106) *Cfr.* **Pérez-Prendes.** *Introducción... O. c.*, pp. 20 a 30.

(107) *Cfr.* **Alberti.** *O. c.*, p. 408. *V. Infra.*, pp. 281 y ss.

(108) *Cfr.* **Maravall.** *Estudio Preliminar... O. c.*, pp. 77-83. *V. Infra.* Cap. V.

(109) *Cfr. Teoría... O. c.*, T. II, pp. 268 a 270 y T. III, p. 43. *Principios... O. c.*, p. 322.

(110) *Cfr. Teoría... O. c.*, T. II, p. 80. Y *Cfr.* **Maravall.** *Estudio Preliminar... O. c.*, pp. 88-89.

(111) *Cfr. Ib.*

no se trata aquí de distinguir entre la titularidad única de la soberanía, atribuida a la Nación, y el ejercicio de la misma, dividido entre el Rey y las Cortes. Por el contrario, como señala MARAVALL, MARINA confunde ambas cosas (112), y propugna en varias ocasiones la división de la soberanía misma (113). La conclusión que se puede extraer de sus confusos y variopintos planteamientos es ésta: para él, la soberanía es una cualidad compartida y pactada entre dos sujetos, el Rey y la Nación, con sustancialidad propia (114). Se trata, pues, de una facultad dividida y, en parte enajenada. Conclusión que se corrobora cuando defiende la reasunción de la plenitud de la soberanía por parte de la Nación, en caso de ausencia o muerte del Rey (115), o cuando llega a justificar el tiranicidio, en caso de que el Monarca devenga tirano "quad titulum" (116). En consecuencia, pues, aunque MARINA —o precisamente por ello— atribuya a la Nación una gran preponderancia en el entramado del poder, y que las prerrogativas que a ésta le concede excedan en mucho a las otorgadas por JOVELLANOS y por los diputados realistas, el arcaísmo y el dualismo resultante es mucho mayor. Y, por lo mismo, MARINA estará todavía mucho más lejos que éstos de las tesis defendidas por los diputados liberales, para los cuales —cómo se verá a continuación— la soberanía no podía concebirse más que como una cualidad unitaria e inalienable, atribuida exclusivamente a un único sujeto: la Nación.

A) *La unidad de la soberanía*

El carácter unitario —y, por tanto, indivisible— de la soberanía, y su exclusiva pertenencia a la Nación, fue defendido por los diputados liberales doceañistas en tres ocasiones, primordialmente: en primer lugar, en la larga polémica sobre la extinción de los señoríos jurisdiccionales; en segundo lugar,

---

(112) *Cfr.* **Maravall.** *Ib.*, p. 79.
(113) Así, por ejemplo, *Cfr. Teoría...* T. II, p. 71 y T. III, pp. 43-44.
(114) *Cfr.* **Maravall.** *Estudio Preliminar... O. c.*, pp. 43 y 79.
(115) *Cfr. Discurso... O. c.*, p. 208. Y *Teoría... O. c.*, T. II, p. 304.
(116) *Cfr. Principios... O. c.*, p. 265. Y **Alberti.** *O. c.*, pp. 429 y ss.

en el debate del artículo tercero del proyecto constitucional; y, por último, en la discusión de otros muchos preceptos de este proyecto, en la que estos diputados formularon su concepto de Nación y de Representación. Habida cuenta de que a este último problema se le dedicará un capítulo aparte –el quinto–, ya que merece un tratamiento específico, conviene centrarse ahora en los dos debates primeramente mencionados.

En el debate sobre los señoríos jurisdiccionales se pusieron de manifiesto, para la cuestión que ahora se ventila, tres posturas diferentes, que brevemente conviene sintetizar, así como desentrañar su trasfondo. Tal conveniencia tiene su razón de ser en que sólo procediendo de este modo se puede captar cabalmente la actitud del grupo liberal, y entender con más exactitud el sentido que debe atribuirse a las intervenciones que más adelante se reseñan.

La postura unánime de los diputados liberales consistía en defender la egresión de los señoríos jurisdiccionales a la Nación, en virtud del carácter unitario e indivisible de su soberanía. Los diputados realistas no adoptaron, en cambio, una actitud homogénea, sino que entre sus filas se apreciaron dos posturas diferentes. Algunos diputados –entre los que cabe destacar a ANER (117) y al Obispo de Mallorca (118)– aconsejaban reintegrar a la Corona las facultades jurisdiccionales anexas a los señoríos, merced a la unidad e indivisibilidad de la soberanía, atribuida por ellos al Monarca. Otros –en paradigma de los cuales debe citarse a BORRULL (119)–, al contrario, abogaron por la permanencia de estas jurisdicciones en manos de los señores, y argumentaban, apoyándose en la constitución inglesa y en MONTESQUIEU, en favor de la compatibilidad que, a su juicio, existía entre esta medida y la soberanía del Monarca.

En definitiva, en esta controversia se trataba no tanto de defender el principio de soberanía nacional frente a la sobe-

(117) *Cfr. DDAC*, T. 6, pp. 217-218.
(118) *Cfr. Ib.*, pp. 381-382.
(119) *Cfr. Ib.*, pp. 214-215.

ranía del Monarca, como la soberanía misma frente a la presión estamental que impedía la plena realización de este concepto. Y en esta disputa, como contrapunto a la dual y contradictoria actitud adoptada por los diputados realistas, sobresale la unanimidad y coherencia de los diputados liberales. La coherencia de este grupo no era, a la verdad, más que el fruto y el exponente del alto grado de depuración que el liberalismo representaba en el largo y no siempre rectilíneo despliegue histórico de la lógica o del "programa" de la soberanía. Este despliegue, como en esta misma deliberación se puso de relieve, resultaba entorpecido por las contradicciones inherentes a la Monarquía absoluta (y al principio de soberanía regia, en el plano conceptual), cuya dinámica histórica se movían entre dos polos contrapuestos, que vienen a explicar la dualidad de posturas y la contradicción en que se debatían los diputados realistas. Por una parte, esta dinámica generaba un continuo proceso de absorción de las parcelas de poder dispersas en esferas particulares o privadas (en la Nobleza y en el Clero). Se trataba, pues, de un proceso centrípeto, igualador y racionalizador; protoestatal, en suma; que tuvo su apogeo en el siglo XVIII. Pero por otra parte, para sostener su propia estructura, la Monarquía absoluta necesitaba apoyarse en los estamentos, por lo que se veía abocada a respetar sus privilegios y exenciones, en detrimento de las regalías de la Corona y de sus mismas necesidades hacendísticas. Se trataba, pues, de un proceso retardatario, de un retroceso centrífugo, desnivelador y caótico; preestatal, en suma; que hundía sus raíces en el pluralismo y policentrismo medieval, del que había surgido la Monarquía absoluta, y que –aún debilitándose paulatinamente– le acompañó hasta su fenecimiento. Dicho de un modo más conciso, la Monarquía absoluta, al no poder eliminar de su seno la existencia de "estados" o de estamentos –aunque sí, en buena medida la intromisión de los dos históricos poderes externos: el del Imperio y el del Pontificado– no podía servir de cimiento, ya que su propio armazón se resquebrajaría, para la edificación de un solo, único y verdadero Estado, asentado en una colectividad unificada, la Nación, y por ella legitimado. En el plano conceptual, el principio de soberanía regia implícitamente era portador de esta básica contradicción, aunque se formulase (como en las Cortes lo hicieron ANER y el Obispo de Mallorca) desde una posición claramente regalista, incursa en esa "herejía administrativa", como MENÉNDEZ Y PELAYO la había denominado (120).

Esta tensa y contradictoria dinámica inherente a la Monarquía absoluta –que por lo que atañe a la Monarquía de Fernando VII, ha estudiado y desvelado J. FONTANA (121)– y al principio de soberanía regia, se agudizó con el embate de la burguesía liberal, aglutinada en torno al principio de soberanía nacional. Y, a la postre, se solucionó con su victoria y con el triunfo y el desenvolvimiento práctico de este dogma.

A la mencionada contradicción consustancial a la Monarquía absoluta se refirió OLIVEROS en el debate de los señoríos, aunque dándole una explicación personalista, ciertamente nada sólida:

> "Los reyes, Señor, –decía– por una contradicción monstruosa, nacida del despotismo a que aspiraron y llegaron decretaban la reversión de los señoríos a la corona al mismo tiempo que los prodigaban a los que prestaban servicios útiles, no a la patria, sino a sus personas... Los reyes hacían lo que querían según les convenía y según las circunstancias: sus leyes son la expresión de su voluntad vacilante; no de la nación que siempre es una, la del bien general" (122).

Pues bien, es en este contexto –y con este trasfondo– en el que los diputados liberales defendieron la unidad y la indivisibilidad de la soberanía. Obsérvese como se ponen de manifiesto de nuevo los desatinos historicistas en los que incurren la mayor parte de los diputados liberales, en este caso, al retrotraer, la unidad y la indivisibilidad de la soberanía a la estructura política de la Edad Media y a sus códigos legales.

---

(120) *Historia de los Heterodoxos españoles*. Biblioteca de Autores Cristianos (BAC). 3.ª edic. Madrid (1978), T. II, p. 462.

(121) *V.* **Josep Fontana.** *La Quiebra de la Monarquía Absoluta. (1814-1820).* Ariel. Barcelona (1974), *passim.*

(122) *DDAC,* T. 8, p. 271.

"Los derechos señoriales –decía Luxan– la jurisdicción, los cargos de la administración pública, son una parte integrante de la soberanía; *ésta es indivisible, y sobre todo, cada una de sus partes se hallan tan íntimamente unidas entre sí, que es imposible separarlas sin destruir la soberanía.* Este agregado de poder se se llamó por los antiguos imperio, y por nuestros españoles, por nuestros mayores, señoría. El imperio, la señoría se compone precisamente del poder de hacer leyes, del poder executivo, y del poder judiciario; arrancar del imperio, privando a la soberanía de qualquiera de las tres partes que la constituyen es aniquilarla, destruirla en su raíz, y reducirla al no ser, y quando más será una soberanía manca... El nombramiento de los jueces es atribución correspondiente al gobierno o al poder executivo; y concedérselo a los señores o particulares es desmembrar una parte esencialísima de la soberanía... Mayor es la razón si cabe en la facultad o derecho de las rentas del Estado. Las contribuciones sólo puede imponerlas la soberanía... Llevan consigo la precisa condición que la soberanía, la nación, la sociedad ha de saber en qué se invierten..." (123).

ARGÜELLES, por su parte, afirmó:

"Quando el digno autor de la proposición –decía refiriéndose a García Herreros y a su proposición sobre la extinción de los señoríos (124)– expuso a las cortes las razones en que la fundaba, desenvolvió con profundidad y sabiduría los grandes principios en que se apoya la máxima de la unidad e indivisibilidad de la soberanía de las naciones; indicó también que esta doctrina había sido conocida y respetada entre nosotros desde los primeros tiempos de la monarquía. Las leyes mismas que citó (125) no dexan cosa alguna que desear, y sólo personas que ignoren la historia del pueblo español, de la nación misma, pueden llamarlas ideas modernas, innovaciones de los pretendidos filósofos de estos tiempos, teorías de los publicistas, máximas perniciosas de los libros franceses... Yo procuraré tranquilizar a qualquiera que recele de esta qüestion con razones y autoridades sacadas, no de los monitores franceses, no de escritores extranjeros, ni de filósofos novadores, sino de las fuentes de la historia de España, de los venerables y santos monumentos de nuestra antigua libertad e independencia... Los versados en nuestra historia conocen bien

---

(123) *Ib.*, pp. 175-176.
(124) *Cfr. Ib.*, pp. 160 y ss.
(125) Se trataba de las *Partidas* y de la *Novísima Compilación. Cfr. Ib.*, pp. 161-162.

> las visicitudes de nuestra legislación, y el carácter liberal que conservó siempre... Estas leyes (se refería, sobre todo, al Fuero Judgo) suponen la idea más cabal y perfecta de la soberanía de la nación, y de la unidad e indivisibilidad del señorío..."

Pero véase a continuación cómo, tras estos desvaríos, tras estas enormes alucinaciones, –y no menores se perciben en las intervenciones de otros diputados liberales, como en las de POLO (126) o GARCÍA HERREROS (127)– ARGÜELLES capta y expone con pulcritud y rigor el concepto y las atribuciones de la soberanía.

> "Examinemos, Señor, examinemos a la luz de la sana filosofía, de la política económica, no ya el origen de estos dos grandes puntos de señoríos y jurisdicciones, sino su influxo directo sobre la unidad e indivisibilidad de la autoridad soberana y prosperidad de los pueblos. Por más que se quiera suponer que la jurisdicción de los pueblos de señorío está ya tan menguada que nada perjudica a la administración de justicia; aunque se quiera sostener que los jueces de señorío no se detienen en fallar contra los señores mismos que los han nombrado, se echa de ver que esta razón es especiosa, *y de modo alguno satisface el incontrastable axioma de la unidad de autoridad.* La jurisdicción señorial, auque en el día no comprehenda el mero imperio, no por eso altera la naturaleza de la jurisdicción, y lo que de ella se ha dexado a los señores es una desmembración de la potestad judicial que constituye parte del exercicio de la soberanía... La jurisdicción señorial supone que la nación no tuvo parte en la desmembración, ni tampoco en el exercicio que se hace en el día por jueces que ni nombra ni elije que son dados a despecho suyo, contra su voluntad... Los derechos señoriales, que consisten en servicios reales o personales, son de la misma naturaleza, opuestos y repugnantes al sagrado principio que no reconoce por legítima ninguna contribución que no esté establecida, libre y espontáneamente, por la nación..." (128).

Y, en fin, OLIVEROS, abundando en estas mismas ideas, manifestó:

---

(126) *Cfr. Ib.* pp. 287 y ss.
(127) *Cfr. Ib.*, pp. 555 y ss.
(128) *Ib.*, pp. 197 a 200.

"Señor, nada he extrañado tanto en la presente discusión como el que se haya tachado de francesismo un asunto que hace muchos siglos que se está tratando por los políticos y jurisconsultos nacionales... En las asambleas eclesiásticas, y al mismo tiempo civiles, de los godos se comenzaban a descubrir y poner en práctica los grandes principios del derecho público. Allí se descubre la representación nacional, aunque imperfecta, y también los derechos de la nación para intervenir en su gobierno y elegir las personas que debían exercerlo... Se ha decretado la soberanía nacional; son inherentes a ella la administración de justicia, los pechos, alcabalas, y todo género de contribuciones: el bien general, el goce de todo lo que por su naturaleza debe ser común, esto es clarísimo. Toca al derecho de gobernar, y a la nación pertenece el darse sus gobernadores. El poder judiciario es un atributo de la soberanía; al soberano pertenece dar las leyes con arreglo a las que deben pronunciarse los juicios, y también nombrar las personas que deben exercer este delicadísimo encargo... (el derecho público) reclama la abolición de los señoríos jurisdiccionales, la reversión al tesoro público de todas las contribuciones para variarlas y mejorarlas, la extinción de todo lo que huela a feudalismo, para establecer la justa libertad y la racional igualdad en todos los pueblos de la monarquía; el anular todos los privilegios exclusivos por ser opuestos al bien general. Decreten las Cortes estos puntos, y harán un acto de justicia universal" (129).

En la discusión del artículo tercero del proyecto constitucional, la defensa de la unidad de la soberanía y su sola atribución a la Nación, corrió a cargo de TORENO, quien criticó con claridad la teoría de la "soberanía compartida" expuesta por los diputados realistas. Pero este diputado –como en él era habitual– no recurrió para tal defensa a ningún supuesto precedente histórico, como habían hecho sus compañeros de grupo, sino que fundamentó sus afirmaciones en argumentos de índole puramente doctrinal, abstracta. Por otra parte, las resonancias lockeanas son patentes cuando este diputado delimita la causa y el fin para el que los individuos se ayuntan civilmente (130).

(129) *Ib.*, pp. 266 a 273.
(130) *Cfr.* ***J. Locke.*** *Ensayo sobre el Gobierno Civil. O. c.* Cap. VIII, p. 73.

"Los señores Borrull, Obispo de Calahorra y Llaneras –decía Toreno– han sentado proposiciones tan contradictorias, y han hecho una confusión de principios tan singular, que difícil es desenmarañarlos todos. Si mal no recuerdo han convenido en que la soberanía parte reside en el rey, parte en la nación... Cada uno de nosotros individualmente busca la felicidad, procura su conservación, su mejor estar; no puede dexar de ceder a este impulso. Así de la misma manera el conjunto de individuos reunidos en sociedad, no mudando por eso su forma física y mental, preciso es que en unión sean impelidos a buscar su felicidad, y mirar por su conservación, como lo son separadamente y en particular. ¿Y podrían conseguir esto si un solo individuo tuviera el derecho de oponerse a la voluntad de la sociedad? Además, ¿no es absurdo imaginar que uno sólo pueda moral y fisicamennte a la volunta de todos? *...Así me parece que queda bastante probado que la soberanía reside en la nación, que no se puede partir, que es el superomnia* (de cuya expresión deriva aquella palabra)..." (131).

B) *La inalienabilidad de la soberanía*

El carácter inalienable –y también, por ende, el originario y perpetuo– de la soberanía, se prescribía desde el momento en que todos los diputados liberales apoyaron la permanencia del término "esencialmente" en la redacción del artículo tercero del proyecto, y se opusieron a la distinción entre "soberanía radical" y "soberanía esencial", sostenida por los diputados realistas en consonancia con su doctrina del pacto de traslacción. Pero, además, esta cualidad de la soberanía fue afirmada explícitamente por TORENO y GALLEGO en el mismo debate de este artículo. Recuérdese también como MUÑOZ TORRERO había insistido, desde sus premisas historicistas, en el carácter esencial y no sólo radical que, a su juicio, había distinguido siempre al principio de soberanía nacional, tal como había sido formulado y mantenido en la historia de España (132). No obstante, fueron estos dos diputados quienes –desde una perspectiva exclusivamente doctrinal– subrayaron con más claridad esta atribución esencial al dogma de la so-

(131) *DDAC*, T. 8, p. 65.
(132) *Cfr. Supra*, pp. 110-111.

beranía nacional (y, en puridad, a la noción misma de este concepto):

> "El señor Alcocer –decía Toreno– ha querido suprimir el adverbio "esencialmente", y sustituirle por el de "originariamente" o "radicalmente"; apartémonos de esta variación si no queremos incidir en los errores que acabamos de impugnar. "Radicalmente" u "originariamente" quiere decir que en su raíz, en su origen tiene la nación la soberanía, pero que no es un derecho inherente a ella; *"esencialmente" expresa que este derecho ha co-existido, co-existe y co-existirá siempre con la nación mientras no sea destruida, envuelve además esta palabra "esencialmente" la idea de que es inajenable, y qualidad de la que no puede desprenderse la nación,* como el hombre de sus facultades físicas, porque nadie en efecto podría hablar y respirar por mí; así jamás delega el derecho, y sólo sí el exercicio de la soberanía" (133).

Y GALLEGO, por su parte, agregaba:

> "...Si antes de constituirse la nación es soberana esencialmente, lo es en el día, y lo será siempre aunque haya pasado por una, dos o diez constituciones... (la) nación, por las leyes constitucionales que establece, contrae ciertas obligaciones consigo misma, pero como voluntariamente las contrae y el objeto de ella es la felicidad general de sus individuos, puede derogarlas o reformarlas desde el momento en que vea que se oponen a dicha felicidad, que es el único fin de su formación. De ahí se sigue que nunca puede desprenderse de la soberanía esencial que tuvo, pues de lo contrario se privaría espontáneamente de los medios de promover el único objeto para que fue congregada, lo qual es contradictorio e inconcebible... He aquí por qué no pudiendo realizarlo si no conservase esencialmente la soberanía, *se demuestra que es inalienable, y que en todos los tiempos y ocasiones reside en la nación.* Señor –concluía Gallego, con un punto de petulancia– causa fastidio tener que exponner estas verdades, que son el ABC del derecho público, y clarísimo para los que han saludado esta ciencia" (134).

Puede decirse, pues, que el grupo liberal de las Cortes de Cádiz –pese a los vestigios escolásticos que se perciben en

(133) *DDAC,* T. 8, p. 65.
(134) *Ib.,* pp. 67-68.

alguno de sus miembros, y pese al historicismo en que incurren la mayoría de ellos— coincidía plenamente con el pensamiento político liberal *al fijar las atribuciones de la soberanía y al determinar un concepto de la misma,* que implícitamente se desprendía de aquéllas.

Esta conclusión es, sin duda, importante; y su importancia se acrecienta por el hecho de haber sido negada por más de un autor, y por otros escasamente subrayada. Así, en efecto, se suele destacar la distancia del liberalismo doceañista respecto a las premisas del iusnaturalismo revolucionario. Es frecuente hacer hincapié en la fundamentación historicista y patriótica que los diputados liberales hicieron en defensa del dogma de soberanía nacional. Por todo ello, a veces se concluye afirmando el carácter original de los planteamientos de estos diputados sobre la soberanía y su alejamiento de los postulados defendidos por el liberalismo europeo, especialmente el francés. Como aquí se ha puesto de relieve, estas afirmaciones y esta conclusión se ajustan en parte a la realidad, e invalidan las de aquellos autores que han querido ver en el grupo liberal de las Cortes poco menos que a una ululante caterva de jacobinos, que se limitaban a repetir las peligrosas máximas del "Contrato Social" (135). Pero sólo en parte estas afirmaciones y esta conclusión son ajustadas a la realidad. En lo que concierne a las dos afirmaciones, suele olvidarse la adhesión de destacados diputados liberales a las dos nociones axilares del pensamiento revolucionario, y es sólito también identificar —como en el capítulo primero se ha dicho— el historicismo de estos diputados con el de MARTINEZ MARINA. Pero, sobre todo, la que es más parcial e inexacta es la conclusión a la que se llega. Efectivamente, en lo que no se suele hacer hincapié es en que las consecuencias que los diputados liberales deducen de las atribuciones (e, implícitamente, del concepto) de soberanía nacional, son sustancialmente iguales a las acuñadas por el pensamiento liberal. Más en concreto: son sustancialmente iguales —sus conse-

---

(135) *Cfr.* por todos, **Menéndez y Pelayo.** *O. c.,* T. II, p. 696.

cuencias, no sus planteamientos, aunque a veces éstos también (piénsese en TORENO)– a las propugnadas por los revolucionarios franceses del 91 (136).

(136) En algún caso, esta conclusión no sólo no se subraya, sino que lisa y llanamente se niega: "los caracteres de indivisibilidad, inalienabilidad e imprescriptibilidad de la soberanía nacional –escribe **Sevilla Andrés**– no operan en la Constitución de 1812 como una prueba de incongruencia respecto de los "maestros" de aquella generación, según se dice, sino más bien como una afirmación de que no recogieron la doctrina de los extraños, sino de los propios, operando, eso sí, con ella para lograr efectos seguramente no previstos en los autores que siguen..." *La Constitución de 1812 Obra de Transicción. O. c.*, p. 131. **Martínez Sospedra** es todavía más contundente: "un detalle notable –afirma– es que nadie –salvo Toreno– define a la soberanía con las características clásicas de innalienable, indivisible e impresciptible. Ciertamente, si la soberanía pertenece esencialmente a la Nación es inalienable –de ahí la oposición de los realistas–, y siéndolo la imprescriptibilidad está de sobra. Ahora bien, es llamativo que nadie predicara la indivisibilidad, especialmente cuando la idea contraria late en las posturas del sector moderado y era defendida por personas de tanta influencia intelectual como Martínez Marina" *O. c.*, 310.

CAPITULO TERCERO. LOS LIMITES DE LA SOBERANIA Y EL PROBLEMA DEL PODER CONSTITUYENTE

I. INTRODUCCION

La discusión en torno a los límites de la soberanía está íntimamente ligada a la de su origen y atribuciones. En ambos casos se trata de afirmar o impugnar el concepto mismo de soberanía. Las conclusiones que se mantengan respecto a su origen y atribuciones determinan la postura que se adopte frente a sus límites. Esta correlación se plantea en un plano general y por ello se planteó también en las Cortes de Cádiz.

Interesa aquí en particular conocer los límites jurídico-positivos que se señalan a la soberanía. También los de naturaleza matapositiva, esto es, los de índole ética o religiosa. No obstante, en las Cortes es a los primeros a los que se concede mayor importancia y, en efecto la tenían. La disputa sobre los límites de la soberanía y sobre el problema del poder constituyente (cuestiones inseparables) gravitó en 1812 alrededor del significado y alcance atribruidos a las leyes fundamentales, a la antigua legislación histórica. Se había dicho en el capítulo anterior que la necesidad de partir de estas leyes, y, por tanto, la inconveniencia de articular *ex novo* el proyecto de Constitución, era un postulado comúnmente admitido, y cuyo conocimiento resultaba indispensable para comprender (y no tan solo para entender) los puntos de vista de los diputados doceañistas sobre el origen y atribuciones de la soberanía. Pues bien, esta advertencia adquiere ahora una mayor importancia, puesto que tal postulado, tal punto de partida historicista, matriz y motriz de todo el debate constitucional gaditano, condiciona todavía más la controversia que se suscitó en las Cortes de Cádiz (de un modo indirecto, nunca como tal) ante el problema de los límites histórico-normativos de la soberanía. Así, por ejemplo, el querer partir de las leyes fundamentales, ¿implicaba limitar la soberanía de la Nación y negar su poder constituyente? ¿Se trataba de "mejorarlas" o de "restablecerlas"? Y, en todo caso, ¿este restablecimiento era obligado o voluntario? ¿Era o no posible llevarlo a cabo sin consentimiento del Monarca? Estos son algunos de los interrogantes a los que se intentará responder en las páginas que siguen.

II. LOS LIMITES DEL PODER EN EL PENSAMIENTO POLITICO TRADICIONAL Y EN LA TEORIA DEL ESTADO (PRECISIONES CONCEPTUALES)

1. El problema en el pensamiento político tradicional

A) *Los límites metapositivos*

Al afirmar la naturalidad del poder político, el pensamiento tradicional deducía coherentemente la limitación natural del mismo. Además, para el pensamiento escolástico por encima del Derecho Natural se situaba la ley divina, de la cual aquél emanaba, del mismo modo que veía en Dios el origen último o mediato del poder político, sin perjuicio de que sostuviese su terrena radicación en la Comunidad. En virtud de estas premisas, el pensamiento escolástico afirmará que el poder político y, más concretamente, la función de creación jurídica que le es consustancial se hallaba condicionada por estos límites naturales y divinos. Las leyes positivas debían someterse a estos límites, su contenido debía ajustarse a estos principios metapositivos, impuestos por la Naturaleza –por el Derecho Natural– y por Dios. Por otra parte, para esta corriente de pensamiento el contenido de las leyes positivas venía condicionado también por límites teleológicos, en tanto que aquéllas debían acomodarse al bien común. En consecuencia, los criterios de validez del Derecho, tanto en su creación como en su reforma, venían dados no sólo en virtud de su procedencia formal, esto es, en función de la voluntad de la cual aquél emanaba, sino también a tenor de su contenido, es decir, merced a su "bondad", "rectitud" o "justicia" (1).

Para el mismo BODINO, la soberanía del príncipe no implicaba que éste no estuviese sujeto, además de a las leyes del imperio, a las leyes divinas y naturales: "... El poder absoluto de los príncipes y señores soberanos –escribe en 'Los seis libros de la República'– no se extiende, en modo alguno, a las leyes de Dios y de la naturaleza" (1 bis). Para los teóricos preestatales de la Monarquía absoluta, cuyos postulados políticos se mezclan con sus prejuicios teológicos, y el Derecho con la fe, el término "absoluto" aplicado a la potestad regia, designaba solamente que el príncipe no estaba sometido a las normas jurídicas positivas, permanecía absuelto de ellas. Aunque esto, en rigor, como se verá, tampoco fuese del todo exacto.

Pero fue la Escuela española de Derecho Natural quien insistió, de un modo original y sin parangón en Europa, en las limitaciones metapositivas de la soberanía, cuya afirmación suponía desvirtuar o, si se quiere "rebajar" el significado real de este concepto. Para la Escuela española, recuerda SÁNCHEZ AGESTA, la soberanía es potestad suprema en su orden y su esfera (2). VITORIA, SOTO, AZPILUETA, COVARRUVIAS y SUÁREZ se acogerán a la tesis tomista de la sumisión del príncipe a la "vis directiva" de la ley, mientras otros, como MARIANA, defenderían también su sumisión a la "vis coactiva" (3). No obstante, como apunta MARAVALL, en la neoescolástica española sobresale más la idea de medida que de límite. La idea de medida "era una noción de esencia, más metafísica que jurídica, más capaz de un enunciado doctrinal que de una institucionalización efectiva. Su única manifestación formulable se traduce en un concepto teórico, no en una forma aplicable. Los escritores

---

(1) *V.* por todos, **Bertrand de Jouvenel.** *O. c.*, pp. 325 y ss.

(1 bis) *O. c.*, L. 1.º, cap. VIII, p. 53.

(2) *Cfr. Principios de Teoría Política* (1970), pp. 433 y ss.

(3) *Cfr.* **Francisco Tomás y Valiente.** *Manual de Historia del Derecho Español* (1979), p. 287.

insisten, una y otra vez, en que el poder del príncipe no es un puro arbitrio, sino el ejercicio de una función definida y que sólo a ella puede referirse, de manera que por necesidad de su propia naturaleza queda reducido a lo que tal función reclama. La realeza es un oficio, ser rey significa ejercer un ministerio" (4).

> "Ni ha de creer el Príncipe –advierte, por ejemplo, Saavedra Fajardo– que es absoluto su poder, sino sujeto al bien público y a los intereses de su estado; ni que es inmenso, sino limitado y expuesto a ligeros accidentes..." (5).

Interesa destacar la pervivencia y el arraigo de estas ideas en el pensamiento y en la misma conformación de la Monarquía absoluta hispánica: "la conciliación de la soberanía con el orden –escribe DÍEZ DEL CORRAL– es el gran tema ofrecido a la especulación filosófica española, y por ella fielmente cultivado. Por eso, aunque el Estado español sea el primer gran Estado Europeo, el que sirve de modelo, como RANKE reconoce, para la creación del Estado absoluto francés... En España no llega a existir un verdadero absolutismo estatal... (En España) siempre se encontrará el poder político sometido a fuertes vínculos morales, jurídicos y religiosos: la unidad española ha impedido el pleno desarrollo del absolutismo. Al servicio de la Contrarreforma se ha consolidado y fortalecido el Estado español... El advenimiento de los Borbones significa la importación de ideas o instituciones absolutistas y de los supuestos filosóficos en que van montadas; produce así un reajuste en el sistema político nacional, pero las innovaciones quedan en la superficie sin lograr calar en la entraña de la vida española... La Ilustración es un fenómeno endeble y advenedizo en España, que no se infiltra sino escasamente por las venas del cuerpo nacional, endurecidas y cansadas ciertamente, pero latiendo todavía con ritmo y espíritu tradicionales" (6).

---

(4) *Estado Moderno... O. c.*, T. I, p. 342. *V.* También. *Ib., La Teoría Española del Estado en el Siglo XVII.* Madrid (1944), *passim.*

(5) *Empresa. XX*, pp. 259-261, *apud.* **Francisco Murillo Ferrol Saavedra Fajardo y la Política del Barroco.** IEP (1957), p. 284. *V.* en general, pp. 275 y ss.

(6) *O. c.*, pp. 464-466.

Es esta una visión discutible, desde luego, en la medida en que la existencia de estos límites metapositivos al poder del Monarca, a los que DÍEZ DEL CORRAL se refiere, no impidió –como observa MARAVALL– que la Monarquía española del Barroco –y más aún la del Siglo de las Luces–, aunque "menos engolada, menos fastuosa que la francesa, más popular y más campechana", fuese "también más absoluta", al eliminar políticamente todo órgano intermedio –como los "parlamentos" en Francia–, sin haber tampoco permitido –cómo sí ocurrió en esta Nación– crear una fuerte burguesía (7). Hay que tener en cuenta, además, –como nota F. TOMÁS y VALIENTE– que estos límites metapositivos no eran más que "meras recomendaciones éticas, no exigibles jurídicamente. No son éstos unos límites institucionales y normativos" (8). Por otra parte, se había dicho ya en el capítulo primero que, –contra lo que pueda dar a entender el párrafo citado de DÍEZ DEL CORRAL– durante el siglo XVIII español, aunque las doctrinas tradicionales no estuviesen del todo olvidadas, sí sufrieron un retroceso sensible (9). En todo caso –como más adelante se verá– en las Cortes de Cádiz y en el ambiente intelectual de la época, las tesis clásicas del Siglo de Oro sobre los límites metapositivos de la soberanía fueron invocadas tanto por los realistas como por destacados liberales.

B) *Los límites históricos: la teoría de las leyes fundamentales*

Si los límites naturales, divinos y teleológicos de la soberanía eran resultado lógico de afirmar la naturalidad de la sociedad y del poder político, los límites históricos eran consecuencia del carácter bilateral que las concepciones tradicionales atribuían al pacto de sujeción. Para estas concepciones, el poder del Monarca advenía limitado por las condiciones que las dos partes contratantes, la Comunidad o el Reino y el Rey, se autoimponían en el momento de celebrar el pacto de sumisión. Estas condiciones o cláusulas del contrato, que regulaban los

(7) *Cfr. Las Tendencias de Reforma... O. c.*, p. 58.
(8) *O. c.*, p. 287.
(9) *Supra.*, III, 1.

aspectos más importantes del ejercicio y de la transmisión del poder, se recogían y se plasmaban –y, en puridad, se confundían– con las leyes fundamentales del Reino.

La idea de una legislación fundamental surge en el marco de las Monarquías absolutas del Occidente europeo, sobre la base de la tradicción dualista bajomedieval, y persiste como denominador común de su derecho público hasta el siglo XVIII, en el que esta idea perece frente a la de Constitución, del mismo modo que la Monarquía absoluta cede paso históricamente a la Monarquía constitucional. En este sentido, puede decirse que la noción de leyes fundamentales y la de Constitución son tan distantes, o tan próximas, según se mire, como lo son una y otra forma de Monarquía.

Ciertamente, la expresión "leyes fundamentales" subsistiría hasta nuestro siglo, y ello es bien evidente en el pasado próximo de España, pero, no obstante, esta denominación tendría un significado distinto, contrapuesto al concepto demoliberal de Constitución, en el ejemplo citado. También antes de que el Estado liberal surgiese, la denominación "leyes fundamentales" era usada, como pone de relieve SANCHEZ AGESTA, con muy distintas y aun opuestas acepciones, al ser invocada tanto por el pensamiento político tradicional, como por los tratadistas del Derecho Natural racionalista (VATTEL Y ROUSSEAU, por ejemplo) (10). Aquí interesa centrarse tan solo en la noción tradicional de este término, es decir, en la empleada por el pensamiento preconstitucional. Desde este punto de vista, la idea de unas leyes fundamentales –cuya expresión aparece por primera vez con los monarcómacos, según el criterio de JELLINEK (11)– se esgrimió en el marco de las Monarquías absolutas del Occidente europeo, en los siglos XVI a XVIII, como fundamento y como límite del poder del Monarca. Ciertamente, las referencias al Derecho Natural y Divino seguirían sirviendo para fundamentar y limitar el poder regio, pero se hizo necesario apelar a un límite positivo de origen histórico para poder perpetuar un ordenamiento jurídico-político básico,

(10) *Cfr. Principios de Teoría Política. O. c.*, pp. 291 y ss.
(11) *Cfr. Teoría del Estado.* Buenos Aires (1973), p. 383, nota 3.

fundamental. Tal necesidad obedecía a la creciente dinamicidad de la creación jurídica en las nuevas agrupaciones políticas. Esta dinamicidad jurídica había comenzado a sentirse ya en la Baja Edad Media y se contraponía a la estaticidad característica de los ordenamientos jurídicos altomedievales, en los cuales los límites metapositivos, junto a la primacía del derecho viejo, de la costumbre, bastaban para impedir el cambio de unos principios jurídico-políticos considerados esenciales (12). Sin embargo, no es hasta la Edad Moderna, con el surgimiento de las Monarquías absolutas, cuando este fenómeno adquiere su pleno vigor. Esta mutación está ínntimamente ligada al nacimiento del concepto de soberanía y a su despliegue histórico. O, lo que es lo mismo, a la positividad del Derecho, a la acentuación de su carácter racional y voluntario, que comportaba la pérdida de importancia de la costumbre como fuente de creación normativa (13). La idea de una legislación fundamental servía, además, a los Estados emergentes, para definir y fijar unos ordenamientos básicos peculiares, distintos de los de las otras Monarquías, finalidad que no podía conseguirse con la remisión al Derecho Natural y Divino, por fuerza universal (14). Esta necesidad –escribe GARCIA PELAYO– ya había comenzado a aparecer también en la Baja Edad Media (siglos XIII al XVI), en la que la aparición del "Reino" como nueva forma historicopolítica cancela la tensión altomedieval entre universalismo y localismo jurídicos, es decir, entre el Imperio y la Iglesia, de una parte, y las unidades feudales, de otra (15). Sin embargo, su cancelación definitiva no se produce tampoco hasta el advenimiento de las Monarquías absolutas en la Edad Moderna, en cuyo desarrollo histórico, sobre todo a partir del siglo XVIII, el binomio en tensión habría de ser el dualismo *Re-Regnum,*

---

(12) *Cfr.* **Manuel García Pelayo.** *Del Mito y de la Razón en el Pensamiento Político.* Madrid (1968), pp. 65-140.

(13) *Cfr.* **Maravall,** *Estado Moderno... O. c.,* T. I, pp. 367-370. **I. de Otto,** *Lecciones de Derecho Constitucional... O. c.,* pp. 237 y ss. **F. Tomás y Valiente.** *O. c.,* pp. 287-289.

(14) *Cfr. Ib.*

(15) *Cfr. Del Mito... O. c.,* pp. 113 y ss. **Y** *V.* **Werner Naef.** La Idea del Estado en la Edad Moderna. Aguilar (1973), pp. 7-27.

de un lado, y la idea de Nación (y de Estado Nacional), de otro.

Las leyes fundamentales se concebían cómo el fundamento de la soberanía del Monarca, como título constitutivo de la Monarquía, al ser la expresión del pacto fundacional de ésta, que se suponía habían llevado a cabo el Rey y el Reino. Esta concepción chocaba frontalmente con el concepto de soberanía como suprema facultad originaria. "La idea de ley fundamental, en el sentido del Antiguo Régimen, –escribe I. DE OTTO–, indica que el fundamento se encuentra fuera de aquello que es fundamentado, fuera de la soberanía, fuera del cuerpo político, etcétera. Esto significa que la soberanía no tiene su fundamento en sí misma, sino en algo que es en mayor o menor medida distinto de ella; por ejemplo, en un pacto con la comunidad política o en una ley histórica que el sujeto soberano encuentra ante sí como algo ya existente. De ahí que en este contexto el concepto de soberanía resulte aún oscuro, ya que implica recibir el fundamento de otro, y, por tanto, no ser propiamente soberano" (16). Esta última afirmación se corrobora si se tiene presente la segunda funciónn encomendada a las leyes fundamentales, la función limitadora, inseparable de la primera. Las leyes fundamentales actúan como límite jurídico –si bien de un modo muy impreciso– a las facultades legiferantes del Monarca, y condicionan su poder en general, en tanto que le compelen a ejercerlo, y en algún caso a compartirlo, de una determinada manera: obligándole a tener en cuenta determinadas instituciones sociales y políticas, como los estamentos y sus órganos deliberativos; y exigiéndole el respeto de ciertos principios que se consideran consustanciales a la existencia del Reino, como las leyes sucesorias, por ejemplo (17). "La ley fundamental –señala I. DE OTTO– al mismo tiempo que fundamenta, opera como un límite, es un principio de limitación. Lo es en un doble sentido. En primer lugar, porque esa ley, como toda ley, no puede ser violada; su transgresión no es lícita... En segundo lugar, las

(16) *¿Qué son la Constitución y el Proceso Constituyente?* La gaya ciencia. Barcelona (1978), pp. 36-37.

(17) *Cfr.* **Maravall.** *Estado Moderno... O. c.,* T. I, pp. 367 y ss.

leyes fundamentales son un límite porque son inderogables e inmutables, en el sentido preciso de que no están a disposición del poder al que sirven de fundamento. Sin duda el pacto que fundamenta la soberanía puede ser modificado, pero la propia idea del pacto indica que no es modificable por la sola obra del soberano, sino con la participación de la otra parte contratante. Este pacto constituye una ley de la que el soberano no dispone libremente. Y lo mismo ocurre respecto de las leyes históricas en las que se fundamenta la existencia del cuerpo político. Su carácter histórico significa que esas leyes no son creadas por este cuerpo político, sino que son resultado del proceso histórico, y sólo pueden ser modificadas por éste, no por un acto de voluntad del cuerpo político que fundamentan" (18).

Al lado, pues de la "justicia", la "antigüedad" seguiría siendo también un criterio axiológico de validez del Derecho, incluso en la teoría preestatal más depurada y moderna: junto a la Divinidad y a la Naturaleza, la Historia se erigía en una instancia limitadora de la creación jurídica. Por ello, aunque la teoría de las leyes fundamentales supuso un considerable avance en el proceso unificador, racionalizador y dinamizador, consustancial al concepto de soberanía, impedía la plena realización de este concepto y de sus posibilidades prácticas. En tal teoría primaba todavía lo histórico o antiguo sobre lo racional y voluntario, sobre lo positivo; llevaba en su seno y se asentaba en una estructura no unitaria, dualista, de poder. No eran leyes emanadas de una única voluntad racional y general, sino contratos dimanados del acuerdo entre dos sujetos: el Rey y el Reino.

En particular, la teoría de las leyes fundamentales negaba una cualidad inherente al concepto y a las facultades de la soberanía: el poder constituyente. En el pensamiento tradicional esta idea, clave para la teoría del Estado, se negaba desde dos planos: en primer lugar, al afirmarse la naturalidad del poder, y por tanto, del Derecho; y en segundo lugar, al afirmarse la historicidad de ambos. La Comunidad nacía con sus leyes, y una

(18) *¿Qué son la Constitución... O. c.*, pp. 36-37.

Comunidad nacional, diferenciada, nacía con unas leyes concretas, históricas, consideradas eternas, inmutables.

Las limitaciones histórico-positivas que las leyes fundamentales suponían a la soberanía del Monarca, eran reconocidas por BODINO, quien atribuye a estas leyes el doble carácter, fundamentador y limitador, mencionado:

> "En cuanto a las leyes que atañen al Estado y fundación del reino —escribe—, el príncipe no las puede derogar por ser anejas e incorporadas a la Corona, como es la ley sálica; si lo hace, el sucesor podrá siempre anular todo lo que hubiere sido hecho en perjuicio de las leyes reales, sobre las cuales se apoya y funda la majestad soberana." (19).

En España, la noción de "leyes fundamentales", fuese cual fuese su denominación, está presente a lo largo de los siglos XVI al XVIII. Si bien su difusión e invocación es menor que en Francia. En España —y también en Portugal— predominan las apelaciones al Derecho Divino y Natural como límites o "medida" al poder del Rey (20). No obstante, la idea de unos principios jurídico positivos básicos, limitadores del poder regio, es patente, por ejemplo, en SAAVEDRA Y FAJARDO, aunque no emplee la expresión "leyes fundamentales" (21). Especial interés reviste la postura defendida por MARIANA, para quien las leyes que recogían las cláusulas del contrato de sujeción podían modificarse, pero sólo con el consentimiento de la Comunidad. Si el príncipe las infringía o las variaba por su sola voluntad, se convertía en tirano, y entonces se justificaba el recurso al *derecho de resistencia* (22).

En el siglo XVIII, a la estructura normativa que resultaba de las leyes fundamentales, se le llamaría "Constitución". Con este sentido emplearon este último término un CAMPOMANES o un CABARRUS (23); e igual ocurriría —como más adelante se

---

(19) *Los Seis Libros de la República. OCEC*, p. 55.

(20) *Cfr.* **Maravall.** *Estado Moderno... O. c.*, T. I, p. 375.

(21) *Cfr.* **F. Tomás y Valiente.** *O. c.*, p. 269.

(22) *Cfr. Ib.*, pp. 288-289. **Maravall.** *Estado Moderno... O. c.*, T. I, pp. 373-374.

(23) *Cfr.* **Maravall.** *Ib.*, pp. 378 e *Id. Cabarrús y las Ideas de Reforma... O. c.*, p. 298.

verá– en las Cortes de Cádiz y en las elaboraciones doctrinales de la época.

En resumen, pues, en el pensamiento político tradicional el poder normador de una comunidad estaba limitado por unas instancias metapositivas –Dios, la Naturaleza y la Historia– que se suprasituaban a sus facultades positivizadoras, se consideraban superiores a su voluntad legiferante. Y, además, anteriores a ella. En efecto, en la teoría política tradicional, preestatal, el poder político derivaba de aquellas instancias metapositivas y se explicaba en virtud de ellas. El Derecho creaba el poder, y éste debía subordinarse a aquél. Se contraponía, así, el Derecho (Divino, Natural e Histórico) a la ley: ni todo el Derecho era ley (positiva, fruto de una voluntad racional de la autoridad), ni toda ley era necesariamente Derecho. Estas premisas posibilitaban la idea de una legitimidad suprapositiva, en el marco de la cual se planteaba el problema de las formas "justas" e "injustas" de gobierno, la licitud del *Derecho de resistencia* y, en algunos casos, del *Tiranicidio* (24).

2. **El problema en la teoría del estado**

A) ***"Justicia" versus "positividad"***

El pensamiento político en el que se asienta la teoría del Estado, al partir del carácter convencional del poder, negaría cualquier limitación metapositiva del mismo. Al concebir al Estado como puro artificio humano, al entender que en su elaboración no había intervenido ningún sujeto transcendente, ni que era consustancial a la naturaleza humana, sino mero invento de su voluntad, resultado del acuerdo de los hombres (24 bis), rechazaría sin contradicción alguna su sujección a cualquier límite divino o natural. El Estado, en el despliegue de cualquier

(24) *Cfr.* **F. H. Hinsley,** *El Concepto de Soberanía.* Labor. Barcelona (1972), pp. 31-136. **García Pelayo,** *Del Mito y de la Razón... O. c.,* pp. 66-140. **I. de Otto.** *Lecciones... O. c.,* pp. 215-243.

(24 bis) *V.* sobre este punto **Georges Burdeau,** *El Estado.* Seminarios y Ediciones, S. A. Madrid (1975), pp. 50-52.

parcela de su soberanía –mundana y positiva–, especialmente en el desenvolvimiento de su función normadora, ya no se encontraba predeterminado por ninguna instancia prepositiva y metapositiva. Para la teoría del Estado, la validez del Derecho no descansa en ningún criterio axiológico o teleológico, sino que depende exclusivamente de la voluntad del que éste emana.

Ciertamente, para los tratadistas adscritos al iusnaturalismo racionalista, el soberano debía sujetarse al Derecho Natural. Pero tal premisa no quebranta lo afirmado anteriormente, puesto que se trataba de una concepción iusnaturalista muy distinta a la mantenida por las concepciones clásicas o tradicionales. Este Derecho Natural de corte racionalista, secularizado, pensable –como GROCIO afirmaba– aunque Dios no existiese, era fácilmente reconducible a unos criterios puramente positivistas, sin más axiología que la formalista y sin más legitimidad que la legal. El Derecho Natural, para esta corriente de pensamiento, se concebía como un conjunto de dictados morales de la razón, que convenía seguir, pero a los que se negaba su naturaleza jurídica, al carecer de coacción humana en caso de que fuesen infringidos. Así, HOBBES, refiriéndose a las leyes naturales, escribe:

> "Los hombres suelen dar el nombre de leyes a estos dictados de la razón, pero lo hacen impropiamente, pues no son sino conclusiones o teoremas relativos a lo que conduce a su conservación y defensa, mientras que propiamente la ley es la palabra de aquél que tiene por derecho mando sobre otros" (25).

Este Derecho Natural podía reducirse, como sagazmente lo habían hecho los dos principales teóricos del Estado, HOBBES y KANT (26) a una sola máxima: es una exigencia del Derecho Natural su subordinación y acatamiento al derecho positivo:

> "La ley natural y la ley civil –dice Hobbes– se contienen una a la otra, y tienen una extensión idéntica. Porque las leyes naturales...

---

(25) *Leviathán. O. c.*, p. 254. *V.* **Viulio M. Chiodi,** *Legge Naturale e Legge Positiva nella Filosofia Politica di Tommaso Hobbes.* Milán (1970), *passim.*

(26) *Cfr.* **Umberto Cerroni.** *Kant e la Fondazione della Categoria Giuridica. O. c.*, pp. 47-72 y 139-173.

sólo cuando se establece una república son efectivamente leyes, no antes..., en consecuencia, la ley natural es una parte de la ley civil en todas las repúblicas del mundo. De modo recíproco la ley civil es también una parte de los dictados de la Naturaleza" (27).

O, como venían a decir ROUSSEAU y SIEYES, todo lo que a la Naturaleza conviene, conviene al Pueblo; y todo lo que le conviene a éste, se ajusta al Derecho Natural (28).

B) *"Antigüedad" e "historia" versus "voluntad" y "razón"*

La teoría del Estado tenía que rechazar también la doctrina tradicional de las leyes fundamentales, pues ésta contradecía, ya en principio, los dos supuestos previos, en los que aquélla se asentaba: la idea del estado de naturaleza como estado ahistórico, y la concepción no dualista del pacto de sujeción, que conllevaba la desvinculación del soberano a cualquier ley u obligación precedente. Además, como se ha dicho, la doctrina de las leyes fundamentales se oponía al concepto mismo de soberanía: de un lado, por presuponer una fundamentación dualista y derivada del poder; de otro, por negar su carácter jurídicamente ilimitado. En particular, la teoría de las leyes fundamentales negaba la facultad más importante de la soberanía, afirmada implícita o explícitamente por la teoría del Estado: el poder constituyente, es decir, el poder ilimitado de juridificar, de transformar sin atenazamiento alguno una voluntad fáctica en disposiciones normativas de carácter general.

Y, en efecto, la doctrina tradicional de las leyes fundamentales, y –lo que a ésta era consustancial– la primacía de lo "antiguo" e "histórico" sobre la voluntad actual y racional del poder, serían objeto de impugnación por HOBBES, ROUSSEAU o SIEYES:

"Cuando el uso prolongado obtiene la autoridad de una ley –escribe Hobbes– no es la extensión del tiempo lo que determina su autoridad, sino la voluntad del soberano expresada mediante su

(27) *Leviathán. O. c.*, p. 349.
(28) *Cfr. Du Contrat Social.* L. 2.° cap. VI. *O. c.*, L. 2.° cap. VI, pp. 257-260. *¿Qué es el Tercer Estado? O. c.*, p. 78. Y **F. Ayala,** Nota 11.

silencio (pues el silencio es a veces una manifestación de consentimiento)" (29).

Y ROUSSEAU afirma, repitiendo casi literalmente a HOBBES:

> "La ley de ayer no obliga hoy, pero por el silencio se presume el consentimiento tácito" (30).

Y, en fin, para SIEYES, a las leyes constitucionales era justo denominarlas "fundamentales"; pero, añadía:

> "No en sentido de que puedan hacerse independientes de la voluntad nacional, sino porque los cuerpos que existen y actúan por ellas no pueden tocarlas" (31).

El nuevo Estado es eso: un mecanismo nuevo, no vinculado a ningún precedente histórico, sino mero artificio ideado por la razón a su hechura y semejanza. Detrás de su Era no hay Historia, sino Naturaleza. La validez del Derecho no se basa en su antigüedad, sino en ser fruto de la voluntad soberana. Es más, como es sabido, lo "antiguo", lo "histórico", no eran valores muy caros a los teóricos del iusracionalismo: "sobre todo —decía SIEYES— no nos desanimemos de no ver nada de la Historia que pueda convenirnos. La verdadera ciencia del estado de sociedad no data de lejos" (32).

En resumen, pues, para el pensamiento político que ahora se examina, la existencia del Estado es un requisito previo para la existencia del Derecho, y no a la inversa, como ocurría en el pensamiento jurídico tradicional (32 bis). El Derecho vale en virtud de un criterio puramente formal, en función de provenir de la voluntad del soberano, esto es, del ordenamiento jurídico del Estado, ya descanse éste o se identifique con el Monarca

---

(29) *Leviathán*, p. 248. *V.* pp. 269-270, 348-349, 367-368, y *Cfr.* **Maravall**, *Estado Moderno... O. c.*, T. I, p. 377. **Passerin.** *O. c.*, pp. 127-128.

(30) *Du Contrat Social. O. c.*, T. I, 3.º cap. XI, p. 297.

(31) *¿Qué es el Tercer Estado? O. c.*, p. 76.

(32) *Ib.*, p. 68. *V.* sobre este punto **Paul Bastid**, *Sièyes et sa Pensée*. Librairie Hachette. París (1970).

(32 bis) *V.* **B. de Jouvenel.** *O. c.*, pp. 332-333.

—servidumbre de la época que pesa en HOBBES, ¡incluso en HOBBES!— o con la Voluntad General. El Estado es el único monopolizador de la creación jurídica, y no hay más creación jurídica que la que emane del Estado. Todo Derecho debe ser ley positiva, y si es consuetudinaria debe ser, o suponerse, ratificada por una voluntad puesta y actual, y toda ley positiva debe considerarse Derecho. La típica contraposición tradicional entre Derecho y ley (entre justicia y legalidad) desaparece, y con ella todas sus consecuencias, como por ejemplo, la distinción entre formas "justas" e "injustas" de gobierno, o las teorías del *derecho de resistencia y del tiranicidio* que en ellas se enmarcan (33).

III. LA DOCTRINA DE LOS LIMITES METAPOSITIVOS DE LA SOBERANIA EN LAS CORTES DE CADIZ

En las Cortes de Cádiz, el límite más importante que se señaló a la soberanía era de origen histórico y de naturaleza jurídico-positiva: las leyes fundamentales de la Monarquía. En puridad fue el único límite al que expresamente se aludió y su alcance suscitó una viva controversia, de la que más adelante nos ocuparemos. No obstante, la doctrina de los límites metapositivos de la soberanía —divinos, naturales y teleológicos— fue asumida, indirectamente, por gran parte de los diputados doceañistas, fuesen realistas, americanos o, incluso, liberales.

El mismo exordio del proyecto Constitucional y el fuerte matiz religioso, católico, que exuda todo su texto —no en vano un tercio de los constituyentes eran clérigos (33 bis)— suponían

(33) *Cfr.* **C. Schmitt**, *Legalidad y Legitimidad.* Aguilar (1971), p. 3-57, esp. p. 29 e **I. de Otto**, *Lecciones... O. c., Lección octava,* pp. 229-267. **B. de Jouvenel.** *O. c.,* pp. 346-347.

(33 bis) *Cfr.* la bibliografía citada en la nota 1 del capítulo primero. Además, seis miembros, al menos, de los quince de que se componía la Comisión constitucional eran clérigos: **Muñoz Torrero, Espiga, Oliveros, Cañedo, Antonio J. Pérez y Rodríguez de la Bárcena.** *Cfr.* **María Cristina Diz-Lois,** *Actas de la Comisión de Constitución. O. c.,* p. 21. Hay que tener en cuenta, asimismo, que otros destacados doceañistas de las tres tendencias doctrinales presentes en las Cortes eran también clé-

un implícito reconocimiento de estos límites de índole metapositiva. Al comentar la invocación divina del Preámbulo del Proyecto, SÁNCHEZ AGESTA observa que no se trata de un mero formulismo ritual, sino que "tiene un valor preciso y medido por los propios constituyentes: considerar a Dios como Fundador de la sociedad y su Supremo legislador. Está, pues, definido el origen divino de la sociedad y del poder, origen que no sólo no es incompatible con la atribución de la soberanía a la comunidad, sino que responde en ese encaje a la mejor tradición del pensamiento clásico español en su polémica con la doctrina que tendía a exaltar el origen divino e inmediato del poder monárquico" (34). En términos similares se expresa MARTINEA SOSPEDRA (35).

SÁNCHEZ AGESTA hace también hincapié en la impronta tradicional que se percibe en las Cortes de Cádiz –y que se plasma en la Constitución– cuando se discurre sobre el concepto de ley: "las leyes, dice la Constitución en dos ocasiones (artículos 4.º y 12.º), serán "sabias" y "justas". Y este mismo valor de la justicia ha impreso su cuño en ese otro artículo (se refiere al 6.º) tantas veces señalado como testimonio de ingenuidad de aquellos legisladores que quisieron que los españoles fueran "justos y benéficos" (36).

Por otra parte, la doctrina de los límites metapositivos de la soberanía es patente en un autor de tanta influencia en las Cortes de Cádiz como MARTÍNEZ MARINA, quien –a diferencia de JOVELLANOS, que no alude a límites de esta índole– será muy explícito al respecto. No es lo esencial, como nota J. ALBERTI, en el concepto de soberanía que expone MARINA la idea de freno o límite, pero sí otra no menos significativa: "la dirección hacia el cumplimiento de sus fines. Y al delimitar el contenido

---

rigos. Así, por ejemplo, los liberales **J. Nicasio Gallego y Manuel Luján,** los mejicanos **Guridi y Alcocer, José María Gordoa y Barrios, José Ramos de Arispe,** el costarricense **Florencio del Castillo,** el guatemalteco **Antonio de Larrazabal,** el realista **Inguanzo,** y además, naturalmente, los Obispos de Calahorra y Mallorca. La representación eclesiástica en las Cortes de Cádiz fue, pues, no sólo muy nutrida, sino también cualitativamente importante.

(34) *Historia del Constitucionalismo Español... O. c.*, pp. 68-69.

(35) *Cfr. O. c.*, pp. 303-305 y 374-375.

(36) *Historia del Constitucionalismo... O. c.*, p. 72.

de esta soberanía... el bien común, como fin propio y específico de la comunidad política, se revelará también como su medida y razón de ser" (37). El fuerte impacto del pensamiento neoescolástico español concretamente en este extremo el de SUÁREZ, VITORIA y MARIANA, es de nuevo patente en el erudito asturiano. Precisamente, por partir de la clásica doctrina tomista del "bien común", condenará tanto la teoría roussoniana del "interés común" y de la "voluntad general", como la fundamentación utilitarista que BENTHAM hizo del *"public good"* (38). Sin embargo, también MARINA menciona los límites divinos y naturales –y los históricos, como más adelante se verá– a los que debía someterse la autoridad soberana, sea ésta cual fuere, aunque no en la "Teoría de las Cortes", sino en los "Principios". Y pese a que esta obra sobrepasa el marco temporal de este estudio, quizá no esté de más entresacar de ella un párrafo muy ilustrativo de la postura adoptada por este autor sobre la cuestión que se examina:

> "...Ningún poder de la tierra es ilimitado, sino ceñido y circunscrito a los mismos límites que la *naturaleza* y la *justicia eterna* ha puesto a los derechos y facultades de todos los hombres... Ni la sociedad –término que Marina utiliza como sinónimo de Nación– puede salir en ningún caso del círculo de sus atribuciones, ni desviarse de los principios del orden moral, ni traspasar los límites demarcados en la carta de la naturaleza por el Supremo legislador". (39).

En la Asamblea gaditana, pese a que los diputados realistas no hicieron una expresa alusión a los límites metapositivos de la soberanía, podía inferirse con facilidad que, en coherencia con sus premisas doctrinales acerca del origen del poder, la existencia de estos límites era consustancial a su concepto de soberanía. La insinuación de estos límites es evidente en las intervenciones del Obispo de Calahorra y de LERA, citadas en el capítulo anterior (40), y en las de aquellos otros realistas que

(37) *O. c.*, pp. 432 y ss.
(38) *Cfr. Ib.*, pp. 244 y ss.
(39) *O. c.*, p. 324.
(40) *V. Supra*, III, 2.

participaron en el debate que motivó el *Proemio* del proyecto constitucional (41). Y VILLANUEVA, en la discusión del artículo cuarto, señaló explícitamente que "el fin de toda sociedad política es el bien de todos los individuos que la componen, no sólo considerados en sí mismos, sino en orden al bien público de la sociedad, y en orden a Dios" (42). Con lo cual quedaba bien claro que para este diputado la soberanía no era una facultad ilimitada, sino condicionada al cumplimiento de unos fines, el "bien público de la sociedad", es decir, el bien común, y sujeta a las limitaciones impuestas por la ley divina y por la natural, reflejo de aquélla. Y en la discusión del artículo 155, que declaraba que el Rey de las Españas lo era "por la gracia de Dios y por la Constitución de la Monarquía española", VILLANUEVA ratificó estas premisas cuando sostuvo que el reconocimiento del origen pactado de la potestad regia no impedía que se afirmase también su origen divino, con lo que ello implicaba en orden a su limitación:

> "Por la gracia de Dios –decía– denota el origen de toda potestad, y es muy oportuno que aquí se ponga, para que nunca se olvide que en un sentido muy verdadero la autoridad de los reyes viene de Dios. Las palabras "y por la Constitución de la Monarquía española" denotan dos cosas: la primera que la elección del Rey es del pueblo aún ahora cuando por la constitución del reyno la Monarquía es hereditaria. La segunda, que sin perjudicar en nada el origen divino de la autoridad del Rey, puede decirse también que la recibe de sus mismos súbditos" (43).

VILLANUEVA, en apoyo de estas afirmaciones, trajo a colación a DE CASTRO, VÁZQUEZ DE MENCHAZA y JUAN DE MARIANA, quizá como réplica a BORRULL, quien había mostrado su disconformidad con este precepto por considerar que la fórmula que contenía era "una verdadera novedad, desconocida en todas las épocas de nuestra Monarquía, y lo fue también en Francia hasta estos últimos tiempos, en que unos hombres turbulentos, que habían salido de las licenciosas

(41) *Cfr. DDAC,* T. 8, pp. 7-13.
(42) *Ib.*, T. 8, p. 99.
(43) *Ib.*, T. 9, pp. 144-145.

escuelas de Rousseau y Voltaire, empezaronn a trastornar aquel desgraciado reyno" (44).

Por lo que atañe a los diputados americanos, no hubo tampoco por su parte una expresa toma en consideración del problema que se examina. Sin embargo, al igual que ocurría con los realistas, puede colegirse que la inmensa mayoría de este grupo doctrinal estaba de acuerdo en no considerar a la soberanía como una facultad ilimitada, sino circunscrita a unos frenos de índole metapositiva, ética, moral. ¿En qué se basa esta apreciación? En primer lugar, en el sustrato tradicional, escolástico, inequívocamente católico que, según quedó dicho en el capítulo primero (45), caracterizaba a la mayor parte de estos diputados. En segundo lugar, por el sentido global que se desprende de todas las intervenciones del grupo americano, que corrobora el mencionado sustrato tradicional, patente ya en los discursos pronunciados por el chileno LEYVA y el mejicano MENDIOLA en el debate del preámbulo del proyecto (46), y en los párrafos que se han espigado y transcrito en el capítulo anterior del Canónigo mejicano GURIDI Y ALCOCER (47).

¿Y qué sucedió con los diputados liberales? ¿Puede decirse que todos ellos hacían suyas las palabras que recogía el Proemio de Constitución? ¿Acaso se adhirieron a la postura que había adoptado MARTÍNEZ MARINA sobre este particular? Hay que reconocer que en algunos destacados miembros del grupo liberal se transluce también la aceptación de la clásica doctrina española de los límites metapositivos de la soberanía, aunque en este caso fuese atribuida a la Nación exclusivamente. Como es lógico pensar, esta aceptación se deduce de las intervenciones de aquellos diputados liberales en los que era ostensible el eco de las tesis escolásticas sobre el origen del poder, es decir, en MUÑOZ TORRERO y en OLIVEROS. Y así, cuando el primero —según se ha visto en el capítulo anterior—, afirmó: "Dios es el autor de la potestad pública porque lo es de la sociedad y del

(44) *Ib.*, pp. 139-141.
(45) *Supra.*, IV, 2.
(46) *Cfr. DDAC,* T. 8, pp. 10 y 11, respectivamente.
(47) *Supra.*, IV.

orden..." (48), venía a reconocer, al menos, los límites divinos y naturales de la soberanía nacional. Lo mismo puede decirse de OLIVEROS, quién, en el debate del preámbulo del proyecto, afirmó que en éste se invocaba la divinidad porque "es quien puede dar una sanción a las leyes que los hombres no pueden dar" (49). Especial mención merece el Arcediano ESPIGA, ya que, como se ha visto anteriormente, este diputado no recurrió a la tesis de la sociabilidad del hombre ni a la de la naturalidad del poder (50). Y, sin embargo, en apoyo del preámbulo, dijo lo siguiente:

> "También ha tenido presente la comisión (constitucional) que iba a poner su obra bajo la protección del autor de todas las cosas, y por eso ha dicho "en el nombre de Dios Todopoderoso...". No creía que fuese menester más que invocar el nombre de Dios Todopoderoso, como que es el autor del orden, de la justicia, de las leyes; el que formó al hombre con todas las cualidades necesarias para la sociedad, y que por esto se dice con la mayor exactitud "autor y Supremo legislador de la sociedad" (51).

Y, en fin, en la discusión del artículo 155, el diputado VILLAFANE (cuya escasa participación en los debates parlamentarios no permite pronunciarse sobre su filiación, aunque quizá fuese también liberal) venía a reconocer la compatibilidad que, a su juicio, existía entre afirmar el origen divino del poder y proclamar y defender el principio de soberanía nacional, cuando manifestó:

> "El artículo primero dice: 'por la gracia de Dios'; esto es muy debido como católicos y cristianos que somos: 'por la Constitución de la Monarquía'; es decir, de la Nación donde reside la soberanía" (52).

Ahora bien, hay que tener en cuenta que no todos los diputados liberales hicieron estos alardes de tradicionalismo doctri-

---

(48) *Supra.*, V, 1, A.
(49) *DDAC*, T. 8, p. 11.
(50) *V. Supra*, V, 1, B.
(51) *DDAC*, T. 8, p. 13.
(52) *Ib.*, T. 9, p. 143.

nal –ahí están los significativos silencios de un ARGÜELLES o un TORENO–, aunque no es menos cierto que ninguno se atrevió a combatirlos. Es muy probable que al "sector laico" del liberalismo doceañista –que también lo había– no le agradase la redacción del Preámbulo, como tampoco la de otros artículos que convertían a la primera Constitución española en un texto claramente confesional e intolerante. Expresión fehaciente de este espíritu era el artículo 13 del proyecto (12 de la redacción definitiva), que rotundamente proclamaba: "La Nación española profesa la religión católica, apostólica, romana, única verdadera, con exclusión del cualquier otra" (53). La glosa que, años más tarde, hizo ARGÜELLES de este precepto constituye un esclarecedor testimonio para percatarnos del sentir que animaba a algunos liberales del doce acerca de los vestigios teocráticos y clericales que se prodigaban en la Constitución de Cádiz, y para conocer las razones que les obligaban a adoptar una actitud transigente:

> "En el punto de la religión se cometía un error grave, funesto, origen de grandes males, pero inevitable. Se consagraba de nuevo la intolerancia religiosa, y lo peor era que, por decirlo así, a sabiendas de muchos que aprobaron con el más profundo dolor el artículo 12. Para establecer la doctrina contraria hubiera sido necesario luchar frente a frente con toda la violencia y furia teológica del clero, cuyos efectos demasiado experimentados estaban ya, así dentro como fuera de las Cortes. Por eso se creyó prudente dejar al tiempo, al

---

(53) *Ib.*, T. 8, p. 119. Precisamente, la intolerancia religiosa que consagraba este código, junto a sus tintes teocráticos, constituían dos de sus más importantes diferencias respecto a la Constitución francesa de 1791. Otra importante diferencia –subraya **Comellas**– residía en la ausencia de una declaración de derechos, en el texto de 1812. *Cfr. Las Cortes de Cádiz y la Constitución de 1812. O. c.*, pp. 102-103. Por otra parte, el marcado carácter católico de la Constitución de Cádiz, junto al sentimiento nacionalista e historicista que animó su redacción, son elementos que explican en buena medida su proyección exterior en la América hispana y en la Europa postnapoleónica. Cfr. **L. Sánchez Agesta,** *Las Primeras Cátedras españolas de Derecho Constitucional.* REP, núm. 126, p. 163. Sobre la proyección internacional de la Constitución de Cádiz, *V.* **J. Ferrando Badía,** *Vicisitudes e influencias de la Constitución de 1812. Ib.*, pp. 169 y ss. *Id. La Constitución española de 1812 en los comienzos del Rissorgimento.* Roma-Madrid (1959). *Id. La Constitución de 1812 y el Congreso de Verona.* "Archivo de Derecho Público", Granada (1960). **B. Mirkine Guetzevitch,** *La Constitution espagnole de 1812 et les debuts du liberalisme européen.* "Reccueil d'etudes en l'honneur d'E. Lambert". T. II, pp. 211-219.

progreso de las luces, a la ilustrada controversia de los escritores, a las reformas sucesivas y graduales de las Cortes venideras, que se corrigiese, sin lucha ni escándalo, el espíritu intolerante que predominaba en el estado eclesiástico" (54).

Por otra parte, los diputados liberales que apoyaron el preámbulo del proyecto y que se adscribieron tácitamente a la doctrina de los límites metapositivos de la soberanía –lo que, en modo alguno, implicaba apoyar la intolerancia religiosa, asunto a la verdad bien distinto, aunque relacionado– no contradecían, en puridad, el concepto de soberanía, ni el dogma de la soberanía nacional. Cierto que sus tesis chocaban con el laicismo consustancial a la doctrina liberal e, incluso, con la concepción filosófica de la soberanía, con sus supuestos teóricos e históricos más profundos. Pero no con su concepto jurídico. Así, en efecto, conviene no perder de vista que los límites que implícitamente se aceptaban no eran jurídicos (en tanto que no eran positivos), sino de índole religiosa, moral o ética.

En realidad, el problema crucial que plantea la postura de los diputados liberales respecto a la cuestión de los límites de la soberanía, se centra en el significado y alcance asignados a las leyes fundamentales. Lo mismo ocurre con los diputados realistas. Los diputados americanos, en cambio, no se manifestaron sobre este importante particular. Este silencio quizá fuese debido al escaso interés que despertaban en estos diputados las tesis historicistas; en particular, por ese desdén que se observa en este grupo hacia la legislación medieval. Las causas de este fenómeno ya se han visto en el capítulo primero. A él nos remitimos.

IV. LOS DIPUTADOS REALISTAS Y LA TEORIA DE LAS LEYES FUNDAMENTALES

Los diputados realistas, en conformidad con la doctrina bilateral y dualista del pacto de traslacción, se acogieron a

(54) **Agustín Argüelles,** *La Reforma Constitucional de Cádiz. O. c.*, pp. 262-263.

la concepción tradicional de las leyes fundamentales. Esta legislación fundamental suponía, para ellos, el fundamento de la soberanía del Monarca y el del poder que la Nación había querido reservarse después del pacto de sujección, ejercido a través de las Cortes. Pero, además, a esta legislación histórica se le asignaba también una función limitadora, una función de freno que temperaba el poder del Monarca y el de las Cortes, su institución representativa. Se trataba, en definitiva, como se mostrará a continuación, de los mismos presupuestos que JOVELLLANOS había defendido en su "Memoria en Defensa de la Junta Central".

1. Las leyes fundamentales como fundamento de la soberanía

Los diputados realistas insistieron, ante todo, en la finalidad limitadora de las leyes fundamentales. No obstante, esta finalidad sólo tenía sentido si se admitía previamente su función fundamentadora o legitimadora. Además, esta consideración se desprendía de los postulados pactistas que sostenían estos diputados para defender la soberanía del Rey y combatir, en consecuencia, el dogma de la soberanía nacional. A esta inteligencia constitutiva atribuida a las leyes fundamentales, aludieron el Obispo de Calahorra y LERA en el debate del artículo tercero del proyecto constitucional:

> "¿Y ahora este mismo pueblo –decía el Obispo, refiriéndose al español– en medio de tan expresivas demostraciones de benevolencia ha de pretender por medio de sus representantes en cortes degradar su dignidad (la del Rey), estrechar su poder, deprimir su imperio, envilecer su señorío, apropiándose a sí mismo de *la soberanía que tenía cedida solemnemente con el contrato y pacto más relevante expresado en las leyes fundamentales?*" (55).

Por su parte, LERA, afirmó:

> "La nación española, con igual libertad y derecho que las demás, quiso elegir una persona para que la gobernara, *instituyendo*

(55) *DDAC*, T. 8, p. 61.

una monarquía baxo el pacto y las condiciones que forman las leyes fundamentales de nuestra antigua constitución" (56).

En consecuencia, pues, para estos diputados las disposiciones normativas rodeadas del atributo de la fundamentabilidad venían a suponer el título merced al cual el Monarca ostentaba su potestad regia; el documento que, como LERA decía, "instruía" esto es, instituía la Monarquía como forma de gobierno de la Nación española, la cristalización o plasmación jurídica del contrato que aquél había celebrado con ésta. El poder "actual" del Monarca y el "residual" de la Nación se recogían en estas leyes históricas básicas, expresión normativa –como venía a decir el prelado de Calahorra– del pacto entre el Rey y su Reino o Nación.

2. Las leyes fundamentales como límites de la soberanía. La negación de la idea de poder constituyente

Para los diputados realistas, las leyes fundamentales, al mismo tiempo que formalizaban solemnemente el traspaso del poder de la Nación al Monarca, suponían la máxima garantía de que este poder sería limitado. Las leyes fundamentales contenían las condiciones bajo las cuales el Rey debía ejercer el poder. Y una de estas condiciones –la más importante– consistía en que las facultades legislativas debería compartirlas con las Cortes. En ellas residía la "soberanía residual" que la Nación se había reservado; eran pues, el máximo órgano de la "supremacía nacional", en el léxico jovellanista. Pero, a la vez, las leyes fundamentales expresaban también los límites del poder de la Nación, de las atribuciones de las Cortes. Y en este sentido, constituían una garantía del poder del Monarca. Eran, pues, prueba de que ambos poderes se circunscribirían a actuar en sus respectivas esferas y se sujetarían a las condiciones estipuladas, dando lugar a una forma de gobierno ensalzada por su templanza y equilibrio: "la Monarquía moderada". Este do-

---

(56) *Ib.*, p. 76.

ble carácter limitador atribuido a las leyes fundamentales está muy claro en JOVELLANOS:

> "No se puede concebir una asociación de hombres que al constituirse en sociedad abdique para siempre tan preciosa porción del poder supremo como la que pertenece a la autoridad gubernativa, para depositarla en una o en pocas personas tan absolutamente, que no modifique esta autoridad, prescribiendo ciertos límites y señalando determinadas condiciones para su ejercicio.
>
> *Prescritos, pues, estos límites y señaladas estas condiciones en una constitución* establecida por pacto expreso, o aceptada por reconocimiento libre, si se supone en la persona o cuerpo depositario de esta autoridad un derecho perpetuo de ejercerla, con arreglo a los términos de la constitución, es preciso suponer también una obligación perpetua de no traspasar estos términos. Y como los derechos y las obligaciones de los poderes sean relativos y recíprocos, de tal manera que no se pueda concebir en una parte derecho que no suponga en la otra obligación, ni obligación que no suponga derecho recíproco, resultará que *si la nación así constituida tiene una obligación perpetua de reconocer y obedecer aquel poder,* mientras obre según los términos del pacto, *tendrá también un derecho perpetuo para contenerle en aquellos términos*" (57).

En las Cortes de Cádiz, los diputados realistas también subrayaron este doble contenido limitador de las leyes fundamentales. En el freno que esta legislación histórica implicaba al poder del Rey insistió el Obispo de Calahorra:

> "... El gobierno de nuestra España –argumentaba– desde el tiempo de los godos ha sido monárquico, con algunas limitaciones que imponían al rey las leyes fundamentales extendidas en el Fuero Juzgo... El pueblo español trasladaba al rey que elegía toda la soberanía; pero le ponían freno las leyes fundamentales que juraba, para que, aunque enteramente autorizado, no pudiese partir, dividir, ni enajenar los bienes pertenecientes a la corona; aunque independiente, procurase más el beneficio de la patria que el suyo propio; y que aunque legislador supremo, no pudiese dar fuerza, vigor ni perpetuidad de la ley a sus órdenes y decretos, sino quando lograba el consentimiento de las cortes, que compuestas de las tres clases representaban a la nación..." (58).

---

(57) *O. c.,* p. 620.
(58) *DDAC,* T. 8, pp. 59-60.

Pero las leyes fundamentales limitaban también el poder de la Nación y, por consiguiente, el de las Cortes. Es decir, si bien el Rey –entre otras limitaciones– no podía legislar sin el consentimiento de la Nación reunida en cortes, éstas (además de verse obligadas a respetar el poder ejecutivo del Monarca) tampoco podían hacerlo sin consentimiento de aquél. Tan solo se justificaba lo contrario por mor de acontecimientos extraordinarios, como los que atravesaba España a raíz de la ocupación francesa y de la cautividad de su Rey. En este caso, la Nación, a través de las Cortes, podía lícitamente reasumir la plenitud del poder legislativo en tanto no regresase el Monarca. Pero aun en este supuesto, las Cortes por separado no podrían modificar, como tampoco el Rey, las leyes fundamentales de la Monarquía, la "esencia" de su constitución histórica, para decirlo con la terminología jovellanista, pues éstas suponían el fundamento y el límite de ambos poderes. ¿Qué quería decir esto en 1812? Pues, simplemente, que al estar la Nación constituida, las Cortes sólo podrían "mejorar" las leyes fundamentales en vigor, "reformar" la Constitución histórica, pero no alterarla, ya que lo contrario significaría romper de forma unilateral y, por tanto, ilegítima el pacto que esta legislación fundamental consagraba. Las Cortes de Cádiz no podrían ostentar, así, un carácter constituyente, sino tan solo reformador: eran un órgano excepcional por sus atribuciones, pero limitado en tanto que constituido.

Estas argumentaciones habían sido expuestas por JOVELLANOS, en 1809, en un dictamen sobre la convocatoria de Cortes, anunciada por la Junta Central:

> "No reside en la Suprema Junta poder bastante para alterar esta constitución (esto es, las leyes fundamentales de la Monarquía); porque en negocio tan grave el soberano mismo, cuyo poder representa, no podría ni debería hacer tal alteración sin la concurrencia de las Cortes" (59).

Pero es en los apéndices a la "Memoria en Defensa de la Junta Central" en donde JOVELLANOS desarrolla con más claridad estas ideas:

(59) *O. c.*, p. 596.

"Suponiendo en una nación el poder necesario para conservar y defender el pacto constitucional, las dudas acerca de este poder sólo pueden versar sobre dos puntos. Primero, ¿tiene toda la nación el derecho, no sólo de conservar, sino también de mejorar su constitución? Segundo, ¿tiene el de alterarla y destruirla para formar otra nueva? La respuesta, a mi juicio, es muy fácil, porque tan irracional me parecía la resolución negativa del primer punto como la afirmativa del segundo.

En efecto, cuando una nación señala límites e impone condiciones al ejercicio de los poderes que establece, ¿cómo podrá creerse que, reservándose el poder necesario para hacerlos observar y cumplir, no se reserve el de establecer cuanto la ilustración y la experiencia le hiciesen mirar como indispensable para la preservación de los derechos reservados en el pacto?...

Podrá, por tanto, la autoridad encargada de velar por el mantenimiento del pacto, esto es, el poder legislativo, expresando la voluntad general, explicar y declarar sus términos y asegurar su observancia por medio de sabias leyes y convenientes instituciones. En una palabra podrá hacer la reforma constitucional y tan cumplida cual crea convenir al estado político de la nación y a su futura prosperidad...

Pero supuesta la existencia de esta constitución, y su fiel observancia por las autoridades establecidas en ella, ni la sana razón, ni la sana política, permiten extender más allá los límites de la supremacía, o llámese soberanía nacional, ni menos atribuirle el derecho de alterar la forma y esencia de la constitución recibida y destruirla para crear otra nueva; porque ¿fuera esta otra cosa que darle el derecho de anular por su parte un pacto por ninguna otra quebrantado, y de cortar sin razón y sin causa los vínculos de la unión social?" (60).

Y al aplicar estos postulados doctrinales a la situación de España, JOVELLANOS, en la "Consulta sobre la Convocatoria de las Cortes por Estamentos", escrita en 1809, condenaría, en efecto, identificando la Constitución histórica de España con las leyes fundamentales, la posibilidad de que las Cortes ejercitasen un poder constituyente. Estas, a su juicio, deberían limitarse a mejorar la constitución existente:

"Y aquí notaré que oigo hablar mucho de hacer en las mismas Cortes una nueva Constitución y aún de ejecutarla, y en esto sí que,

---

(60) *Ib.*, p. 621.

a mi juicio, habría mucho inconveniente y peligro. ¿Por ventura —decía Jovellanos— no tiene España su constitución? Ténela sin duda; porque ¿qué otra cosa es una constitución, que el conjunto de leyes fundamentales, que fijan los derechos del soberano y de los súbditos y los medios saludables para preservar unos y otros? ¿Y quién duda que España tiene estas leyes y las conoce? ¿Hay algunas que el despotismo haya atacado y destruido?, restablézcanse. ¿Falta alguna medida saludable para asegurar la observancia de todas? Establézcanse.

Tal será siempre en este punto mi dictamen sin que asienta a otros que so pretexto de reformas, traten de alterar la esencia de la constitución española... Lo contrario no cabe en el poder de vuestra majestad, que ha jurado solemnemente observar las leyes fundamentales del reino, ni en los votos de la nación..." (61).

En las Cortes de Cádiz estas ideas las trajeron a colación, casi literalmente, los diputados realistas. Para ellos, al igual que para JOVELLANOS, no había duda: la Nación estaba constituida:

"La nación española —decía Llaneras, en la discusión del artículo primero— está constituida, tiene y ha tenido siempre su constitución o sus leyes fundamentales... Y si las leyes fundamentales de la Monarquía o su constitución necesita mejorarse, esto mismo supone su actual existencia..." (62).

Por consiguiente, los diputados realistas no podían aceptar que el artículo tercero concediese exclusivamente a la Nación "el derecho de establecer sus leyes fundamentales, y de adoptar la forma de gobierno que más le convenga". Tales prerrogativas sólo podrían justificarse, a su juicio, si la Nación fuese soberana y estuviese por encima de "sus" leyes fundamentales, o bien cuando éstas no existiesen. En este caso, sí podría defenderse el derecho que la Nación tenía a ejercer por sí misma el poder constituyente, que no otra cosa venían a reconocer los dos párrafos de este precepto. Ahora bien, tal supuesto era inconcebible. En primer lugar, porque la Monarquía, y, por ende, la Nación estaban constituidas. En segundo lugar, porque las

(61) *Ib.*, p. 599.
(62) *DDAC.*, T. 8, p. 21.

leyes fundamentales o Constitución histórica no eran sólo de la Nación, no eran "sus" leyes, como decía el artículo tercero, sino que eran también las del Monarca: suponían, como se ha visto, el fundamento de ambos poderes y de ambos sujetos. Precisamente, estas leyes contenían la renuncia que la Nación había hecho de su soberanía en favor del Monarca, aunque se hubiese reservado la facultad de coparticipar en el poder legislativo. Consecuencia de todo ello: ni la Nación reunida en Cortes ni el Rey podían modificar por separado la Constitución histórica, so pena de infringir el pacto que mutuamente habían establecido.

> "Si se tratase del caso en que hubiesen faltado todos los príncipes que por las leyes fundamentales estaban llamados a la sucesión del reyno —argüía Borrull al impugnar el artículo tercero del proyecto— no podía ofrecerse dificultad ni embarazo alguno para que la nación... escogiese la forma de gobierno que mejor le pareciese, y mudase en todo o en parte la que hasta ahora hubiese conservado... Lo mismo sucedería quando se hubiese disuelto el estado... Pero no estamos en semejantes casos... Está, pues, constituido el estado tantos tiempos hace que, aunque quiera considerarse el asunto con arreglo al dictamen de los filósofos modernos, ninguno puede dudarlo. Y habiendo algunos a la sucesión del reyno, no se le puede quitar este derecho, ni adoptar otra forma de gobierno. Esto sería una temeraria violación de los más claros principios que han establecido la razón y la justicia en todos los estados...
>
> Hallo también graves dificultades —concluía Borrull— en declarar que al presente le pertenece a la nación exclusivamente el derecho de establecer sus leyes fundamentales, pues las tiene establecidas, y muy sabias, siglos ha, y no puede por sí sola variar alguna de ellas" (63).

Y en el debate de este mismo artículo, LLAMAS, abundando en estos argumentos, afirmó:

> "Todas las antiguas leyes fundamentales, legítimamente establecidas y practicadas por la nación, no pueden las Cortes derogarlas o alterarlas... pero quando el soberano vuelva se sancionarán las novedades hechas para que no quede motivo de reclamación alguna de nulidad en lo sucesivo" (64).

(63) *Ib.*, pp. 54-55.
(64) *Ib.*, p. 63.

En consecuencia, pues, para los diputados realistas, al igual que para JOVELLANOS, las leyes fundamentales se erigían en un límite infranqueable al poder de las Cortes y al del Rey. Su "contenido esencial", que conformaba la Constitución histórica de España, no podía ser modificado por ninguno de ambos sujetos por separado; se sustraía a la voluntad unilateral de los mismos. Más concretamente, habida cuenta de que el Rey, por estar ausente, no tenía pretensión alguna de quebrantar las leyes fundamentales, los diputados realistas hacían hincapié en el freno que esta legislación histórica significaba para la Nación y para las Cortes que decían representarla. Dicho de otro modo, insistían en negar una cualidad inherente al dogma de la soberanía nacional: la posibilidad de que la Nación, en uso de su soberanía, pudiese ejercer por sí sola, aunque mediante las Cortes, el poder constituyente, la facultad de dotarse de una nueva Constitución y no tan sólo de mejorar la existente.

Ahora bien, ¿estos diputados se limitaban a negar la posibilidad de que en 1812 las Cortes pudiesen ejercer un poder constituyente o además negaban también este mismo concepto? La primera negación era evidente, como se acaba de mostrar, pero la segunda ya no lo era tanto. ¿De qué dependía ésta? Pues, sencillamente, de que aceptasen o no la posibilidad de que las Cortes con el Rey pudiesen alterar las leyes fundamentales, o, si se quiere, la "esencia" de la constitución histórica. Si entendían válida esta alteración cuando mediase la aquiescencia de ambos sujetos, no cabe duda de que los diputados realistas asumían la idea de un poder constituyente, afirmaban su existencia, al margen de que condenasen la posibilidad circunstancial de su ejercicio en 1812, por faltar el acuerdo de una de las partes, en este caso el del Rey. Pero, si no otorgaban validez a la revisión esencial de la Constitución histórica o leyes fundamentales aunque las Cortes y el Rey quisieren conjuntamente llevarla adelante, lo que se negaba era la idea misma, la existencia *per se* del poder constituyente, al menos mientras subsistiesen en vigor las leyes fundamentales.

En principio, las intervenciones de BORRULL y de LLAMAS que se acaban de citar parecen dar a entender que estos diputados aceptaban la posibilidad de que, aun estando en vigor las leyes fundamentales, las Cortes y el Rey de consuno podían derogarlas o modificarlas válidamente. Es decir, aceptaban la posibilidad de que se llegase a ejercer legítimamente un poder constituyente, aunque se negase su licitud –y por supuesto su conveniencia– en la España de 1812. La cuestión no es, empero, tan clara. Y para esclarecerla no resulta recurso suficiente acudir a JOVELLANOS puesto que la deja en el aire, no despeja explícitamente su incógnita. Sin embargo, la atenta lectura de la doctrina jovellanista de la soberanía y de la Constitución histórica permite deducir que para este autor la naturaleza histórica de las leyes fundamentales se sobreponía a su originario carácter pactado. Las leyes fundamentales, o la "esencia" de la Constitución histórica de España, suponían la expresión normativa de un pacto originario que, debido a este carácter fundacional, se reputaba superior a los pactos sucesivos. La anterioridad –la antigüedad– era, así, un valor que implicaba superioridad. A las leyes fundamentales se les debía atribuir, conforme a estas premisas, un carácter irrevocable, perpetuo. Carácter que venía reforzado por su naturaleza constitutiva o fundamentadora. Esta era, también muy probablemente, la idea que de esta legislación histórica y fundamental tenían los diputados realistas. Y es más, hay un testimonio que avala todo cuanto se acaba de decir. Así, en efecto, INGUANZO, en la discusión del artículo 117 (65), afirmó:

> "Hay leyes, Señor, que son por su naturaleza *inalterables en todo evento,* y otras, al contrario, que pueden y deben variarse según los tiempos y circunstancias. A la primera clase pertenecen aquellas que se llaman, y son realmente fundamentales, que constituyen los fundamentos del estado, y *destruidas ellas se destruiría el edificio social.* A la segunda pertenecen todas las demás, las quales son de otro orden y concepto distinto, aunque se reduzcan (esto es, se acomoden) a las primeras" (66).

En consecuencia, los diputados realistas, en virtud de sus supuestos dualistas, esto es, en función de la doctrina de la "soberanía compartida" –verdadera *contradictio in adjeto*– no se

(65) *V.* El contenido de este artículo, *Infra.*, Cap. VIII, III, 1.
(66) *DDAC,* T. 9, p. 58.

limitaban a sostener que ni las Cortes ni el Rey podían variar por sí solos las condiciones del pacto, ya en 1812, ya en cualquier otro tiempo. Estos diputados, además, y sobre todo, negaban la posibilidad misma de su variación, la idea del poder constituyente. No era sólo un problema de consentimiento imperfecto, al faltar una de las partes contratantes, sino que el consentimiento, aún siendo perfecto, no podía primar sobre la Historia. Es decir, sobre los consentimientos anteriores de aquellos que habían hecho posible el pacto y de aquellos otros que lo habían respetado y aun de los que potencialmente podrían llegar a respetarlo en el futuro, de los "nasciturus". No otra era la posición de E. BURKE, autor bien caro a JOVELLANOS y quizá también a su paisano INGUANZO, pese a ser escasamente conocido en la España de la época, como pone de relieve CARVAJAL (67). Pues bien, en BURKE, la idea de perpetuidad de un orden jurídico básico, constitutivo o fundamentador del Estado, y que, en virtud de este carácter y de su naturaleza histórica, se sustrae al cambio que en él pueda operar una voluntad actual, es bien patente:

> "La sociedad es, sin duda, un contrato –dice en las "Reflexiones sobre la Revolución francesa"–... Pero no se puede considerar al Estado como una sociedad para el comercio de pimienta, café, indiana o tabaco o cualquier otra cosa de tan poca monta, tomándola por una sociedad de insignificantes intereses transitorios, susceptible de disolverse a gusto de las partes... *El Estado se convierte en una asociación no sólo entre los vivos, sino también entre los vivos y los muertos y aquellos que van a nacer.* Los contratos de cada Estado particular no son sino cláusulas del gran contrato originario de la *sociedad eterna,* que... une al mundo invisible al visible conforme a un *pacto inalterable sancionado por inviolables juramentos"* (68).

De este modo, las leyes fundamentales que recogían el pacto fundacional de la Monarquía –esto es, del Estado, en palabras de BURKE– aun siendo inicialmente consentimiento, lo que

(67) *Cfr. O. c.,* pp. 347-348.
(68) **Edmund Burke,** *Reflexiones sobre la Revolución Francesa.* Centro de Estudios Constitucionales (CEC). Madrid (1978), pp. 237-238. Traducción del inglés a cargo de **E. Tierno Galván.**

las defendía de la arbitrariedad regia, se transformaban luego en Historia, lo que las amparaba del consentimiento *in actu* y de las alteraciones que resultarían de él. La historicidad de las leyes fundamentales, o Constitución histórica de la Monarquía, les permitía estar a salvo de futuros pactos: ya de ratificación, ya de rectificación. La existencia de un supremo poder normador que crea *ex novo,* partiendo de una Razón y de una Voluntad actuales, un entramado jurídico-político (esto es, de un poder constituyente), no podía tener cabida desde esta atalaya argumental. JOVELLANOS, BURKE, los realistas del doce, y, en fin, todos aquellos tratadistas anclados en una mentalidad preestatal, en el prejuicio de la antigüedad, de la herencia, de la sangre, coincidirán, por encima de sus diferencias, en desechar la idea de un poder constituyente: el ariete conceptual más importante de toda teoría revolucionaria. Se puede mejorar, pero no innovar. Se puede reformar, pero no destruir:

> "lo que nosotros mejoramos —escribe Burke— no es jamás completamente nuevo, y lo que conservamos no es nunca completamente viejo. Quedamos, así vinculados por estos principios a nuestros mayores... Adoptando este principio de herencia, hemos dado (los ingleses) a la trama de nuestra política el carácter de una relación consanguínea, uniendo la constitución de nuestro país con nuestros vínculos familiares más queridos. Hemos hecho a nuestras leyes fundamentales un sitio en el seno de nuestros sentimientos familiares" (69).

No otra cosa pensarían los "moderados" y los "conservadores" españoles de la pasada centuria —y de la actual—, los "doctrinarios", cuyos presupuestos liberales se mixturan con sus prejuicios tradicionales, preliberales, pre-estatales. También negarían la teoría del poder constituyente, y también lo harían por partir de las doctrinas de la "soberanía compartida" y de las leyes fundamentales o "Constitución histórica". Inseparables ambas y ambas encastilladas en el dualismo *Rex-Regnum,* que hunde sus raíces, como se ha visto, en la Monarquía estamental del Medievo.

---

(69) *Ib.,* p. 95, D.

> "Las Cortes con el Rey –escribía Donoso Cortés en 1844 como secretario de la Comisión de Constitución– son la fuente de las cosas legítimas; su potestad alcanza a todo, *menos a aquellas leyes primordiales contra las cuales nada puede intentarse que no sea nulo de toda nulidad, porque son como los fundamentos de las sociedades humanas,* por ellas, después de Dios, viven *perpetuamente* los pueblos: con su calor y abrigo se engrandecen las naciones y *debajo* de su amparo reinan los reyes" (70).

Y SEIJAS, en el debate parlamentario, explayándose sobre estas premisas, sería aún más explícito al conectar la doctrina de la "soberanía compartida" y la de la "Constitución histórica" con la negación de la teoría del poder constituyente:

> "fijemos la vista en nuestra España –decía– y veremos que *al nacer esta Nación nació con dos instituciones capitales que le han servido de base y fundamento: el Trono y las Asambleas Nacionales...* Nuestra competencia (la de las Cortes), nuestra facultad, señores, *está limitada a establecer esa fórmula que representa la historia del país,* las relaciones de las grandes instituciones; y cuando esa fórmula adolece de vicios, cuando todos conocemos que no representa a la historia... entonces llenamos un gran deber tocando esa fórmula y *renovándola...* En una sociedad constituida, en una sociedad que tiene leyes, que tiene instituciones *tan añejas como la sociedad misma,* no es posible que reconozcamos ese Poder bastardo (el poder constituyente)" (71).

Esto es, como escribe DÍEZ DEL CORRAL, comentando el párrafo de DONOSO arriba transcrito, "la compartición de la soberanía entre el Rey y las Cortes... no significa tan solo mera suma que trate comprometidamente de resolver la antinomia planteada entre soberanía popular y monárquica, sino que apunta ambiciosamente a la clave misma de todo el Derecho político revolucionario: la teoría del poder constituyente. No basta contraponer a la soberanía del pueblo otra que se de en el mismo plano, sino que es preciso destruirla en sus mismas raíces: el supuesto de una instancia política suprema, desligada de todo orden superior llamada a estructurar *ex nihilo* la vida del

(70) *Diario de Sesiones de las Cortes (DSC).* (Congreso de los Diputados), 1844-1845, 5 noviembre 1844, pp. 285-286.

(71) *Ib.*, pp. 197-199.

Estado... Negándose la existencia del poder constituyente "sensu estricto", no cabe admitir que se pueda dar una constitución enteramente nueva; sólo es posible que se reforme la existente de antiguo" (72).

Hay que decir, para terminar, que en las Cortes de Cádiz la negación de la teoría del poder constituyente por parte de los diputados realistas, era todavía más profunda de lo que hasta ahora se ha expuesto. Esta teoría la negaban, en efecto, no sólo –como se acaba de examinar– desde una de sus premisas esenciales: la bilateralidad del pacto de sujeción, de la que se deducían las doctrinas de la "soberanía compartida" y de la "Constitución histórica". En rigor, la desechaban ya desde el momento en que asumían otra premisa también esencial, y anterior a aquélla: la naturalidad de la sociedad y del poder político que en su seno surge. La noción del poder constituyente se rechazaba, así, antes que por la historicidad del poder (de un poder ubicable en un *tempus* y en un lugar determinados), por su naturalidad. Sus postulados escolásticos y su adscripción a la teoría de las leyes fundamentales se amalgamaban aquí para negar un mismo concepto. De este modo, no sólo España, como comunidad nacional o "perfecta", no podía ejercer nunca tal poder, sino que cualquier sociedad, incluso las "prenacionales" o "imperfectas", tampoco podrían ejercerlo jamás. La "sociedad prenacional" o "imperfecta" nacía con un poder y, por tanto, con unas leyes. La sociedad nacional o "perfecta", por ejemplo España, desde este poder y estas leyes –y no *ex novo*– creaba, mediante la "translatio", un poder y unas leyes concretas: la Monarquía y sus leyes fundamentales. A partir de aquí nacía España, la Nación española, al mismo tiempo que su Constitución, pero partiendo también de unas leyes previas. Su génesis como comunidad diferenciada conllevaba su constitucionalidad política. Su "Constitución histórica" era su "Constitución genética". La mismidad se mantenía pese al transcurso del tiempo. Renunciar a ella implicaría que España dejase de ser tal, de ser Nación. Pero incluso antes de serlo, antes de su "Constitución genética o histórica" tenía una "Cons-

(72) *O.c.*, pp. 576-577.

titución natural", que a la vez era "social" y "jurídica", ya que una cosa implicaba la otra.

3. La determinación de las leyes fundamentales y las consecuencias jurídicas de su quebrantamiento

Las leyes fundamentales eran, pues, para los diputados realistas fundamento y límite del poder. Este extremo –que es el que en este trabajo cobra una mayor importancia– estaba claro. Ahora bien ¿qué leyes eran consideradas fundamentales por estos diputados? ¿Qué consecuencias jurídicas se derivaban de su quebrantamiento? Estos aspectos, en cambio, quedaron mucho más difusos. Y, en realidad, no podía ser de otra forma: "En el ámbito de la Monarquía absoluta –escribe MARAVALL– (las leyes fundamentales) no representaron un límite objetivo y positivamente exigible. Pero tuvieron la fuerza, siempre estimable, de un mito... Por eso, los autores no hacen más que aludirlas, se contentan con alguna imprecisa apelación a ellas, citan tan solo en términos vagos y muy generales lo que en ellas se contiene o dispone. Esta indeterminación que caracteriza a la teoría de las leyes fundamentales es propia de ella, es un elemento de la misma, sobre todo en lo que se refiere a la posible violación de tales leyes y a las consecuencias que puedan acompañar a su quebrantamiento... Las leyes fundamentales –prosigue este autor– quedan como tras una nube que las aleja y oculta:... las envuelve un misterio mayestático, al gusto de la mentalidad barroca, que principalmente construyó su doctrina" (73).

Estas palabras del profesor MARAVALL pueden aplicarse también a la teoría de las leyes fundamentales expuesta en las Cortes de Cádiz por los diputados realistas. Por lo que respecta a su determinación o enumeración, todos los defensores de esta teoría convenían en considerar como leyes fundamentales a la institución de la Monarquía hereditaria, a las leyes de sucesión, a las Cortes –estamentales, claro es–, a sus prerrogativas

(73) *Estado Moderno... O. c.*, T. I, p. 376.

fiscales, a la defensa de la propiedad y a la protección exclusiva de la religión católica. Pero no hubo una enumeración taxativa de las mismas. Y pese a que las que se acaban de mencionar parecían ser aceptadas por todos, no todos aludieron siempre a ellas, citando unas y preteriendo otras. Tampoco se expuso con nitidez su origen, lo que ciertamente era una ímproba tarea, debido a la dispersión y diacronismo de estas leyes. Así, por ejemplo, LERA, preguntándose acerca del modo en que se podían conocer las limitaciones y condiciones contenidas en las leyes fundamentales, daba esta reveladora respuesta:

> "A falta de un documento individual, no nos queda más arbitrio que el de acudir a la historia, a las determinaciones de Cortes que se conservan, a los usos y estilos inmemoriales de la nación y a los códigos y leyes de ella. De estos monumentos hemos de sacar e inquirir las condiciones y limitaciones con que se trasladó el uso de la soberanía del monarca" (74).

Terminaba este diputado mencionado como una ley fundamental la imposibilidad de que el Monarca impusiese tributos o legislase sin consentimiento de la Nación (74). BORRULL, por su parte, reconoció también el carácter fundamental de estos principios y fijó su establecimiento en la Monarquía goda. A éstos agregaba "la de no ser electiva la corona... (principio) que, según entiendo, se formó antes del siglo XII.." (75). Y VILLANUEVA, tan celoso siempre de preservar la ortodoxia religiosa, estimaba que debía "establecerse como ley fundamental que la religión católica era la única de la Monarquía" (76).

En fin, para INGUANZO, era una ley fundamental, "esencialmente irrevocable", la "defensa y protección de la persona y propiedades de todo español". Además de las Cortes que, a su entender, eran "otra ley fundamental de la monarquía, como monarquía moderada" (77).

---

(74) *DDAC*, T. 9, p. 76.
(75) *Ib.*, pp. 55-56.
(76) *Ib.*, p. 12.
(77) *Ib.*, T. 9, p. 58.

Pero además de este carácter impreciso y difuso, propio de esta teoría, se puso de manifiesto también su carácter polémico, derivado de aquél. Así, mientras para VILLANUEVA las leyes fundamentales prohibían la existencia de señoríos jurisdiccionales, para BORRULL, al contrario, estabann permitidos por éstas, al menos en el reino de Valencia. ANER, por su parte, entendía que las leyes fundamentales nada decían acerca de la admisión o prohibición de estos señoríos (78).

En lo que atañe a las consecuencias jurídicas que acarreaba el quebrantamiento de esta legislación fundamental, las escasas intervenciones que tocan, muy superficialmente, este problema son sumamente vagas. Los dos diputados que, de pasada, trajeron a colación este asunto, el Obispo de Calahorra y LERA, se remitieron a las mismas leyes fundamentales en el supuesto de que fuesen infringidas por el Rey, pero dejaron en el arcano los específicos dispositivos prescritos en éstas para tal circunstancia y obviaron también las consecuencias que aquél debía arrostar por su actitud:

> "y quando el rey --decía el Obispo, refiriéndose a las condiciones y pactos contenidos en las leyes fundamentales– faltare a ellos, tiene derecho la nación a exigir su cumplimiento, obligándole a la puntual observancia de la constitución por los medios que tenga prescritos la ley" (79).

Y LERA, al negar a las Cortes sucesivas capacidad exclusiva para legislar, agregaba en apoyo de este dictamen:

> "digo en primer lugar que un rey justo jamás se opondrá al establecimiento de una ley conveniente al bien común. Digo en segundo lugar, que quando se opusiese, en las mismas leyes fundamentales está prevenido el modo de hacer conocer al monarca su error y atraerle para que preste su consentimiento" (80).

No obstante, pese a su parquedad, este diputado fue más explícito que el Obispo de Calahorra, puesto que señaló que los

(78) *Ib.*, T. 6, pp. 170, 212 y ss. y 220, respectivamente.
(79) *Ib.*, T. 8, p. 60.
(80) *Ib.*, p. 77.

actos o disposiciones normativas del Rey que violasen lo dispuesto en las leyes fundamentales, debían, a su juicio, considerarse nulos:

> "todo lo que éstos (los Monarcas) hayan executado contra los pactos y limitaciones con que se les concedió este poder, lo han hecho sin autoridad y por mero abuso, y de consiguiente no debe subsistir; porque así como pudo la nación no adoptar el gobierno monárquico quando se constituyó, pudo también poner al monarca ciertas y determinadas condiciones y limitaciones que no pudiese traspasar, siendo nulo y sin ningún valor lo que executare contra ellas" (81).

Fue, sin embargo, la imprecisión la nota característica de los diputados realistas al abordar el problema del quebrantamiento de las leyes fundamentales. Y puede ser de interés recordar el contraste que ofrecía esta actitud con la sustentada siglos antes por MARIANA o, incluso, por JOVELLANOS, en esa misma época, autores para los que –como se ha visto (82)– tal infracción por parte del Rey (¿Y por parte de la Nación?) justificaba el derecho de resistencia y el que ésta última recobrase sus "derechos primitivos".

V. LOS DIPUTADOS LIBERALES DE LA METROPOLI Y LA TEORIA DE LAS LEYES FUNDAMENTALES

Los diputados liberales, al igual que los realistas, insistían en que el proyecto de Constitución debía partir de las antiguas leyes fundamentales de la Monarquía. Pero, a diferencia de éstos, defendían el principio de soberanía nacional y las consecuencias que éste entrañaba en orden a afirmar sus esenciales atribuciones. ¿De qué modo podían conciliarse ambas premisas? ¿Podía decirse que, pese a su inequívoca defensa de este dogma, se acogieron a la teoría tradicional de las leyes fundamentales expuesta por los diputados realistas? ¿O más bien su

(81) *Ib.*, p. 76.

(82) Para **Jovellanos,** *V. Infra.*, Cap. II, III, 3. Para **Mariana,** *V. Infra.*, Cap. II, V, 3.

remisión a estas leyes históricas cobraba un significado y un alcance diferentes?

Se ha dicho ya, y por ello no se va a insistir, que la doctrina de las leyes fundamentales contradecía no sólo el principio de soberanía nacional, sino el concepto mismo de soberanía, por cuanto implicaba aceptar un límite jurídico-positivo previo, ajeno a la voluntad del supuesto sujeto soberano, y ello en virtud de que a aquella legislación histórica se le consideraba el fundamento de su propia existencia política. Debido a esta insuperable antinomia, la postura de los diputados liberales no podía ser sino una de estas dos: o bien incurrían en una contradicción. al aceptar el principio de soberanía nacional y la teoría de las leyes fundamentales, o bien el significado y alcance atribuidos a estas últimas debían ser sustancialmente diferentes a los que le asignaban los diputados realistas. A tenor de lo que hasta aquí se ha dicho, parece, *prima facie,* más acertado inclinarse por la segunda posibilidad. En efecto, si los diputados liberales rehusaban aceptar la doctrina del pacto de traslación y la consiguiente enajenación y bipartición de la soberanía, debían de asignarle a las leyes fundamentales un carácter forzosamente distinto al que postulaban los diputados realistas. Dicho a la inversa, la remisión de los diputados liberales a las leyes fundamentales debía revestir un sentido muy disímil al que le imputaban los realistas, desde el momento en que defendían el dogma de la soberanía nacional y, por consiguiente, su inalienable y exclusivo poder constituyente: el poder de establecer —y no sólo de mejorar— las leyes fundamentales y cualquier forma de gobierno. Y esta hipótesis aproximativa resulta más sólida (al tiempo que se elimina una posible objección) si se tiene en cuenta —como se verá en el capítulo quinto— que su idea de Nación no era equivalente al ayuntamiento entre Rey y Pueblo (como algún realista pensaba), equivalencia que exigía considerar a ambos sujetos como copartícipes de la reforma constitucional y volver a negar la idea de un poder constituyente. Por el contrario, los diputados liberales partían de un concepto unitario y omnicomprensivo de Nación, en el que se incluía al Rey, pero sólo como un poder nacional constituido, incapaz, por tanto, de participar en el poder constituyente y en la reforma constitucional (83).

Y, efectivamente, como se verá a continuación, los diputados liberales, al partir del principio de soberanía nacional, negaron que el fundamento de esta soberanía se hallaba en las antiguas leyes fundamentales de la Monarquía, y que éstas supusiesen un límite que necesariamente la Nación y las Cortes tuviesen que acatar.

Estos puntos de vista eran semejantes a los sustentados por MARTÍNEZ MARINA. Pero sólo en apariencia. Este autor, en conformidad con su peculiar versión del pacto de sujeción, entendía que las leyes fundamentales eran el fundamento de la soberanía del Monarca, pero no el de la Nación. Por ello, tales leyes constituían un límite infranqueable al poder de aquél, pero no al de ésta. La Nación conservaba la titularidad de la soberanía (entre comillas ambos términos), por ende, podía legítimamente alterar, y no sólo reformar, las leyes fundamentales, y podía hacerlo por sí sola con exclusión del Rey.

> "La constitución de cualquier estado —escribe en la 'Teoría de las Cortes'—... Debe ser respetada por todos los miembros del cuerpo político... A ninguno es permitido atentar contra la constitución, variarla o alterarla, salvo a la sociedad misma, para cuya salud y prosperidad se ha establecido..." (84).

Y al referirse a las costumbres y leyes sucesorias, que para MARINA formaban "una parte esencial y aún la más importante de la Constitución", corroborará y ampliará esta tesis. Para este autor, en efecto, la Nación debía guardar celosamente estas leyes, pero añadía:

> "es cosa inconcusa e indubitable que este derecho (el de respetar estas leyes sucesorias) está subordinado al de la Nación y a la prosperidad del estado, y de consiguiente, si llegare a verificarse que el método establecido acerca de este punto fuese destructivo del orden público o perjudicial a la sociedad, o de su mudanza se esperasen ventajas considerables, en este caso podría el cuerpo político inter-

(83) *V. Infra.*, Cap. IX.
(84) *O. c.*, T. II, pp. 253-254.

pretar, alterar, o modificar en esta parte la constitución; *digo el cuerpo político con exclusión no solamente de los particulares, sino también del mismo príncipe, el cual, recibiendo todo su poderío de la constitución misma. ¿Cómo podrá variarla sin destruir el fundamento de su autoridad?* Así que nada puede hacer sin destruir el fundamento de su autoridad" (85).

Opiniones bien distintas, ciertamente, a las que sostenían JOVELLANOS y los diputados realistas. Pero de distinta factura también —pese a que pudiesen coincidir los resultados prácticos— a la que mantendrían los diputados liberales. Al defender MARINA el poder constituyente de la Nación, lo hará desde los postulados preliberales mencionados en el capítulo anterior, esto es, desde la doctrina del pacto de traslación (o de "concesión", más exactamente en su caso). Desde una versión extremada de la misma, más democrática o comunitarista, pero, a la postre, incardinada en sus premisas y en sus conclusiones: bipartición de la soberanía, enajenación de una parte de la misma, etc. En particular es notorio en sus opiniones al respecto el influjo de MARIANA, mixturado, quizá, como en él era habitual, con el eco de la teoría moderna del poder constituyente. Los diputados liberales, en cambio, combatirían la teoría tradicional de las leyes fundamentales y defenderían el poder constituyente de la Nación desde los supuestos inherentes al dogma de la soberanía nacional. Comprobémoslo.

1. La soberanía como cualidad originaria

Los diputados liberales al impugnar la doctrina del pacto de traslación y al afirmar alternativamente el carácter esencial y exclusivo de la soberanía de la Nación, negaban ya que las leyes fundamentales supusiesen el fundamento de su soberanía. Estas leyes sólo podían ser el fundamento del poder (que no de la soberanía) del Monarca, en tanto que su existencia como tal y sus atribuciones derivaban y dependían de ellas. Pero la soberanía, al ser un atributo esencial y exclusivo de la Nación, era también una cualidad anterior y superior a cualquier ley fundamental, a todo derecho positivo. Era una facultad originaria y no derivada. Su fundamento era ella misma y en ella se fundamentaban todos los poderes. La Nación –como había dicho SIEYES– sólo podía estar sujeta a un límite, el que le imponía el Derecho Natural: "La Nación –escribe el citado autor– existe ante todo, es el origen de todo. Su voluntad es siempre legal, es la ley misma. Antes de ella y por encima de ella sólo existe el derecho natural" (85 bis). O bien el "ius gentium", como ESPIGA señaló en el debate del artículo segundo, siguiendo la huella de otros tratadista del iusnaturalismo racionalista:

> "... Una nación es libre para hacer quanto convenga para su prosperidad y para su gloria –decía este diputado–, observando el derecho de gentes a que están obligadas recíprocamente todas las naciones. Es decir, que una nación mientras obra según el derecho de gentes puede hacer lo que más bien le parezca y que le convenga para su mayor bien" (86).

La soberanía era un derecho que pertenecía naturalmente a la Nación que no podía concederse ni limitarse, y sí, tan sólo, proclamarse:

> "el gobierno –decía Toreno en la discusión del artículo tercero– si se le entiende en sólo su riguroso sentido, es la potestad executiva de la constitución, y en el sentido más lato, aunque no exacto es toda la constitución... de todas maneras no es más que una ley fundamental quando la soberanía es un derecho que no pueden quitar las Cortes ni está en sus facultades, porque las Cortes pueden dar leyes, pero no dar ni quitar derechos a la nación, sólo sí declararlos y asegurarlos" (86 bis).

Y GALLEGO, en el mismo debate, y respondiendo a la misma orientación doctrinal, afirmó:

> "... Si antes de constituirse la nación fue soberana esencialmente, lo es en el día y lo será siempre, aun quando haya pasado por una, dos, o diez constituciones" (87).

(85) *Ib.*, y pp. 268-269 y T. III, pp. 43-44. En igual sentido, *Principios. O. c.*, pp. 276-277.

(85 bis) *O. c.*, p. 75.

(86) *DDAC*, T. 8, pp. 46-47.

(86 bis) *Ib.*, p. 65.

(87) *Ib.*, p. 68.

Quedaba, pues, claro que no eran las leyes fundamentales o Constitución histórica el fundamento de la soberanía, su título constitutivo. Por eso, para estos diputados, si Fernando VII seguía siendo Rey, lo era por haberlo proclamado *de nuevo* la Nación, haciendo uso de su originaria, inalienable y exclusiva soberanía, y no —como pensaban los realistas— porque la Nación estuviese ligada irremisiblemente a unas leyes y pactos previos. Esta idea venía recogida ya en el Decreto de 24 de Septiembre de 1810:

> "Las Cortes generales y extraordinarias de la Nación española... reconocen, proclaman y juran *de nuevo* por su único y legítimo Rey al señor don Fernando VII de Borbón..." (88).

Y en ella insistió GOLFIN en el debate sobre los señoríos:

> "en este día (el citado 24 de septiembre) la nación española, señora de sí misma dio a Fernando VII el más justo derecho a la corona; derecho inconcuso, sagrado, más fuerte que el que sus progenitores tuvieron a ella, que es el único que constituye a un hombre jefe supremo de una nación... *Si la nación pudo darse un rey sin consideración a pactos antecedentes ni a leyes algunas,* ¿no podría anular con mayor razón..." (89).

Y, en fin, OLIVEROS, al criticar la teoría del pacto social subrayaba, sin embargo, esta misma idea, cuando decía:

> "no se trata aquí de... presentar a los españoles un nuevo pacto social... En la cautividad de su rey, toda la nación le ha *de nuevo* reconocido y proclamado..." (90).

Era, pues, la soberana voluntad nacional, expresada de nuevo a través de las Cortes, la única instancia legitimadora del trono (que no de la soberanía) de Fernando VII, y no ninguna suerte de legislación, por muy fundamental y antigua que fuese.

---

(88) **D. Sevilla Andrés,** *Constituciones y Otras Leyes... O. c.,* T. I, p. 91.
(89) *DDAC,* T. 6, p. 294.
(90) *Ib.,* T. 11, p. 336.

2. La soberanía como facultad ilimitada. La afirmación de la idea de poder constituyente

Al negar los diputados liberales que las leyes fundamentales supusiesen el fundamento de la soberanía de la Nación, resultaba lógico que no admitiesen tampoco que aquella legislación histórica significase un límite a su soberanía y, más concretamente, a su poder constituyente. Y, en efecto, así era. No obstante no dejaba de haber en esta afirmación una antinomia, al menos en apariencia. Esta estribaba en la dual actitud de los diputados liberales, quienes, por una parte, sostenían la necesidad de partir de las antiguas leyes fundamentales y, por otra, defendían el poder constituyente de la Nación, proclamado en el artículo tercero del Proyecto. Dicho de otro modo, ¿a qué venía declarar en este precepto que a la Nación correspondía establecer (y no sólo renovar o mejorar) sus leyes fundamentales y la forma de gobierno que estimase conveniente, si –como estos diputados decían– el Proyecto constitucional partía de una legislación y de un gobierno existentes? Esta contradictoria conducta había sido denunciada ya por el Obispo de Orense, en su comentario crítico al Decreto de 24 de Septiembre (91), y en las Cortes fue entrevista lúcidamente por INGUANZO, en la discusión del artículo tercero:

> "que necesidad hay tampoco quando se trata de renovar y poner a la vista las antiguas leyes fundamentales de la monarquía acompañadas de las oportunas providencias –argumentaba el realista asturiano, leyendo el Preámbulo del Proyecto de Constitución– ¿qué necesidad hay, digo, de subir para esto a las teorías o indagaciones abstractas de la soberanía, ni de meternos en el piélago intrincado y obscurísimo de su origen, su esencia y existencia? ¿Qué bienes puede traer a la nación el sancionar también y poner a su vista las conseqüencias de este principio por máxima elemental de su constitución que la soberanía reside esencialmente en ella, y como si esto fuera poco, sancionar también y poner a su vista las conseqüencias de este principio, a saber, la pertenencia exclusiva de establecer sus leyes fundamentales, y de adoptar la forma de gobierno que más le convenga? Si esto es verdad –concluía certéramente Iguanzo– lo

(91) *Cfr.* **Javier Herrero,** *O. c.,* pp. 275-276.

> es también, dígase lo que se quiera, o argúyase y cavílese quanto se quiera para desvanecer las conseqüencias de este sistema; es preciso confesar que nosotros aquí, y en qualquiera tiempo y lugar que se congregue la nación podrá convertir la monarquía en otra forma de gobierno qualquiera" (92).

La contradicción a la que INGUANZO se refería, radicaba, como otras muchas, en el doble intento de los diputados liberales de querer engarzar el Proyecto con una supuesta legalidad histórica, sin que ello implicase dejar de apoyar unos principios claramente innovadores y plasmarlos en el texto constitucional. Es decir, venía motivada por el deseo de conjugar dos orientaciones doctrinales difícilmente compatibles: el historicismo y el liberalismo revolucionario. Esta antinomia sólo podía ser inequívocamente resuelta por dos medios (que en puridad, más que resolverla, evitaban que se plantease): o bien desechándose el poder constituyente de la Nación y propugnando su necesaria atadura a las leyes fundamentales (tesis sustentada con coherencia por los diputados realistas), o bien a la inversa: aceptándose su poder constituyente y rechazando todo ligamen con una legislación previa. Pero ¿cuál fue la solución ideada por los diputados doceañistas para, sin negar el poder constituyente de la Nación, insistir en la continuidad que el Proyecto constitucional suponía respecto a las antiguas leyes fundamentales? La solución que se desprende de sus intervenciones puede resumirse como sigue: se aceptaba el "restablecimiento" de las leyes fundamentales, pero no su "mejora", pues ello implicaría admitir su vigencia. Es decir, se aceptaba una supuesta —y a todas luces falsa— continuidad jurídico-material entre estas leyes y el Proyecto, pero se negaba cualquier vínculo jurídico-formal entre ambos. Aunque, obviamente, no se expusiese con estos términos, lo cierto es que esta disquisición era de vital importancia para los diputados liberales, por una razón muy sencilla: el aceptar este último nexo jurídico-formal implicaría reconocer que las leyes fundamentales y el pacto que éstas formalizaban constituían el fundamento y el límite de la so-

---

(92) *DDAC*, T. 8, p. 78.

beranía nacional. Por eso los diputados liberales venían a decir que, desde un punto de vista adjetivo o jurídico-formal, la Constitución de 1812 era nueva, era otra, al ser fruto del ilimitado poder constituyente de la Nación, ejercido a través de unas Cortes revestidas de este carácter. Su punto de partida eran ellas mismas, y no la legalidad monárquico-absolutista anterior ni, desde luego, la impuesta por el Rey intruso (93). Pero, desde un punto de vista jurídico-material, desde un criterio sustantivo o de contenido, la Constitución de 1812 era la misma en esencia –tan solo con "algunas oportunas providencias"– que la antigua constitución tradicional de la Monarquía, que decían restaurar tras el largo interregno absolutista. Ni la otredad formal quebrantaba la identidad material, ni esta identidad quebrantaba aquella otredad.

Por otra parte, se aceptaba el "restablecimiento" de las leyes fundamentales, porque la Nación *quería* que se restableciesen y no porque ésta tuviese que avenirse necesariamente a este restablecimiento. El respeto y acatamiento de las leyes fundamentales era para los diputados liberales *un límite moral a los poderes de las Cortes, pero no jurídico.* Obligaba moralmente a los diputados en tanto que la Nación que representaban había manifestado voluntariamente querer vincular el proyecto de constitución a la antigua legislación histórica. Y lo había hecho así, simplemente, por juzgarlo conveniente. Pero la misma Nación –como expresaba el artículo tercero– podía modificar estas leyes fundamentales cuando, por mudar la conveniencia, lo estimase pertinente. Y podía hacerlo ella sola, úni-

(93) Una interpretación diferente mantiene **Martínez Sospedra.** Para este autor, el poder constituyente de las Cortes "no es originario, es derivado, y lo es porque la Nación está ya constituida, tiene una Constitución y es en virtud de ésta y para su reforma que las Cortes ostentan un poder constituyente. Si la Nación está constituida, y lo está, el poder de las Cortes es un poder de revisión, de reforma; es un poder constituyente constituido". *O. c.,* pp. 301-302. Ante estas afirmaciones habría que preguntarse a tenor de qué legalidad se constituyeron las Cortes, y cuáles eran los mecanismos de reforma preestablecidos: ¿los que establecían las leyes fundamentales?, evidentemente, no. Pero la interpretación que aquí se mantiene no es sólo puramente subjetiva, sino que las distinciones entre "restablecimiento" y "mejora", entre "novedad formal" y "material" del proyecto constitucional (en las que **M. Sospedra** no repara), si bien no explícitas, se pueden inferir de los planteamientos de los diputados liberales, y en rigor eran las más conformes con ellos.

ca y exclusivamente. Estas dos ideas, la ilimitación jurídica de la Asamblea gaditana y el límite moral que suponía el expreso y voluntario deseo nacional de restablecer la antigua legislación, las expuso OLIVEROS en el debate del artículo 373:

> "los diputados de estas Cortes –decía– han sido autorizados con poderes bastantes para hacer la constitución, si por una parte son ilimitados, por otra tiene por objeto los santos fines para los que se han congregado, a saber: afirmar el trono y asegurar la libertad de los ciudadanos, o lo que es lo mismo restablecer la monarquía moderada... Es preciso advertir –añadía– que a pesar de la ilimitación de los poderes si las Cortes no hubieran restablecido la monarquía moderada, hubieran obrado contra la voluntad expresa de la nación, y las consequencias serían espantosas y terribles" (94).

Ni en estas palabras de OLIVEROS, ni en las de otros miembros de este grupo doctrinal, se alega que las leyes fundamentales (y en particular la institución de la Monarquía) supusiesen un límite jurídico a la soberanía de la Nación o al poder constituyente de las Cortes. En esta intervención, las consecuencias a las que se alude habrían de ser más bien de índole social o política, pero no jurídica. No se puede inferir de las palabras de OLIVEROS una presunción de ilicitud jurídica en caso de que las Cortes traspasasen esos límites, sino más bien de ilicitud moral y de imprudencia política. No se dice tampoco –ni en esta ni en otras intervenciones de los diputados liberales– que la Nación española estaba obligada a restablecer (y obsérvese como casi nunca se habla de mejorar) las leyes fundamentales en virtud de su carácter irrevocable, derivado de una obligación contractual, como defendían los realistas. Y, en fin, otro discurso pronunciado por este mismo diputado en la polémica sobre los señoríos corrobora todo cuanto se acaba de decir:

> "el congreso nacional –explicaba Oliveros– reúne las luces y la experiencia de lo presente: hállase sin trabas en sus decisiones, es depositario de la soberanía del pueblo y está revestido de ilimitados poderes para hacer su bien, para darle una constitución que equilibrando sus facultades lleve la felicidad social a aquel grado de per-

(94) *DDAC,* T. 11, pp. 336-337.

> fección de que son susceptibles las cosas humanas. No sería disculpable si se contentase con menos, si no sancionase las conseqüencias de los grandes principios que ha establecido, sin que por esto se pueda creer que desacredite las determinaciones de sus mayores. He dicho que no fue bien conocido ni consultado en ellas el derecho público. No es extraño, quando el derecho natural, que es su apoyo, si bien fue general su conocimiento en los principios a todos los pueblos, no fue siempre desenvuelto por los hombres en sus conseqüencias próximas" (95).

Por otra parte, la vaguedad de las leyes fundamentales y el espejismo historicista de los diputados liberales se aunaban para hacer que el límite moral que se atribuía al acatamiento de esta legislación fuese muy lato. Lo suficiente, al menos, para dejar expedita la acción legiferante de las Cortes en un sentido inequívocamente liberal. Se trataba más bien, como en alguna ocasión dijo ARGÜELLES (96), de restablecer su "espíritu" y no tanto su tenor literal. Además, el acatamiento de las leyes fundamentales no podía en ningún caso sobreponerse a la voluntad y al interés nacionales (al de las Cortes, en definitiva, al ser éstas el supremo intérprete de ambos). Y esta voluntad y este interés no siempre tenían que coincidir con el respeto de lo antiguo. Para los diputados liberales, la antigüedad, lo histórico, podía no ser justo ni conveniente. Así, GARCÍA HERREROS, al referirse a las leyes que algún realista había citado como definitivo argumento, dado su secular origen, para apoyar la permanencia de los señoríos jurisdiccionales, afirmó:

> "Señor, a V. M. no le obliga más ley que la trivalísima *Salus populi,* las demás las mantendrá en observancia en quanto no se oponga a aquélla" (97).

En términos semejantes se expresó GALLEGO en el debate sobre los señoríos:

> "...Siempre que en cuestiones semejantes a la presente vea a los diputados del Congreso revolver nuestros códigos, examinar sus le-

(95) *Ib.*, T. 6, p. 268.
(96) *Cfr. Ib.*, T. 11, P. 348.
(97) *Ib.*, T. 6, p. 558.

yes una por una, escudriñar por ápices hasta qué punto prohiben o mandan, y que excepciones establecen, y modelar sus opiniones por ellas como entendimientos esclavos, no dexaré de clamar que no es ese su oficio, y que lastimosamente confunden las obligaciones de diputados con las de letrados o jueces que exercen en la sociedad... El juez y el abogado son en su profesión esclavos de la ley, y deben serlo; el legislador de ninguna manera... La voz justicia para los primeros no significa otra cosa que la concordancia de un caso particular con la ley; para los segundos quiere decir lo equitativo, lo razonable y conveniente para la nación, háyanlo o no mandado las leyes" (98).

De ahí que CALATRAVA, ante la insistencia del realista GÓMEZ FERNÁNDEZ en que la Comisión Constitucional mencionase los antecedentes legales de cada uno de los preceptos del proyecto de Constitución, se viese obligado a manifestar:

"...es menester poner fin a estas cosas. Continuamente estamos viendo citar aquí las leyes, como si esto fuera un colegio de abogados, y no un cuerpo constituyente" (99).

Pero, sobre todo, interesa traer a colación dos intervenciones realmente esclarecedoras para el problema que ahora se ventila; una de ARGÜELLES y otra de TERRERO. En la primera, que resulta especialmente ilustrativa, el diputado asturiano señalaba, aunque no emplease estas palabras, el nexo (en rigor, la identificación) entre soberanía y positividad; y venía a definir a la soberanía como la suprema e ilimitada facultad de crear, de innovar, y no tan solo de re-crear o re-novar. Además, ARGÜELLES mostraba también su tajante oposición a que se limitase la acción del poder constituyente de la Nación (en puridad a que se le destruyese), en aras del respeto debido a la antigüedad de las leyes, por el solo hecho de ser antiguas. La tensión dialéctica entre, por una parte, la Historia, la Antigüedad y, por otra, la Razón y la Voluntad (cualidades que el concepto de soberanía encarna y quintaesencia) y el predominio final de esto último, se exponen aquí con toda claridad:

(98) *Ib.*, p. 386.
(99) *Ib.*, T. 8, pp. 21-22.

"la comisión –decía Argüelles en el debate del artículo 27 (100), en el que se enfrentaban los partidarios de la antigua representación estamental con los defensores de la representación nacional–, al ver el cúmulo de contradicciones y dificultades que hallaba a cada paso, *subió al origen de donde se derivase el derecho de hacer cualquier novedad que fuese preciso adoptar en el sistema, y le halló en la soberanía nacional*... Mas como los señores preopinantes (los realistas) difieren en el modo de pensar de la comisión, que en el día es ya del Congreso, en el esencialísimo punto de la soberanía, que por su parte no han reconocido; no es extraño su dictamen por lo que toca al origen y forma de los estamentos o brazos... La comisión, fiel a sus principios, observó lo informe y absurdo del antiguo sistema de brazos, y no dudó un momento en reformarlo. *Porque al decir la comisión que su objeto es restablecer las leyes antiguas, no es sentar por principio que el Congreso no pudiese separarse de ellas quando le pareciese conveniente o necesario.* La antigüedad no hace respetable los absurdos, no consagra los errores. *Sabía, sí, que la nación, como soberana, podía destruir de un solo golpe todas las leyes fundamentales si así lo hubiese exigido el interés general,* pero sabía también que la antigua legislación contenía los principios fundamentales de la felicidad nacional, *y por eso* se limitó en las reformas a los defectos capitales que halló en ella" (101).

¡Qué revelador ese "y por eso"! Compendia, sintetiza, resume el talante de los diputados liberales del doce: liberales, pero historicistas. O mejor al revés: historicistas, pero (y el "pero" conviene subrayarlo) liberales. Lo antiguo, lo histórico, lo tradicional, sí; pero –venían a decir– desde un presente ilimitado en su querer, por ser soberana –esto es, libre– su querencia. Y cuando esta querencia o voluntad se oponga al orden antiguo, histórico, tradicional, entonces éste debe parecer para que aquélla prevalezca. La restauración del orden tradicional se hará desde un poder constituyente muy especial, "sui generis", por cuanto intenta, en la medida de lo posible y deseable, "reconstituir", y no "constituir", aunque tampoco deba limitarse a "mejorar" lo constituido. Es poder constituyente porque no parte formalmente de una legalidad preexistente (España no estaba constituida, estaba en todo caso, venían a decir los diputados liberales, "mal constituida"). Y es poder constituyente

(100) *V.* el contenido de este artículo, *Infra.*, Cap. IV, III, 2.
(101) *DDAC,* T. 8, p. 270.

porque está también materialmente ilimitado, no circunscrito *necesariamente* a ninguna legalidad precedente, inmediata o remota. Con esta actitud los diputados liberales perseguían aclarar dos cosas: en primer lugar, que la proclamación de la soberanía y del poder constituyente de la Nación no se entendiese que implicaba, a *fortiori,* una ruptura con la Historia; y, en segundo lugar, que no se coligiese tampoco que la sujeción a la Historia supusiese negar la soberanía y el poder constituyente de la Nación. La Historia y la Razón (y la Voluntad) debían equilibrarse mutuamente. El ligamen con la historia debía ser voluntario y racional, esto es, ni tenía que ser necesario, ineluctable (lo que constituiría una sumisión), ni desde luego, tenía que ser absoluto, indiscriminado. Por eso, como escribe CARVAJAL, "la identidad entre el régimen nuevo y el tradicional se afirma, pero no se apura, y cuando los diputados realistas pretendenn (siguiendo por lo demás el camino de Argüelles) apelar al pasado, los liberales trascienden del orden histórico al racional" (102).

Para los diputados liberales, en definitiva, se trataba de ejercer el poder constituyente para llevar a cabo la restauración constitucional. El revestir al dogma de la soberanía nacional de una supuesta aureola de tradicionalidad coadyuvaba a este cometido, por cuanto conllevaba reclamar como rancio y añejo lo que, en rigor, era radicalmente novedoso. Si se quiere expresar con pocas palabras este dual planteamiento, que les permitía, a la postre, superar la antinomia atrás mencionada, diríase que los diputados liberales abogaban en las Cortes por el ejercicio de un *poder reconstituyente o restaurador*. Denominación que bien puede recoger la idea de una actual y racional decisión soberana como punto de partida, y la de un restablecimiento del pretérito como punto de llegada.

Con la misma claridad de ARGÜELLES, aunque con mucha mayor virulencia, se expresó TERRERO en el debate de la cláusula final del artículo tercero. Para este diputado, aunque la Nación se hubiese "constreñido y ligado con el vínculo de su juramento para conservar su actual y presente constitución

---

(102) *O. c.*, p. 352.

monárquica", no era óbice para que en el futuro se viese "impulsada a imponer nuevo orden de reformas". Las cuales podrían afectar, incluso, a la misma institución monárquica, y no sólo a su titular:

> "todo cabe en la clase de lo humano –decía Terrero– y en ello no está exento el monarca. Sepan, pues, las cabezas coronadas que en un fatal extravío, en un evento extraordinario, no fácil mas sí posible, la nación reunida podría derogarle su derecho" (103).

Es decir, en virtud del principio de soberanía nacional, no sólo el Rey como órgano de la Nación, sino la misma institución monárquica podría ser variada. La existencia de la Monarquía, pilar de la Constitución tradicional de España, no se aceptaba, pues, como límite insuperable ni para el poder constituyente ni para las ulteriores reformas constitucionales. Pero sobre este último extremo nos extenderemos en el capítulo octavo. Allí se verá también como, en realidad, los diputados liberales utilizaban la expresión "leyes fundamentales" como sinónima del moderno concepto de Constitución. Al contrario de lo que ocurría con los realistas, quienes cuando aluden a estas leyes les asignan su verdadero y tradicional sentido. Diferencia sin duda importante, que ya se puede intuir por lo que en este capítulo se ha visto.

Hay que decir, para terminar, que en la redacción definitiva del texto constitucional se suprimió la última y polémica cláusula del artículo tercero, esto es, la que facultaba a la Nación a adoptar la forma de gobierno que más le conviniere. Pero tal supresión no era, en modo alguno, fruto de una transigencia doctrinal con las tesis de los diputados realistas. No significaba cercenar o limitar la potencialidad constituyente de la Nación. Por el contrario, se debió a dos razones de índole muy diferente, apuntadas por ANER al inicio del debate de este precepto (104) y expuestas por el conde de TORENO:

---

(103) *DDAC.*, T. 8, pp. 49-50.
(104) *Cfr. Ib.*, pp. 47-48.

"el señor Aner con bastante juicio ha opinado que tal vez sería conveniente suprimir la última parte del artículo que se discute: accederé a su parecer para evitar en lo posible interpretaciones siniestras de los malévolos, y más principalmente por ser una redundancia; pues claro es que si la nación puede establecer sus leyes fundamentales, igualmente podrá establecer el Gobierno... Sólo por esto convengo con su opinión –puntualizaba Toreno, parafraseando a Sieyes– *y no porque la nación no pueda ni deba, la nación puede y debe todo lo que quiere*" (105).

(105) *Ib.*, p. 64.

CAPITULO CUARTO. **LOS DIVERSOS CONCEPTOS DE NACION**

I. INTRODUCCION

A partir de las Cortes de Cádiz la idea de Nación pasaría a engrosar, en un lugar de honor, al acervo terminológico de la naciente ciencia del Derecho Público Constitucional. "La Nación —afirma SÁNCHEZ AGESTA, refiriéndose a la Constitución de 1812—, este personaje que cierra la historia política del siglo XVIII, se ha colado de rondón en la política española. Este es sin duda el signo más patente de la profunda transformación política de la Edad Moderna" (1). Después de aquella fecha decisiva se podrán sostener encontrados pareceres acerca del concepto de Nación, pero se entenderá de obligado cumplimiento aclarar previamente las distintas posturas al respecto.

El intentar ahora hurgar y esclarecer la inteligencia de este concepto en las Cortes de Cádiz, reviste —parece ocioso decirlo— una capital importancia para este trabajo, y esta importancia si acaso se incrementa por la insuficiente consideración que se ha hecho de esta materia, pese a su indudable relevancia. En general, hay que reconocer que la idea española de Nación en el siglo XIX no está, ni mucho menos, suficientemente analizada. A esta importante laguna historiográfica se refería JAVIER CONDE en 1939: "¿Qué ocurre en nuestra España del siglo XIX —se preguntaba—? ¿Qué visicitudes atraviesa en nuestro país la idea de Nación a lo largo de los siglos XIX y XX? ¿Puede hablarse propiamente de un proceso similar al que

(1) *Historia del constitucionalismo español. O. c.*, p. 94.

hemos descrito y definido como fenómeno común del continente europeo? ¿Qué fuentes ideales han nutrido la idea nacional española?

Confieso –añadía este autor– que me dispongo a entrar en un terreno apenas desbrozado. Que nadie vea en esta afirmación resquicio alguno de vanidad científica; pero es lo cierto que acaso sea ésta la primera vez que se plantea el problema que acabo de enunciar. Sin embargo, su esclarecimiento sería una aportación considerable a la historia de las ideas políticas en nuestro siglo XIX, y a su luz podríamos ver más derechamente nuestra perspectiva presente" (2).

Por lo que respecta al marco histórico que aquí se examina, hay que decir que con posteridad a la fecha en que estas palabras fueron escritas, varios autores –de los que oportunamente se dejará constancia– han contribuido a ir despejando esta incógnita, al bucear en la idea de Nación en el período histórico en el que, precisamente, este vocablo comienza a acuñarse y delimitarse en su sentido actual. No obstante, no es menos cierto que en la actualidad no se dispone todavía, que se sepa, de un trabajo monográfico sobre esta cuestión, por lo que restan por tamizarse importantes aspectos de la misma. Cabe, pues, preguntarse: ¿Qué se entendía realmente por Nación en la primera asamblea constituyente hispánica? ¿Cuál era la naturaleza y cuáles eran los elementos constitutivos que se atribuían a este sujeto del que tanto, y no siempre con claridad, se hablaba? Responder a estas preguntas constituye el objeto de este capítulo.

Ahora bien, es preciso dejar claro desde ahora que cuando aquí se alude al concepto de Nación, se quiere aludir a su concepto jurídico-positivo, y no a su concepto histórico-cultural. Es decir, conviene referirse tan solo al concepto de *Nación* como sujeto a quién se imputa el poder o la soberanía del Estado y no al concepto de *nacionalidad* como entidad histórica real. Se trata, pues, de plantearse el problema desde la perspectiva de la Teoría del Estado y no desde la Teoría de la Na-

(2) *La Idea Actual Española de Nación*, en *Escritos y fragmentos*. IEP (1974), p. 335.

ción (3). Y conviene hacerlo así con independencia de que ambas categorías y ambas perspectivas se identificasen o, al menos, no se distinguiesen en las formulaciones de algún sector de la Asamblea gaditana (3 bis).

En las Cortes de Cádiz, el empleo del término "Nación", como sujeto de imputación del poder, no fue privativo de los diputados liberales de la metrópoli, sino que a él se sumaron también los diputados americanos y algunos de los más desta-

---

(3) Sobre estos dos enfoques **V. Ignacio de Otto.** *Voz Nación,* Enciclopedia Jurídica Seix. Barcelona, *passim.*

(3 bis) Sería de sumo interés aquilatar los sentimientos de unidad nacional que se perciben en todos los sectores doctrinales de las Cortes de Cádiz; aspecto éste que guarda una estrecha relación con la distinción categorial que aquí se ha señalado entre "Nación" y "nacionalidad".

Como ha escrito **J. A. Maravall,** el sentimiento de comunidad nacional, en el sentido moderno del término, se configura en España bajo el reinado de Carlos III, y es patente, por ejemplo, en un **Cadalso,** un **Forner** o un **Meléndez Valdés.** *(Cfr. El Sentimiento de Nación en el Siglo XVIII: la obra de Forner,* en "La Torre". Puerto Rico (1967). Y *V. Id. El Pensamiento Político de Cadalso,* en *Mélanges a la Mémoire de Jean Sarrailh.* T. II. París (1966). No debe resultar extraño este hecho si se tiene en cuenta –como se ha dicho en el capítulo primero– que en este siglo al despertarse el interés por la historia nacional, surge una mentalidad burguesa e historicista, indisolublemente ligada al brotar de una conciencia nacionalista moderna. Es, sin embargo, en el período que va de 1808 a 1814, cuando, por razones fácilmente inferibles, el sentimiento nacionalista y patriótico y la mentalidad historicista cobraron un inusitado y generalizado auge. **M. Artola y M.º Cruz Seoane** insisten en que los documentos, proclamas y manifiestos de este período, y los mismos debates de las Cortes, atestiguan fehacientemente acerca de la naciente conciencia de unidad española, defendida por personalidades de muy varia posición doctrinal y procedencia geográfica. *(Cfr. Los Orígenes... O. c.,* pp. 186, 190, 355 a 359 y 459 a 462. Y *El Primer Lenguaje Constitucional Español... O. c.,* pp. 69 a 77). Sin embargo, hay que decir, por lo que atañe a las Cortes de Cádiz, que la idea de unidad nacional, comúnmente sentida, no era ni mucho menos la misma para todos los diputados. Los realistas (especialmente el catalán **Aner** y el valenciano **Borrull)** y los americanos concebían la unidad nacional de una manera muy distinta a la propugnada, no sin gran intransigencia y escaso sentido político, por los liberales de la metrópoli. Para los primeros, por causas y con planteamientos distintos, se trataba de concebir y de organizar la unidad de "las Españas", respetando los intereses y las peculiaridades de sus diferentes reinos y provincias. Para decirlo con una terminología actual, se trataba de preservar la unidad de la *Nación* (la unidad política del Estado o Monarquía), pero sin que tal unidad lesionase la especificidad y el autogobierno de las "nacionalidades", de las agrupaciones territoriales "naturales" e históricas. La idea de destruir la unidad política de la Monarquía española quizá no repugnase a algún diputado americano, pero, en absoluto, se deduce de las intervenciones parlamentarias de este grupo. La misma presencia de estos diputados en las Cortes es un hecho que viene a confirmar este juicio. Un testimonio inequívoco del cados realistas, hecho este último especialmente significativo. De este modo, el principio de soberanía nacional fue invocado y defendido desde presupuestos ideológicos muy dispares, y, claro es, interpretándolo con muy diferentes sentidos. Esta multivocidad del principio de soberanía nacional, y de la voz Nación que en él subyace, constituye una importante característica de las Cortes de Cádiz, que se mantendrá viva en la posterior doctrina constitucional española. Ciertamente, en Francia, por ejemplo, cuna de ambas expresiones, éstas fueron sus-

---

mismo lo constituye una intervención de **Leyva** –diputado poco sospechoso de uniformismo, como se verá en las páginas siguientes–, en el debate del artículo 12. El diputado chileno, refiriéndose a la futura división administrativa que este precepto anunciaba, dijo: "Sobre todo debemos estar persuadidos de que esa operación tendrá siempre por objeto la unidad de la nación española" (*DDAC,* T. VIII, p. 177).

La actitud de los diputados liberales de la metrópoli era bien distinta, al estar imbuidos en el nuevo espíritu individualista, y obnubilados por la "mentalidad geométrica", propia de los "agrimensores del Estado", por utilizar los términos que **E. Burke** había dedicado irónicamente a los revolucionarios francesesy a su "racional" distribución administrativa. *(Cfr. OCEC,* pp. 413-414). La actitud de estos diputados se caracterizaba, en efecto, por identificar, o, al menos, por no distinguir entre el concepto jurídico-político de "Nación", como sujeto de imputación de la soberanía del Estado, y el concepto histórico-cultural de "nacionalidad". Ciertamente, la distinción explícita de estos dos conceptos no estaba –y no podía estar– presente en los planteamientos de los diputados realistas ni en el de los americanos. No obstante, estos diputados sí distinguían entre la unidad política de la Nación, y la pluralidad de sus reinos o provincias integrantes. Es decir, afirmaban la existencia de una única Monarquía, pero plural, compatible con su descentralización administrativa y política. Los doceañistas liberales, en cambio, entendían (inaugurando una línea doctrinal hegemónica en el liberalismo español posterior, fuese progresista o moderado) que no sólo debía de haber una única Nación en el seno de un único Estado, sino también una única nacionalidad. Este punto de partida, latente, implícito, les condujo a estructurar no tan sólo un Estado nacional unitario, sino también uniforme. De este modo, las peculiaridades geográficas y culturales de los pueblos metropolitanos y de los del vasto Imperio colonial fueron ignoradas en la Constitución de 1812. Los doceañistas liberales se obstinaban en creer que la solución que debía aplicarse a los problemas de la península era la misma, y extensible también a los problemas específicos de las provincias ultramarinas. Por ello, ingenuamente, confiaban en que la promulgación del texto constitucional arreglaría como por ensalmo todos los problemas que aquejaban a las provincias americanas, y calmaría el malestar de las mismas, que de modo harto visible y amenazante era patente entre sus habitantes. En virtud de este punto de partida, en el que insisten **Fernández Almagro** *(Cfr. La Emancipación... O. c.,* pp. 48-49 y 64-66), **D. Ramos** *(Cortes de Cádiz... O. c.,* pp. 489-490. *Id. El Peruano Morales... O. c.,* pp. 156-157), **Stoetzer** *(O. c.,* p. 227) y **R. Carr** *(O. c.,* pp. 110 y ss.), las reivindicaciones formuladas por los representantes de Ultramar en las Cortes de Cádiz, en las que pretendían remedios específicos para ceptibles también de diversas interpretaciones. En el país vecino, en efecto, tanto en los primeros debates parlamentarios del período revolucionario, como en los posteriores, y aun en la misma doctrina constitucional, no siempre se acogieron de un modo unívoco los conceptos de Nación y de soberanía nacional. No obstante, su hermenéutica fue allí más simple, puesto que se redujo a distinguir los conceptos de "Nación" y de "soberanía nacional", de una parte, de los de "Pueblo" y "soberanía popular", de otra (4). Pero en España, y concretamente en el marco histórico en el que se centra este estudio, los conceptos de Nación y de soberanía nacional cobraron, además de estas dos acepciones, una tercera claramente conservadora: la soberanía nacional era el poder conjunto del Pueblo y el Rey, ya que ambos conformaban el sujeto Nación.

Hay que advertir, para terminar, que en este capítulo y en el siguiente se va a abordar un problema que, en rigor, trastoca o prepostera el orden lógico del que esta investigación parte al desentrañar el nexo entre la teoría de la soberanía y la doctrina de la reforma constitucional (un orden lógico que, desde luego, se ha inducido de un hilo argumental dotado de historicidad: el que se expuso en las Cortes de Cádiz, y no disociado o abstraído de él). Nos referimos a la teoría de la Representación. Sin duda el ligamen entre esta teoría y la idea de Nación es evidente. Pero, a nuestro juicio, desde un plano puramente lógico, ra-

---

sus peculiares problemas, fueron sistemáticamente combatidas y desechadas en su mayoría. Esta actitud –denunciada con lucidez por **Blanco-White** *(Cfr.* D. Ramos, *Cortes de Cádiz... O. c.,* pp. 489-490) –resultaba ciertamente temeraria, habida cuenta del estado de ánimo de la mayor parte de la América española.

Fue quizá en la discusión del Título VI del Proyecto constitucional, que organizaba "el gobierno interior de los pueblos y provincias", cuando con más claridad se pusieron de manifiesto los prejuicios antiparticularistas, centrípetos, de los diputados liberales de la metrópoli, así como su idea uniformista –que ya no unitaria– de Nación. Patente es también el terror y el recelo de estos diputados ante cualquier posible descentralización administrativa, por ellos calificada –con harta exageración y aún con notable imprecisión conceptual– de disgregadora y propiciadora del "federalismo". *(Cfr. DDAC,* T. II. Intervención **Toreno,** pp. 211 y 247, **Argüelles,** pp. 244-246. *V.* también las intervenciones "provincialistas" de **Borrull,** pp. 241-242, y de los americanos **Castillo,** p. 210, **Larrazabal,** p. 238 y **Ramos de Arispe,** p. 239).

(4) *Cfr.* **R. Carre de Malberg.** *Contribution a la theorie generale de l'Etat.* Paris (1922), T. II, pp. 149-197.

cional, desconectado de una exposición histórica determinada, de su cronología expositiva (que ciertamente no es el nuestro), habría que analizar, primeramente, el concepto o la idea de Nación, para, después, y a partir de esta idea, detenerse en la teoría de la Representación. Y ello porque entendemos que el nexo Nación-Representación no es un nexo horizontal o yuxtapuesto, sino vertical, lógicamente jerárquico y derivado. Para entender y definir la teoría de la Representación habría que entender y definir primero la idea de Nación. Este sería el orden expositivo más riguroso dentro de la geometría categorial de la Teoría del Estado y de la Constitución, en general, y de la que se induce del debate gaditano. Desde este punto de vista, el problema de la Nación, o, si se quiere, el de la doctrina subjetiva de la soberanía, habría que conectarlo, por ahora, tan solo con la teoría objetiva de la misma, a la que nos hemos intentado aproximar en los dos capítulos precedentes. La teoría de la Representación, en cambio, si se sigue razonando y exponiendo desde este plano lógico, no sería más que una de las consecuencias que se derivan de la doctrina global (objetiva y subjetiva) de la soberanía. Y, en particular, se desprendería de una premisa de capital importancia, que también debiera exponerse previamente: la distinción entre titularidad y ejercicio de la soberanía. De este modo, la idea de Nación se engarzaría con el problema del *Estado,* del Estado como *organización política representativa.* Mientras que el problema de la teoría de la Representación se vincularía al problema del *Estado-aparato o Estado-constitucional,* esto es, de un Estado soberano ya afirmado y supuesto que se quiere organizar internamente, y en el que, entre otros mecanismos, se intenta introducir un *sistema representativo.*

Sin embargo, como se ha dicho, este orden lógico de exposición es preciso alterarlo. Y lo es por un motivo muy sencillo: en las Cortes de Cádiz es sumamente difícil desglosar la idea de Nación de la Teoría de la Representación, al presentarse plenamente imbricadas en los planteamientos de sus miembros. Esto ocurre con los diputados realistas y liberales, cuyas tesis sobre la Representación es necesario conocerlas para obtener una panorámica completa y perfilada de sus respectivos conceptos de Nación. Pero, sobre todo, tal imbricación opera en los planteamientos de los diputados americanos. En este caso el recurrir a la teoría de la Representación es el único medio para sonsacar su idea de Nación, ya que no se manifestaron sobre la misma de un modo explícito, sino que sus tesis al respecto las dieron a conocer mediante la defensa de una muy peculiar teoría de la Representación.

De este modo, en este capítulo y en el siguiente se abordarán conjuntamente ambas cuestiones, aunque requiriesen un tratamiento separado, e incluso, antes de analizar una premisa que lógicamente se interpone entre ambas: la distinción entre titularidad y ejercicio de la soberanía, a cuyo estudio se dedicará el capítulo sexto. Por el mismo motivo, en los capítulos que siguen se hará una constante referencia a dos problemas distintos: el del Estado como *organización política* siempre *representativa,* y el del *sistema representativo* o *instituto de la Representación.*

II. LA NATURALEZA DE LOS SUJETOS DE IMPUTACION DEL PODER POLITICO Y LA TEORIA DE LA REPRESENTACION. (PRECISIONES CONCEPTUALES).

1. Planteamiento del problema en las concepciones pactistas tradicionales

A) *El Rey y el reino*

En la teoría pactista monárquica el supremo poder político se atribuía al Rey o, en las formulaciones doctrinales más "democráticas" o comunitaristas, a éste y a la Comunidad. Tal disparidad obedecía a la diferente paráfrasis que se hiciese del pacto de traslación: ya se entendiese que mediante este pacto la Comunidad o "populus" enajenaba su poder originario, o ya se le considerase como una simple concesión. No obstante, aunque el poder político se imputase exclusivamente al Monarca, el componente dualista persistía, como se ha examinado en los dos capítulos precedentes. En el plano de las realidades históricas, puede decirse también que en las monarquías llamadas absolutas, pese a la aparente unidad del sujeto de imputación, la dualidad de origen medieval de *Rex* y *Regnum* seguía teniendo una indubitable virtualidad. Ciertamente, con el nacimiento de estas monarquías en algunas naciones del Occidente europeo, a partir de los siglos XV y XVI, esta dualidad comienza a desaparecer, al irse afianzando un centro de poder personalizado en el Monarca. Sin embargo, el dualismo señalado subsistiría, en mayor o menor medida, hasta las respectivas revoluciones burguesas, cuyo triunfo significó que el centro de imputación del poder se desplazase a la colectividad (5).

Al lado de este dualismo, las concepciones pactistas tradicionales concebían a la Comunidad o Pueblo de un modo organicista o, a la inversa, de un modo no individualista. El Pueblo, fuese cual fuese el papel que se le asignase en el entramado del poder, no se concebía como un sujeto compuesto de individuos igualmente considerados –como acontece en la teoría del Estado– sino como un conglomerado organicista de estamentos y territorios. Esta distinta perspectiva no es difícil de entender: mientras las modernas categorías del Pueblo o Nación se construirían a partir de la idea del estado de naturaleza (y de la consiguiente afirmación de la igualdad natural de los individuos), el pensamiento político preestatal concebía al Pueblo no como una hipótesis o abstracción, sino como algo realmente existente. Esto es, como un conjunto de individuos sumergidos en un tejido social desigual compuesto de estamentos y distribuido en heterofórmicos territorios o reinos (5 bis). Si nos alejamos del mundo del pensamiento y volvemos al plano de las realidades históricas, puede decirse que el carácter organicista de la sociedad preestatal es común, aunque no idéntico, en el mundo medieval y en el de las monarquías absolutas. En estas últimas,

(5) *Cfr.* **Maravall.** *Estado Moderno... O. c.,* T. I., pp. 294-295.
(5 bis) *Cfr.* **Bertrand de Jouvenel.** *El Poder.* Madrid (1956), pp. 75-76.

desde luego, se produce un creciente proceso igualador y uniformizador, inmerso en una constante dinámica racionalizadora. Las unidades territoriales medievales –como los reinos, los condados, etc.– van cediendo ante la unidad territorial de la Monarquía. Del mismo modo, los estamentos ven reducidas sus prerrogativas, y adquieren un papel político distinto, al convertirse en "instrumentun regni" en manos del Monarca (6). No obstante, en las monarquías absolutas las entidades territoriales con personalidad propia y con un *status* jurídico diferente subsisten, de igual manera que los estamentos siguen manteniendo su situación privilegiada y de señorío en ciertos aspectos económicos y administrativos. Puede decirse, por ello, –y sobre tal particular ya hemos hablado en el capítulo segundo– que en las monarquías absolutas persiste una infraestructura administrativa y social estamental (7).

En tercer lugar, para el pensamiento preestatal, tanto el Monarca como la Comunidad, el Rey y el Reino, eran dos entidades reales, dotadas de existencia física, y no sólo jurídico-política. En las mismas monarquías absolutas no estaba nítidamente disociado el poder como cualidad objetiva de su personificación subjetiva. Se mantiene, pues, también en este punto, una característica consustancial a las monarquías medievales, circunstancia que se deriva de atribuir el poder político a un sujeto concreto y personal. En el pensamiento preestatal las consideraciones patrimoniales de la Monarquía constituyen una característica común. El poder de la Monarquía era el poder del Monarca, o, al menos, era también el poder del Monarca. La célebre y repetida frase de LUIS XIV, "L'etat c'est moi", no venía sino a expresar con crudeza esta realidad. Por ello, en el contexto histórico de las monarquías absolutas tampoco puede hablarse, en rigor, de la existencia de un poder público, del Estado, esto es, de una organización

(6) *Cfr.* **García Pelayo.** *La Constitución estamental.* REP núm. 44 (1949), p. 116.

(7) *Cfr. Ib.*, pp. 116-117. Y también, *Cfr.* **Maravall,** *Estado Moderno... O. c.*, T. II, pp. 3 y ss. *Cfr.* **J. Vicens Vives,** *Estructura Administrativa Estatal en los siglos XVI y XVII,* en *Coyuntura Económica y Reformismo Burgués,* Ariel, 4.ª edic. Barcelona (1974), *passim.*

política en cuyo seno el poder se ejerce en nombre (en representación) de una colectividad de individuos iguales. Ciertamente, todo cuanto se acaba de decir no implica, en modo alguno, negar que en la dinámica histórica de las monarquías absolutas se produjo un constante proceso –iniciado ya en la Baja Edad Media– de objetivación y transpersonalización del poder. Ni tampoco supone desconocer el firme esfuerzo teórico desarrollado por la escolástica y por el pensamiento jurídico romanista para definir a la "Monarquía", a la "Corona", o al "Estado" como entidades subordinadas a imperativos objetivos y permanentes, más allá de la existencia física y de la voluntad personal del Rey. Este proceso histórico y este esfuerzo teórico constituyeron un jalón de primordial importancia en el proceso de abstracción del orden y del poder políticos, que finalmente desembocaría en el concepto y en la realidad histórica del Estado (8). Pero, en todo caso, no debemos perder de vista que incluso en la más depurada teoría preestatal del poder, en la de BODINO, no se distinguía entre la soberanía como cualidad ideal y el Monarca como soberano real. En el pensamiento bodiniano –como subraya P. BRAVO GALA– hay una constante confusión entre Estado soberano y órgano soberano, al desconocer la idea de personalidad jurídica del Estado; fruto, a su vez, del contexto histórico en el que BODINO elabora su teoría y de las exigencias de una muy concreta *praxis* política (8 bis). Por ello, desde sus postulados no era posible todavía (habría que esperar a HOBBES) articular la idea de Estado, esto es, de una organización política representativa, cuya soberanía se abstrae del sujeto a quien se imputa.

B) ***La representación estamental***

Acabamos de ver como las concepciones pactistas tradicionales no podían servir de soporte para construir la idea de Estado como organización política representativa, merced

(8) *Cfr.* **Maravall.** *Estado Moderno... O. c.,* T. I, pp. 331 y ss. Y **García Pelayo.** *Del Mito y de la Razón... O. c.,* pp. 30-46.

(8 bis) *Cfr. Introducción* a *Los Seis Libros de la República. OCEC,* pp. 3643.

al dualismo, al organicismo y a la no idealización o impersonalización del sujeto o sujetos a quienes atribuían el poder. Pero ello no quiere decir que desde estas concepciones no se pudiese concebir un sistema representativo o el instituto de la Representación, ni que tal sistema se pudiese articular —como de hecho así fue en las organizaciones políticas preestatales. Precisamente se tratará ahora de delimitar los rasgos más importantes del sistema representativo en estas organizaciones políticas, conectándolos con las tres mencionadas notas que caracterizaban al sujeto o sujetos sobre los que se hacía descansar el poder político.

En este sentido, puede decirse que la persistencia del sustrato dualista y de una sociedad estamental, así como el mantenimiento de un sujeto de imputación del poder todavía no impersonalizado, son circunstancias que explican que la Representación en las monarquías absolutas presente unas características comunes a las de las monarquías medievales. En ambos casos la Representación puede definirse como estamental. Ciertamente, más que de una Representación estamental debería hablarse, con mayor propiedad, de una serie de tipos de Representación estamental, ya que ésta adoptó diferentes formas según los países en que tuvo lugar, y aun dentro de cada país habría que distinguir diversas fases de su evolución (9). Sin embargo, a pesar de estas diferencias en el tiempo y en el espacio, se puede hablar, y de hecho así se hace, de una Representación estamental en sentido genérico o arquetípico, en la que cabe resaltar sus características esenciales comunes y prescindir de sus notas diferenciadoras, accidentales al fin y al cabo.

Entre estas características interesa destacar las siguientes:

a) No se trataba de una Representación *dentro* de una organización política unitaria, sino entre dos instancias políticas con entidad propia: el Reino ante el Rey.

---

(9) Sobre la Representación estamental, *V.* **García Pelayo.** *La Constitución Estamental, O. c., passim.* **Otto Hinze.** *Historia de las Formas Políticas.* Revista de Occidente. Madrid (1968), capts. 3.º y 4.º. **Jellinek,** *O. c.,* cap. VII. **Maravall.** *Estado Moderno... O. c.,* T. I., pp. 356-367. **Pérez-Prendes.** *Cortes de Cádiz y Cortes de Castilla. O. c., passim.*

b) Se trataba, además, de una Representación corporativa: no se representaba a un cuerpo unitario, con una voluntad única y general, sino a una "pululante variedad de intereses parciales, incapaces de dar expresión y hacer valer la Voluntad del Pueblo" (10). El procurador o representante que participaba en las Cortes, Estados Generales, Dietas o Parlamentos lo hacía a nombre de sus representantes en tanto que éstos formaban parte de un estamento y de una circunscripción territorial determinado, y lo hacía, además, en unas asambleas divididas en varios brazos o cámaras.

c) La naturaleza jurídica del vínculo que ligaba a los representantes con los representados era similar a la de un mandato (11). Por ello, el mandatario debía circunscribirse a las directrices dictadas por sus mandatarios, y que solían recogerse en los llamados "Cuadernos de instrucciones". El mandatario podía ser revocado y sustituido, y sus decisiones podían ser ratificadas por sus mandantes para adquirir plena validez (12).

Estos tres rasgos que caracterizaban a la Representación estamental se irían matizando y atenuando en las monarquías absolutas. La misma fuerza política de las instituciones representativas fue decreciendo paulatinamente en este contexto histórico, al tiempo que se hacía más infrecuente su convocatoria. Así, por lo que a España concierne, observa MARAVALL, refiriéndose a la tercera característica mencionada, que en la Monarquía absoluta "se inició la tendencia a generalizar el mandato recibido por cada procurador, a independizarlos de las instrucciones de sus mandatarios y a extenderlo sobre todos los asuntos de interés común que, aunque no hayan sido

---

(10) **Maravall.** *Estado Moderno... O. c.,* p. 364.

(11) Como afirma **Jellinek,** "esta representación se identifica a la de derecho privado, y la institución queda fuera del derecho privado por sus fines, pero no por su naturaleza interna. Por esto, el representante se obliga personalmente con sus propios bienes a reparar los perjuicios que irrogue al mandante por traspasar los límites de sus atribuciones, y puede ser despojado o destituido, a causa de ello, de su carácter de mandatario". *O. c.,* p. 433.

(12) Como señala **Carre de Malberg,** refiriéndose a los representantes de los Estados Generales franceses, la función de éstos se asemejaba a la de los embajadores ante un soberano extranjero. *Cfr. O. c.,* pp. 239-240.

previamente anunciados, pueden ser llevados al seno de una Asamblea" (13). Estos cambios, provocados por el imparable proceso de fortalecimiento de la unidad estatal, no contradicen, sin embargo, lo antedicho, sino que simplemente lo matizan. La Representación, en efecto, durante todo el desarrollo de la Monarquía Absoluta reposaría en una estructura política dualista, seguiría siendo corporativa y su naturaleza jurídica seguiría siendo también de índole privada, similar al instituto del mandato. En las Cortes de Cádiz, estas características serían defendidas, como más adelante se verá, por los diputados realistas, frente a los puntos de vista de los liberales.

2. **Planteamiento del problema en la teoría del estado**

A) ***La soberanía de la colectividad***

El pensamiento político estatal no sólo recurría a las nociones del estado de naturaleza y del pacto social para convertir al Estado en la nueva realidad histórica que objetivamente encarnaría la soberanía, el supremo e ilimitado poder de creación jurídica. La teoría del Estado, además, recurría a ambas ficciones para fundamentar esta nueva realidad histórica en un sujeto *único y colectivo*. Es decir, necesitaba hacer recaer el nacimiento del Estado en la colectividad de los individuos que se reunían y se asociaban para fundar el poder común, tras la dispersión en la que estaban inmersos en el estado de naturaleza. La soberanía se imputaba, así, a la colectividad humana que supuestamente se presentaba como fundadora del Estado. El sujeto legitimador o fundamentador debía ser el mismo sujeto fundador. Por este motivo, se entremezclaban la teoría objetiva y jurídica de la soberanía, que hacía del Estado el único objeto histórico soberano, y la teoría subjetiva o política de la soberanía, que presentaba a la colectividad como único sujeto histórico soberano. En esta doble consideración, causa de numerosas antinomias, como se tendrá oportunidad de ver en los capítulos sucesivos, se

(13) *Estado Moderno... O. c.*, pp. 264-365.

reflejaban los dos componentes de la teoría del Estado, tanto liberal como democrática: el componente iusnaturalista y el puramente positivista.

Este doble enfoque del problema de la soberanía obedecía a la necesidad, aparentemente contradictoria, de mantener un poder jurídicamente ilimitado, pero cuyo ámbito de acción se ciñese a respetar y proteger la individualidad, desde la cual y para la cual este poder se había creado. O, dicho con otras palabras, este enfoque bifronte respondía a la necesidad de fundamentar un único e ilimitado poder estatal que pudiese estructurarse internamente de una forma que dejase a salvo, que garantizase, la autonomía individual. Para ello, el pensamiento político estatal no podía remitirse a unas limitaciones metapositivas y *externas* (el derecho divino y natural o los límites históricos y teleológicos), que prefijasen y limitasen la acción del poder, pues ello, como se ha visto en el capítulo tercero, contradiría todos sus supuestos básicos. El único expediente al que podía recurrir era al de imputar la soberanía a la colectividad, lo que conllevaba —como se verá detenidamente en el capítulo sexto— limitar *internamente* el ejercicio del poder estatal, el Estado-aparato, sin que ello supusiese limitar la soberanía del Estado (su titularidad). De este modo, el Estado, sin dejar de ser el único monopolizador de la creación jurídica, circunscribiría ésta a proteger la libertad de los individuos. Se garantizaba, con ello, la libertad de los individuos frente a los poderes del Estado, sin destruir la soberanía de éste, premisa necesaria para garantizar la libertad del individuo frente a la acción particular de los demás (14).

El atribuir la soberanía a la colectividad era, pues, una consecuencia lógica con el punto de llegada del pensamiento estatal (controlar el poder del Estado sin destruir su soberanía), pero no debe olvidarse que lo era también con su punto de partida: si el nacimiento del nuevo poder se explicaba como resultado de la voluntad colectiva de los individuos, la sobe-

(14) *Cfr.* **Ignacio de Otto.** *Lecciones de Derecho Constitucional (Introducción).* Guiastur Ediciones. Oviedo (1980), pp. 212-215.

ranía del Estado debía recaer en esta voluntad (15). Precisamente, como observa I. DE OTTO, el sistema de HOBBES quiebra al atribuir este autor la soberanía a una voluntad particular, al Monarca. Y este hecho explica "que este pensador, a pesar de ser en realidad el fundador de la teoría liberal del Estado, aparezca como un exponente del antiliberalismo" (16).

B) *Los conceptos de Nación y Pueblo. Sus notas comunes*

Al hablar del dogma de la soberanía de la colectividad, conviene distinguir los conceptos de Nación y Pueblo, en los que se basan dos diferentes concepciones de la soberanía. No obstante, antes de abordar este problema, interesa señalar las dos notas comunes que ambos conceptos presentan.

En primer lugar, el pensamiento político estatal, al referirse a la Nación o al Pueblo, aludía a un *sujeto unitario,* en el que se hacía residir y del que se hacía emanar todo el poder del Estado. Al crearse el poder común, la colectividad dispersa de los individuos se transformaba en un sujeto unificado. Antes del Estado, los individuos no formaban Nación o Pueblo sino "una multitud informe", para decirlo con palabras de HEGEL. Es el poder común quien unifica esta multitud y le confiere una única voluntad. Para proceder a esta unificación, sin la cual no se podría imputar la soberanía, la teoría del Estado recurre a la idea de Voluntad General. Ciertamente, como se dirá más adelante, el mantener este carácter unitario resultará problemático si se parte del dogma de la soberanía popular, cuya propensión atomizadora es evidente. Del mismo modo, en rigor, para este dogma (y esto es claro en ROUSSEAU), al excluir cualquier pacto de sujección, el Pueblo preexistía al poder político, no necesitaba de éste para ser tal. No era el Estado quien creaba y determinaba al Pueblo (como pensaba el pensamiento liberal desde HOBBES a HEGEL, pasando por KANT), sino a la inversa. No obstante, baste decir por ahora, que al remitirse a la Voluntad General, la voluntad de la Nación o del Pueblo se presenta como única, y se traduce

(15) *Cfr. Ib.*, p. 251.
(16) *Ib.*, p. 257.

normativamente en la ley como disposición imperativa de carácter general. La primera diferencia que, sobre el asunto que se examina, separa a la teoría del Estado de la teoría política preestatal, radica, pues, en que mientras la primera imputa la soberanía a un único sujeto, la segunda se veía abocada al dualismo cuando discurría sobre la titularidad del poder político.

En segundo lugar, la Nación o el Pueblo son *sujetos compuestos exclusivamente de individuos igualmente considerados*. A estos sujetos se les expurga de todo componente corporativo u organicista, consustancial al concepto preestatal de "populus" o Comunidad. Esta es una consecuencia de partir del supuesto del estado de naturaleza y de la consiguiente igualdad natural de los individuos, anterior y superior a toda organización política y social.

C) ***Los conceptos de Nación y Pueblo. Sus notas distintivas*** (17)

Los conceptos de Nación y Pueblo, pese a los importantes elementos comunes que se acaban de señalar, no deben confundirse ni identificarse, como suele ocurrir a menudo, puesto que el imputar la soberanía a uno u a otro sujeto entraña consecuencias muy distintas. Es más, como a continuación se verá, tan solo imputando la soberanía a la Nación se podrá articular el Estado como organización política representativa, y vertebrarse en su seno el sistema representativo o el instituto de la Representación. Para comprobar estas afirmaciones es preciso analizar las notas que distinguen a los dos conceptos que se examinan.

Para el dogma de la soberanía nacional, la Nación se concibe como un sujeto unitario e indivisible, compuesto de individuos, pero distinto a la suma o agregado de éstos. La soberanía no reside en todos y en cada uno de los nacionales, sino en el sujeto unitario Nación. Para el dogma de la soberanía popular, en cambio, el Pueblo no sólo se compone

(17) *V.* sobre este punto, **R. Carre de Malberg.** *O. c.*, T.II, pp. 149-197.

de individuos, sino que no es más que la suma o conjunto de éstos. La soberanía reside, para esta concepción, en todos y cada uno de los individuos que componen el pueblo.

En consecuencia, la primera característica que distingue a ambos sujetos de imputación estriba en su *diferente carácter unitario*. Para el dogma de la soberanía nacional, el atribuir la soberanía a la Nación tiene ante todo un efecto negativo, a saber: el de excluir la soberanía de un individuo o de todos ellos, de un órgano o de un determinado grupo social. La soberanía pertenece *pro indiviso* única y exclusivamente a la Nación. No puede dividirse o atomizarse entre las unidades individuales que la componen. En el dogma de la soberanía popular, aunque se pretenda mantener la unidad del sujeto soberano a través de la idea de Voluntad General (distinta de la voluntad de todos y de la voluntad de la mayoría), esta unidad asume unos perfiles distintos a los postulados por el dogma de la soberanía nacional. En este caso, la Voluntad General puede fácilmente atomizarse, ya que para desentrañarla se precisa contar con todas y con cada una de las voluntades individuales de la que aquélla emana (18).

No obstante, la diferencia más importante entre los conceptos de Nación y Pueblo –que, a su vez, explica la anterior– reside en la naturaleza abstracta e ideal del primero frente a la naturaleza concreta y empírica del segundo. Cuando se habla de Nación, en efecto, se habla de su *sujeto incorpóreo, carente de toda realidad empírica*. Se trata de una ficción a la que recurre la teoría liberal o liberal democrática para fundamentar el Estado y para estructurarlo internamente. La voluntad de la Nación es, y no puede dejar de ser, unitaria, precisamente, por ser una voluntad no real, sino supuesta, independiente y no necesariamente coincidente con las voluntades de los individuos que componen la Nación. A su vez, esta idealidad es consecuencia de un tercer rasgo (que, en rigor, precede a todos los demás): *su no aprioridad respecto al Estado*. Es éste quien crea a la Nación, quien la determina y unifica, y no a la inversa. La voluntad de la Nación, no es

---

(18) *Cfr.* **J. J. Rousseau.** *Du Contrat Social. O. c.*, p. 274.

más que la voluntad del Estado. No son dos voluntades, sino una sola hipostatizada. Por el contrario, para el dogma de la soberanía popular, el Pueblo se identifica con la población realmente existente, con el conjunto de individuos que lo forman. No es unte ficticio, sino *un ser de efectiva presencia y existencia.* Precisamente, el problema de unificar la voluntad del Pueblo radica en éste su carácter real y empírico. Se trata de una voluntad que es –y debe ser– verificable, sín necesidad de ser reemplazada. Este carácter empírico no es, a su vez, más que una consecuencia de ser o concebirse al Pueblo como un *ente previo al Estado,* no creado ni determinado (ni, por tanto, unificado) por éste, sino, al contrario, se pretende –vanamente– que sea a la inversa: que sea el Pueblo quien cree, determine y unifique al Estado.

¿Qué conclusiones pueden extraerse de todo cuanto se acaba de decir? Pues, al menos, una de gran importancia: solamente si se imputa la soberanía a un sujeto ideal podrá pensarse y articularse prácticamente el Estado. No importa que este sujeto sea la Nación o el Monarca, una voluntad colectiva o particular. HOBBES es un buen ejemplo de ello. Lo que sí importa es que se distinga a la soberanía como cualidad abstracta e ideal del sujeto u órgano que la encarna. Sólo recurriendo a este supuesto nominalista podrá concebirse al Estado como Representante, como organización política en la que se ejerce el poder en nombre de un todo social jurídicamente unificado, en suma: como *persona ficta.* Ciertamente, si la soberanía se imputa a la Nación tal concepción es, por decirlo así, automática, inevitable. Pero tal punto de vista puede sostenerse aunque se impute la soberanía al Monarca, como ocurre con los postulados hobbesianos. HOBBES, en efecto, a diferencia de BODINO, distingue entre Estado soberano y Monarca soberano, entre la soberanía como "alma" del Estado, y el Monarca como órgano soberano. En realidad, como señala GIERKE, con HOBBES queda nítidamente perfilada la personalidad jurídica del Estado (19). Para HOBBES,

(19) *Cfr.* **Otto von Gierke.** *G. Althusius e lo Sviluppo Storico delle Teorie Poltiche Giusnaturalistiche.* Turín (1943), p. 148.

no conviene olvidarlo, sus tesis permanecerían inalterables aunque el órgano soberano fuese una Asamblea. Su preferencia por el Monarca era una preferencia política, que no quebrantaba su doctrina jurídica de la soberanía. F. H. HINSLEY insiste en este extremo y explica el por qué de esta preferencia: "(HOBBES) habló del Estado como un individuo ficticio y lo consideró objeto de elección circunstancial, que lo formase un solo gobernante físico, algunos o muchos. Pero a la vista del carácter embrionario de los órganos y las formas de gobierno de aquellos días, y dado el carácter aún primitivo de las relaciones entre el gobierno y sociedad, su intento de dar expresión concreta a la idea abstracta del Estado le obligó a adherirse al argumento de que en la comunidad perfecta la personalidad del pueblo se confundía plenamente con el soberano" (19 bis). Y esta adhesión no estaba exenta, desde luego, de importantes consecuencias, pero no a la hora de pensar y articular el Estado, como se ha visto, sino a la hora de articularlo internamente, de convertirlo en un Estado de Derecho o constitucional, extremo éste sobre el que nos extenderemos en el capítulo sexto.

Puede decirse, a la inversa, que si se imputa la soberanía a un ser real, dotado de existencia empírica no podrá pensarse ni articularse el Estado, o, si se quiere, una organización política representativa. Esto ocurre con el pensamiento democrático-radical, inspirado en el dogma de la soberanía popular, cuyo eco se percibe, desde ROUSSEAU, en las teorías anarquistas y marxistas del no-Estado (20). ROUSSEAU, como BODINO, confunde la soberanía como cualidad con el soberano, en este caso, no con el Monarca, sino con el Pueblo. Identifica, conscientemente, a diferencia de BODINO, la doctrina jurídica y objetiva de la soberanía con su doctrina política y subjetiva, su iusnaturalismo no desemboca o confluye, como acontecía con el pensamiento liberal, en el positivismo jurídico. La soberanía del Pueblo excluía la del Estado, y a la inversa.

(19 bis) *O. c.*, p. 126.

(20) Sobre el engarce entre **Rousseau** y **Marx,** *V.* **Galvano della Volpe,** *Rousseau y Marx.* Barcelona (1972), *passim.* Y **U. Cerroni,** *La Libertad de los Modernos. O. c.*, pp. 182 y ss.

Hay que decir, por último, que no importa, para lo que hasta aquí se ha dicho, que en vez del vocablo "Nación" se utilice el de "Pueblo", siempre y cuando se mantengan los rasgos que hemos señalado como definitorios de aquel concepto. Así ocurre hoy a la hora de designar constitucionalmente al titular a quien se imputa la soberanía del Estado. Tal cambio de denominación es el más acorde con los vigentes presupuestos liberaldemocráticos. Pero aun así la lógica del principio de soberanía nacional se mantiene, puesto que el "Pueblo" al que se alude sigue siendo un sujeto ideal, determinado y unificado por el ordenamiento jurídico del Estado, quien le prescribe la forma y los límites según los cuales debe ejercer el poder. En este caso, al aludir al Pueblo deben entenderse dos cosas: o bien el ámbito de validez personal de las normas jurídicas del Estado, o bien el cuerpo electoral, esto es, un órgano más del Estado (20 bis). Ciertamente, la preferencia actual por el término "Pueblo" en vez del de "Nación" no debe reducirse tan sólo a un problema semántico, sino que comporta consecuencias jurídicas de interés sobre la estructura del Estado (y en particular sobre el modo de organizar la reforma constitucional), y denota una nueva manera de entender el sistema político, resultado de incorporar, en un largo y nada pacífico proceso histórico, unos principios rechazados por la prístina teoría liberal, e impuestos por el movimiento democrático: el llamado "Sufragio Universal", las instituciones legislativas de la democracia directa, etc. No obstante, estas distintas consecuencias pueden soslayarse en este estudio por dos razones: en primer lugar, porque no socavan, repitámoslo, la lógica esencial del principio de soberanía nacional; y en segundo lugar, porque en el marco histórico en el que se centra este trabajo lo que se contrapone

---

(20 bis) *V.* sobre este punto. **Hans Kelsen.** *Teoría General del Derecho y del Estado. O. c.*, p. 245. Y **F. J. Bastida, R. Punset** e **I. de Otto.** *Lecciones de Derecho Constitucional (Organos Constitucionales).* Guiastur Ediciones. Oviedo (1980). Lecciones 1.º y 2.º, *El Cuerpo Electoral.* Desde una perspectiva metodológica diferente, institucionalista, puede ser de interés la lectura de **Egidio Tosato,** *Sovra nitá del Popolo e Sovranitá dello Stato.* Rivista Trimestrale di Diritto Pubblico (1957), pp. 3-49, y **Giuliano Amato.** *Alcune Osservazioni su Popolo, Stato e Sovranitá nella Costituzione Italiana. IB.* (1965), pp. 269-294.

no es el liberalismo antidemocrático a la democracia liberal, sino el primero a la democracia radical.

D) *Soberanía popular y representación*

En las páginas que siguen se intentarán abordar las distintas consecuencias que entraña, en orden a la teoría de la Representación, el imputar la soberanía a la Nación o al Pueblo. Estas distintas consecuencias están estrechamente relacionadas con dos de los rasgos que distinguían a los conceptos de Nación y Pueblo: su distinta estructura unitaria y, sobre todo, su distinta naturaleza, ideal o empírica, respectivamente. En definitiva, ahora se tratará de conocer hasta qué punto se puede articular el sistema representativo, partiendo de cada uno de estos sujetos de imputación.

En virtud del principio de soberanía popular se excluye la idea misma de Representación. Aceptar ésta significaría desvirtuar aquél, y las consecuencias radicaldemocráticas que de él dimanan. La Democracia, como sistema de gobierno que persigue la identidad entre el sujeto y el objeto del poder, entre el titular y el ejercitante del mismo, es refractaria a cualquier instancia mediadora –en realidad, separadora– entre uno y otro. En este sentido, resultan bien conocidas las diatribas de ROUSSEAU contra cualquier mecanismo representativo. En virtud del principio de soberanía popular este autor deduce que el sistema de gobierno auténticamente democrático no puede ser más que la democracia directa (21). Sin embargo, sabido es también que, merced a las dificultades materiales para implantar el ejercicio directo del poder (22), se ve *obligado* a admitir un sistema de gobierno que, si en puridad no puede calificarse de representativo, es al menos indirecto (23). No obstante, en este sistema de "democracia

(21) *Cfr. Du Contrat Social. O. c.*, pp. 250 y 302. *V.* también, **Richard Fralin.** *Rousseau and Representation. A Study of the developpment of his concept of political institutions.* Nueva York (1978).

(22) Estas dificultades las enumera el mismo **Rousseau.** *V. Considerations sur le Gouvernement du Pologne.* En *O. c.*, pp. 335-336 y 362.

(23) Quizá esto haya sido así, como observa **Grimsley,** porque **Rousseau** en el "Contrato Social" no pretende ser exclusivamente utópico en el sentido de estar di-

indirecta no representativa", denominación que bien podría emplearse para designar la forma de gobierno por él sugerida, la fidelidad a los principios esenciales sustentados en el "Contrato Social" no se altera, puesto que las voluntades soberanas permanecen inalienadas, como él mismo había insistido. Los diputados no serían representantes, sino simples comisarios del pueblo soberano (24). Por ello, del principio de soberanía popular expuesto por este autor, y en general por la doctrina posterior que a él se acoge (cuya huella se percibe en el sector americano de las Cortes de Cádiz, como se verá), cabe construir toda una teoría de la Representación (o, en rigor, de la no-Representación), que se caracteriza por las siguientes notas. En primer lugar, en lo que concierne a la naturaleza jurídica del vínculo que liga al diputado con el Pueblo, ésta se asemeja a la del *mandato imperativo* (25). De esta naturaleza jurídica se derivan, a su vez, las consecuencias siguientes: a) El diputado actúa en nombre de sus electores, y a ellos se subordina. b) Esta subordinación implica que los electores pueden dictarle al diputado las directrices que debe seguir. c) El diputado puede ser revocado en todo momento y sustituido por otro. d) Para que sea válido el acuerdo tomado por el diputado los electores pueden exigir que sea ratificado por ellos.

En segundo lugar, por lo que atañe al nexo entre Repre-

vorciado de la realidad, a diferencia de Platón y de muchos de sus sucesores". *La Filosofía de Rousseau.* Alianza editorial. Madrid (1977), p. 123. En última instancia este cambio de orientación no venía a suponer más que la conciencia de que, como **Hans Kelsen** decía, la transición del concepto "ideal" de pueblo a su realización, supone un cambio no menos profundo que la metamorfosis de la "libertad natural" a la "política". Y que, por tanto, prosigue este autor, "debe admitirse que la distancia entre ideología y realidad, incluso entre ideología y el máximo de su posible realización, es siempre extraordinaria". *Esencia y Valor de la Democracia.* Labor, Barcelona (1977), p. 46.

(24) *Cfr. Du Contrat... O. c.,* p. 302. Esto es, como decía **Schmitt, Rousseau,** ante la imposibilidad práctica de un máximo de identidad entre poder y pueblo, busca el mínimo de gobierno. *Cfr. Teoría de la Constitución. O. c.,* p. 249.

(25) Los miembros del cuerpo legislativo –decía **Petion de Villeneuve** en la Asamblea Nacional francesa de 1789– son mandatarios; los ciudadanos que los han elegido son comitentes, por lo que los representantes están sujetos a la voluntad de los que reciben su comisión y sus poderes". *Apud.* **Carre de Malberg,** *O. c.,* T. II, pp. 253-254.

sentación y Elección, el principio de soberanía popular comporta dos consecuencias de gran importancia. a) La elección constituye el único método para designar a los comitentes o representantes, ya que resultaría incongruente con este principio que éstos, sean o no diputados, pudiesen ser nombrados sin el consentimiento de los electores soberanos. Por ello la Monarquía, es incompatible con este dogma de la soberanía. b) Todos y cada uno de los miembros del pueblo tiene derecho a formar parte del electorado activo y pasivo. Se trata de un derecho consustancial e inherente al *status* de ciudadano, a cuyo acceso tiene derecho todo miembro del cuerpo político por el solo hecho de serlo (26). En realidad, la típica contraposición liberal entre derechos civiles y derechos políticos contradiría el dogma de soberanía popular. Para éste, en puridad, sólo pueden existir los derechos políticos. Todas las libertades deben ser públicas.

E) ***Soberanía nacional y representación***

Muy distintas son las consecuencias que, en orden a la teoría de la Representación, se deducen del principio de soberanía nacional. E interesa conocerlas para comprender la actitud de los diputados liberales doceañistas, quienes tuvieron como guía y principal punto de referencia este dogma de la soberanía. En este caso, al ser la Nación un sujeto ideal, carente de existencia empírica, un sujeto indivisible, distinto de la suma de los individuos que lo componen, necesita la Representación para dar a conocer su voluntad, de otro modo inexistente (27). Esta exigencia, esta necesidad, la venía a recoger

(26) Así, el mismo **Petion de Villeneuve** decía: "todos los individuos que componen la asociación tienen el derecho inalienable y sagrado de concurrir a la formación de la ley... Nadie puede ser privado de este derecho bajo ningún pretexto". *Apud. Ib.* T. II, p. 425. Y, por su parte, **Robespierre** añadía: "la soberanía reside en el pueblo, en todos los individuos del pueblo... Todos los ciudadanos cualquiera que ellos sean tienen el derecho de participar en la representación en todos sus grados". *Apud. Ib.* T. II, p. 426. Ya el mismo **Rousseau** había deducido esta consecuencia. *Cfr. Du Contrat... O. c.,* p. 274.

(27) En efecto, representar, como afirma **Schmitt,** "es hacer perceptible y actualizar un ser inperceptible mediante un ser de presencia pública". *O. c.,* p. 242. Y, **Leibholz** señala, ahondando en este concepto, que en la Representación "se hace

la Constitución francesa de 1791 cuando, en el artículo segundo de su título tercero, decía: "la Nación, de quien únicamente emanan todos los poderes, no puede ejercerlos más que por delegación. La Constitución francesa es representativa: sus representantes son el cuerpo legislativo y el Rey".

El principio de soberanía nacional se presenta, así, tanto en el plano lógico como en el histórico, indisolublemente ligado al sistema representativo. Y es más, como reconoce uno de sus principales teóricos y defensores, este principio genera y fundamenta este sistema de gobierno, esgrimido por la burguesía liberal frente a la Monarquía Absoluta y, al mismo tiempo, frente a la Democracia (28). Este sistema no fue defendido por las dificultades que comportaría el ejercicio directo del poder, sino por su valor intrínseco. Este hecho es evidente, por ejemplo, en MONTESQUIEU (29), en SIEYES (30), y ante todo en su más profundo teórico, I. KANT (31). Puede decirse, por ello, que el diferente planteamiento para propugnar, en unos casos, o para verse obligado a aceptar, en otros, la necesidad de un gobierno indirecto, conduce a una muy distinta cualificación de esta indirección: para los teóricos liberales, consecuentemente antidemocráticos, el sistema de gobierno indirecto no puede ser más que representativo. Para los teó-

presente y operante algo que no está realmente presente... Hace visible y actuante a un ser invisible". *Apud.* **García Pelayo.** *Derecho Constitucional Comparado. O. c.,* p. 158. **F. J. Conde** penetra en estos supuestos, escribe **García Pelayo,** y resalta "como nota decisiva que lo representado es una realidad imperfecta, puesto que carece de presencia; se trata, por tanto, de una realidad deficiente, de una realidad simplemente incoada, más bien de una posibilidad que de una realidad, de modo que la esencia de la Representación radica en actualizar y elevar al plano político, convirtiéndola en unidad de acción, a una realidad deficiente". *Apud. Ib.,* p. 159.

(28) *Cfr.* **Carre de Malberg,** *O. c.,* T. II, pp. 268-272.

(29) "La gran ventaja de los representantes es que tienen capacidad para discutir los asuntos. El pueblo en cambio no está preparado para esto, lo que constituye uno de los grandes inconvenientes de la democracia". **Montesquieu.** *Espíritu de las Leyes.* Se cita por la edición castellana de la Ed. Tecnos. Madrid (1972), p. 153. En general, resulta de sumo interés para la cuestión que se ventila la lectura del capítulo VI del libro XI: *De la constitución de Inglaterra,* pp. 151-158.

(30) "La gran parte de nuestros conciudadanos –dice **Sieyes**– no tiene la suficiente instrucción ni el suficiente ocio para querer ocuparse directamente de las leyes que deben convenir a Francia. Su cometido es, pues, el de nombrar representantes". *Apud.* **Carre de Malberg,** *O. c.,* T. II, p. 256.

(31) *Cfr.* **Cerroni.** *Kant e la Fondazione... O. c.,* p. 201.

ricos democráticos, en cambio, consecuentemente no liberales, el sistema de gobierno aconsejado, aun siendo indirecto, no puede ser representativo (32).

¿Cuáles son las consecuencias prácticas que se deducen del dogma de la soberanía nacional a la hora de articular una teoría de la Representación política? Si nos acogemos a la clasificación utilizada anteriormente, estas consecuencias atañen tanto a la naturaleza jurídica del vínculo que liga a los representantes con el sujeto representado, como al nexo entre Representación y Elección. Por lo que respecta al primer punto, el vínculo que une a los representantes con el sujeto representado, la Nación, no puede considerarse como un mandato, ni siquiera como delegación, sino solamente como Representación, o, si se quiere, como *mandato representativo* (33). Aún así, como sutilmente advierte CARRE DE MALBERG, el empleo de este término no es del todo exacto, pues para que pueda hablarse de Representación es necesario la presencia de una voluntad preexistente a la del representante, de una voluntad que pueda hacerse valer. Pero en el sistema representativo son precisamente los representantes quienes crean la voluntad nacional, y, *a posteriori,* la reputan como previa (34). Por este motivo ha podido decir SALEILLES que lo que caracteriza al llamado sistema representativo es la ausencia de toda Representación (35). No obstante, para los primeros teóricos del principio de soberanía nacional los diputados y el Monarca eran considerados representantes, re-

(32) Esta conexión entre las causas del rechazo del gobierno directo y la propuesta alternativa está muy clara en los paradigmas de estas dos posturas contrapuestas: **Kant y Rousseau.** *Cfr.* **U. Cerroni.** *Ib.,* pp. 202 a 204.

(33) Sobre estos conceptos, *V.* **García Pelayo.** *Derecho Constitucional... O. c.,* pp. 159-160 y biblio. allí citada.

(34) *Cfr.* **Carre de Malberg.** *O. c.,* p. 231.

(35) *Apud. Ib.* En este sentido, **Carre de Malberg** entiende que la relación que existe entre los denominados representantes de la Nación y ésta misma, no es sino una relación orgánica. Los representantes son órganos de la Nación, esto es, del Estado, en tanto que éste no es más que la personificación jurídica de aquélla. *Cfr. O. c.,* pp. 227 a 231. En igual sentido, **Jellinek,** *Cfr. O. c.,* pp. 437 y ss. Esta opinión es semejante, aunque expuesta desde una atalaya doctrinal sensiblemente distinta, a la mantenida por **Kelsen.** *Cfr. Teoría General del Derecho y del Estado. O. c.,* p. 306.

presentantes del sujeto unitario Nación, desde luego, y no de ningún grupo social o territorial de la misma. Por otra parte, los poderes de aquéllos no emanaban de sus electores, sino de la Nación, y nada más que de ella (36). En consecuencia, a) los diputados se conciben como representantes de la Nación en su totalidad, y no del distrito que los elige, ni de los electores que han participado en la elección. A estos últimos se les concede un simple poder de nominación (37), y se les considera representados en tanto que forman parte del sujeto unitario y colectivo Nación (38). Por ello, el cuerpo electoral en el sistema representativo, ya sea éste puramente liberal o liberaldemocrático, no tiene más que una función instrumental: la de elegir en nombre de la Nación los representantes de la misma (39). b) Al ser los diputados representantes de la Nación, y sólo a través de ésta de los individuos que la componen, únicamente a la Nación corresponde controlar la actividad de sus representantes, y sólo ella puede establecer los límites de la misma. Ahora bien, como la Nación no puede expresar por sí su voluntad, habrá de competer a la ley, y en particular al texto constitucional, el prescribir los límites y condiciones del ejercicio del poder por parte de sus representantes. Y, en sentido contrario, cualquier control que sobre éstos ejerza el cuerpo electoral chocaría frontalmente con el principio de soberanía nacional, ya que implicaría hacer residir en éste la soberanía y no en la Nación. Por ello, de conformidad con el dogma de soberanía nacional se excluyen las cauciones típicas que el mandato imperativo conlleva o, al menos posibilita: las instrucciones previas, la revocación

---

(36) *V.* artículos 2 de la Declaración de Derechos de 1789 y artículos 1 y 2 (Título III) de la constitución francesa de 1781.

(37) *Cfr.* **Carre de Malberg.** *O. c.*, p. 230.

(38) "Los diputados de un distrito –decía **Sieyes**– no son tan sólo representantes del baillaje que los ha nombrado; están llamados a representar también a la generalidad de los ciudadanos, a votar por todo el reino". *¿Qué es el Tercer Estado? O. c.*, p. 37.

(39) Esto es, como decía **Kelsen,** "la función del pueblo –o, dicho más correctamente, del cuerpo electoral– se encuentra limitada a la creación del órgano legislativo". *Teoría General del Derecho y del Estado. O. c.*, p. 306.

y cualquier otra medida encaminada a exigir que se ratifiquen las decisiones adoptadas por los representantes de la Nación.

En segundo lugar, en lo tocante al nexo entre Representación y Elección, la principal consecuencia que se desprende del dogma que se examina consiste: a) en que ambos conceptos no se implican necesariamente. La Elección es un simple medio de designación, pero no el único. De este modo, puede haber representantes de la Nación que no hayan sido elegidos, como el Monarca hereditario (40), y, a la inversa, órganos de la Nación que, aún siendo elegidos, no son considerados sus representantes, sino sus funcionarios (41). Estos últimos actúan en nombre de la Nación, pero, a diferencia de sus representantes, no pueden querer por ella. b) Otra importante consecuencia que se deduce de este dogma consiste en que los requisitos para formar parte del electorado activo y pasivo vienen determinados por la Nación, a través de su ordenamiento jurídico. Poder elegir y ser elegido no se considera ahora un derecho inherente a todos los miembros del cuerpo nacional, sino una *función pública* objetivamente determinada por la ley (42). Es evidente, pues, que este principio y el sistema de sufragio basado en el censo de los contribuyentes se presenten históricamente imbricados, aunque en el plano lógico tal ligamen no es necesario, como lo muestra la posterior exégesis demoliberal del principio de soberanía nacional, hoy vigente en el Occidente europeo (43). No obstante, la primi-

---

(40) *V.* artículo 2 de la constitución francesa de 1791.

(41) *V.* artículo 5, capítulo 4.º, sección 2.º, y artículo 2 constitución 1791.

(42) Hay una primera base incontestable –aducía **Thouret** en la Asamblea francesa de 1791– y es la de que cuando un pueblo es obligado a elegir por secciones, cada una de estas secciones, incluso eligiendo inmediatamente, no elige por ella misma, sino por toda la Nación... Por ello, la cualidad de elector está fundada sobre una *comisión pública,* y el poder público del país tiene derecho a reglamentar la delegación". *Apud.* **Carre de Malberg.** *O. c.,* p. 435.

(43) Conviene tener en cuenta, en efecto, que el principio de soberanía nacional es perfectamente compatible con el llamado "sufragio universal". Lo que importa para la lógica de este principio es que el derecho a elegir y ser elegido no se considere como un "derecho natural", sino como una función pública determinada, con mayor o menor amplitud, por el ordenamiento jurídico del Estado. Esto no es más que una consecuencia –sin duda de gran relevancia– de que, en realidad, en todo Estado el derecho es el único soberano, ya que sólo a éste corresponde determinar quién

genia teoría liberal entendía que esta importante función pública debía encomendarse tan sólo a aquellos individuos especialmente cualificados por su ilustración e independencia de criterio. Y desde un horizonte burgués, impecablemente ajustado a la realidad, y a reproducirla con fidelidad, se estimaba que el principal exponente de ambas cualidades era, aparte de la edad y del sexo, la riqueza, reflejada en el censo de los contribuyentes. Para fundamentar esta discriminación, la teoría liberal distinguía entre unos derechos civiles, iguales para todos los individuos, y unos derechos políticos, a los que sólo algunos —una minoría— podía tener acceso. Esta distinción está explícitamente formulada por los principales teóricos del liberalismo: LOCKE (44), SIEYES (45), CONSTANT (46). Pero, sobre todo, fue desenvuelta con mayor profundidad y rigor por KANT (47). En virtud de la misma, la Constitución francesa de 1791 estableció la diferencia entre ciudadanos activos y pasivos (48), de igual manera que los liberales doceañistas establecieron la distinción entre españoles y ciudadanos. En todo caso, conviene no olvidar que para la teoría liberal, los representantes de la Nación, por serlo del conjunto de ella, lo eran también de aquellos miembros que no habían participado en la elección (49).

---

es el titular y quiénes son los ejercitantes de la soberanía, así como la forma en que ésta debe ejercerse. El pueblo, desde este punto de vista (único válido para la Ciencia del Derecho) no es más que la población sometida a la jurisdicción del Estado. O, como **Kelsen** decía, desde otra consideración del problema, el ámbito de validez personal del ordenamiento jurídico estatal. *Cfr. Teoría General del Estado. O. c.,* p. 245. En igual sentido, *Cfr.* **Jellinek,** *O. c.,* pp. 434 y 440, nota 1.

(44) *Cfr. Ensayo sobre el Gobierno Civil.* Aguilar, Madrid (1973), p. 41.

(45) *Cfr. ¿Qué es el Tercer...? O. c.,* pp. 32, 37-38 y 11 a 115.

(46) *Cfr. Principios de Política.* Aguilar. Madrid (1970), pp. 56 y ss.

(47) *Cfr.* **Lumia.** *O. c.,* pp. 103-104. Y **Bobbio.** *O. c.,* pp. 248 a 255. Y **Cerroni.** *La Libertad de los Modernos. O. c.,* pp. 244-248.

(48) Esta distinción se consagra en el Título III, capítulo 1.º, sección segunda.

(49) Así, pues, como observa **Carre de Malberg** y recuerda **Murillo Ferrol,** puede decirse que la Representación organizada en la Francia revolucionaria por los teóricos de la soberanía nacional, si bien era individualista en su punto de partida, se transformaba en colectiva y orgánica en su punto de llegada. *Cfr.* **Carre de Malberg,** *O. c.,* T. II, p. 245. Y **Murillo Ferrol.** *Nación y Crisis.* REP núm. 58-60 (1951), pp. 71-72. *V.,* también **I. de Otto.** *Voz Nación. O. c.,* p. 69-70.

3. Empiria e idealidad en los sujetos de imputación del poder y el dualismo sociedad política-sociedad civil

Como se acaba de mostrar, la teoría política preestatal y el pensamiento político democrático-radical, basado en el dogma de la soberanía popular, presentan importantes coincidencias al delimitar la naturaleza del sujeto de imputación del poder. En ambos casos, a diferencia de lo que ocurre con la teoría liberal o liberaldemocrática, el sujeto a quien se atribuye el poder es un ente real, no idealizado, dotado de existencia empírica, y no tan sólo jurídica. Como consecuencia de ello, en ambos casos también, y a diferencia de lo que acontece en la teoría liberal, ni se podrá pensar ni construir el Estado como organización política representativa, ni la Representación podrá dejarse de identificar con el instituto del mandato imperativo. Pero aquí interesa tan solo conectar las coincidencias que se aprecian entre estas dos corrientes de pensamiento al discurrir sobre la titularidad del poder político con su incapacidad para articular una organización política representativa (el Estado) y explicar esto último en virtud del dualismo sociedad política-sociedad civil. No interesa ahora, pues, detenerse en la incapacidad de estas dos corrientes para vertebrar una teoría no imperativa de la Representación, pues esta cuestión —como se ha dicho en la introducción de este capítulo— es lógicamente posterior, y está ligada a la admisión o no del Estado de Derecho o constitucional, y en particular, a una premisa que le es consustancial: la distinción entre titularidad y ejercicio de la soberanía. Este problema lo veremos en el capítulo sexto, en donde también se le relacionará con el dualismo mencionado. Centrémonos ahora en la incapacidad del pensamiento político preestatal y del democrático-radical para impersonalizar el sujeto de imputación del poder, para idealizarlo, para abstraerlo y formalizarlo, y, por consiguiente, para fundamentar y articular una organización política estatal.

Sin duda se trata de una incapacidad muy distinta en uno y otro caso. La teoría política tradicional, vinculada a una organización social organicista, pre-capitalista, no podía llegar a alcanzar la significación histórica de esta nueva forma de dominación política. El pensamiento político democrático-radical, al partir de una crítica "utópica" o "científica" de la sociedad capitalista pretenderá, consecuentemente, (desde ROUSSEAU a MARX) superar esta forma de organización política. Sin embargo, cabe preguntarse ¿por qué su común incapacidad (aunque fuese por razones distintas: "inconsciente" en la teoría preestatal, "deliberada" en el pensamiento democrático-radical) para idealizar el sujeto de imputación del poder, o, dicho desde el plano objetivo, para articular el Estado? En cierto modo ya se ha contestado a este interrogante al señalar que en ambos casos sus categorías conceptuales se edificaban desde unos supuestos sociales no capitalistas, sin los cuales la idea de Estado y su articulación práctica, histórica, carece de sentido. Pero conviene responder a esta pregunta de una manera más concreta y precisa. La incapacidad para idealizar el sujeto de imputación del poder y, consiguientemente, para articular el Estado era fruto de que en ambas corrientes o se desconocía o se negaba (esto es, no se afirmaba) la separación entre la sociedad política y la sociedad civil. La inexistencia de esta dicotomía se hacía patente ya en sus respectivos planteamientos sobre el origen del poder político y sobre su fundamentación contractual, como se ha visto en el capítulo segundo. En la teoría preestatal por no diferenciar la comunidad política de la civil, y en las concepciones democrático-radicales por intentar superar, más o menos utópicamente, ese dualismo. Pues bien, por no partir de esta disociación, los sujetos de imputación del poder no podían concebirse de un modo puramente ideal, desligados de su existencia empírica, ni tampoco, por tanto, edificarse una organización política estatal.

En el pensamiento político tradicional, preestatal, incluso en el más depurado, al desconocerse o no estar suficientemente delimitada esta separación, los sujetos a quienes se imputaba el poder no podían presentarse de un modo ideal y abstracto. No podía concebirse un sujeto de imputación unitario capaz de unificar formalmente a todo el cuerpo social, con independencia de su desigualdad económico-social. El Rey y el Reino, dividido en estamentos, eran dos instancias escindidas, cuya misma contextura conceptual revelaba una consideración patrimonial y privilegiada del poder político. Era imposible que sobre este sujeto de imputación se pudiese cimentar un modelo de organización política exento de toda consideración económica-social.

En el pensamiento democrático-radical se pretende subsumir la sociedad política en la sociedad civil, para que ambas desaparezcan, por eso no es posible desligar la idealidad del pueblo de su empiria, ni formalizar o abstraer el sujeto de imputación del poder. Ciertamente, en el dogma roussoniano de la soberanía popular se distinguía entre el momento atomístico y real del Pueblo: la voluntad de cada uno de los asociados, de su momento unitario e ideal: la "Voluntad General"; distinción imprescindible, como insiste HINSLEY (50), para poder extraer una personalidad estatal unitaria. Sin embargo, como se ha visto, esta "Voluntad General" tenía que ser hallada de modo empírico, recurriendo a la voluntad de cada uno de los asociados, de la que aquélla emanaba. No se trataba de una "Voluntad General" concebida de un modo puramente apriorístico o ideal, capaz de obtenerse, como KANT pensaba (51), antes y con independencia de la voluntad real de los asociados. Se trataba, por el contrario, de una voluntad conocida *a posteriori,* tras indagar previamente la voluntad real de todos y cada uno de los asociados. Por ello, en rigor, el pensamiento democrático-radical acaba indefectiblemente retornando a la pluralidad atomística de los individuos reales del Pueblo (a su empiria), que son siempre los soberanos, aunque recurra al concepto de "Voluntad General", como voluntad ideal del Pueblo, como la voluntad del Pueblo idealmente unificado. La idealidad del sujeto de imputación del poder acaba cediendo paso a su empiria, el ciudadano al Hombre, la soberanía del "Pueblo ideal" (del Estado), a la soberanía del "Pueblo real", esto es, a la soberanía de todos, y, por tanto, a la de nadie. Lo coherente con estos planteamientos es negar el momento ideal, abstracto y artificial del Pueblo (el Estado),

---

(50) *Cfr. El Concepto de Soberanía. O. c.,* p. 134.
(51) **Cerroni.** *Kant e la Fondazione... O. c.,* pp. 161-173.

como máxima garantía y expresión de la soberanía y la libertad natural, no jurídica, de sus miembros reales, del Hombre. Desde estas premisas, toda idea de Estado, de soberanía, de Poder, carecen de sentido, deben negarse. Esta es la solución más extrema, y, por tanto, más coherente con el dogma de la soberanía popular, ya que sólo si se niega la soberanía ideal o jurídica del Pueblo (la soberanía del Pueblo ideal, del Estado) puede afirmarse su soberanía real (la soberanía del Pueblo real, la de todos y cada uno de sus miembros componentes). Y es la solución más coherente no sólo con su hilo argumental, sino con su punto de partida: si se pretende unificar la sociedad política y la civil, la igualdad jurídica y la real, el interés del Todo con el interés real de todos, el Estado, el poder político organizado no tiene sentido alguno. Ciertamente, desde las premisas del pensamiento democrático-radical, y en particular desde las de ROUSSEAU, como W. CHAPMAN advierte (52), puede llegarse también a unas conclusiones bien distintas, totalitarias, similares en lo que concierne a la cuestión que se examina, a las que se derivan del pensamiento liberal, de la teoría estatal. Así, en efecto, la sociedad civil puede subsumirse en la sociedad política, sin que ninguna de estas esferas desaparezca. A diferencia de la teoría liberal, se parte ahora de una presunción de unanimidad y de igualdad real en la sociedad civil, que sirve para extirpar todo resquicio privado, individual, para "publificar" la sociedad, para estatizarla completamente. La disociación entre Hombre y ciudadano, entre la empiria de todos y la idealidad del Todo desaparecen. Pero no porque desaparezcan ambos términos del binomio, sino porque ahora sólo subsiste la idealidad del Todo (del Estado), que elimina al Pueblo real, pretendidamente soberano. Es evidente que en la medida en que sigue existiendo una sociedad política —y ampliándose considerablemente— coexiste una sociedad civil divorciada de aquélla. Poder y Pueblo no coinciden. Por eso, al igual que ocurre con las premisas liberales, el sujeto de imputación del poder puede formalizarse, y el Estado articularse y aún reforzarse.

---

(52) *Cfr. Rousseau, Totalitarian or Liberal?* Nueva York (1956), *passim.*

La teoría liberal, al partir de una disociación entre una instancia jurídico-política, en la que formalmente todos los hombres son igualmente considerados (como *citoyens),* y una instancia social dividida y contrapuesta realmente en intereses privados antagónicos, en donde el Hombre concreto tiene cabida, podría y necesitaría desligar la idealidad de la empiria del sujeto de imputación y, por tanto, articular el Estado como organización política representativa. A partir de esta separación entre sociedad política y sociedad civil, entre poder político y poder económico-social, era necesario para articular el Estado, "el poder de todos", imputar la soberanía a un sujeto compuesto de individuos iguales (elemento atomístico y empírico), pero concebido de un modo unitario, apriorístico y abstracto (elemento ideal). El concepto liberal de Pueblo o Nación contenía esta separación entre idealidad y empiria, que expresaba la disociación entre sociedad política y sociedad civil. La Nación era un sujeto unitario e ideal compuesto de individuos iguales. Su idealidad permitía considerar iguales a todos sus individuos componentes y transformarlos en ciudadanos. A partir de esta unidad e idealidad era posible vertebrar una esfera pública o política desde un plano de igualdad ideal o formal: el Estado. Pero su empiria, su elemento atomístico, su composición individual, permitía justificar la sociedad individualista, realmente desigual. La naturaleza unitaria e ideal de la Nación, capaz de cimentar el Estado (que no era más que su personificación) era el momento lógico de la ciudadanía, de la unificación ideal del cuerpo social. La composición atomística, empírica de este sujeto, capaz de dar cobijo a la sociedad civil capitalista, era el momento lógico del hombre concreto, privado, realmente desigual, en suma: el momento lógico de la atomización real del cuerpo social (53).

---

(53) *V.* sobre este problema, **Rinhard Bendix.** *Estado, Nacional y Ciudadanía.* Buenos Aires (1964). Primera parte.

III. EL CONCEPTO DE NACION PARA LOS DIPUTADOS REALISTAS

Las notas que se habían señalado al abordar con carácter general la naturaleza de los sujetos de imputación del poder político en las concepciones pactistas preestatales, y las características de la Representación que de aquélla se desprenden, se perciben con claridad cuando los diputados realistas de las Cortes de Cádiz exponen su concepto de Nación. En éste, efectivamente, se detecta un inequívoco *sustrato dualista,* así como un indudable *organicismo o corporativismo,* lo que permite inferir que para estos diputados la Nación no era un sujeto ideal, sino *un ser de efectiva existencia empírica.* Los dos rasgos que se manifestaron de un modo más explícito conviene analizarlos a continuación por separado.

1. La Nación como ayuntamiento indisoluble entre el Monarca y el pueblo

Se había visto en el capítulo segundo que los diputados realistas, coherentemente con sus concepciones pactistas, habían combatido el dogma de la soberanía nacional, recogido en el artículo tercero del Proyecto constitucional. En las intervenciones de BORRULL, del Obispo de Calahorra o de LERA, allí citadas, quedaba bien claro que para estos diputados la soberanía —o lo que ellos por tal entendían— era un atributo del que no podía despojarse al Monarca, aunque éste debía compartirlo con la Nación, a través de las Cortes. Como también se intentó mostrar, se trataba de la misma línea argumental que JOVELLANOS había mantenido poco tiempo antes (54).

Ahora bien, junto a estos planteamientos, otros diputados del mismo grupo doctrinal, y en los que el influjo del pensador asturiano era también evidente, expusieron una interesante tesis sobra la titularidad del poder político, que, aunque con la misma factura dualista y con idénticas consecuencias prácti-

(54) *Supra.,* Cap. II, III, 2.

cas, asumía unos matices muy significativos, que conviene poner de relieve.

En este caso, LLANERAS, e INGUANZO, y sobre todo LAMAS, pensaban que nada se debía objetar contra el principio de soberanía nacional, siempre y cuando se entendiese por Nación la unión entre el Pueblo y el Monarca:

> "la Nación española –decía Llaneras– tiene *cabeza* que es Fernando VII, a quién V. M. en el primer día de su instalación juró solemnemente por soberano" (55).

También INGUANZO apuntó a esta idea de unión orgánica entre el Pueblo y su Rey, al decir:

> "jamás, señor, jamás podrá hallarse la nación en circunstancias que por sí puedan justificar el exercicio de la plenitud de facultades que aquí –es decir en el artículo tercero– se expresan, como las que ocasionaron la presente revolución. Pero lo cierto es que si las hubiera puesto en práctica, hubiera sido víctima infalible. Al contrario, el haberse atendido a su rey legítimo, a su constitución, y sus leyes y religión, esto fue lo que conservó *la unidad y el ser de la nación, el nudo que volvió a atar la cadena del estado que se había roto,* y sin lo qual ¿Qué caos, que laberinto, a que excesos no se hubieran entregado las provincias, si los españoles hubieran estado poseídos de las máximas que ahora se le presentan? Horroriza el imaginarlo, y el pensar que pueda algún día reproducirse" (56).

Fue, sin embargo, el diputado gallego BECERRA y LLAMAS quien de un modo más incisivo y diáfano insistió en estas tesis:

> "Señor, es conveniente, para discutir sobre el particular –argüía este diputado en la discusión del artículo primero–, establecer el verdadero significado o sentido de la palabra nación; yo le doy el siguiente:
>
> El pueblo español, que nos ha diputado para representarlo en estas cortes generales y extraordinarias, y nuestro amado soberano el señor don Fernando VII, *que es su cabeza,* forman un *cuerpo mo-*

(55) *DDAC,* T. 8, p. 21. *V.* también la intervención de este diputado citada en el cap. segundo.
(56) *Ib.,* p. 82.

ral, al que yo llamo la nación o monarquía española, por ser monárquica su constitución. La soberanía real y verdadera sólo la admito en la nación, pues en el instante en que se conciba que puede estar separada, y ya sea en el rey, o ya sea en el pueblo, queda destruida la constitución que se ha jurado mantener, porque precisamente deberá sucederle el gobierno despótico o el democrático, y por lo tanto es necesario fixar el idioma para que nos entendamos" (57).

En estos mismos razonamientos abundaría este diputado al recurrir, en el debate del artículo tercero, a la institución del depósito para definir la soberanía del pueblo español y la de sus Cortes mientras durase la ausencia del Monarca (58). La interinidad y parcialidad de esta soberanía recobraría su pleno y definitivo carácter cuando "el soberano vuelva y esté unido todo el *cuerpo moral* que forma lo que llamo nación" (59).

Sin duda, este "cuerpo moral" al que se refería LLAMAS distaba mucho de ser el "cuerpo moral" al que aludía ROUSSEAU en el "Contrato Social". En este caso, el cuerpo moral era un ser colectivo y público, el "moi commun" que formaba la voluntad general como voluntad única y soberana, formada, pero no confundida, con las voluntades individuales de los asociados (60). La alusión del diputado doceañista, en cambio, sugiere la influencia de la doctrina clásica del *Corpus mysticum,* que está siempre presente –observa MARAVALL–, ya sea tácita o expresamente, en la doctrina política de los tratadistas españoles desde la Baja Edad Media hasta SUÁREZ (61). Prueba fehaciente de esta influencia es esa reveladora alusión de LLANERAS y de LLAMAS, y también, implícitamente, de INGUANZO, al Monarca como "cabeza" del pueblo formando "el ser de la nación". La idea de Nación para estos diputados se concibe, así, en consonancia con esta tradición doctrinal

(57) *Ib.* p. 15.
(58) *Ib.* pp. 63-64.
(59) *Ib.* p. 63.
(60) *Cfr. Du Contrat Social. OCEC,* p. 244.
(61) *Cfr.* **J. A Maravall.** *La Idea de Cuerpo Místico en España antes de Erasmo,* en, *Estudios de Historia del Pensamiento Español.* Madrid (1973), pp. 191 y ss. Y **García Pelayo,** *Del Mito y de la Razón... O. c.,* p. 115.

escolástica, de modo análogo a la textura de los organismos animales: como unidad orgánica jerárquicamente estructurada, en la que el Monarca ejerce el supremo poder y se constituye en cabeza de ese cuerpo moral que forma junto con el pueblo. No muy distinta sería la postura sustentada por SUÁREZ. Para este autor, en efecto, como se ha visto en el capítulo segundo, la *multitudo hominun,* en virtud del pacto social, deja de ser un conglomerado sin ningún orden ni unión física ni moral, y se convierte en una "persona moral", en un *Corpus mysticum* (62). Este "cuerpo místico o moral", que moralmente puede llamarse uno por su naturaleza –escribe SUÁREZ en "De Legibus"–, tiene necesidad de una cabeza *(indiget uno capite)*" (63).

Esta pretendida equivalencia entre la comunidad política y los organismos naturales, a la que HOBBES "asesta un golpe mortal", en palabras de PASSERIN D'ENTREVES (64), es un rasgo que, como es fácil colegir, se desprende de la naturalidad atribuida a la sociedad y al poder político, y que como éste constituye una importante característica de la teoría preestatal (65).

Hay que insistir, por otra parte, en que el hilo argumental mantenido por los tres diputados que se vienen de citar no difería en lo sustancial del adoptado por los demás realistas de las Cortes, como BORRULL, el Obispo de Calahorra o LERA, cuyas opiniones al respecto fueron comentadas en el capítulo segundo. Para éstos, la soberanía no debía atribuirse a la Nación, ya

---

(62) *Supra.*, II, 2.

(63) *De Legibus ac Deo Legislatore.* IEP Madrid (1977), T. II, p. 202.

(64) *O. c.*, p. 124.

(65) En este sentido son muy ilustrativas estas palabras de **Maravall:** "en un estado inicial –y así puede comprobarse todavía en los artilugios diseñados por Leonardo– las creaciones de la técnica tienden a repetir la forma de órganos humanos o, por lo menos, del cuerpo de animales; en resumen, órganos de seres vivientes... De la imagen del organismo humano y de sus partes, se deriva todavía, según **Merola,** y según todo el platonismo renacentista, la figura del organismo político... Pues bien, el gran paso en el desarrollo de la técnica se produce cuando sus creaciones se liberan de la imitación de los órganos corporales. De la misma manera, el aparato político, cuando se separa de la imitación de la forma, dimensiones y comportamientos de los grupos sociales espontáneos, de la familia, de la agrupación local, da el paso hacia su concepción instrumentalista, y a partir de entonces, la técnica política puede inventar y desarrollar la novedad política del nuevo instrumento que es el Estado". *Estado Moderno... O. c.,* T. I, pp. 58-59.

que ésta se identificaba con el pueblo al que aludía LLAMAS como parte indisoluble del cuerpo moral nacional. La soberanía, en este caso, se atribuía sólo al Monarca, pero con la participación de la Nación a través de las Cortes. En última instancia, pues, ambas formulaciones desembocan en la común afirmación de la *soberanía del Rey y de las Cortes,* de tanta raigambre en el pensamiento constitucional posterior. Dicho con otras palabras, los diputados realistas, utilizasen el concepto de Nación como equivalente al de Pueblo o como el agregado orgánico de éste y el Monarca, y defendiesen o no, en virtud de esta distinta acepción del vocablo Nación, el principio de soberanía nacional, todos ellos venían a coincidir en el dualismo preestatal recogido en la ecuación de las Cortes con el Rey, como instituciones históricas soberanas de acuerdo con la constitución tradicional de la Monarquía española.

Ciertamente, al concebir a la Nación como a un sujeto unido –que no unitario–, y el permitir acogerse, partiendo de este concepto, a una curiosa interpretación del principio de soberanía nacional, como habían hecho LLANERAS, INGUANZO y LLAMAS, era algo muy atractivo. Este atractivo consistía en utilizar estos dos innovadores conceptos despojándoles de todo su contenido revolucionario. De ahí que este concepto de Nación y esta taimada y eléctrica interpretación del principio de soberanía nacional, verdadero *tertium genus* entre la soberanía regia y la soberanía popular, habrían de ser muy del gusto de los doctrinarios españoles (66).

Conviene decir, además, que el uso de estos conceptos de Nación y de soberanía nacional no era una mera argucia, no se trataba de un recurso forzado, como lo hubiese sido en la Francia de la época. Por el contrario, como escribe DÍEZ DEL CORRAL, en España el absolutismo, "no había destrozado por completo bajo la férula de la unidad estatal la estructura dualista de –"rex" y 'regnun", y al levantarse la capa externa del absolutismo quedaba visible la osamenta de la antigua estructura política... En España, el moderno dualismo de poder regio y representación popular podrá relativizarse mejor sobre la

(66) *Cfr.* Cap. segundo, Nota 58 bis.

conjugada contraposición tradicional de Rey y Cortes, por encima de la cual se encuentra el trasfondo unitario del sucesor histórico, del seno del cual han surgido de manera gemela ambas instituciones. Por eso, en buena parte, el doctrinarismo español tendrá vida más larga que el francés (67). Esta subsistencia del dualismo medieval en España, como sigue diciendo este autor, o quizá mejor, su mayor intensidad, "quiere decir sencillamente que el Estado moderno tiene escasas raíces en nuestra patria, y que su unidad se encontrará siempre amenazada" (68).

2. La Nación como agregado organicista de estamentos y de territorios

Además de las coincidencias de los diputados realistas al reafirmar el mencionado dualismo a la hora de definir el sujeto de imputación del poder político, había otro elementos común de gran importancia en sus consideraciones sobre este problema: ya se refiriesen al Pueblo como parte intengrante de la Nación, o a esta última como sujeto separado del Monarca, uno y otra se concebían en ambos casos desde un planteamiento organicista, en la más pura línea del pensamiento preestatal, esto es, preindividualista.

Esta idea organicista de Nación o de Pueblo era, por lo demás, perfectamente coherente con el rechazo que estos diputados habían mostrado hacia la tesis del estado de Naturaleza, como se ha visto en el capítulo segundo (69). Consecuencia lógica de esta premisa nuclear era el desechar el axioma de la igualdad natural de todos los individuos, previa a cualquier estructura socio-política determinada. Si la comunidad era de origen natural, lo mismo que el poder político que surgía en su seno, los miembros de esa comunidad "nacían" inmersos y vinculados a unas determinadas instituciones sociales y políticas. Sobre este punto INGUANZO fue muy explícito:

---

(67) *Ib.*, pp. 516-517.
(68) *Ib.*, p. 517, nota 31.
(69) *Supra.*, III, 1.

"La naturaleza –decía– no reconoce diferencias de sangre; todos los hombres nacen iguales. Es verdad, no hay duda. Pero pregunto: ¿los hombres nacen en el estado natural o en el estado civil y social? Desde que el hombre nace en sociedad bajo de un gobierno, *nace sujeto a todas las instituciones y modificaciones admitidas en el Estado,* que se hayan tenido por convenientes para bien y utilidad del mismo Estado" (70).

El concepto organicista, no individualista, de Nación se puso de manifiesto sobre todo en el debate del artículo 27. En especial, los diputados realistas insistieron en una estimación estamental y jerárquica de Nación. No obstante, la mentalidad particularista o "provincialista" –mucho menos frecuente que la estamental– afloró también en el debate de este precepto y en la de otros que no guardan con él una relación directa. Así, en la polémica suscitada por el artículo 12 del Proyecto, ANER y BORRULL revelaban que su idea de Nación española era equivalente al agregado organicista de reinos o provincias dotadas de una entidad propia. Este artículo decía textualmente:

"se hará una división más conveniente del territorio español por una ley constitucional, luego que las circunstancias políticas de la nación lo permitan".

ANER, que se consideraba diputado *de* Cataluña y no *por* Cataluña, dijo:

"si se entiende dividir las provincias que tienen demarcados sus términos baxo cierta denominación, desde ahora me opongo... Y mucho más si se tratase de quitar un pueblo solamente a la provincia de Cataluña. Supuesto que no se ha tratado de variar el nombre de las provincias de España, ¿sería razón de política que a estos que tienen unas mismas costumbres y un idioma se les separe para agregarlos a otras provincias que los tienen diferentes? Nadie es capaz –concluía este diputado– de hacer que los catalanes se olviden de que son catalanes... Y así si se trata de desmembrar el pueblo más mínimo, como diputado de Cataluña me opongo a la más pequeña desmembración (71).

(70) *DDAC,* T. 8, p. 62.
(71) *Ib.,* p. 116.

El valenciano BORRULL, por su parte, participó también de estos recelos ante una futura uniformización de los "reinos de la nación", y afirmó:

> "se habla (en el artículo) en términos generales, y por ello comprehende también la que puede hacerse del territorio español por departamentos, quitando el nombre que actualmente tienen sus diferentes reynos, y agregando los pueblos los unos a los otros. Esto ha de ser perjudicialísimo; ha de impedir la íntima unión que media entre los pueblos de un mismo reyno, y ha de encontrar la mayor resistencia entre ellos, suscitándose con este motivo muchos trastornos y alborotos" (72).

Fue, sin embargo, en el debate del artículo 27 cuando este concepto territorialista de Nación, y sobre todo estamental, se hizo más evidente. Este artículo disponía:

> "las Cortes son la reunión de todos los diputados que representan a la nación española, nombrados por los ciudadanos en la forma que se dirá".

Se trataba de establecer, pues, una verdadera asamblea nacional en la que todos y cada uno de los diputados representasen a la Nación, de acuerdo con la idea que los diputados liberales-metropolitanos tenían de este sujeto soberano. Sin duda, era uno de los más importantes preceptos constitucionales, radicalmente subversivo del orden político precedente, y en congruencia con los artículos anteriores, sobre todo con el primero y el tercero.

Para impugnar este precepto los diputados realistas defendieron una teoría de la Representación política de factura claramente organicista, que ponía de relieve la idea de Nación de la que estos disputados partían. A su juicio, las futuras Cortes deberían componerse de dos Cámaras, en una de las cuales tendrían cabida los estamentos privilegiados, la Nobleza y el Clero, mientras que la otra acogería al elemento plebeyo o popular. Para sostener estas tesis –en parte triunfantes en el

(72) *Ib.*, p. 117.

constitucionalismo posterior— estos diputados recurrieron a dos argumentos fundamentales de índole diversa: histórico uno, doctrinal el otro. Por lo que respecta al primero, insistieron en la tradicionalidad de las Cortes por estamentos, frente a la radical —y peligrosa— novedad que supondría la admisión de unas Cortes unicamerales elegidas según criterios exclusivamente individualistas. En segundo lugar, trajeron a colación la teoría de los cuerpos intermedios acuñada por MONTESQUIEU, y el ejemplo constitucional inglés, al que dedicaron repetidos y entusiastas elogios. Cabe decir, por último, que es notorio también el eco de las tesis expuestas poco tiempo antes por JOVELLANOS, que se fundamentaban, a su vez, en los argumentos históricos y doctrinales mencionados (73).

No obstante, para el objeto que persigue esta capítulo sólo interesa centrarse en la naturaleza que estos diputados atribuían a la Representación política ya que en ella se trasluce un determinado concepto de Nación. En este sentido, resulta de sumo interés la intervención de BORRULL, al ser el único realista que sostuvo el carácter no sólo estamental sino también territorial que debía atribuirse a la Representación. Por lo que se refiere al primer aspecto, este diputado señaló que si las Cortes futuras se compusiesen de un solo cuerpo —"el qual, aunque se forma de diferentes clases, sólo tiene una voz, una voluntad, unos deseos"— no podría mantenerse el necesario equilibrio entre el Rey y el Pueblo, ya que una sola Cámara no podría "contener a cada uno dentro de sus límites". En consecuencia, continuaba el diputado valenciano:

> "se necesita también de una fuerza o poder intermedio, que se una con qualquiera que se oponga a las usurpaciones que se intenten de algunos derechos y trastornos de la constitución; y no hay otro más apropiado que el estamento del clero y la nobleza... Por ello Montesquieu, este autor tan celebrado por los filósofos modernos, requiere estos poderes intermedios en el gobierno monárquico..." (74).

---

(73) *Cfr. O. c.*, pp. 596 y 602-603. *V.* también **Sánchez Agesta.** *Historia del Constitucionalismo Español. O. c.*, pp. 97-98. Y **Jovellanos.** *O. c.*, pp. 596-598.
(74) *DDAC.* T. 8, pp. 256-257.

En segundo lugar, el carácter territorial que este diputado asignaba a la Representación quedaba claro cuando agregaba:

> "yo desearía que la comisión se hubiera hecho cargo de que según las disposiciones del gobierno feudal, y de todos los que después de la invasión de los sarracenos se establecieron en España, se hallaba dividido el estado en tres clases, la de eclesiásticos, la de nobles, la de plebeyos. En las cortes los de cada una representaban la suya, y de sus dependientes; y así ninguna de ellas podía representar a toda la nación, ni recibir poderes de la misma, *ni ahora tampoco los diputados los tienen de todas ellas, sino cada uno de su provincia,* y como *todos juntos* representan a la nación, sucedía entonces lo mismo concurriendo las tres clases o estamentos" (75).

Esto es, para BORRULL la representación nacional no era más que el resultado de las respectivas representaciones provinciales. Cada diputado por separado no representaba a la Nación, sino a su provincia o reino, y dentro de éste a cada estamento, y sólo todos *juntos* podían representar a aquélla. De lo que fácilmente se infiere que la Nación no era para este diputado más que el agregado de provincias y estamentos y no una masa cohesionada de individuos iguales, con "una sola voz, una voluntad, unos deseos".

Los otros diputados realistas que intervinieron en la discusión de este precepto, INGUANZO y CAÑEDO, mostraron, en cambio, su única preocupación por dotar a las futuras Cortes de una contextura estamental. Así, INGUANZO, –reafirmando su filiación burkeana, huidiza de todo juicio político que no estuviese basado en datos empíricamente verificables, y adelantando un concepto sociológico de Constitución, que más tarde sería desarrollado por BALMES (76), y sobre todo por ALCALÁ GALIANO (77)– entendía que las instituciones públicas debían

---

(75) *Ib.*, p. 257.

(76) *Cfr.* **J. Balmes.** *Consideraciones Políticas sobre la Situación de España (1840).* Madrid (1975), pp. 59 y ss., 74 a 82, 94 y ss., 116 y ss. Puede ser de interés también el artículo de **G. Fernández de la Mora.** *La Crítica Balmesiana del Estado Demoliberal.* REP núm. 197 (1974), *passim. V. Infra.*, Cap. VIII.

(77) *Lecciones de Derecho Político Constitucional,* por **Antonio Alcalá Galiano,** *O. c., passim. Y* **Angel Garrorena Morales,** *O. c.,* pp. 361 y ss. y 531 y ss. *V. Infra.*, Cap. VIII.

aclimatarse y adaptarse siempre a la naturaleza socio-política de cada gobierno:

> "las instituciones, Señor, de qualquiera estado deben ser análogas al carácter y naturaleza de su gobierno. Unas son las que convienen a la monarquía, otras las que se adaptan a la democracia, etc. *Un estado monárquico es un estado jerárquico.* Las diferentes clases en que se divide son los elementos que le componen, y forman aquella armonía y enlace de unos miembros con otros... La democracia está en oposición directa a la monarquía. Es forzoso que una de estas dos potencias se paralice, o que aproximándose se susciten intereses encontrados que puedan turbar su concierto y armonía" (78).

Y para evitar el predominio absoluto del Rey o el de unas Cortes que propendiesen a la Democracia era necesario, a su juicio, establecer "una fuerza intermedia que reuna los intereses de todos". Y esta fuerza consistía, precisamente, en una segunda Cámara compuesta por los estamentos de la Nobleza y el Clero. De este modo se formaría un gobierno mixto, en el cual se conjugarían las tres formas clásicas de gobierno. Por ello concluía este diputado con una crítica al sistema representativo que el artículo 27 pretendía consagrar:

> "desengañémonos, Señor, si alguna cosa puede consolidar las cortes, darles su vigor y energía, y hacerlas respetables, *es su constitución intrínseca, orgánica: que no sean una masa informe y confusa,* sino un *compuesto de partes o miembros* combinados, que reuna la potencia de cada uno, es decir, la fuerza de todas las formas de gobierno" (79).

CAÑEDO, por su parte, abundó también en las tesis expuestas por BORRULL e INGUANZO, insistiendo de un modo especial en el peligro que supondría unas Cortes unicamerales, inclinadas por naturaleza a la Democracia. Y añadía que esta nueva estructura violentaba el antiguo y tradicional sistema representativo, con lo cual se minaba una de las bases primordiales de la Monarquía española:

---

(78) *DDAC,* T. 8, pp. 266-267.
(79) *Ib.,* pp. 266-267.

"... Para el nuevo plan de cortes–decía este diputado– se adopta el sistema de una representación puramente popular o democrática, trastornando enteramente por este medio una ley fundamental, que es la base primordial de nuestra constitución, de la que depende la índole y clasificación particular de nuestro gobierno, y el sabio temperamento que nuestros mayores habían adoptado para formar el sistema más sólido y más bien combinado de una monarquía moderada" (80).

Puede decirse, a modo de resumen, que para los diputados realistas el Pueblo o la Nación venían a identificarse con la idea de "Reino", es decir, con el conjunto de estamentos y agrupaciones territoriales que conformaban la Nación real, viviente, y que junto al Rey suponía una de las partes del binomio institucional en el que descansaba todo el edificio político. Con estas premisas los diputados realistas volvían a negar el concepto de soberanía y la posibilidad de articular una organización política estatal, unitaria, capaz de igualar formalmente al cuerpo social.

(80) *DDAC*, T. 8, p. 290.

CAPITULO QUINTO. **LOS DIVERSOS CONCEPTOS DE NACION (Continuación).**

I. EL CONCEPTO DE NACION PARA LOS DIPUTADOS AMERICANOS

Como se ha dicho en las páginas introductorias del capítulo anterior, los diputados americanos, a diferencia de los realistas y liberales, no expusieron de un modo explícito y directo un determinado concepto de Nación. En el debate de los tres primeros artículos del Proyecto constitucional, en los que se pretendía delimitar este concepto, no intervino ningún representante de ultramar, si se exceptúa al mexicano GURIDI y ALCOCER, quien, no obstante, tampoco se pronunció claramente sobre este particular. Como contrapunto a esta parca actitud, los diputados americanos, en el debate de otros preceptos constitucionales, sobre todo en el de aquellos que se referían a la organización del futuro sistema representativo, sostuvieron unas tesis en las que subyacía una muy peculiar y curiosa idea de Nación, que enriqueció considerablemente la controversia doctrinal que ahora nos ocupa. En esta idea, a diferencia de lo que acontecía con la expuesta por los diputados realistas, no se evidencia dualismo alguno. Aunque GURIDI Y ALCOCER sí pareció adscribirse al dualismo Rey-Reino cuando, en la discusión del artículo 373, afirmó:

> "(la Constitución) se ha formado en la más crítica situación de la monarquía, cuando por la invasión de los enemigos *se han roto los vínculos de la sociedad y ha faltado el punto de unión que es el monarca*" (1).

---

(1) *DDAC,* T. 11, p. 330.

Aunque en modo alguno quepa deducir de estas afirmaciones una categórica y concluyente adscripción de este diputado a las tesis dualistas atrás comentadas, sí permiten afirmar que tales tesis probablemente no le eran del todo ajenas. Conviene no olvidar, por otra parte, que este diputado, en el debate del artículo primero, se había sumado a la distinción, que los realistas apoyaban, entre soberanía radical y soberanía esencial, en la que se sustentaba la idea dualista de Nación como místico agregado del Monarca y su Pueblo (2). Ciertamente, GURIDI habla aquí de "sociedad", pero tampoco debe perderse de vista, y en ello se insistirá en las páginas que siguen, que este término era utilizado por el pensamiento escolástico como sinónimo de Nación. Y la influencia de esta tradición doctrinal en el diputado mejicano se ha mostrado también el capítulo segundo.

Ahora bien, si se exceptúa esta intervención aislada, en la idea de Nación defendida por los diputados americanos no se detecta este sustrato dualista. Ni siquiera a él hicieron referencia los diputados de este grupo más inclinados a las tesis realistas, como el peruano OSTOLAZA o el guatemalteco LARRAZÁBAL.

En cambio, en el concepto de Nación formulado implícitamente por estos diputados, se pone de relieve una sorprendente amalgama de premisas doctrinales, de procedencia muy dispar: unas inspiradas en el dogma de la soberanía popular y que recuerdan a ROUSSEAU y a los demócratas franceses; otras, de claro resabio arcaizante, incardinadas en concepciones corporativas de claro signo territorial (tan sólo en alguna intervención de OSTOLAZA se percibe una mentalidad estamental). ¿De qué fuentes doctrinales procedía este corporativismo territorial? No es fácil atinar con precisión. No obstante, puede decirse que quizá del pensamiento escolástico y del iusnaturalismo germánico (especialmente de PUFFENDORFF). Corrientes de pensamiento que ocupaban un lugar muy importante en la filiación doctrinal de estos diputados y, en general, en el de las élites intelectuales americanas, como se ha dicho en el capítulo

---

(2) *V. Supra.*, Cap. II, IV.

primero. Además, no cabe duda de que este sustrato territorialista estaba firmemente vinculado a las tradiciones y a los principios del Derecho de Indias, el cual, como también se ha visto en el mismo lugar, estaba todavía profundamente enraizado en la América hispana. Como consecuencia de esta compleja mixtura doctrinal, los diputados americanos defendieron un concepto de Nación, común a todos ellos, equivalente al *agregado o suma de todos y cada uno de los individuos y provincias de la Monarquía.* Pero antes de desbrozar los elementos constitutivos de este concepto de Nación, latente en sus intervenciones parlamentarias y que se plasmó en algún documento firmado por la mayoría de los miembros de este grupo (3), conviene aludir a un hecho ciertamente significativo. Nos referimos al paralelismo que se observa entre el concepto de Nación sustentado por los diputados americanos y las tesis que sobre este particular mantuvo MARTINEZ MARINA en su "Teoría de las Cortes". Quizá sea éste uno de los aspectos doctrinales más sugestivos —e inéditos— que ofrezca el estudio de las Cortes de Cádiz. Para comprobar este paralelismo, estas concomitancias, y antes de abordar el análisis del concepto de Nación que se deduce de los planteamientos de los diputados de América, es preciso detenerse en la postura que adopta MARTÍNEZ MARINA sobre este asunto.

1. La idea de Nación en Martínez Marina

MARTÍNEZ MARINA no formuló un concepto de Nación de modo claro y taxativo. Como señala MARAVALL, este autor emplea indiferenciadamente los términos de "sociedad", "pueblo", "nación", "estado" y con frecuencia también el de "patria" (4). ALBERTI sostiene, refiriéndose a este uso induscriminado y sinonímico, que "a pesar de su terminología vacilante y

---

(3) Nos referimos a la *Representación de la Diputación americana a las Cortes de España,* fechada el 1 de agosto de 1811. Una jugosa glosa de este documento puede verse en **Demetrio Ramos,** *El Peruano Morales, ejemplo de la complejidad... O.c.,* pp. 182-184.

(4) *Cfr. Estudio Preliminar... O. c.,* p. 62.

poco precisa, es posible determinar más exactamente su punto de vista, recurriendo a las distinciones y al vocabulario de los tratadistas españoles del Siglo de Oro. Estos, en efecto, condicionados tanto por las fuentes doctrinales que utilizaban como por el ambiente sociopolítico en el que vivían, usaban frecuentemente como sinónimos los vocablos *communitas, multitudo, societas civiles y populus*. Este último, que es el que aparece con más frecuencia, es concebido como una multitud de individuos unidos entre sí por vínculos morales estables y que tienden a la realización de un fin común. En este sentido –concluye este autor– tal como ocurrió en MARINA, la palabra "pueblo" es también sinónima de "nación" (5). Y, en efecto, MARTINEZ MARINA usa ambas expresiones como sinónimas en numerosas ocasiones, al igual que las de "soberanía nacional" y "soberanía popular" (6).

En todo caso, no se percibe en este autor dualismo alguno cuando se refiere al Pueblo o a la Nación. Ciertamente, como se ha visto en el capítulo segundo, MARINA incurre en un dualismo evidente cuando aborda el problema de la soberanía, al concebir al Monarca y al Pueblo o Nación como instancias soberanas con sustancialidad propia (7). Pero este dualismo no se plasma, tal como ocurría con los planteamientos de algunos realistas del doce, en su idea de Nación o de soberanía nacional, ya que de estas nociones excluye la persona y el poder del Rey. Cuando habla de soberanía nacional debe entenderse, pues, el poder de uno de los sujetos soberanos compartido con el del Monarca.

Ahora bien, ¿cuál era la naturaleza atribuida por MARINA a la Nación y cuáles eran los elementos que la componían? En principio, cuando habla de Nación parece inclinarse por la idea de Pueblo, al entenderla como la suma de los individuos de una Monarquía, es decir, como su población:

> "la nación, en quien reside la soberanía –dice en la "Teoría de las Cortes"–, tiene derecho y puede hacer por sí misma todo lo que

---

(5) *O. c.*, pp. 259-260.
(6) *Cfr.* por ejemplo, *Principios... O. c.*, pp. 276, 322, 324, 316.
(7) *V. Supra.*, V, 3.

hace por medio de sus representantes. Sin embargo, preveyendo a su propia conservación, sacrifica una parte de su libertad al bien común, delega sus facultades y confía el uso y el ejercicio de su derecho a un cuerpo que la representa... *Ya que no puede juntarse útilmente en masa,* debe darse al cuerpo representativo toda la extensión posible y conciliarlo con el bien del estado" (8).

La Nación, pues, no la concibe MARINA como un sujeto abstracto e inactuante. No se trata de un sujeto puramente ideal. Esto es evidente. La Nación puede ejercer por sí el poder político, sólo que "útilmente" precisa delegarlo por motivos "técnicos", por dificultades materiales para ejercerlo directamente. La idea de Nación se acerca, así, al concepto roussoniano de Pueblo, al entenderla como un conglomerado de individuos existentes y actuantes. No obstante, se separa también de este concepto, pues al lado del sustrato empírico e individual que MARINA revela en su idea de Nación –y este elemento individual, no estamental, constituye una importante diferencia con las tesis jovellanistas– introduce un elemento ajeno por completo al concepto roussoniano de Pueblo. Este elemento es el territorial. Así, en la misma "Teoría", además de corroborar el carácter empírico y actuante de la Nación, identifica al Pueblo con la provincia:

"el Pueblo, en quien reside el soberano poder, desde hacer y ejecutar por él mismo lo que puede hacer bien y útilmente, y sólo lo que no puede haber es necesario que lo haga por otros. No me parece muy difícil determinar qué es lo que un *pueblo* o *provincia* puede hacer bien y útilmente con relación al cuerpo representativo nacional y a sus operaciones" (9).

Pero esta mixtura de ingredientes democrático-individualistas, que recuerdan al dogma de la soberanía popular, junto a otros de signo territorial, presente en su idea de Nación, se percibe con mayor claridad cuando, tras afirmar que "la soberanía reside en la Nación, esto es, en el conjunto o

(8) *Teoría... O. c.,* II, pp. 129-130.
(9) *Ib.,* p. 180.

cuerpo colectivo del estado", frase que podría suscribir perfectamente cualquier teórico ortodoxo de la soberanía nacional, agrega:

> "*luego cada individuo, cada ciudadano, y mucho más cada provincia o partes integrantes del cuerpo político tienen acción al ejercicio de la soberanía* y derecho a intervenir en el establecimiento de las leyes y para deliberar y estatuir sobre lo que más convenga a la conservación y prosperidad del estado y de los miembros que le componen (10).

Y, en fin, más adelante ratifica estas ideas al decir:

> "*¿Qué aprovecha a los pueblos la parte de la soberanía que les compete* y el derecho de intervenir en la formación de las leyes y en los asuntos del gobierno si después de elegir a sus procuradores no les resta más que obedecer?" (11).

Esto es, MARINA identifica la Nación con el conjunto de individuos y provincias de la Monarquía y concibe la soberanía como un poder doblemente compartido, en tanto que se divide entre el Rey y la Nación y, dentro de esta última, entre los individuos y territorios o provincias de la misma.

No obstante, estas tesis y, concretamente, esta mixtura de ingredientes individualistas y provincialistas al definir a la Nación, es más manifiesta cuando este autor intenta delimitar la naturaleza jurídica de la Representación.

Así, al comentar los artículos 106 y 107 de la Constitución de Cádiz —que disponían que las sesiones anuales de Cortes durarían tres meses o, todo lo más, cuatro— MARINA entiende que tales disposiciones ofenden

> "la soberanía de la nación, y chocan con la libertad de los pueblos, los cuales envían a sus procuradores a las cortes con la intención y voluntad de que resuelvan en ellas cuanto juzgen conveniente *al bien general y al particular de cada provincia que representan*" (12).

---

(10) *Ib.*, p. 177.

(11) *Ib.*, p. 178. También *V.* su *Discurso... O. c.*, "las provincias y reynos de que se compone la monarquía son parte de la asociación general", p. 208.

(12) *Teoría... O. c.*, T. II, p. 73.

La Representación debe ser, pues, a la vez, general y particular, o lo que es lo mismo, individual y territorial. Se debe representar a un ser –lo que él entiende por Nación– cuya definición debe establecerse en virtud de dos criterios: la población y el territorio. El primer criterio no subsume al segundo, sino que ambos se complementan. Estos puntos de vista –que los diputados americanos repetirán casi literalmente– los vuelve a exponer cuando dice:

> "los representantes de la nación son unos meros agentes o procuradores de las provincias o partes integrantes de la monarquía, y por razón de su oficio deben interesarse *no sólo en el bien general de la sociedad, sino también en el de cada distrito que representan*" (13).

En virtud de esta concepción individual y territorial de la Representación, alejada tanto del principio de soberanía nacional como del de soberanía popular, y también de la típica Representación estamental, MARINA sostiene –y en el párrafo anterior ya se evidencia– que la naturaleza jurídica del vínculo que liga a los representantes con los representados no puede ser otra que la de un mandato imperativo. Así, para este autor,

> "en el caso de que los diputados, abusando de la generalidad de la ley y de la confianza de los pueblos, prolongasen las sesiones y continuasen en ejercicio sin gravísimas causas conocidas por los electores provinciales, éstos les retirarán los poderes, con lo cual las cortes quedarán disueltas" (14).

Coherentemente con esta premisa, defenderá una serie de medidas cautelares que protejan a los representados –los individuos y provincias de la Monarquía– de posibles extralimitaciones de sus representantes; quienes quedan reducidos, de este modo, a meros ejecutores de la voluntad de aquéllos. Estas medidas serían los Cuadernos de Instrucciones (15), la posibilidad y aún conveniencia de que los pueblos ratifiquen algunas deci-

(13) *Ib.*, p. 130. En términos semejantes se expresa en las pp. 79, 178, 180, 181 y 182.

(14) *Ib.*, p. 74.

(15) *Cfr. Teoría... O. c.*, T. II, pp. 180-181.

siones adoptadas por sus "procuradores" –término que MARINA utiliza, y esto es de por sí revelador, como sinónimo del de "diputado"– e, incluso, la posibilidad de revocarlos cuando no cumplan los fines que se les encomendaron (16).

¿Qué es lo que esta curiosa teoría de la Representación pone de manifiesto? Pues, en primer lugar, que MARINA no capta, o, si lo hace, se aleja del moderno concepto de Nación y también del de Pueblo. MARINA –señala MARAVALL (17)– no percibe la idea de Voluntad General, del yo colectivo y común, que subyace en estos dos conceptos por encima de sus diferencias. Cuando alude al Pueblo no lo entiende como un sujeto unificado y colectivo, compuesto exclusivamente de individuos iguales, al margen de su diferente posición social, y de su inserción en un territorio determinado, sino que se trata de "un conjunto de ciudades y villas, que, en forma anacrónica, más próxima a la democracia directa, aparece como una instancia política viva e inmediatamente operante" (18).

En segundo lugar, en las ideas de Nación y de Representación se aprecia el eco de ROUSSEAU, al lado del influjo escolástico y de su típico arcaísmo medievalizante. Por lo que respecta a la primera influencia, MARINA trae a colación planteamientos tomados presumiblemente de PETION DE VILLENEUVE (19), al igual que en la defensa del mandato imperativo, por ejemplo, coincidirá con el criterio de su paisano FLÓREZ ESTRADA, autor en el que quizá pesen tan sólo los argumentos de los demócratas modernos (20). La influencia escolástica y medievalizante se revela, sobre todo, en el ingrediente territorialista que él introduce al definir a la Nación. Este segundo ascendiente doctri-

(16) *Cfr. Ib.*, p. 166 y 181.
(17) *Cfr. Estudio Preliminar... O. c.*, pp. 90-91 y 94-95.
(18) *Ib.*, p. 90.
(19) Así lo sostiene **Maravall,** quien considera que las palabras que emplea **Marina** al caracterizar a los diputados como meros mandatarios, recuerdan mucho a las pronunciadas por **Petion** en la constituyente francesa. *Cfr. Ib.*, p. 93.
(20) Así, en efecto, *V.* las pp. 322-323 y 331-332 del "Proyecto de Constitución para la nación española", presentado por **Flórez Estrada** en 1809, recogido en **Obras de Alvaro Flórez Estrada.** BAE, T. 113. **M. Marina** lo citará repetidas veces en su *Teoría,* adhiriéndose a algunas de las soluciones propugnadas por éste. *Cfr.*, T. II, p. 180, nota 1.

nal es el que probablemente haya pesado más en MARINA cuando discurre sobre la naturaleza jurídica de la Representación. Ciertamente, esta naturaleza y sus consecuencias son similares también a las que se deducen del principio de soberanía popular. Ya que, como se ha visto, hay importantes concomitancias en el ejercicio del poder en la "democracia medieval" y en la "democracia indirecta no representativa", propugnada implícitamente por ROUSSEAU ante la imposibilidad del ejercicio directo del poder. No obstante, quizá haya sido su admiración por las antiguas Cortes castellanas lo que indujera a MARINA a defender el mandato imperativo. Y quizá también —apunta PÉREZ-PRENDES— la influencia de ALTHUSIUS, de quien es posible que proceda este claro tinte municipalista y, en general, territorial que impregna las tesis de MARINA (21). Lo que si parece claro es que su arcaismo medievalizante le indujo, como en otras muchas cuestiones, a considerables "espejismos históricos", que le impulsan a hablar de Nación refiriéndose a la Edad Media (22) y a pensar que la moderna Representación nacional no era más que la simple continuación de la medieval y, consiguientemente, que la naturaleza política y las funciones de las Cortes de Castilla eran semejantes a las de los modernos parlamentos (23).

Por último, los veneros doctrinales que se conjugan en la idea de Nación sostenida por MARINA, pueden aclarar el paralelismo que se observa entre sus tesis al respecto y las de los diputados americanos, como se verá a continuación. Ciertamente, el arcaísmo medievalizante, el historicismo, no se detecta en los planteamientos de estos diputados, pero sí un arcaísmo de otro signo: el que procede de las tradiciones del Derecho indiano. Y, en todo caso, la mixtura de argumentos democráticos y de premisas afines al pensamiento escolástico y al iusnaturalismo germánico (ALTHUSIUS, PUFFENDORFF) es común,

---

(21) *Cfr. Introducción a la Teoría... O. c.*, p. 26. *V.* también **Maravall,** *Estudio Preliminar... O. c.*, p. 76.

(22) Esta utilización del término Nación aplicado a la Edad Media es constante en el "Ensayo" y en la "Teoría".

(23) Para un estudio de estas extrapolaciones conceptuales es de gran interés el citado trabajo de **Pérez-Prendes,** *Cortes de Castilla y Cortes de Cádiz.*

aunque con desigual intensidad, en ambas partes. No cabe descartar tampoco un influjo directo del historiador español sobre los diputados americanos. Acerca del alcance de esta influencia directa ya se ha hablado en el capítulo primero. Baste decir ahora que no resulta difícil reconocer que la idea de Nación de MARTÍNEZ MARINA se presentaba, sin forzarla en exceso, fácilmente reconducible al esquema provincialista del que partían los diputados de Ultramar. Este esquema, coherente con sus fines políticos "particularistas" o "autonomistas", ajenos a MARINA, resultaba desde luego incompatible con la idea de Nación defendida por los diputados liberales de la metrópoli. Por otra parte, al estar exento el concepto de Nación mantenido por MARTÍNEZ MARINA de cualquier vestigio estamental (24) –cosa que en modo alguno puede decirse de las tesis expuestas por los diputados realistas– podía satisfacer también las ansias igualitarias que animaban a la mayoría de los diputados americanos, puestas de manifiesto en el debate de los artículos 22 y 29. Pero analicemos ya, sin más demora, el concepto de Nación sustentado por estos diputados y veamos hasta qué punto es cierto todo cuanto se acaba de decir. Comencemos por estudiar el primer componente que se percibe en este concepto, el territorial, y sigamos con el segundo, el individualista democrático.

2. La Nación como agregado de provincias o pueblos.

El concepto corporativo de signo territorial presente en la idea de Nación sustentada por los diputados americanos salió a relucir en el debate del artículo 91 del Proyecto constitucional. Este artículo sancionaba que para ser elegido diputado de Cortes era requisito necesario, a parte de otros muchos que esta misma norma recogía, haber nacido en la provincia por la que el candidato se presentase o bien que estuviese "avecindado en ella con residencia a lo menos de siete años". Este último

---

(24) *V.* Sobre este extremo, **Maravall,** *Estudio Preliminar. O. c.,* p. 74 y 75. **Pérez-Prendes,** *Introducción... O. c.,* p. 25.

párrafo fue impugnado por los diputados de Ultramar por entender que iba en detrimento de sus intereses, al permitir que los españoles europeos radicados en América pudiesen concurrir allí a las elecciones, cumplidos los años de residencia y los demás requisitos requeridos. Pero lo que realmente interesa subrayar es que en defensa de esta enmienda el diputado chileno LEYVA sostuvo sin ambages un concepto territorial de Representación en abierta antítesis con el principio de soberanía nacional, que estos diputados decían –y quizá creían– defender. La similitud de los argumentos aducidos por LEYVA y los expuestos por MARINA es patente:

> "no convengo –argüía– en que los diputados del congreso no representan a los pueblos que los han elegido. Dexo esta aserción al abismo de las abstracciones. *El que la congregación de diputados de pueblos que forman una sola nación representen la soberanía nacional, no destruye el carácter de resentación particular de su respectiva provincia.* Tiene el diputado dos grandes obligaciones; primera, atender al interés público y general de la nación, segunda, exponer los medios que sin perjuicio del todo pueden adoptarse para el bien de su provincia".

En este mismo discurso, y por si no quedara claro, expuso este diputado una idea de Nación española equivalente al agregado o resultado de la unión de sus provincias o pueblos componentes:

> "esta procuración –proseguía Leyva– animada de la afición patriótica es muy eloqüente y sensible, y debe producir el buen efecto de que las cortes, satisfaciendo los verdaderos deseos de los pueblos, en quanto sean compatibles con la justicia y el interés común, llenen uno de los primeros objetos de su instituto. *Viniendo el gallego por Galicia, el asturiano por Asturias, y el peruano por Perú y así de las demás provincias con la debida igualdad, conseguiremos que la nación española sea perfecta y naturalmente representada*" (25).

---

(25) *DDAC,* T. 8, p. 459.

A este dictamen se adhirió el mejicano GURIDI Y ALCOCER:

> "si se dice que dos naciones suelen tener intereses contrapuestos, también los suelen tener dos provincias... Si se repone que los diputados representan a la nación y no a las provincias, ya ha contestado perentoriamente el señor Leyva" (26).

Con lo cual, la pretendida unidad de la Voluntad General de la Nación, en la que insistirían los liberales de la metrópoli, quedaba seriamente erosionada con estas palabras de GURIDI y con estas otras del peruano MORALES DUÁREZ:

> "se dice que siendo todos hermanos no debe reinar más que la unión, ni ninca puede haber ni entenderse diferencia de intereses. La proposición confunde el derecho con el hecho, a la potencia con el acto, y a las prácticas reales y universales del mundo con los bellos deseos de una pura imaginación... En vano se pretende negar el caso de oposición de intereses entre un pueblo de América y otro de España" (27).

En virtud de esta doctrina territorial de la Representación y de la peculiar paráfrasis del dogma de soberanía nacional, de la que aquélla no es más que una consecuencia, los diputados americanos defendieron el carácter imperativo del mandato de diputado y algunas de las medidas que éste comporta. Estos puntos de vista se pusieron de relieve en la larga disputa que suscitó el título décimo del Proyecto constitucional, dedicado a organizar el procedimiento de reforma, y en particular en el debate de su artículo 373 (28). En esta polémica, los diputados americanos ratificaron además su teoría territorial de la representación y, por consiguiente, la idea corporativa de Nación que de ésta se infería. Tan sólo el mejicano RAMOS DE ARISPE pareció disentir de todos estos postulados, al afirmar el carácter general de la representación, por encima del lugar de procedencia de los representantes:

---

(26) *Ib.*, T. 9, p. 9.
(27) *Ib.*, T. 9, p. 16.
(28) *V.* su contenido *Infra.*, Cap. VII, IV.

"Señor —decía— no debemos apartarnos del principio de que un diputado puesto en el congreso no es diputado de Galicia, Cataluña o de Extremadura, sino un representante de la nación" (29).

Esta premisa, que, como se verá, el mismo RAMOS DE ARISPE contradiría más tarde, no era compartida por los demás diputados americanos, quienes exigieron que el Proyecto constitucional fuese ratificado por unas Cortes convocadas y elegidas para tal efecto. Esta exigencia se oponía frontalmente al principio de soberanía nacional y a la idea de Representación que este principio entraña, y de hecho en el debate que originó esta pretensión ambas cosas fueron puestas en entredicho por los diputados americanos. Pero antes de detenernos en este extremo es preciso conocer las razones de orden práctico aducidas por estos diputados para justificar tal actitud. Estas eran, en síntesis, de tres clases: en primer lugar, por la abundancia de suplentes entre los miembros de las Cortes, sobre todo entre los procedentes de Ultramar. En segundo lugar, por el menguado contingente de diputados americanos, claramente inferior al de la metrópoli, como se ha visto en el capítulo primero (30). Y, por último, por el, a su entender, incorrecto sistema electoral que había regido para las elecciones a Cortes (31).

Amparándose en estas objecciones, cuatro de los cinco diputados americanos que pertenecían a la Comisión constitucional, presentaron un escrito (32) en el que formalizaban la exigencia de que el texto constitucional, antes de adquirir su validez definitiva, fuese "revisto", esto es ratificado, por "los Pueblos", por los representantes elegidos por éstos para llevar a cabo tal cometido. Firmaban el escrito el mejicano MARIANO MENDIOLA, el peruano MORALES DUÁREZ, el cubano ANDRÉS DE JAÚREGUI y el chileno JOAQUÍN FERNÁNDEZ DE LEYVA. Como escribe D. RAMOS, esta pretensión no se debía tan sólo,

(29) *DDAC.*, T. 11, p. 361.

(30) *Supra.*, IV, 2.

(31) *Cfr. DDAC*, T. II, pp. 305-306 y **D. Ramos**, *Las Cortes de Cádiz... O. c.*, pp. 511 y ss.

(32) Este escrito se encabezaba así: *Representación dirigida a las Cortes por quatro individuos de la Comisión de Constitución, contra un artículo de ésta.* Se presentó en la sesión del día 26 de diciembre de 1811. *V. DDAC, T. 11, p. 5.*

ni fundamentalmente, a un móvil político, sin duda también digno de tenerse en cuenta, a saber: el de modificar el Proyecto constitucional en aquellas partes que lesionaban sus intereses, mediante unas futuras Cortes en las que quizá obtuviesen una más holgada representación. No, muy probablemente no era éste, con ser importante, el motivo primordial que había concitado a estos diputados a presentar por escrito esta exigencia y a los demás miembros de este grupo a apoyarla. Ante todo, tal requerimiento "respondía –son palabras de D. RAMOS– a un problema de principios mucho más hondo, cual es el del valor ejecutivo de la ley, que alcanzaba incluso a las facultades inapelables de las Cortes" (33). Efectivamente, como sigue diciendo este autor, "si nos paramos a pensar la sensación que podían sentir hombres de larga trayectoria jurídica, como Morales o Leyva, formados en las Universidades americanas, a donde las leyes llegaban de un remoto origen firmadas por el Rey, después de agotadas largas consultas a los Consejos, y aun así, la práctica y aplicación de dicha ley quedaba sujeta al recurso de súplica –obedecida y acatada, pero nno cumplida en el ínterim–, ¿cómo habían de entender aquel texto (esto es, el Proyecto constitucional), por ellos redactado o votado, superior a toda la práctica antigua, que obligaba inmediatamente, sin suplicación posible...? Aquí está –concluye D. RAMOS– el origen de esta pretensión de que antes "se revea por los pueblos" (34).

Pero lo que aquí interesa poner de relieve es que en defensa de esta petición, redactada al abrigo de las tradiciones del Derecho de Indias, sus signatarios y otros miembros de grupo americano defendieron una teoría territorial de la Representación, opuesta al principio de soberanía nacional y en la que se ocultaba un concepto de Nación similar al conjunto de pueblos o provincias de la Monarquía. Veámoslo.

> "Quisiera –decía Riesco– que en las futuras próximas cortes con poderes especiales se jurase y ratificase esta constitución con todas aquellas precauciones que aconseje la prudencia y dicte la ex-

(33) *El Peruano Morales... O. c.,* pp. 195.
(34) *Ib.,* p. 195.

periencia, para que cada diputado, *en nombre de su provincia, y con la expedición de sus poderes,* pueda hacer el juramento y reconocimiento *a nombre de aquéllas*" (35).

LEYVA, por su parte, además de adherirse al criterio de RIESCO, sostuvo, partiendo de estas premisas doctrinales, que las Cortes encargadas de ratificar el Proyecto deberían actuar de conformidad con las instrucciones previamente dictadas (se supone que por los electores):

> "si las instituciones deben ser estables –argumentaba... Es necesario confesar que la constitución no sólo debe ser hecha libremente, sino que debe ser libremente aceptada; y debiendo preceder a la aceptación la instrucción deberá hacerse en las primeras cortes... Nuestro principal objetivo debe ser evitar un cisma político. Para esto es necesario reunir la opinión pública en un centro qual es las cortes. En ellas los diputados, *en uso de sus instrucciones,* harán las observaciones que les parezca" (36).

Los diputados MENDIOLA y OSTOLAZA, además de abundar en estos argumentos, calificaron a los diputados suplentes de simples apoderados. Así, el primero los comparaba con los "gestores de negocios o agentes oficiosos" (37). OSTOLAZA, por su parte, añadía:

> "todo el fundamento de la representación de éstos –de los suplentes– *estriba en un consentimiento presunto de las provincias que representan...* Siempre que algunas provincias no hayan nombrado diputados, y que están representadas por suplentes, digan que el artículo A o B resulta no les es útil, ha cesado el motivo de la presunción de su asenso, en tal caso se verá anulado todo lo actuado *mientras no se ratifique por las provincias legítimamente representadas*" (38).

En términos semejantes se expresaron GURIDI y LÓPEZ DE LA PLATA, pero en este caso extendían el carácter de manda-

(35) *DDAC,* T. 11, pp. 343-344.
(36) *Ib.,* p. 310.
(37) *Ib.,* p. 314.
(38) *Ib.,* p. 325.

tarios a todos los demás miembros de las Cortes de Cádiz, fuesen o no suplentes. Con ello se corrobora que estas premisas doctrinales, ciertamente alejadas del dogma de soberanía nacional, no obedecían solamente a una razón coyuntural o a una finalidad política concreta, sino a unas convicciones doctrinales profundamente enraizadas:

> "los poderes amplios que fungen los actuales representantes –argüía Guridi– no son suficientes para restringir las facultades del congreso futuro. Prescindo de si este asunto es de los que requieren poder especial en los procuradores; prescindo *mirándolos como mandatarios,* de que semejante contrato es de buena fe, y que no constando expresamente la voluntad del mandante se necesita la ratificación. Digo que no son suficientes para restringir las facultades del congreso futuro... *La nación únicamente, repito, la nación misma prodrá solamente hacer limitaciones por residir en ella radicalmente la soberanía...* la nación no tendría pleno dominio si no pudiese variar lo dispuesto por las Cortes, *que son su apoderado*" (39).

Por su parte, López de la Plata identificó la representación parlamentaria con la diplomática, al equiparar los poderes de diputado con los de embajador:

> "últimamente, Señor –decía– los diputados son equiparados en el derecho de gentes a los embajadores ¿y pueden los embajadores, por más amplias que sean sus facultades, concluir negociaciones o tratados de importancia sin la indispensable ratificación de la Corte que los ha enviado?" (40)

Símil al que –recuérdese– había hecho referencia Carre de Malberg para caracterizar la naturaleza jurídica de la Representación en los Estados Generales franceses (41).

Por último, puede ser de interés advertir que Martínez Marina, en su "Discurso sobre el origen de la Monarquía", coincidiría con este empeño ratificador de los diputados ameri-

---

(39) *Ib.*, pp. 328-329. En igual sentido **Larrazabal,** *Cfr. Ib.*, pp. 366-367.
(40) *Ib.*, p. 343.
(41) *V.* nota 12 del cap. cuarto.

canos, desestimado al fin por las Cortes. Y es más, en esta obra, publicada como prólogo a la "Teoría de las Cortes", este autor manifestó su adhesión al "sabio dictamen que sobre este punto extendieron los cuatro individuos de la Comisión de constitución... Presentado y leído en las Cortes sin fruto (42). Para MARINA, la exigencia de los diputados americanos era justa, puesto que

> "muchas provincias de España y las principales de la Corona de Castilla no influyeron ni directa ni indirectamente en la Constitución, porque no pudieron elegir diputados ni otorgarles suficientes poderes para llevar su voz a las cortes, y ser en ellas como los intérpretes de la voluntad de sus causantes. De que se sigue –continuaba Marina– hablando legalmente y conforme a derecho, que *la autoridad del congreso extraordinario no es general, porque su voz no es el órgano de expresión de todos los ciudadanos,* y de consiguiente antes de comunicar a los que no tuvieron parte en ella y de exigirles el juramento de guardarla, requiriría la justicia y el derecho que prestasen su consentimiento y afirmación lisa y llanamente, o proponiendo las reformas y modificaciones que les pareciese por medio de diputados libremente elegidos y autorizados con suficientes poderes para entender en este punto y en todo lo actuado en las cortes hasta el día que se presentasen en ellas" (43).

3. La Nación como suma de sus individuos componentes

Si en el debate de los artículos que se acaban de comentar, los diputados americanos expusieron una teoría territorial de la Representación, en la que subyacía una idea de Nación equivalente al conglomerado de provincias o pueblos, en la controversia que suscitaron los artículos 22 y 29 se reveló el otro componente que complementaba esta idea: el individualista democrático, inspirado en el moderno dogma de la soberanía popular. En realidad, esta idea individualista, no estamental, de Nación se evidenció en el debate del artículo 27 por dos vías diferentes: en primer lugar, por una negativa, al no intervenir ningún americano –excepto OSTOLAZA (44)– en defensa de unas Cortes

(42) *Discurso sobre el Origen... OCEC,* p. 288, nota 1.
(43) *Ib.,* pp. 228-229.
(44) *Cfr. DDAC, T. 8, pp. 293-295.*

estamentales. En segundo lugar, por una positiva, al propugnar Ortiz –y también fue el único americano que lo hizo– una composición unicameral de las mismas, basada exclusivamente en el criterio de la población (45).

Pero fue en el debate de los artículos 22 (46) y 29 (47) cuando esta idea individualista de Nación se hizo más patente. La discriminación que recogía el artículo 22, que ya se anunciaba en el 18 (48), venía a impedir que las "castas" (esto es, los negros, o los españoles, criollos e indios mezclados con ellos) tuviesen acceso a la ciudadanía y, por tanto, a los empleos y cargos públicos, según disponían los artículos 23, 45 y 75 (49). De modo especial, esta medida iba encaminada a obstaculizar el que todos estos individuos pudiesen elegir y ser elegidos diputados como prescribía el artículo 91 (50). Por su parte, el artículo 29 excluía a las "castas" del cómputo de la po-

(45) *Cfr. Ib.*, pp. 282-283.

(46) En este artículo se decía: "los españoles que por cualquiera línea traen origen del Africa, para aspirar a ser ciudadanos les queda abierta la puerta de la virtud y del merecimiento; y en conseqüencia las Cortes podrán conceder carta de ciudadano a los que hayan hecho servicios eminentes a la patria, o a los que se distingan por sus talentos, su aplicación y su conducta; baxo condición, respecto de éstos últimos, de que sean hijos de legítimo matrimonio, de padres ingenuos, de que estén ellos mismos casados con mujer ingenua, y avecindados en los dominios de España, y que exerzan alguna profesión, oficio o industria útil con un capital propio, suficiente a mantener su casa y educar sus hijos con horadez".

(47) El artículo 29 decía que la base de la Representación sería "la población compuesta de los naturales que por ambas líneas sean originarios españoles, y de aquéllos que hayan obtenido de las Cortes carta de ciudadano, como también los comprendidos en el artículo 21". Este último artículo se refería a "los hijos legítimos de extranjeros domiciliados en las Españas que habiendo nacido en los dominios españoles no hayan salido nunca fuera sin licencia del gobierno, y teniendo veintiún años cumplidos cuando se hayan avecindado en un pueblo de los mismos dominios, ejerciendo en él alguna profesión, oficio o industria útil".

(48) En efecto, según este artículo serían ciudadanos "aquellos españoles que por ambas líneas traen su origen de los dominios españoles de ambos hemisferios y estén avecindados en cualquier pueblo de los mismos dominios".

(49) El artículo *23* decía: "sólo los que sean ciudadanos podrán obtener empleos municipales y elegir para ellos en los casos señalados por la ley". El artículo *35*, por su parte, exigía este requisito para ser elector de parroquia, y el *75* para serlo de partido.

(50) En efecto, este artículo se encabezaba de este modo: "para ser diputado de Cortes se requiere ser ciudadano que esté en el ejercicio de sus derechos...".

blación sobre la que, a tenor de los artículos 28 (51) y 31 (52), se debía asignar el número de diputados correspondiente a cada circunscripción electoral, con lo cual se reducía muy considerablemente el futuro contingente de representantes por América (53).

En el debate del artículo 22 los diputados de Ultramar sostuvieron una idea de Nación que venía a equipararse a la suma de todos y cada uno de sus individuos componentes. En coherencia con este punto de partida interpretaron el principio de soberanía nacional desde unas coordenadas inclusas y derivadas del dogma de la soberanía del Pueblo. Para estos diputados, en efecto, la soberanía no recaía en la Nación como sujeto unitario, sino en todos y cada uno de sus individuos. O mejor dicho, al recaer en aquélla entendían que debía residir en éstos, que debían tener una parte alícuota de esta suprema facultad.

> "Ser parte de la soberanía nacional –decía Uría– y no ser ciudadano de la nación sin demérito personal, son a la verdad, Señor, dos cosas que no pueden concebirse, y que una a la otra se destruyen. El origen por sí solo no puede influir tan imperiosamente en la porción numerosa de estos españoles –es decir, las "castas"–, *que representando la parte sustancial de la soberanía que les corresponde,* les prive de lo que sólo es accesorio y accidental. Tal es a mi parcer el título de ciudadano" (54).

En términos similares se expresaron los mejicanos GORDOA y RAMOS DE ARISPE:

---

(51) "La base de la representación nacional –decía el artículo 28– es la misma para ambos hemisferios".

(52) "Por cada 70.000 almas de población –decía el artículo 31– compuesta como queda dicho en el artículo 29, habrá un diputado en cortes".

(53) En efecto, conviene no perder de vista que las "castas" suponían unos cinco o siete millones de individuos, casi un tercio de la población total de América. Esta estimación fue dada a conocer por el diputado **Castillo.** *DDAC,* T. 8, p. 307. **Pérez de Castro,** por su parte, dio unas cifras menores. *Cfr. Ib.,* p. 334. Sobre la lucha que los diputados americanos sostuvieron para obtener la igualdad de Representación, no ya en las futuras Cortes constitucionales sino en las mismas Cortes constituyentes, **V. Demetrio Ramos,** *Las Cortes de Cádiz y América. O. c.,* pp. 511 y ss. **J. Fergusson King,** *The colored castes and american representation in the Cortes of Cádiz,* en "The Hispanic-American Historical Review", T. 33, núm. 1, febrero (1953), pp. 3364 y ss.

(54) *DDAC,* T. 8, p. 148.

> "la soberanía es una e indivisible –decía Gordoa. Esta, según V.M. ha declarado, reside esencialmente en la nación española, que por los artículos 1 y 6 compone también los que traen origen de Africa, *y por lo mismo reside aquélla en éstos...*" (55).

> "V.M. tiene sancionado, con aplauso general –argumentaba Ramos de Arispe– que la soberanía reside esencialmente en la nación... *Las castas como parte de la nación, tienen necesariamente una parte proporcional y respectiva de la soberanía...*" (56).

De sumo interés resulta una intervención de CASTILLO, ya que merced a ella se evidencia que para los americanos cada diputado, singularmente considerado, no representaba a la Nación, sino (además de al "pueblo" o provincia correspondiente) a los individuos sobre cuyo cómputo había resultado electo, de tal modo que solamente todos los diputados juntos representarían a la Nación:

> "estas son, según lo decretado ayer –precisaba Castillo aludiendo a las Cortes y al artículo 27– la reunión de todos los diputados que representan a la nación; *por manera que así como cada diputado representará en las cortes las setenta mil almas, respecto de las cuales fue elegido, así también la reunión de todos será la imagen o expresión de la nación entera*" (57).

Se trataba, pues, aunque desde unas premisas doctrinales no totalmente coincidentes, del mismo punto de vista sustentado por BORRULL y por otros diputados realistas. En ambos casos, la Representación nacional se concebía como el resultado o suma de las representaciones parciales. De lo que se colige que para ambos sectores doctrinales de las Cortes, la Nación no era más que un agregado de partes con sustancialidad propia: los reinos, provincias o pueblos, de un lado, y, de otro, los estamentos, para los realistas, o los individuos, para los americanos.

Por partir de esta curiosa exégesis del principio de soberanía nacional, los diputados americanos pensaban que todo

(55) *DDAC,* T. 8, p. 159.
(56) *Ib.*, p. 305.
(57) *Ib.*

miembro de la Nación, por el sólo hecho de serlo, debería ser ciudadano. O, lo que es lo mismo, pero dicho a la inversa, que la contraposición entre español y ciudadano, que el Proyecto constitucional consagraba, era opuesta al dogma de la soberanía nacional:

> "Señor, argüía Castillo– el asunto es de mucha importancia y trascendencia; no se trata del bien de uno u otros, sino de millares de súbditos de V.M., de individuos y de partes integrantes de la nación española, de esta nación libre e independiente, de esta nación grande y generosa en quien reside la soberanía. *¿Y como podrá negárseles el derecho de ciudadanos a unos miembros de una nación soberana*? (58).

De conformidad con estos supuestos doctrinales, los diputados americanos entendían que el derecho a elegir y ser elegido representante de la Nación, era un derecho natural e inherente a todo miembro de la misma. Esto es lo que venía a decir GURIDI y ALCOCER, con lo cual se hacían patentes (en realidad este aspecto planea en toda esta disputa) las similitudes que existen entre una cierta mentalidad escolástica (incluso se podría decir que católica) y una cierta mentalidad democrática, coincidentes ambas en un populismo bastante repugnante para el liberal *"comme il faut":*

> "el sufragio –argumentaba el Clérigo mejicano– no puede negárseles (a las "castas") en virtud de ser miembros de la nación, en quién reside la soberanía, y dexaría de ser popular una elección, si no tuviesen sufragio los que componen el pueblo" (59).

Y, ciertamente, la elección dejaría de ser "popular", pero no por este motivo dejaría de ser "nacional". Cosas a la verdad bien distintas, como se encargarían de mostrar los diputados liberales de la metrópoli.

También en el debate del artículo 22, y en coherencia con estas premisas, los diputados americanos negaron la típica distinción que la teoría liberal establecía, al amparo del principio

(58) *Ib.*, p. 164.
(59) *Ib.*, p. 152.

de soberanía nacional, entre unos derechos civiles y unos derechos políticos:

> "lo que yo veo como teoría y metafísica –decía Guridi respondiendo a los diputados liberales de la metrópoli– es la distinción entre derechos civiles y derechos políticos" (60).

Se comprende también que, a tenor de esta interpretación del principio de soberanía nacional, los diputados americanos declarasen contrario a este dogma el contenido del artículo 29. No obstante, hay que decir, aunque sobre este extremo se insistirá al estudiar la postura de los liberales, que en este caso, a diferencia de lo que ocurría con el artículo 22, al excluir a unos miembros del cuerpo nacional de la base de población exigida para fijar el número de diputados, era difícilmente compatible con el principio de soberanía nacional. Mucho más cuando de esta base no se excluía al resto de los españoles privados de los derechos de ciudadanía, como los niños, las mujeres, los quebrados y procesados criminalmente, etc. En esta incompatibilidad se centró LEYVA:

> "no se podrá decir que la soberanía reside en la nación, ni que las cortes la representan, si una considerable parte de ella ni es representada ni censada" (61).

CASTILLO, además de sumarse a este criterio, agregaba que el artículo 29 implicaba excluir a las "castas" de la condición misma de españoles:

> "todos los hombres que han nacido y están avecindados en el territorio español, son españoles. La nación española es el conjunto de todos los españoles. La soberanía reside esencialmente en la nación. Esos son tres principios inconcusos que V.M. tiene decretados; son como el exe sobre el que debe jugar toda la máquina o sistema de la constitución. De esos principios se deduce claramente que las castas son españolas, pues que han nacido y viven en el suelo español, que son partes integrantes de la nación española y que por consi-

(60) *Ib.*, pp. 245-246.
(61) *Ib.*, p. 301.

> guiente tienen un derecho indisputable a ser representados en las cortes... De forma que negando a las castas este derecho, es negarles que son españoles, y que componen parte de la nación; es reducirlos a extranjeros de aquéllos que ni aún han adquirido naturaleza en España" (62).

Otros diputados americanos venían de decir que mientras el excluir a las castas del derecho electoral activo y pasivo podía fundamentarse en la distinción entre derechos civiles y políticos —aunque ellos no la aceptasen—, la discriminación consagrada por el artículo 29 era de distinto orden y alcance y no podía basarse siquiera en esta distinción:

> "la clase de ciudadanos —argumentaba Leyva—, si se necesita para elegir y ser elegido, no es la única que se repesentará en el congreso nacional, sino en la totalidad de la nación, para que la soberanía no sea parcial sino universal. Las mujeres no son electores ni elegibles, ni lo son los niños y los que están desposeídos del exercicio de la razón, y tampoco los que están suspendidos de los derechos de la ciudadanía, y los que la han perdido. Sin embargo, todas estas personas entran en el censo, porque constituyen la nación, y porque la privación de poder representar no envuelve la de poder ser representados" (63).

Y, en fin, CASTILLO, por su parte, añadía:

> "¿Se dirá, por ventura, que este artículo (el 29) es una consecuencia del 22? De ninguna manera, Señor, yo entiendo que son dos cosas muy distintas ser ciudadano y ser representado en el congreso nacional: para lo primero acaso podrán exigirse algunas circunstancias; mas para lo segundo bastará ser español, ser individuo de la nación, y componer parte de su población... Con que es claro —proseguía Castillo tras traer a colación también el caso de las mujeres y niños— que no es la cualidad de ciudadano, sino la de español, la que debe considerarse al formar la base de la representación nacional, y que excluyendo de esta cualidad a las castas, es consiguiente excluirlos también de españoles" (64).

---

(62) *Ib.*, p. 307.
(63) *Ib.*, pp. 301-302.
(64) *Ib.*, p. 308.

No obstante, pese a que el contenido del artículo 29 podía contradecir el principio de soberanía nacional, como afirmaban los diputados americanos, es evidente que éstos no partían de este principio, sino del de soberanía popular, al cual, obviamente, también se oponía el citado artículo. Sus mismas argumentaciones en contra del artículo 22 corroboran este juicio.

En resumen: para estos diputados la Nación venía a concebirse como el conjunto de pueblos e individuos de la Monarquía. La soberanía, al igual que había sostenido MARTÍNEZ MARINA, debía recaer, por ello, en cada pueblo y en cada uno de sus individuos *ut singuli* considerados y esta suma o agregado conformaría la soberanía de la Nación. De este modo, la soberanía nacional no era más que el resultado de un proceso de agregación de unidades singulares soberanas. La unidad de la Nación soberana no era previa, axiomática e ideal, sino que *resultaba* o se *derivaba* de un ayuntamiento real (no ficticio) de provincias e individuos, de pueblo y pueblos. Estos presupuestos, plagados de vestigios arcaizantes y de concesiones, más o menos formales, a las modernas tesis democráticas, minaban la unidad del sujeto soberano, de la Nación, tornándola frágil, endeble, quebradiza. Efectivamente, al ser la soberanía de la Nación el producto o precipitado de previas unidades soberanas, éstas, a la postre, podrían desvincularse de aquélla. Los "pueblos" de la Nación española, de su Corona, podrían recobrar con plenitud su soberanía latente, originaria, su parte alícuota de la misma (y más aún en las circunstancias de 1812, debido a la acefalia de la Monarquía). La soberanía de la Nación española podría, así, atomizarse y desembocar en múltiples unidades soberanas: cada pueblo y cada individuo de la misma, lo que abría un portillo para que estos diputados pudiesen llegar a justificar más tarde el derecho de cada pueblo americano a dotarse de una estructura jurídico-política independiente.

II. EL CONCEPTO DE NACION PARA LOS DIPUTADOS LIBERALES DE LA METROPOLI

Los diputados liberales de la metrópoli sostuvieron un concepto de Nación muy diferente al mantenido por los realistas y los americanos. La Nación a quienes imputaban la soberanía era en este caso un *sujeto unitario e indivisible, compuesto exclusivamente de individuos iguales,* depurado de cualquier vestigio estamental o territorial. De estas dos notas se deducía una tercera de gran importancia: la Nación no se trataba de un ser dotado de existencia empírica al estar compuesto de unidades revestidas de una cierta corporeidad o, al menos, de una cierta tangibilidad, como se colegía de las tesis realistas y americanas, sino que, por el contrario, se trataba de un *ser puramente ideal.* En definitiva, el concepto de Nación que se desprendía de estos postulados respondía esencialmente a los que se derivaban del dogma de la soberanía nacional, tal como había sido expuesto pocos años antes por los liberales franceses. Ni los prejuicios historicistas, ni la influencia escolástica, patente en algún miembro de esta tendencia, ni, en fin, ciertos atisbos doctrinales procedentes del pensamiento democrático, que se aprecian también en otros miembros de la misma, se interfirieron con fuerza suficiente para mixtificar la idea de Nación según el molde acuñado por los teóricos de la soberanía nacional. Intentemos comprobarlo.

1. La Nación como sujeto unitario e indivisible de existencia puramente ideal

En las páginas precedentes se había visto como las tesis de los realistas y las de los americanos, pese a su distinta apoyatura doctrinal, coincidían en poner en entredicho el carácter unitario e indivisible del sujeto de imputación de la soberanía. Los planteamientos de los realistas —a los que el mejicano GURIDI pareció sumarse— revelaban un inequívoco sustrato dualista, que apuntaba, principalmente, a negar la unidad del sujeto Nación. Los planteamientos de los diputados de Ultramar cercenaban, sobre todo, su naturaleza indivisible. Frente a ello, los diputados liberales de la metrópoli defendieron, en la discusión de los tres primeros artículos del Proyecto constitucional, el carácter unitario, no dualista, de la Nación, y, en la polémica que suscitaron los artículos 22 y 29, su naturaleza indivisible, no atomizable. Veamos ambos aspectos por separado.

A). *La Nación como sujeto unitario*

La unidad del sujeto de imputación de la soberanía era una premisa que se podía deducir ya de la concepción unitaria que de esta cualidad *in abstracto,* objetivamente, habían puesto de manifiesto los diputados liberales en el debate sobre los señoríos. Como se había visto, este punto de partida era muy distinto no sólo al que había mantenido BORRULL, sino también al que habían sustentado los regalistas ANER y el Obispo de Mallorca (65). Por otra parte, la idea unitaria de Nación era una consecuencia lógica de la condena que los diputados liberales habían efectuado a la doctrina del pacto de traslación y a la subsiguiente distinción entre "soberanía radical" y "soberanía esencial" (66).

Y, en efecto, el concepto de Nación defendido por los diputados liberales era muy distinto al sustentado por los realistas —fuesen cuales fuesen sus matices secundarios— puesto que estaba exento de dualismo alguno. Este juicio, sin embargo, no es compartido por SEVILLA ANDRÉS, quien reduce la inteligencia en las Cortes de Cádiz del concepto de Nación a la ya examinada postura realista (67) y sostiene, además, que fue esta inteligencia la que se plasmó en el texto constitucional de 1812 (68).

---

(65) *Supra.,* Cap. II, V, 3, A.

(66) *Supra.,* Cap. II, V, 3.

(67) *Cfr. La Constitución de 1812 Obra de Transición.* REP, núm. 126 (1962), pp. 128 y 131 a 133.

(68) "Las Cortes rechazaron el estrambote del artículo 3.º —escribe **Sevilla Andrés**—, que permitía a la nación "adoptar la forma de gobierno que más convenga", ratificadora del concepto de España como nación de la que forma parte el monarca.

No obstante, hay características de extraordinaria importancia que permiten distinguir con claridad la versión realista de la liberal y la proyección de esta última en el código doceañista. Este es el criterio de DÍEZ DEL CORRAL, autor que, pese a no ahondar expresamente en sus diversas premisas y consecuencias, señala la dualidad de acepciones de que fue objeto en España la idea de Nación ya desde las Cortes de Cádiz (69). Una de estas características estriba, precisamente, en que para los liberales del doce la Nación no era un ser separado del Monarca, como pensaban los realistas, ni tampoco —una premisa conducía a la otra— un sujeto unido a éste por indisolubles vínculos de remoto e ignoto origen. Muy al contrario, la Nación se concebía ahora como un sujeto unitario, en el cual residía exclusiva y esencialmente la soberanía, toda la soberanía, que no podía ser "patrimonio de ninguna familia ni *persona*", como sancionaba el artículo segundo del Proyecto constitucional. Para los diputados liberales, el Monarca formaba parte de la Nación, pero no como su *cabeza,* sino como su *representante.* Es decir, con el mismo título que las Cortes. Y, al igual que éstas, ejercería en adelante el poder según lo dispuesto en el texto constitucional, *en cuya elaboración y reforma no tendría participación alguna.* (70).

Ante todo, el concepto de Nación para estos diputados apuntaba a una unión de voluntades. A una unión metafísica, si se quiere, pero no mística. La Nación no era el ayuntamiento del Rey y su Pueblo, ni tampoco, como se verá más adelante, mero agregado de individuos, sino el fruto de la unión de las voluntades individuales, de la cual surgía la *Voluntad General.* Así, ESPIGA, al glosar el artículo primero, en el que se intentaba definir a la Nación, entendía que los términos del mismo no podían ser más exactos. Pero agregaba:

Nota sobre el Poder Ejecutivo en la Constitución de 1812. "Documentación Administrativa", núm. 153 (1973), p. 66.

(69) En España, escribe **Díez del Corral,** "el concepto de Nación, aunque empleado en un sentido similar al francés por los doceañistas, consiente todavía una utilización conservadora y ofrecerá espontáneos correctivos dentro de la construcción doctrinaria..." *O.c.,* p. 518.

(70) *Infra.,* capts., séptimo, octavo y noveno, *passim.*

"para que se dé una verdadera inteligencia a esta palabra "reunión", es preciso observar que no se trata de una reunión de territorios, como se ha insinuado, sino de *voluntades,* porque ésta es la que manifiesta aquella *voluntad general* que puede formar la constitución del Estado" (71).

Se trataba, pues, del mismo concepto de Nación que había defendido SIEYES (72). En realidad, este autor, en su obra más conocida y polémica, formula tres conceptos distintos de Nación. En primer lugar, al referirse a la Nación ya organizada jurídicamente, entiende que ésta es "un cuerpo de asociados que viven bajo una ley común y representados por la misma legislatura" (73). Y páginas más adelante dice: "¿dónde tomar la nación? ¿Dónde está? En las cuarenta mil parroquias que abrazan todo el territorio, todos los habitantes y todos los tributarios de la cosa pública; ahí está sin duda la nación" (74). Pero añade: "¿qué es la voluntad de una nación? *Es el resultado de las voluntades individuales,* como la nación *es la reunión de los individuos*" (75). Se trata, pues, de un sujeto único, con una sola voluntad, aunque esté compuesto de unidades individuales; y en él se comprehenden y de él emanan todos los poderes. No otra cosa venía a expresar JUNA NICASIO GALLEGO cuando, en el debate del artículo tercero, afirmó:

"una nación... Es una asociación de hombres libres que han convenido voluntariamente en componer un *cuerpo moral,* el cual ha de regirse por leyes que sean el *resultado de la voluntad de los individuos que lo forman,* y cuyo único objeto es el bien y la utilidad de toda la sociedad" (76).

Pero este "cuerpo moral" era sensiblemente distinto al que aludían los diputados realistas. El empleo de una misma expre-

---

(71) *DDAC,* T. 8, p. 20.

(72) Pese a que, como se verá más adelante, se hubiese apartado del mismo en algunas ocasiones, influido por **Rousseau;** fenómeno que también es notorio en algún liberal doceañista.

(73) *¿Qué es el Tercer Estado? O. c.,* p. 13.

(74) *Ib.,* p. 86.

(75) *Ib.,* p. 107.

(76) *DDAC,* T. 8, p. 68.

sión encerraba un muy distinto contenido. El "cuerpo moral" al que se refería GALLEGO, mostrando con ello el influjo de ROUSSEAU y SIEYES, comprendía al Rey, pero como representante u órgano de la Nación, esto es, de modo ancilar y derivado, y no como un sujeto separable, unido místicamente al Pueblo o Reino, con el que debía compartir la soberanía. La voluntad del Monarca sería la voluntad de la Nación en tanto que aquél formaba parte de ésta, pero como un poder más y no como un soberano más: *compartía el ejercicio de la soberanía, pero no su titularidad,* distinción de vital trascendencia, sobre la que nos extenderemos en el capítulo sexto. En este sentido, conviene recordar una intervención del conde de Toreno, ya citada en el capítulo segundo, en la cual este diputado venía a corroborar estas apreciaciones:

> "si mal no recuerdo –decía aludiendo a los diputados realistas– han convenido en que la soberanía parte reside en el rey, parte en la nación... (Pero) la soberanía reside en la nación, no se puede partir, es el *super omnia...*"

Y en este mismo discurso, respondiendo a BECERRA y LLAMAS, agregaba:

> "...El señor Llamas ha concluido diciendo que se espere a que la nación toda se halle reunida, ¿qué quiere decir esto?... ¿Será acaso aguardar a que venga el rey? Ya he probado, a mi parecer hasta la evidencia, que no puede dividirse con él la soberanía (77).

B) La Nación como sujeto indivisible de existencia puramente *ideal*

Por otra parte, pese a lo que una lectura del artículo primero pudiese dar a entender, la Nación española para los diputados liberales de la metrópoli no se identificaba tampoco –como pensaban los americanos– con la suma de los españoles de ambos hemisferios, ni la soberanía, por tanto, recaería en todos

(77) *Ib.*, pp. 65-66.

éstos o en cada uno de ellos *ut singuli* considerados. Por el contrario, lejos de esta interpretación de los conceptos de Nación y de soberanía nacional a la luz de los postulados inherentes al dogma de soberanía popular, la Nación se concebía como un sujeto indivisible, distinto de sus individuos componentes. No parece por ello muy acertada la opinión de MARTÍNEZ SOSPEDRA, para quien la redacción del artículo primero translucía un concepto de Nación "bien distinto del revolucionario francés —expuesto por SIEYES—, y más próximo a la posición de la ley de las Partidas... La Nación —prosigue este autor— es el conjunto de los españoles, son todos los españoles. Ello implica una diferencia radical respecto al 91, ya que allí la Nación es un cuerpo moral que se alza por encima de los franceses y es distinto de ellos, razón por la cual la Constitución gala puede introducir la distinción entre ciudadanos activos y pasivos, que es incompatible con la concepción nacional de los doceañistas y que, en efecto, fue rechazada" (78).

Se ha visto ya que la influencia de SIEYES es patente en los planteamientos de los liberales doceañistas, quienes, incluso, recurren a la expresión "cuerpo moral" para referirse a la Nación, y en un sentido muy similar al asignado por este autor y por ROUSSEAU —de quien procede este término (79)— y no, desde luego, con el significado que podía subyacer en las Partidas.

Por otra parte, aunque ni en el Código constitucional de 1791, ni en la Declaración de Derechos de 1789 se recogía una definición explícita de Nación, no cabe duda de que ambos textos venían a sancionar una idea unitaria e indivisible (y puramente ideal) de la misma, al considerarla distinta de la mera suma de los individuos componentes (80). Tampoco cabe dudar de que la Constitución española de 1812 era mucho más opaca que estos textos a la hora de distinguir la Nación del agregado de sus individuos componentes, o, lo que es lo mismo, a la hora de distinguir a la Nación del Pueblo. Es más, incluso los términos de su artículo primero pueden inducir a pen-

(78) *O. c.*, p. 308.

(79) *Cfr. Du Contrat Social. O. c.* L. 1.º Cap. VI, p. 244.

(80) *V.* artículos 1.º del Título III de la Const. de 1791 y el 3.º de la Declaración de 1789.

sar que sus redactores y defensores confundían ambos conceptos. Sin embargo, se intentará mostrar a continuación cómo los diputados liberales distinguieron con suficiente nitidez la idea de Nación de la de Pueblo y se acogieron a la primera para atribuirle la soberanía, único expediente que les permitía articular el futuro Estado liberal y garantista de un modo adecuado a sus intereses. Se verá también cómo, en contra de lo que MARTÍNEZ SOSPEDRA sostiene, su concepto de Nación era, en esencia, el mismo que el defendido por los liberales franceses y que se plasmó en los textos normativos mencionados. Precisamente, por partir de este concepto de Nación, y por diferenciarlo del de Pueblo, los diputados liberales pudieron establecer la distinción entre españoles y ciudadanos, en la misma línea doctrinal (incluso más restrictiva, nunca más amplia) que la acuñada por sus correligionarios franceses al distinguir entre ciudadanos activos y pasivos.

Estos extremos se pusieron de relieve en el debate (y en el mismo enunciado) de los artículos 22 y 29. Para los diputados liberales, la diferencia que el Proyecto establecía entre españoles y ciudadanos, en la que se amparaba la discriminación del artículo 22, se fundamentaba, a su vez, en la distinción entre derechos civiles y políticos, que, como se ha dicho, hundía sus raíces en el principio de soberanía nacional. Esta última distinción se hallaba ya recogida en el Discurso Preliminar al Proyecto constitucional:

> "el íntimo enlace —se decía allí—, el recíproco apoyo que debe haber en toda la estructura de la Constitución, exige que la *libertad civil de los españoles* quede no menos afianzada en la ley fundamental del Estado, que lo está y a la *libertad política de los ciudadanos*. La conveniencia pública, la estabilidad de las instituciones sociales no sólo puede permitir, sino que exige muchas veces, que se suspenda o disminuya el ejercicio de la libertad política de los individuos que forman una nación. Pero la libertad civil es incompatible con ninguna restricción que no sea dirigida a determinada persona, en virtud de un juicio intentado y terminado según ley promulgada con anterioridad. Así es que en un Estado libre puede haber personas que por circunstancias particulares no concurran mediata ni inmediatamente a la formación de las leyes positivas; mas éstas no pueden conocer diferencia alguna de condición ni de clases entre los in-

dividuos de este mismo Estado. La ley ha de ser una para todos, y en su aplicación no ha de haber acepción de personas" (81).

A comienzos de las sesiones de Cortes, antes de iniciarse el debate constitucional, ESPIGA sacó a relucir esta importante distinción entre derechos civiles y derechos políticos. A su juicio, los primeros debían extenderse a todos los individuos, por mor de su igualdad natural, y, en consecuencia, a ellos deberían tener acceso todos los españoles o "ciudadanos simples", como aquí los denomina ESPIGA. Los segundos, en cambio, debían restringuirse, al no ser fruto de la igualdad natural de los individuos, sino graciosa concesión de la ley positiva, por todo lo cual tan sólo los ciudadanos o los "ciudadanos activos", como aquí los llama, podrían acceder a ellos:

"¿El derecho de naturaleza o de ciudadano simple es lo mismo que el derecho de representación o de ciudadano activo? —se preguntaba Espiga— ...Qualquiera que examine los derechos del hombre en sociedad —respondía— no podrá menos de ver la inmensa distancia que hay entre los dos extremos propuestos, y que si bien todo ciudadano tiene derecho a ser protegido por las leyes, no todos son llamados al derecho de representación" (82).

En el debate del artículo 22 la mayor parte de los liberales de la metrópoli se remitieron a la distinción entre derechos políticos y civiles, por ser, a su juicio, la principal justificación de este precepto (83). De modo especial interesa transcribir por su claridad la intervención del Presidente de la Comisión Constitucional, MUÑOZ TORRERO, quien conectó esta distinción con la que el Proyecto establecía entre españoles y ciudadanos:

"expondré brevemente —decía este diputado— las ideas de la Comisión en esta materia tan delicada, para que se entienda qual es el motivo que la obligó a hacer esta distinción entre españoles y ciudadanos. Hay dos clases de derechos, unos civiles y otros políticos:

(81) *V. Constituciones...* **Sevilla Andrés,** *O. c.,* pp. 135-136.
(82) *DDAC,* T. 2, p. 327.
(83) *Cfr. Ib.* Tomo 8, **Espiga,** p. 217, **Aner,** pp. 182-183, **Pérez Castro,** pp. 184-185.

los primeros, generales y comunes a todos los individuos que componen la nación, son el objeto de la justicia privada y de la protección de las leyes civiles; y los segundos pertenecen exclusivamente al exercicio de los poderes públicos que constituyen la soberanía. La comisión llama españoles a los que gozan de los derechos civiles, y ciudadanos a los que al mismo tiempo disfrutan de los políticos... La justicia, es verdad, exige que todos los individuos de una misma nación gozen de los derechos civiles; más el bien general, y las diferentes formas de gobierno, deben determinar el exercicio de los derechos políticos... Algunos señores americanos –concluía Muñoz Torrero– desentendiéndose de esta distinción, han hablado largamente de las reglas de la justicia, en que debe fundarse la buena política, y lo mismo hizo ayer el señor Terrero" (84). Pero si llevamos demasiado lejos estos principios de los que se dice rigurosa justicia sin otras consideraciones, sería forzoso conceder a las mujeres con los derechos civiles los políticos, y admitirlas en las juntas electorales y en las Cortes mismas" (85).

Interesa recordar y subrayar que las distinciones entre español y ciudadano y entre derechos civiles y políticos, eran consecuencia de atribuir la soberanía a un sujeto indivisible e ideal, la Nación. Dicho de otro modo, tan sólo pueden sostenerse tales distinciones si se parte de un sujeto de imputación de la soberanía cuya composición sea puramente individual, pero concebido de un modo unitario e ideal, distinto y por encima de sus unidades individuales componentes.

El derecho a formar parte del electorado activo y pasivo –el principal de los derechos políticos– se explica, partiendo de este sujeto de imputación, como un derecho que pertenece exclusivamente a la Nación, y no a los individuos que la componen. No se trata de un "derecho natural" inherente al individuo, previo y superior al derecho positivo, sino que se concibe –como se había dicho ya– como una *función pública*, determinada por la Nación a través de su ordenamiento jurídico. Pues bien, no otra era la postura de los diputados liberales, puesta de manifiesto por ESPIGA antes de iniciarse el debate constitucional:

---

(84) Fue el único diputado de la metrópoli que se opuso a este artículo. *V. DDAC*, T. 8, pp. 178-179.
(85) *Ib.*, pp. 204-205.

"las naciones que han respetado más los derechos del hombre y del ciudadano —aducía este diputado—, han considerado el derecho de representación como una augusta prerrogativa que exige singulares qualidades, que los gobiernos ilustrados han fixado y modificado según las diversas circunstancias políticas... *La representación no es un derecho unido esencialmente al de ciudadano* (esto es a lo que Espiga entendía por "ciudadano simple"): *es el resultado de las cualidades y circunstancias que exige la ley*" (86).

En estas tesis se explayería este diputado en el debate del artículo 22:

"la nación, Señor, se puede considerar de dos maneras: o en su parte política que es su constitución, o en su parte legal que es su legislación. En la primera la nación tiene el indudable y soberano derecho de poner todas aquellas condiciones que crea conveniente para su más sabia constitución; y por consiguiente el de fixar las qualidades que han de tener los que han de ser llamados al exercicio de ella, para impedir de esta manera que entren en el congreso nacional aquéllos de quienes no se puede esperar leyes justas: que puedan llegar a ser magistrados los que no están dotados de aquella integridad tan necesaria para la recta administración de justicia: que la recaudación y la inversión de las rentas del Estado se encargue a aquellos que por su inmoralidad han de dexarse arrastrar del sórdido interés de la codicia...

Por una consequëncia de estas relaciones políticas, el individuo de una nación puede considerarse con respecto a la potestad legislativa, y en este supuesto todos deben ser iguales en derechos, y nadie debe ser excluido de ninguno... No será diputado en cortes pero las leyes que pronuncie este augusto congreso protegerán igualmente al español que al ciudadano. No será juez ni magistrado, pero la justicia se administrará con igualdad" (87).

En la discusión de este precepto intervino también ARGÜELLES. En primer lugar señaló la subversión que la categoría de ciudadano suponía respecto al orden estamental, en donde sólo podía haber súbditos desigualmente considerados:

"la qualidad de ciudadano —decía— habilita a todo español para serlo todo en su país, sin que reglamentos ni privilegios de cuerpos ni establecimientos puedan rehusar su admisión".

---

(86) *Ib.*, T. 12, pp. 327-328.
(87) *Ib.*, T. 8, p. 217.

Y, en segundo lugar, insistió en la diferencia que existía, respecto a la extensión del *status* de ciudadanía, en el orden liberal y en el democrático:

> "yo aseguro al congreso –decía Argüelles– que (la Comisión Constitucional) constituida en la dura necesidad de formar el artículo, tuvo que proceder por un camino lleno de peligros... Una latitud demasiada y una restricción excesiva eran escollos que debía evitar... El exemplo de los griegos y los romanos no sirve para resolver esta qüestion... El estado civil de sus ciudadanos distaba mucho del sistema que hoy rige en las naciones modernas. No obstante, los rigurosos principios de justicia y libertad social estuvieron siempre subordinados a la conveniencia pública, que usaron como ley suprema. En el día tampoco fue de ningún estado separarse de aquélla en el establecimiento de un sistema económico, que no es otra cosa en el punto que se discute sino el estado civil. *La nación –concluía Argüelles– debe llamar a componerle a los que juzge oportuno. Para esto no hay ni puede haber reglas de rigurosa justicia que no estén sujetas a la modificación que exija la utilidad pública*" (88).

Y, en fin, GARCÍA HERREROS intervino también para recalcar que la condición de ciudadano debía ser atribuida por la Nación discrecionalmente, buscando, en todo caso, mediante la ley, requeridora de ciertas cualidades, el interés general:

> "...La ley –decía este diputado– no es otra cosa que la expresión de la voluntad nacional. Ahora, pues, ¿de qué principios parte la nación para hacer estas u otras declaraciones? ¿Cuál es el objeto que en ellas se proponen? ¿Cuál la norma que la rige? El bien general de todos sus individuos, la felicidad del pueblo. Esta es la norma, este es el objeto y estos son los principios que debe tener presente toda sociedad, y de los cuales no puede prescindir. El principal de los derechos políticos es la representación nacional: las atribuciones de ésta son el establecimiento de las leyes y la formación de gobierno. Para tener derecho a una carga de tanta trascendencia ¿bastará solamente el ser individuo de la nación? ¿No deberá ésta exigir que aquellos a quienes se confiera estén revestidos de las qulidades que les hagan capaces para desempeñarlo? ¿Hará dependiente su felicidad y bienestar de sugetos que ni por su *educación,* ni por sus *desti-*

---

(88) *Ib.*, p. 157.

nos, ni por su *opinión*, ni por su *moralidad* merezcan su confianza?" (89).

Si se partía de estos presupuestos resultaba perfectamente lógico y congruente excluir a buena parte de la población nacional española del *status* de ciudadanía, ya por razones de origen o raza —aunque la finalidad política fuese otra (90)—, ya por la edad o el sexo. En una palabra, los liberales españoles, al igual que sus correligionarios europeos, fieles al principio de soberanía nacional, sin partir del cual tales exclusiones no podrían fundamentarse, entendían que sólo el ordenamiento jurídico podría libremente, "sin sujección a regla fixa", determinar las condiciones necesarias para gozar de los derechos de ciudadanía y que podría hacerlo, además, en nombre del todo nacional, aun en nombre de la parte exclusa de tales derechos. Y, naturalmente, una de las condiciones exigidas para tener acceso a estos derechos sería la de pertenecer a un estrato económico-social determinado: el de los propietarios. Así, el Proyecto constitucional disponía en su artículo 25 que se suspenderían los derechos adyacentes a la condición de ciudadano por "el estado de sirviente doméstico" o "por no tener empleo, oficio o modo de vida conocido". Por su parte, el artículo 92 requería para poder ser elegido diputado en Cortes, además de ser ciudadano y de otros requisitos, el "tener una renta anual proporcionada, procedente de bienes propios". Este requisito de la propiedad como condición necesaria para poder desempeñar el cargo de diputado —al que los americanos no opusieron en ge-

---

(89) *Ib.*, pp. 312-313.

(90) Los diputados liberales dieron inequívocas muestras de racismo. Ahora bien, lo que perseguían, excluyendo a las "castas", era evitar la preponderancia de la representación criolla en el futuro órgano supremo del Estado constitucional: el Parlamento. Por otro lado, los móviles que animaban a algunos diputados americanos (sin duda no a todos) al defender los derechos de las "castas", no eran precisamente muy filantrópicos. Con tal defensa pretendían obtener una mayor representación para la burguesía criolla en las futuras Cortes. Ejemplo de esta interesada actitud, sistemáticamente denunciada por los liberales, fue la enmienda presentada por **Salazar** al artículo 22, según la cual sólo se concedía a las "castas" el derecho de elegir, pero no el de ser elegidas para el desempleo de cargos públicos. *Cfr. DDAC*, T. 8, p. 178. A esta enmienda se adhirió **Larrazabal.** *Cfr. Ib.*, pp. 199-200.

neral objecciones de fondo –venía justificado ya en el Discurso Preliminar con estas palabras:

> "nada arraiga más al ciudadano y estrecha tanto los vínculos que le unen a su patria como la propiedad territorial o la industrial afecta a la primera" (91).

Y en el debate del artículo 92, ARGÜELLES, al tiempo que reafirmaba el carácter de función pública asignado al electorado activo y pasivo, abundaba en el supuesto vínculo que ligaba a la propiedad con el patriotismo:

> *"la nación tiene derecho para buscar en las personas que han de ser depositarias de su confianza quantas seguridades crea necesarias.* Además de la aptitud, nada es más a propósito para inspirar aquélla que el que los individuos que han de representar a la nación en las cortes vean de tal modo unidos los intereses de cada español con los de la comunidad que le parezcan inseparables. *La propiedad es lo que más arraiga al hombre a su patria,* y ora consista en bienes raíces o en bienes de otra naturaleza, es innegable que los vínculos que le unen al estado son mucho más fuertes" (92).

Es decir, para los liberales doceañistas, como para el liberalismo decimonónico mayoritario, solamente los propietarios "pueden ser considerados –son palabras de ARANGUREN– ciudadanos *à part entière,* ciudadanos acreditados como tales, realmente interesados en esa gran *empresa* que, desde LOCKE, comienza a verse como constitutiva de la sociedad o "asociación nacional" (93). Con estas restricciones al derecho electoral por motivos económico-sociales, el código de 1812 inauguraba una tendencia que habría de ser constante en nuestra historia constitucional posterior, con la excepción de los códigos democrático-liberales de 1869, de 1931 y de 1978, si bien en el

---

(91) *V.* **D. Sevilla Andrés,** *Constituciones y otras leyes... O. c.,* p. 128.
(92) *DDAC,* T. 9, pp. 23-24.
(93) **José L. Aranguren.** *Moral y Sociedad, La Moral Social Española en el Siglo XIX.* Edicusa, Madrid (1974), p. 17.

primero de ellos se negaba a las mujeres el derecho de voto —importante salvedad, sin duda (94).

Por lo que concierne el artículo 29, este precepto plantea mayores problemas que el 22, desde el punto de vista de su compatibilidad con el dogma de soberanía nacional y con la idea de Nación de que partían los diputados liberales de la metrópoli. No obstante, antes de detenernos en este extremo interesa analizar los argumentos doctrinales que estos diputados trajeron a colación para justificar la introducción del artículo 29 en el Proyecto constitucional.

Para GARCÍA HERREROS, el derecho a formar parte de la base de población de un determinado distrito, sobre la cual se determinaría el número de diputados a elegir según la proporción de uno por setenta mil "almas de población", era, al igual que el derecho a elegir y ser elegido, un derecho político y no civil. En consecuencia, también a la Nación en exclusiva, a través de la ley, competía regularlo, con la amplitud que estimase conveniente para el bien general:

> "se dice que para entrar en ella (en la base de población) lo mismo da ser simple español que ciudadano. Yo entiendo que no; porque esto ya pertenece a la legislación política por la grande importancia que puede tener en la representación nacional. Esta debe ser tal qual la establezca la nación, teniendo siempre por objeto el bien de la sociedad. Si ésta exige que la representación nacional se establezca baxo de estas u otras bases, el fixarla deberá ser objeto de las leyes políticas: *y como el de éstas no sea el bien de cada uno de los particulares que componen la sociedad, sino el general de la nación,* se sigue de ahí que no todos los particulares deben entrar en el goce de los derechos políticos" (95).

---

(94) Las demás constituciones liberales, no democráticas, posteriores a la Constitución de Cádiz —las de 1834, 1837, 1845, 1856 y 1876— basarían el sufragio en el censo de los contribuyentes, con una mayor o menor amplitud, en virtud de su carácter "progresista" o conservador. En todas éstas, sin embargo, la regulación de estas materias se haría en las respectivas leyes electorales vigentes, sustrayéndolas al texto contitucional. Por otra parte, si se comparan las restricciones que establecían estas últimas constituciones al derecho electoral, por razones económico-sociales, con las que recogía el código de 1812, se comprueba una sustancial generosidad a favor de éste último. Esta circunstancia se explica, sin duda, por el carácter "popular" que caracterizó al marco histórico en el seno del cual se elaboró esta Constitución.

(95) *Ib.,* T. 8, p. 313.

PÉREZ CASTRO, por su parte, agregaba:

> "la comisión ha partido del principio de que todo lo que es relativo a la representación pertenece a los derechos políticos de la sociedad, que por tanto son el objeto de las leyes fundamentales o políticas. A ellas, pues, toca todo lo que se refiere a la base de la representación, al modo y personas que pueden elegir y a las personas que pueden ser elegidas" (96).

Esto es, los diputados liberales venían a decir que el derecho a formar parte del censo de población (desde el punto de vista de su finalidad electoral) al ser un derecho político y no civil, no había una base taxativa y fija para regular su composición, sino que, al igual que el censo electoral propiamente dicho (esto es, el número de individuos con capacidad de elegir y ser elegidos), tendría un carácter aleatorio, discrecionalmente reglamentado por la ley. El prurito relativista liberal, capaz de reducir a mero criterio técnico aspectos fundamentales del sistema político, se manifiesta aquí sin recato alguno con toda su crudeza. Ahora bien, los argumentos aducidos por estos dos diputados, a lo que se podrían añadir los de ARGÜELLES (97) y MUÑOZ TORRERO (98), que se expresaron en términos similares, podrían ser convincentes si el cómputo de la base de población se estableciese exclusivamente en virtud del número de ciudadanos. Pero el artículo 29 declaraba que se computarían también ciertos españoles privados del derecho de ciudadanía (los niños, las mujeres, etc.), excluyéndose tan solo a las "castas" de este cómputo. Dicho con otros términos, si el derecho (con fines electorales o representativos) a formar parte del censo de población era considerado un derecho político, lo coherente sería privar de este derecho a *todos* los españoles no ciudadanos, o bien establecer una excepción general a beneficio de *todos* ellos. Había que explicar, pues, por qué este derecho sólo se concedía a *algunos españoles no ciudadanos,* en perjuicio del resto. Esta explicación, exigida insistentemente por los diputados americanos, intentó darla PÉREZ DE CASTRO en unos términos escasamente persuasivos:

(96) *Ib.*, p. 334.
(97) *Cfr. Ib.*, p. 383.
(98) *Cfr. Ib.*, p. 384.

> "en el sentir de la Comisión –argumentaba este diputado– todas las familias de la península son ciudadanos, así como lo son todas las de los españoles americanos y las de los indios, pues aunque en unas y otras las mujeres, los menores de edad, los criados, etc., no sean ciudadanos, unos llegan a serlo con el tiempo, y todos pertenecen a familias ciudadanas. No así los excluidos por ser originarios de Africa, excepto aquellos que adquieran la carta de ciudadano" (99).

Conviene decir, en fin, que para los diputados liberales el excluir a las "castas" de la base electoral no comportaba que éstas dejasen de estar representadas, ni que se las despojase de la condición de españoles. Ambas tesis fueron defendidas, sobre todo, por ANER:

> "los originarios de Africa, aunque no concurran ni directa ni indirectamente a la representación nacional, son, sin embargo, representados en las cortes... El derecho de representar es distinto del derecho de ser representado. El primero es un derecho político anexo a los ciudadanos, y el segundo un derecho civil que deben disfrutar todos los españoles" (100).

¿Hasta qué punto eran forzados estos argumentos? ¿Era o no compatible con el principio de soberanía nacional el artículo 29? Por lo que atañe al primer interrogante hay que decir que aunque se acepte el carácter ideológico de la distinción entre derechos civiles y derechos políticos (lo que vale decir que se admite su carácter relativo), es preciso reconocer que había que forzar mucho esta distinción para sostener que el derecho a formar parte del censo de población (aunque sólo fuese a efectos electorales) no era un derecho civil, sino político. Máxime, cuando, aun considerándosele un derecho político, se le concedía a ciertos españoles no ciudadanos, esto es, privados de este tipo de derechos.

Por lo que respecta a la compatibilidad del artículo 29 con el principio de soberanía nacional, conviene recordar dos de los requisitos que este principio exige –pese a su labilidad– en lo

(99) *Ib.*, p. 334.
(100) *Ib.*, p. 385-386.

tocante a la organización del sistema representativo y electoral. El primer requisito, derivado del sustrato individualista consustancial a la idea de Nación, consiste en que la base electoral ha de ser siempre la población, "la masa indiferenciada de los individuos". El segundo requisito, que se desprende de la naturaleza unitaria e indivisible del ser nacional, consiste en que los distritos o circunscripciones electorales, sean éstos cuales fueren, han de concebirse como partes del cuerpo nacional, y no como colectividades territoriales ejercitantes de un derecho propio de Representación, como ocurría con los antiguos reinos, bailías, condados, burgos o ciudades, etc. (101). Pues bien, la primera condición la recogía el código de 1812 en sus artículos 28 y 31, y la segunda en los artículos 34 y siguientes, en los que se establecían como distritos electorales la Parroquia, el Partido y la Provincia. El problema radica, pues, en saber si según el dogma de la soberanía nacional la base de la población electoral, a tenor de la cual se asigna el número de diputados correspondientes a cada distrito, debe ser igual a la población total, esto es, a la población realmente existente bajo jurisdicción del Estado. O bien, si, por el contrario, cumplidos los dos requisitos arriba mencionados, el principio de soberanía nacional es compatible con cualquier criterio que se arbitre para determinar la base electoral, en cuyo caso los individuos excluidos de la misma pueden considerarse también representados. De la respuesta que se dé a esta disyuntiva dependerá, obviamente, el carácter contradictorio o no del artículo 29 con el principio de soberanía nacional proclamado en el artículo tercero. La solución más correcta, siguiendo a CARRE DE MALBERG (102), debe ser la de considerar que este dogma de la soberanía nacional exige, como premisa coherente con su lógica interna, que la base electoral sea la población total, es decir, todos los individuos de la Nación. De modo que aunque no todos participen en la elección, todos ellos puedan considerarse representados. En este sentido, excluir de la base electoral a un sector de la población comporta en buena lógica, incluso en la

(101) *Cfr.* **Carre de Malberg.** *O. c.*, T. II, pp. 245-246.
(102) *Cfr. Ib.*, p. 246.

lógica de este principio ideológico, excluirlos de la Representación y equipararlos a los extraños al cuerpo nacional, a los extranjeros. Por eso señala CARRE DE MALBERG que la Constitución francesa de 1791, al establecer que la base de la población electoral se recontaría entre los ciudadanos activos y no entre la población total, se separaba en este punto de este principio (103). Con mayor razón puede decirse lo mismo de la Constitución de 1812 en su artículo 29, ya que en este caso se introducía, incluso, una discriminación entre los individuos privados de los derechos de ciudadanía.

No obstante —y esta afirmación conviene subrayarla—, aun admitiéndose esta contradicción con el principio de soberanía nacional, importa señalar que ésta procede de una interpretación restrictiva de este principio, y no de una más amplia. Esto es, que el artículo 29 y los argumentos aducidos por sus defensores corroboran (más aún, si cabe, que la defensa del artículo 22) que la idea de Nación para los diputados liberales de la metrópoli era muy distinta a la de Pueblo: que se trataba de un sujeto indivisible e ideal, un ente ficticio de imputación, distinto de la suma de sus individuos componentes y al margen de su voluntad real, con todo lo cual la distancia de estos diputados con el dogma de la soberanía popular era notoria.

2. La Nación como sujeto compuesto exclusivamente de individuos iguales

Otra diferencia importante presente en la idea de Nación defendida por los diputados liberales, respecto a la sustentada por los realistas y por los americanos, residía en el sustrato puramente individualista que los primeros atribuían a la Nación, frente al concepto organicista y corporativo (estamental o territorial, o ambas cosas a la vez) que caracterizaba a estos últimos.

Ahora bien, mientras los diputados liberales rechazaron unánimemente la idea dualista de Nación (consecuencia de haber discrepado también unanimente con la doctrina del pacto

(103) *Cfr. Ib.*, p. 246. *V.* Título III, cap. 1.º, sección 1.ª, const. de 1791.

de traslación), cuando se trató de dilucidar su composición meramente individual u organicista, no hubo tal unanimidad de criterios. Esta circunstancia era perfectamente coherente con las diferentes posiciones que estos diputados habían mantenido acerca de las tesis del estado de Naturaleza y del pacto social, aceptadas por unos y combatidas por otros. Por este motivo, ESPIGA Y GALLEGO expusieron un concepto de Nación exclusivamente individualista, mientras que MUÑOZ TORRERO y OLIVEROS se acogieron, en parte, a una consideración organnicista del mismo, en la que era perceptible el eco de las doctrinas escolásticas.

ESPIGA subrayó con claridad el componente puramente individual de la Nación, al entenderla –siguiendo las huellas de SIEYES (104)– como a un individuo colectivo y al equiparar su libertad frente al resto de las naciones con la libertad del individuo frente a sus semejantes. En esta intervención, además, aflora de nuevo la idea de Nación como "cuerpo moral", en el sentido roussoniano del término:

> "la nación –decía este diputado– es una persona moral respecto a las demás naciones, como un ciudadano es una persona física respecto a los demás de la nación, y sus derechos son los mismos en sus respectivas relaciones" (105).

A este sustrato individualista se había referido también GALLEGO en la intervención anteriormente citada, en la que definía la Nación como "una asociación de hombres libres", regida por leyes que fuesen "el resultado de la voluntad de los individuos que lo forman" (el cuerpo moral nacional) (106).

OLIVEROS y MUÑOZ TORRERO, en cambio, se apartaron de esta idea individualista de Nación al entender que ésta se componía de individuos iguales, *pero agrupados en familias*. Así, en efecto, en lo tocante al primer diputado mencionado, recuérdese que al comentar el artículo primero del Proyecto constitucional, y al combatir la tesis del estado de naturaleza, había dicho:

(104) *Infra.*, II, 1, A.
(105) *DDAC*, T. 8, p. 46.
(106) *Ib.*, p. 68.

"... La nación es la reunión de españoles de ambos hemisferios, *las familias particulares que están unidas entre sí,* porque jamás hubo hombres en el estado de naturaleza, y si hubiera alguno, nunca llegaría al exercicio de su razón, *estas familias* se unen en sociedad, y por esto se dice reunión" (107).

MUÑOZ TORRERO, por su parte, ratificó esta idea en el debate del artículo cuarto del Proyecto (futuro artículo decimotercero). Este precepto, que abundaba en la idea individualista de Nación y señalaba el supuesto *telos* burgués del poder, prescribía lo siguiente:

"el objeto del gobierno es la felicidad de la nación, puesto que el fin de toda sociedad no es otro que el bien estar de *los individuos que la componen*".

En defensa de este artículo expuso este diputado una personalísima paráfrasis del mismo, no muy ajustada, desde luego, a su tenor literal, pero reveladora del talante que caracterizaba al antiguo Rector de la Universidad salmantina:

"el orden de las ideas de este artículo –argumentaba– es muy sencillo. Se habla de la nación, y luego de las familias que la componen y se reunen para su bien estar. La idea más principal es la última del artículo, esto es, que el fin de toda sociedad es el bien estar de *las familias que la componen,* no el bien estar de los gobernantes" (108).

Interesa aclarar, no obstante, estas intervenciones, que, en primer lugar, pese a separarse de la idea puramente individualista de Nación, en estos diputados no estaba presente ningún sustrato estamental o territorial, con lo que su distancia con las tesis realistas y americanas es notoria. Y es más, como se verá a continuación, las atacaron con el mismo ardor que el resto de los diputados liberales de la metrópoli, en los cuales estos atisbos organicistas no se perciben. En segundo lugar, conviene decir también que el sentir de estos últimos fue el que se plasmó

(107) *Ib.*, p. 23.
(108) *Ib.*, pp. 91-92.

en el código de 1812, como lo evidencian los precitados artículos uno y trece (109); y, en sentido negativo, como lo atestigua el hecho de que en ninguno de sus preceptos se aludiese a las familias o a otra corporación a la hora de delimitar o definir a la Nación.

En las páginas que siguen se intentará corroborar la primera puntualización que se viene de hacer, para lo cual conviene detenerse, por una parte, en la crítica antiestamental formulada por los diputados liberales-metropolitanos y, de otra, en su crítica de los prejuicios provincialistas. El primer extremo se puso de manifiesto, sobre todo, en la discusión del artículo 27, y el segundo en la de los artículos 12 y 91, en la polémica sobre la naturaleza jurídica de Ayuntamientos y Diputaciones, y en el debate del Título X. En realidad, la idea exclusivamente individualista de Nación se había puesto de relieve ya antes en el importante Decreto de 24 de septiembre de 1810, en el que, entre otras cosas, se decía:

> "los diputados que componen este Congreso, y que *representan a la nación,* se declaran legítimamente constituidos en Cortes generales y extraordinarias, y que reside en ellas la soberanía nacional" (110).

En el "Discurso preliminar" se ratifican estas premisas de un modo más explícito, cuando, al justificar la nueva composición puramente individualista de las futuras Cortes constitucionales, sus redactores alegaban lo siguiente:

---

(109) Al que se podría añadir el 4.º (discutido en el Proyecto con el número 5) que decía: "la nación está obligada a conservar y proteger por leyes sabias y justas la libertad civil, la propiedad y los demás legítimos derechos de *los individuos que la componen*".

(110) *V.* **Sevilla Andrés,** *Constituciones y otras Leyes... O. c.,* I, p. 91. Hay que decir que antes de esas fechas, en junio de 1809, **don Rodrigo Riquelme y don Francisco Javier Caro,** miembros de la Junta Central, habían discrepado del criterio de **Jovellanos** y de los otros dos miembros de la misma, al no aceptar que la convocatoria de Cortes se hiciese por estamentos. Así, en opinión de **Riquelme** y de **Caro** –que fue la que luego triunfó– las Cortes deberían de ser "una verdadera representación nacional, pues a toda la nación, y a nadie más que la nación, legítima e imparcialmente representada, le toca hacer unas reformas de las cuales depende la libertad o esclavitud de la generación presente y de las venideras". *Obras de Jovellanos. O. c.,* pp. 596-597.

"los brazos, las cámaras o qualquiera otra separación de los diputados en estamentos, provocaría la más espantosa desunión, fomentaría los intereses de cuerpo, excitaría celos y rivalidades... Tales, Señor, fueron las principales razones porque *la Comisión ha llamado a los españoles a representar a la nación sin distinción de clases.* Los nobles y los eclesiásticos de todas las jerarquías pueden ser elegidos en igualdad de derechos con todos los ciudadanos".

Y, refiriéndose ahora a la antigua Representación territorial del reino, continuaban diciendo:

"...Así como se han suprimido los brazos por incompatibilidad con un buen sistema de elecciones, o sea, representativo, *por la misma razón se ha omitido dar diputados a las ciudades de voto en cortes,* pues habiendo sido ésta la verdadera representación nacional *quedan hoy incorporadas a la masa general de la población, única base que se ha tomado en adelante*" (111).

Por otra parte, la misma elección y naturaleza de las Cortes de Cádiz avisaban ya del cambio de mentalidad operado respecto a la concepción y a la misma naturaleza de las instituciones representativas tradicionales. A este cambio se referiría, en 1851, el general EVARISTO SAN MIGUEL cuando se preguntaba: "¿qué eran aquellas Cortes? Una Asamblea de representantes que bajo nombre antiguo iban a ejercer facultades nuevas. ¿Eran las antiguas Cortes de la nación? No, aquéllas se componían de tres estamentos en Castilla, de cuatro en Aragón, y las actuales, de uno sólo. ¿Se parecían los nuevos diputados a los otros? Mucho menos. Representaban las antiguas localidades, cada cual la suya, los de Cádiz, la nación entera. Obraban los primeros en virtud de poderes contraídos a ciertos puntos, en cuyos límites tenían que encerrarse; los de los segundos eran amplios, omnímodos, extensivos a toda clase de reformas" (112). Este giro copernicano en la exégesis del sistema representativo, al que alude este autor, no era más que una consecuencia de que el sujeto representado era muy distinto al

(111) *V.* **Sevilla Andrés,** *Constituciones y otras Leyes... O. c.,* I, p. 128.

(112) **Vida de don Agustín de Argüelles.** Madrid (1851). T. I, p. 28. *V.* también **María Cruz Seoane,** *El Primer Lenguaje Constitucional Español (Las Cortes de Cádiz).* Madrid (1968), pp. 93-95.

de las antiguas Cortes: no se representaba ya, efectivamente, a los estamentos y a las ciudades del Reino ante el Rey, sino a la Nación y ante ella misma. Esto es, a un *nuevo* sujeto al que se presentaba como soberano, y en el que se comprendían (y se confundían unificándose) todas las antiguas corporaciones sociales y territoriales. No se trataba, en puridad, de la irrupción de una nueva idea de Nación ni de una simple metamorfosis de la "antigua representación nacional", como insinuaban el "Discurso Preliminar" y el célebre general liberal. Se trataba, bien al contrario, de la radical y novedosa aparición en la escena de la Historia de un nuevo sujeto de imputación del poder (y de un poder nuevo: la soberanía), reflejo real de una nueva sociedad individualista en ciernes, atomizada y contrapuesta, a cuya vertebración y estabilidad aquel sujeto pretendía servir, y sin la cual, o antes de la cual, este sujeto no tenía razón de ser. Pero veamos ahora, por separado, la crítica formulada por los diputados liberales al organicismo estamental y al territorial en los que habían incurrido los realistas y los americanos.

A) ***La crítica al organicismo estamental***

Fue en el debate del artículo 27 cuando afloró con más nitidez e intensidad este *prius* nuclear del ideario liberal, del que ahora nos ocupamos: el individualismo, enfrentado en esta ocasión con las tesis estamentalistas defendidas por los diputados realistas y por el peruano OSTOLAZA. Ciertamente, esta mentalidad individualista había cobrado un especial relieve en la polémica sobre la extinción de los señoríos jurisdiccionales. Y el engarce entre esta medida –quizá más importante, en tanto que más subversiva, que la Constitución misma, observa SÁNCHEZ AGESTA (113)– y el artículo 27, es evidente, como los mismos diputados liberales se cuidaron de señalar. En ambos casos, en efecto, se trataba de aniquilar los privilegios estamentales en los que descansaba el Antiguo Régimen. Y en ambos casos también el principio de soberanía nacional se sacó a relucir como la última y más importante *ratio* para legitimar

(113) *Cfr. Historia del Constitucionalismo... O. c.*, p. 96 y 96 a 101.

esta labor de derribo. No podía ser de otro modo: si en virtud de este principio se había solicitado (y conseguido) que se aboliesen los señoríos jurisdiccionales, por ser lesivos a la unidad de la Nación soberana y a la igualdad legal de sus miembros, forzoso era que, a tenor del mismo, se derogase la antigua Representación estamental y se instruyese otra nueva, en la cual todos los miembros de la Nación, con independencia de su diferente condición social, estuviesen igualmente representados (aunque no todos tuviesen *a fortiori* que participar activamente en la Representación).

De ahí que ARGÜELLES conectase el artículo 27, cuyo alcance trató de minimizar, con el Decreto que había suprimido los señoríos:

> "en el sistema de la Comisión –decía– los brazos no están excluidos de la representación en Cortes. Por el contrario acudirán a ellas con sólo una diferencia accidental en su llamamiento y reunión. *Ser elegido por la masa general de los ciudadanos o por una parte de ellos, es toda la diferencia entre la opinión de los señores preopinantes –es decir de los realistas– y la de la Comisión... Después del decreto sobre señoríos, las leyes ya no pueden menos de ser iguales para todos los españoles.* ¿Por qué, pues todos los ciudadanos no han de tener la parte que les corresponde en su formación?" (114).

Nótese –y recuérdese lo dicho en las páginas anteriores– que en esta intervención ARGÜELLES se refería a la igual participación de todos los *ciudadanos* en la formación de las leyes, lo que constituía según él la única diferencia, y aún así "accidental", con el sistema representativo tradicional, pero no decía –porque tampoco lo pensaba– que todos los *españoles* debiesen participar activamente en la Representación, sino, simplemente, que las leyes fuesen iguales para todos ellos. Si las diferencias con la Representación estamental se ponían de manifiesto, con no menor claridad se volvían a marcar las diferencias con la Representación democrática.

TORENO ratificó esta teoría individualista de la Representa-

(114) *DDAC*, T. 8, pp. 278-279.

ción en la que se agazapaba una idea de Nación englobadora o, mejor, disolvente de los antiguos cuerpos privilegiados:

> "una cámara de no privilegiados –argumentaba este diputado– sería un campo de lides perpetuas contra los privilegiados: y unas cortes, a manera de las actuales, *en donde entran indistintamente todos los individuos de la nación, formarán una masa común, que será el único medio de asegurar nuestra felicidad venidera*" (115).

GIRALDO, por su parte, al tiempo que abundaba en estas tesis, señalaba también las diferencias que existían entre la Representación nacional y la popular. De este modo, en las palabras de este diputado se aúnan con claridad los dos rasgos de la idea doceañista-liberal de Nación y de Representación: el individualista, opuesto al organicismo preliberal, y el orgánico o unitario, opuesto al atomismo democrático que se desprende del dogma de la soberanía del pueblo:

> "estemos dispuestos –decía Giraldo– a vencer los estorbos que se presenten contra la felicidad de nuestra patria; y estas cortes y las sucesivas sean sólo para representar al pueblo español, *y no para tratar de las ventajas e intereses de clases particulares, pues los diputados sólo deben ser de la nación, y no de las partes que individualmente la componen*" (116).

B) *La crítica al organicismo territorial*

La idea individualista de Nación defendida por los diputados liberales exigía no sólo suprimir los grupos sociales interpuestos entre el individuo y el Estado (como los estamentos, los gremios o, mal que les pesase a OLIVEROS y a MUÑOZ TORRERO, las familias) y abogar por la igualdad legal de todos sus

---

(115) *Ib.*, p. 285.

(116) *Ib.*, p. 298. Los prejuicios antiestamentales se plasmaron, además, en otros preceptos de la Constitución. Así, en los artículos 8 y 339, que suponían un verdadero aldabonazo contra los privilegios fiscales de los estamentos. "...Está obligado todo español –decía el 8–, sin distinción alguna, a contribuir en proporción de sus haberes para los gastos del Estado". Y el 339 decía: "las contribuciones se repartirán entre todos los españoles con proporción a sus facultades, sin excepción ni privilegio alguno".

individuos componentes, eliminando los privilegios o fueros que la impidiesen o coartasen. Esta idea individualista implicaba, también, erradicar las diferencias que por razones territoriales existían entre los españoles en la organización política del Antiguo Régimen. La Nación española ya no debería entenderse como un agregado de reinos o provincias con diferentes códigos legales y aun con propias aduanas y sistemas monetarios y fiscales (117), sino que, por el contrario, debería de ser un sujeto compuesto exclusivamente por individuos formalmente iguales, capaz de servir de soporte a una unidad de poder territorial, legal y económicamente unificada.

En este sentido, resulta muy ilustrativa una intervención de MUÑOZ TORRERO en la que replicaba a los recelos "particularistas" mostrados por ANER y BORRULL ante la futura estructura administrativa anunciada en el artículo 12 –llevada a cabo, como es bien conocido, en 1833, por la malhadada reforma de JAVIER DE BURGOS:

> "*estamos hablando* –decía el presidente de la Comisión constitucional– *como si la nación española no fuese una, sino que tuviera reynos y estados diferentes.* En menester que nos hagamos cargo que todas estas divisiones de provincias deben desaparecer, y que en la constitución actual deben refundirse todas las leyes fundamentales de las demás provincias de la monarquía. La Comisión se ha propuesto igualarlas a todas; pero para esto, lejos de rebaxar los fueros, por exemplo, de los navarros y aragoneses, ha elevado a ellos a los andaluces, castellanos, etc., igualándoles de esta manera a todos juntos para formar una sola familia con las mismas leyes y gobierno. Si aquí viniera un extranjero que no nos conociera diría que aquí había seis o siete naciones... *Yo quiero que nos acordemos que formamos una sola nación, y no un agregado de varias naciones*" (118).

Dentro de estas mismas coordenadas, resulta de interés un discurso de ESPIGA en el debate del artículo 91, en el que denunció también las tesis "provincialistas", pero en este caso

---

(117) *V.* **M. Artola Gallego,** *Orígenes de la España... O. c.,* T. I, pp. 24 a 109. *V.* también el artículo 354 que suprimía las aduanas interiores.

(118) *DDAC,* T. 8, p. 118.

polemizando con LEYVA y con los demás diputados americanos:

> "se ha dicho –comentaba Espiga– que el amor a la patria deberá ser el principal objeto a que debería atenderse en las elecciones, y que siendo ésto por lo regular mayor en los naturales de la provincia que en los avecindados en ella deberían ser éstos excluidos. Señor, *si el amor a la patria es aquél que tiene por objeto el bien general de la nación, convengo gustoso en este principio, pero si se entiende por esto el amor a la provincia, esto es, aquél amor exclusivo que ha producido en esta guerra tan funestas conseqüencias, lejos de convenir, desearía que se borrase esta palabra del diccionario de la lengua*" (119).

Si se tiene en cuenta esta idea unitaria y exclusivamente individualista de Nación, no resulta difícil comprender la actitud adoptada por estos diputados, en el debate del Título X, ante la exigencia de los americanos de convocar unas Cortes encargadas de ratificar el Proyecto constitucional. Esta demanda, formulada al amparo de una teoría territorial de la Representación, que les condujo a defender el carácter imperativo del mandato parlamentario, tenía que resultar inadmisible para los liberales, habida cuenta que aceptarla supondría, por lo que respecta al plano doctrinal, transgredir las más elementales premisas de la Representación derivadas del dogma de la soberanía nacional. En realidad, la teoría territorial de la Representación había sido combatida ya por ESPIGA y ARGÜELLES, antes de este debate. Así, el primero, en la discusión del artículo 91, y en réplica a los diputados de Ultramar, dijo:

> "se ha pretendido en vano persuadir que los diputados de cortes no son representantes de la nación, sino representantes de las provincias. Yo estoy convencido de que este es un error político (120).

Y ARGÜELLES, más explícito, en la controversia sobre la naturaleza jurídico-política de las diputaciones, afirmó:

---

(119) *Ib.*, T. 9, p. 13.
(120) *Ib.*, T. 9, p. 13.

"es igualmente necesario insistir en desvanecer qualquiera idea de Representación que se pueda suponer en las diputaciones de provincia. Tal vez las opiniones de algunos señores –se refería a los americanos– nacen de este principio equivocado... *La Representación nacional* –sentenciaba– *no puede ser más que una, y está refundida solamente en las Cortes. Es la que únicamente puede expresar la voluntad de los pueblos*" (121).

En el debate del Título X no hubo, sin embargo, una explícita referencia al principio de soberanía nacional para invalidar la petición de los diputados americanos, ni para oponerse a sus argumentos doctrinales. Tan sólo ANER rebatió expresamente la identificación del mandato parlamentario con el mandato imperativo, sostenida por estos diputados, cuando dijo:

"la sanción de la constitución y su observancia toca indudablemente a las cortes actuales, que tienen misión expresa para ello, y cuyos amplios e ilimitados poderes las autorizan para hacer quanto entiendan conveniente al bien y a la felicidad de la nación. Digo que los diputados de las cortes actuales tenemos misión expresa para restablecer la constitución, y sancionar su observancia, para que *no se crea, como dixo el señor Mendiola, que nosotros no éramos más que gestores*. Estos no están autorizados ni por el consentimiento tácito ni expreso del sujeto cuyos bienes o negocios administran; pero los diputados de las cortes obran porque tienen poderes amplios para ello, y están autorizados por un procedimiento expreso de la nación, de que *resulta la ninguna semejanza de los diputados con los negotiorun gestores*" (122).

Y OLIVEROS, en fin, quien también recurrió al carácter constituyente que las Cortes ostentaban, entendía que la desproporción en el contingente de representantes americanos, no podía ser motivo suficiente para poner en duda la legitimidad de las Cortes para sancionar el Proyecto constitucional de modo firme y definitivo. Para apoyar este aserto expuso un meridiano concepto racional-normativo de Representación, al sostener que ésta habría de considerarse legítima siempre y cuando se circunscribiese a lo legalmente establecido:

(121) *Ib.*, T. 11, p. 245.
(122) *Ib.*, T. 11, pp. 322-323.

"lo esencial –decía– es que la nación esté representada en el modo que lo establezca la ley... Lo esencial únicamente en una monarquía moderada se reduce a que haya representación, y a que sea conforme a la ley que la convoque... En la carrera de los siglos (la representación) variará de mil modos; pero siempre que la representación sea conforme a la ley existente, de qualquier modo que sea, será la que debe ser, y por consiguiente legítima. Los poderes dados, según ley, a los diputados, señalarán los límites de sus facultades, y será valedero quanto dispongan, arreglándose a ellos" (123).

Puede decirse, pues, a modo de resumen, que los diputados liberales concebían a la Nación como un "cuerpo moral", puramente ideal o ficticio, unitario e indivisible, constituido exclusivamente por individuos iguales. Para estos diputados, al ser la voluntad nacional una voluntad única y unitaria, debía excluirse como soberana o como co-soberana a la voluntad del Monarca. Pero, por otra parte, y apuntando al otro lado del problema, aunque la Nación estuviese formada por la reunión

---

(123) *Ib.*, pp. 340-341. La teoría de la Representación sustentada por estos diputados en virtud del principio de soberanía nacional, se plasmó también en el texto constitucional. Así, además del artículo 27, el 78 sancionaba lo siguiete: "las juntas electorales de provincia se compondrán de los electores de todos los partidos de ellas, que se congregarán en la capital *para asistir a las cortes como representantes de la nación"*. Los artículos 99 y 100, sin embargo, se apartaban del principio de soberanía nacional. Así, en efecto, el artículo 99 decía: "en seguida *otorgarán todos los electores,* sin excusa alguna, a todos y cada uno de los diputados, poderes amplios, según la fórmula siguiente...". Cuando, en puridad, según este dogma de la soberanía debía ser la Nación, a través del cuerpo electoral, que no era más que un órgano de ésta, quien otorgase los poderes a los diputados, puesto que éstos, según este principio, representaban a la Nación, y no a sus electores.

Otra contradicción con este principio se contenía en el artículo 100, que recogía los términos en los que debían estar redactados los poderes, y en el que también se afirmaba que eran los electores quienes debían otorgarlos. Pero en este caso, la contradicción con este principio no procedía sólo de esta desviación, inducida por el dogma de la soberanía popular, sino que también contenía un residuo claramente corporativo de signo territorial. Así, en efecto, en este precepto se hablaba de "los diputados en *en nombre y representación de esta provincia* han de concurrir a las cortes, y que fueron electos por diputados para ellas por *esta provincia*". Estos deslices se contrarrestaban, sin embargo, cuando este mismo artículo, al extenderse a continuación sobre el alcance de los poderes y sobre la naturaleza de los diputados, decía que éstos poderes habían de ser "*amplios* (otorgados) a todos juntos y a cada uno de por sí, para cumplir y desempeñar las augustas fundaciones de su encargo, y para que los demás diputados de Cortes, *como representantes de la nación española,* puedan acordar y resolver cuanto entendieren conduncente *al bien general de ella,* en uso de las facultades que la Constitución determina".

de las voluntades individuales, era distinta de esta reunión. Su punto de partida individual no era su punto de llegada orgánico y unitario. El que la Nación fuese la reunión de todos y cada uno de los españoles de ambos hemisferios, no significaba que su voluntad fuese la voluntad de todos, sino una voluntad única y general a la vez: singular por su definición, por su punto de llegada, y colectiva por su composición, por su punto de partida. Y, en fin, para los diputados liberales, al ser los individuos el único elemento constitutivo de la Nación, ésta debía concebirse exenta de cualquier vestigio corporativo u organicista, ya fuese estamental o territorial.

Al proceder de este modo, los doceañistas liberales, al igual que los liberales franceses de la gran Revolución, sentaban las bases para construir dos cosas no identificables pero sí complementarias: en primer lugar, para edificar un Estado soberano –valga la tautología–, esto es, un poder unitario, común y público, ejercido en nombre de un todo social formalmente unificado. En segundo lugar, –y sobre ello nos extenderemos en los capítulos siguientes– para articular internamente este poder de un modo tal que, sin menoscabo de su soberanía, garantizase la libertad individual, el libre y autónomo desarrollo de la sociedad civil, esto es: para construir un Estado de Derecho o constitucional, tomando esta expresión en un sentido material y amplio. Tarea que, desde aquel primer intento, seguiría siendo en España un "eterno retorno", un intento nunca del todo conseguido.

CAPITULO SEXTO. LA DISTINCION ENTRE TITULARIDAD Y EJERCICIO DE LA SOBERANIA

I. INTRODUCCION

En los cuatro capítulos anteriores hemos intentado perfilar las diferentes teorías objetivas y subjetivas de la soberanía de las que partían los diputados doceañistas. Hemos visto, en primer lugar, los atributos con que estos diputados revestían a este concepto: su carácter dualista o unitario, alienable o perpetuo, derivado u originario, limitado o ilimitado. En segundo lugar, hemos visto también la naturaleza y los elementos constitutivos de los sujetos a quienes los diputados del doce imputaban la soberanía: el Rey y el Reino, en un caso; el conglomerado de provincias e individuos, en otro; y, en fin, la Nación como sujeto unitario e indivisible, compuesto exclusivamente de individuos iguales, pero distinto de la suma de éstos. Pues bien, con este capítulo pretendemos engarzar los cuatro capítulos anteriores con los dos que siguen. Tiene, pues, un carácter copulativo. Y lo tiene porque el problema del que se ocupa, la distinción entre titularidad y ejercicio de la soberanía, puede considerarse el principal corolario de la teoría global de la soberanía (objetiva y subjetiva, jurídica y política), y, a la vez, el pórtico o la antesala de la teoría de la Constitución. O, dicho desde otro plano, la premisa que ahora se va a analizar supone el punto de encuentro en donde se anudan, o en donde se separan, la idea de Estado y la de Estado constitucional. En virtud de este carácter intersticial, a partir de esta premisa, y a partir de este capítulo, se podrían enlazar las diversas doctrinas de la soberanía expuestas por los diputados gaditanos, ya examinadas, con sus respectivos puntos de vista sobre todos los aspectos que conciernen a la teoría constitucional. Pero no es éste —repitámoslo— nuestro cometido. Nuestro cometido se ciñe a conectar las teorías de la soberanía con las doctrinas de la reforma constitucional, a explicar éstas a tenor de aquéllas; en suma, a conocer los diversos conceptos de Constitución, punto de llegada de esta investigación, a partir de los diversos conceptos de Estado, punto de partida de la misma. Y en esta tarea, con este capítulo no se pretende más que desbrozar el camino que los siguientes capítulos deben seguir, acotarlo, para que quede encarrilada y expedita la enunciada tarea.

II. LA DISTINCION ENTRE TITULARIDAD Y EJERCICIO DE LA SOBERANIA. (PRECISIONES CONCEPTUALES)

La distinción entre titularidad y ejercicio de la soberanía está estrechamente ligada a la naturaleza del sujeto a quién esta cualidad se atribuye. A esta premisa, en efecto, es insoslayable recurrir si se parte de un sujeto de imputación ideal. En cambio, no es preciso tal recurso cuando este sujeto está dotado de existencia empírica, bien sea el Monarca o el Pueblo. Por este motivo, el pensamiento político tradicional y el democrático-radical coinciden en negar el presupuesto que ahora se examina, a diferencia de lo que ocurre con la teoría liberal, para la cual este presupuesto tiene una importancia de primera magnitud y una gran trascendencia práctica a la hora de estructurar internamente el Estado. Pero veamos a continuación, más en detalle, como se plantea este problema en las tres corrientes de pensamiento mencionadas.

1. Planteamiento del problema en las concepciones pactistas tradicionales

En las concepciones pactistas tradicionales ya se atribuyese el supremo poder al Monarca o a éste y al "Pueblo", reunido en Concilio o Asamblea, se hacía coincidir la titularidad con el ejercicio del poder. El Monarca y el "Pueblo" no sólo eran los sujetos a quienes se atribuía el poder, sino también los sujetos sobre los que descansaba el ejercicio real del mismo. Para estas concepciones, siempre dualistas en mayor o en menor medida, era el poder mismo lo que se repartía o dividía y no su ejercicio. O mejor dicho, al repartirse aquél se repartía éste, ya que titularidad y ejercicio eran una misma cosa. El carácter empírico de ambos sujetos permitía esta identificación. Tanto el Rey como el "Pueblo", esto es, los estamentos reunidos en Asamblea, no eran entes impersonales o incorpóreos, sino dos instituciones concretas y actuantes. Del mismo modo, como se ha visto anteriormente, la Representación que se articula al amparo de estas premisas, no es una Representación *dentro* de una organización política unitaria, no se representa a un ser único e ideal, sino a un sujeto *frente* a otro, al Reino *ante* el Rey.

Como observa PASSERIN D'ENTREVES, la distinción entre titularidad y ejercicio de la soberanía se halla *in nuce* formulada por BODINO, al distinguir entre "forma del Estado", determinada por la sede donde radica la soberanía, y "forma de gobierno", condicionada por el modo en que se ejerce el poder (1). Estas sutilezas serían ajenas por completo a HOBBES. "A diferencia de Bodino –escribe PASSERIN– Hobbes no distingue entre la sede del poder y su ejercicio, cerrando así el camino abierto por aquél no sólo para una fructífera distinción entre forma de Estado y forma de gobierno –y, por tanto, la posibilidad de combinar la unidad de soberanía con la pluralidad de modos con que esta soberanía puede ejercerse sobre los súbditos– sino también para la teoría de la "división de poderes" en el sentido constitucional moderno" (2). No deja de ser curiosa esta distinta actitud. Diríase que ahora HOBBES está más alejado de las tesis liberales que BODINO. Hasta esta cuestión, en cambio, ocurría todo lo contrario. Se trata, sin duda, de uno de los aspectos más sorprendentes y paradójicos que ofrece el pensamiento político. En efecto, por una parte, HOBBES, a dife-

(1) *Cfr. O. c.*, p. 119.
(2) *Ib.*, p. 129.

rencia de BODINO y de toda la teoría política preestatal, concibe al poder, a la soberanía, como cualidad puramente ideal, con independencia de que se encarne en un sujeto corpóreo, realmente existente, como una Asamblea o el Monarca, a quién él atribuía esta facultad. Este autor –lo hemos visto ya– aunque parta de esta atribución subjetiva, distingue entre Estado-soberano y Monarca-soberano, entre la soberanía como cualidad abstracta y el órgano soberano que la encarna. BODINO, no. BODINO –también lo hemos visto– incurre en una constante confusión entre Estado soberano y órgano soberano, entre la soberanía como cualidad objetiva y el sujeto que encarna o personifica esta cualidad. Pues bien, desde este punto de vista, HOBBES se identifica plenamente con las tesis liberales posteriores, inspiradas en el dogma de la soberanía de la colectividad. En ambos casos, es posible articular la idea de Estado como *persona ficta,* como sujeto ideal, como *organización política representativa,* muy al contrario de lo que acontece con los postulados bodinianos.

Ahora bien, por otra parte, HOBBES, aunque atribuya, al igual que BODINO, la soberanía al Monarca, no distinguía, a diferencia de éste, la titularidad del ejercicio de la soberanía. Por ello, desde esta distinción bodiniana (muy embrionaria todavía, cierto es) sí se podría llegar articular el sistema *representativo,* la doctrina de la división de poderes, la idea limitadora de Constitución, sin que se pusiese en entredicho la unidad, la perpetuidad y la ilimitabilidad de la soberanía (de su titularidad). En cambio, las tesis hobbesianas, al desconocer la distinción entre titularidad y ejercicio de la soberanía, serían incapaces para tal cometido. El *sistema representativo,* para HOBBES, supondría enajenar la soberanía (la unidad de la Representación reside en la unidad del representante, decía) (3), la división de poderes implicaría la división de la soberanía misma, la existencia de unos derechos subjetivos y de una Constitución limitadora del ejercicio del poder, significarían limitar el mismo poder soberano. Por ello, HOBBES, pese a formular "la primera teoría moderna del Estado moderno", en palabras de NOR-

(3) *Cfr. Leviathán. O. c.,* parte primera. C. XVI. p. 258.

BERTO BOBBIO (4), no puede ser considerado como un teórico de la Constitución. O si se quiere decirlo con una fórmula que es algo más que un juego de palabras, HOBBES, pese a ser un teórico liberal del Estado, no es un teórico del Estado liberal. BODINO, sin ser ninguna de ambas cosas, sería más lo segundo que lo primero.

2. Planteamiento del problema en el pensamiento democrático-radical

El pensamiento democrático-radical, inspirado en el dogma de la soberanía popular, no tan sólo ignorará, sino que rechazará explícitamente la distinción entre titularidad y ejercicio de la soberanía, ya que lo contrario implicaría aceptar unas instancias de poder que mediatizan e, incluso, anulan la existencia del Pueblo como ente real, aniquilan su misma existencia histórica, como lúcidamente había entrevisto ROUSSEAU: "como quiera que sea —decía este autor— desde el momento en que un pueblo nombra representantes, ya no es libre, ya no existe" (5). Este rechazo, por lo demás, es perfectamente coherente con la naturaleza del sujeto a quién se imputa la soberanía. Al concebir al Pueblo como agregado de individuos realmente existentes, se podrá, efectivamente, postular como posible —y no tan sólo como deseable— la identidad entre el titular y el ejercitante de la soberanía. Precisamente, la crítica de ROUSSEAU —y más tarde de la de MARX— a la teoría política liberal y al Estado constitucional, al Estado burqués de Derecho, se centró en esta premisa, que conduce inexorablemente a reducir al Pueblo real a un órgano del Estado, o, como escribe KELSEN, "a un sistema de actos individuales determinados por el ordenamiento jurídico del Estado" (6). De este modo, observa CERRONI, ROUSSEAU se erige en el exponente intelectual más significativo de uno de los polos (el otro sería KANT) del "verdadero, auténtico dualismo moderno...el que se da entre la soberanía popular y la sobe-

(4) *Apud.* **Passerin d'Entreves.** *O. c.*, p. 124.
(5) *Du Contrat Social. O. c.*, L. III. C. XV, p. 303.
(6) *Apud.* **U. Cerroni.** *Marx y el Derecho Moderno. O. c.*, p. 107.

ranía del Estado" (7). Al negar la distinción entre titularidad y ejercicio de la soberanía, ROUSSEAU, al igual que HOBBES, negará también —conviene repetirlo— la posibilidad misma del sistema representativo y la doctrina de la división de poderes:

> "Por la misma razón que la soberanía es inalienable —escribía— es indivisible. ...Pero nuestros políticos, no pudiendo dividir la soberanía en su principio, la dividen en su objeto: la dividen en fuerza y voluntad, en poder legislativo y poder ejecutivo, en derechos de imposición, de justicia y de guerra, en administración interior y en poder de negociación con el extranjero: tan pronto confunden estas partes como las separan. Hacen del soberano un ser fantástico formado por piezas ajenas, es como si compusiesen un hombre con varios cuerpos, de los cuales, uno tendría ojos, otro brazos, otro pies, y nada más" (8).

Opiniones bien distintas, ciertamente, a las de LOCKE y a las que sustenta MONTESQUIEU en el célebre capítulo del "Espíritu de las Leyes" dedicado a comentar —y a elogiar— la Constitución de Inglaterra. Por otra parte, ROUSSEAU, al identificar la titularidad con el ejercicio de la soberanía, desechará la existencia de unos derechos individuales, ya que en este caso tales derechos supondrían un límite a la soberanía misma. Y, en fin, por el mismo motivo, tampoco admitirá, como se tendrá oportunidad de ver más adelante, la distinción entre poder constituyente y poderes constituidos, ni la técnica jurídica de la rigidez constitucional (9).

En consecuencia, ROUSSEAU, no sólo negaría, con BODINO, la posibilidad de articular el Estado como organización política siempre representativa, al identificar la soberanía como cualidad objetiva con el Pueblo como sujeto soberano (esto es, al hacer coincidir la doctrina jurídica de la soberanía con su doctrina política), sino que, con HOBBES, negará también la posibilidad de articular el Estado constitucional, las técnicas representativas y garantistas a él consustanciales. Por ello se entiende que los teóricos liberales del Estado liberal viesen en el "des-

---

(7) *Introducción al Pensamiento Político*. 5.ª Edic. Siglo XXI. México (1974), p. 59.

(8) *Du Contrat Social. O. c.*, L. II, C. II, p. 251.

(9) *Infra.*, Cap. VII y VIII.

potismo democrático" preconizado por ROUSSEAU, una prolongación del no menos execrable "despotismo absolutista", defendido por HOBBES. Para estos teóricos, lo que no dejaba de ser cierto, como nota F. H. HINSLEY (10), ROUSSEAU, no habría hecho más que modificar el sujeto de imputación de la soberanía, pero manteniendo intactas las características que HOBBES le había atribuido, y que impedían la erección de un Estado constitucional, capaz de asegurar los derechos individuales. Quizá el mejor ejemplo de esta equiparación y de esta crítica lo constituya el capítulo primero de los "Principios de Política", de BENJAMIN CONSTANT (11).

3. **Planteamiento del problema en la teoría liberal**

Para la teoría política liberal la distinción entre titularidad y ejercicio de la soberanía se presenta como una premisa fundamental. Es más, esta distinción es la consecuencia jurídica más importante y trascendente que entraña el imputar la soberanía a un sujeto ideal, ficticio, carente de existencia empírica, bien se le denomine "Nación" o "Pueblo". En ambos supuestos, –insiste P. L. ZAMPETTI– resulta absolutamente necesario (y no tan sólo posible) distinguir entre el titular de la soberanía, la colectividad nacional o popular y los ejercitantes de la misma, esto es, los órganos que actúan en su nombre (12). Y de hecho esta premisa sería defendida por los principales teóricos del Estado liberal, como I. KANT (13), SIEYES (14) o B. CONSTANT (15). No podía ser de otro modo, puesto que este postulado se presenta como un eslabón imprescindible para convertir al Estado soberano, (pensado por BODINO y, sobre todo por HOBBES) en Estado constitucional. A partir de esta

---

(10) *Cfr. O. c.*, pp. 132-133.

(11) *V.* también el comentario que de este capítulo, intitulado "De la Soberanía del Pueblo", hace **Paul Bastid** en *Benjamin Constant et sa Doctrine.* Libraire Armand Collin. T. II, pp. 867 y ss.

(12) *Cfr. Dallo Stato Liberale allo Stato dei Partiti: La Rappresentanza Politica.* Giuffrè. Milán (1965), pp. 53-54.

(13) *Cfr.* **Lumia.** *O. c.*, pp. 88-89.

(14) *Cfr. O. c.*, pp. 71-72.

(15) *Cfr. Curso de Política Constitucional. O. c.*, pp. 7 y 234-235. Y *V.* **P. Bastid.** *O. c.* T. II, pp. 727 y ss.

premisa, la teoría del Estado y de la soberanía deviene teoría de la Constitución, y, en rigor, aquélla se agota en ésta. Intentemos comprobar tales afirmaciones.

En los capítulos anteriores habíamos visto que, desde BODINO a KANT, el Estado, con independencia del sujeto que lo encarnase o personificase, y al margen de que aquél se distinguiese o no de éste, se concebía como un ente unitario e indivisible, perpetuo e inalienable, originario o ilimitado. Habíamos visto también que al atribuir la soberanía, consustancial al Estado, a la colectividad de individuos que se suponía su sujeto fundador y legitimador, se intentaba dar respuesta a un problema insoslayable, que BODINO y HOBBES no podían responder satisfactoriamente, al haber imputado aquella cualidad a una voluntad particular. Este problema consistía en conciliar la soberanía con la libertad individual, la existencia de un Estado soberano con su limitación, con una estructura interna del mismo que garantizase la libertad de los individuos. La respuesta no podía venir desde *fuera* de ese Estado soberano, unitario, perpetuo e ilimitado. Esto sería tanto como decir que vendría *contra* él, sería destruirlo y regresar a la idea de unos límites metapositivos, históricos y teleológicos, *externos*, en los que se basaba la teoría preestatal. Pero tenía que haber una respuesta, pues si no el Estado soberano sería en realidad un monstruo destructor de la libertad de los individuos que con sus voluntades lo habían formado. La respuesta vendría desde *dentro:* imputando la soberanía a una colectividad ideal (y no realmente existente, como ROUSSEAU pensaba), que permitiese y aún que obligase a estructurar internamente el Estado en beneficio de la libertad individual, sin que por ello se mermase su soberanía. La distinción entre titularidad y ejercicio de la soberanía, que se derivaba *a fortiori* de esta doctrina subjetiva, era la pieza teórica a partir de la cual tal deseo, en principio contradictorio, iba a ser posible. A partir de ella se solucionaba lo que con acierto califica PASSERIN D'ENTREVES como "el problema constitucional del Estado moderno: controlar el poder sin destruir la soberanía" (16).

---

(16) *O. c.,* p. 133.

Efectivamente, mediante esta premisa podían justificarse los dos mecanismos más importantes del Estado de Derecho, el sistema representativo y la división de poderes, sin que se negase la necesaria indivisibilidad e inalienabilidad de la soberanía del Estado. Del mismo modo, distinguiendo entre titularidad y ejercicio de la soberanía podrían limitarse la actividad de los poderes del Estado y asegurar los derechos individuales, sin que ello supusiese negar el carácter jurídicamente ilimitado de éste.

Por lo que respecta al primer punto, la teoría liberal para establecer el entramado de la Representación propugnará que se delegue el ejercicio de la soberanía, pero no dejará de afirmar el carácter inalienable de su titularidad. Por lo que respecta al segundo, aconsejará dividir el ejercicio de la soberanía, pero no dejará de sostener el necesario carácter unitario de su titularidad. En este sentido, la doctrina de la división de poderes se produce al mismo tiempo que se afianza y depura el concepto de soberanía y, por tanto, el carácter unitario e indivisible de la misma. Estas notas, acuñadas por BODINO y mantenidas por HOBBES, restarían incólumes en el dogma de la soberanía de la colectividad y en la doctrina de la división de poderes. No se trata, pues, de un *retour* a la idea del "Estado mixto", tan combatida por estos dos autores (17) y que, procediendo del pensamiento greco-latino (PLATÓN, ARISTÓTELES, POLIBIO y CICERÓN) y aceptándose por el medieval (SANTO TOMÁS), llegó a gozar de gran predicamento entre ciertos tratadistas modernos (FORTESCUE, HOOKER, SMITH, entre otros) (18). "El problema que se plantearon Locke y Montesquieu –señala PASSERIN D'ENTREVES– no fue un problema de soberanía, sino de constitución. La cuestión no era para ellos –o no lo era solamente– determinar dónde reside la soberanía o a quién pertenece en último término, sino cómo puede ejercitarse la soberanía del mejor modo posible, por diferentes agentes de la misma. Camo Adison parece insinuar en sus célebres páginas sobre

(17) *Cfr. Leviathán. O. c.*, parte segunda. C. 29, pp. 403-404 y *Los Seis Libros de la República*. L. II, capts. I al VII, pp. 75 a 98.

(18) *Cfr.* **Passerin d'Entreves.** *O. c.*, pp. 133-137.

Montesquieu, sería más apropiado hablar de "división de los poderes" que de división del poder" (19). Insistiendo en estos argumentos, F. H. HINSLEY escribe: "en las más avanzadas comunidades el problema se cifraba en acomodar la cada día más inevitable idea de soberanía a esta creciente exigencia de que las relaciones dentro del cuerpo político se basarán en un sistema de derecho, de que su autoridad política se situara dentro de un marco constitucional, de que el Estado se convirtiera en un *Rechstsstaat.* Aquí, por tanto, como demostraron las opiniones de SIDNEY y LOCKE después de la Restauración inglesa, la reacción contra Hobbes no trató de rechazar el concepto de soberanía. Más bien insistió en retener la soberanía en el pueblo, que Hobbes había trasladado totalmente al Estado, y en hacerlo sirviéndose de argumentos que no significaban progreso alguno sobre Althusius y Milton, concediendo al mismo tiempo que, debido a la necesidad de gobierno, la autoridad política debía dividirse en diferentes esferas de derecho independientes... No deja de ser significativo –concluye HINSLEY– el que en su lucha contra el absolutismo Locke no hiciera ninguna referencia a la obra de Hobbes y se limitara solamente a la fácil, pero también inútil tarea de refutar a Filmer" (20).

En definitiva, la distinción entre titularidad y ejercicio de la soberanía se erige en un requisito *sine qua non* para articular el Estado constitucional, para vertebrar el *contenido* de su Constitución: sistema representativo y división de poderes; mecanismos que, a su vez, garantizaban los derechos individuales frente a los órganos ejercitantes del poder (frente a las extralimitaciones del Estado-aparato), que no frente al poder mismo (frente al Estado-soberano): "al afirmar que la soberanía corresponde al ente ideal llamado Pueblo o Nación –observa I. DE OTTO–, el titular de la soberanía queda separado de los órganos que crean el derecho y se abre así la posibilidad de limitar el poder de éstos sin afectar con ello a la soberanía. No hay derechos ni libertades frente al soberano, pero éste puede crear derechos y libertades frente a todos los que ejercen por delega-

(19) *Ib.*, p. 138.
(20) *O. c.*, pp. 127-128.

ción su poder. No hay derecho de resistencia frente al soberano, pero sí "resistencia", jurídicamente organizada, frente a los actos de normación de los órganos del Estado... El problema de la limitación del poder deja así de ser un problema de límites externos al ordenamiento, para pasar a ser un problema de estructuración interna que limite el poder de sus órganos. EL tema de la limitación del poder deja de discutirse como problema de soberanía y pasa a ser un problema constitucional" (21).

Ahora bien, si merced al postulado que se examina se construye el contenido de la Constitución, los mecanismos materiales del Estado constitucional, puede decirse que partiendo de él podrá articularse la idea de Constitución en sentido formal, como superley que limita la actividad del Estado, sin que, a su vez, se presente como límite a su soberanía. En el desarrollo de la idea de Constitución en sentido formal nos centraremos en los dos capítulos siguientes, en los que veremos cuáles son los mecanismos jurídicos que permiten construir esta idea. Conviene limitarse ahora a establecer el nexo que liga a esta idea con la premisa que se analiza. Desde este punto de vista, puede decirse que, efectivamente, la distinción entre titularidad y ejercicio de la soberanía permite y aún se puede decir que exige lógicamente edificar la técnica de la rigidez, en la que se asienta el concepto de Constitución en sentido formal. Lo permite, en tanto que, tan sólo si se acepta previamente esta premisa, se podrá sostener la limitación *formal* de los poderes ejercitantes de la soberanía, al mismo tiempo que la ilimitabilidad jurídica de su titular. Lo exige, puesto que, al acogerse a este postulado, resulta necesario evitar que ningún poder ejercitante de la soberanía, que ningún órgano del Estado, sobrepase sus atribuciones hasta el punto de arrogarse su titularidad y devenir soberano. Y tal posibilidad tomaría carta de naturaleza si un poder ejercitante de la soberanía, si un órgano del Estado (ya sea el legislativo o el ejecutivo, el judicial o el cuerpo electoral) pudiese modificar por sí mismo la norma constitucional que establece sus respectivas competencias. Para impedir que esto suceda se hace necesario, en primer lugar, distinguir la soberanía del

(21) *Lecciones de Derecho Constitucional... O. c.*, pp. 266-267.

poder constityente, y al sujeto soberano del órgano que ejerce este poder; y, en segundo lugar, instituir a este último, transformándolo en un órgano especial de revisión, distinto de los demás órganos constituidos, y a quien se otorga en exclusiva la capacidad de modificar el texto constitucional, elaborado por el órgano constituyente. Puede decirse, por ello, que tan sólo distinguiendo entre titularidad y ejercicio de la soberanía podrá (sin que sea necesario) y aún deberá lógicamente sostenerse la distinción entre un órgano constituyente y un órgano especial de revisión, y entre éste último y unos órganos ordinarios, que es en lo que consiste la técnica "agravada" o "cualificada" de la rigidez (aunque no la única) (21 bis), con lo cual se formalizaba el concepto de Constitución. De esta manera, los órganos del Estado no solamente habrían de estar constreñidos por el contenido de la norma constitucional, merced a su división y su respeto a los derechos individuales, sino también por su forma, al prohibírsele que modifiquen tales mecanismos constitucionales. La limitación del aparato de poder, del Estado aparato, además de estructural o material, sería, por tanto, formal por añadidura: el contenido de la Constitución se formalizaba, se cualificaba jurídicamente. El Estado constitucional se presentaba, pues, doblemente limitado, sin que en ningún caso esta última limitación formal se presentase tampoco como una mengua a la soberanía, esto es, a la capacidad de creación jurídica del Estado como poder soberano.

Por otra parte, como señalan JELLINEK (22) y CARRE DE MALBERG (23), la distinción entre un órgano constituyente y unos órganos constituidos, suponía un complemento necesario a la doctrina de la división de poderes en la medida en que subsanaba el peligroso vacío teórico dejado por LOCKE y, sobre todo, por MONTESQUIEU, quienes tan solo se habían preocupado por este postulado constitucional, habiéndose olvidado (que no negado) de la unidad del poder soberano.

(21 bis) *V. Infra.*, Cap. VII, II, 2, B.
(22) *Cfr. O. c.*, p. 375.
(23) *Cfr. O. c.*, T. II, pp. 515-517.

4. La distinción entre titularidad y ejercicio de la soberanía y el dualismo sociedad política-sociedad civil

Hasta ahora se había visto como en el pensamiento político preestatal y en el democrático-radical no se planteaba o se rechazaba, respectivamente, el dualismo sociedad política-sociedad civil. En ambos casos, sus tesis pactistas, aunque muy diferentes entre sí, coincidían en desestimar tal dualismo, a la inversa de lo que acontecía con la teoría liberal. Se había visto también que sólo partiendo de este dualismo podría idealizarse o formalizarse el sujeto de imputación del poder y, en consecuencia, vertebrarse el Estado como organización *a fortiori* representativa, en tanto que el poder político que él encarnaba o personificaba se separaba o desvinculaba del poder económico-social. De ahí la preestatalidad del pensamiento político tradicional y (valga la expresión) la postestatalidad del pensamiento político democrático-radical, en suma: la aestatalidad de ambos, la curiosa confluencia que entre ambos se percibe (y en la que en este trabajo tanto se insiste) a la hora de separarse del pensamiento liberal, de la teoría del Estado. Pues bien, de manera más diáfana, si cabe, puede establecerse un ligamen entre el mencionado dualismo y el postulado que distingue la titularidad del ejercicio del poder, en la medida en que tan sólo si se parte de aquél podrá afirmarse éste. Esto explica también que el pensamiento tradicional coincida con el democrático-radical en desechar la distinción entre titularidad y ejercicio del poder.

En el pensamiento preestatal, al comportar la desigualdad económico-social de los individuos una desigualdad jurídico-política, esto es, al no haber contradicción alguna entre el titular del poder determinado por el Derecho y el que realmente lo ejercía, podía mantenerse una identidad entre la titularidad jurídica del poder y el ejercicio jurídico del mismo: el sujeto o los sujetos a quienes se imputaba el poder político lo ejercían en su nombre y no en nombre de otros. La libertad, no era la libertad del individuo frente al poder, la libertad de la sociedad o comunidad civil frente a la comunidad política, sino la libertad de una comunidad frente a otras o de un grupo frente a otros.

Una libertad, en todo caso, que complicaba un poder fáctico, real sobre los no-libres, en tanto que éstos estaban subordinados a aquéllos no sólo jurídicamente, sino económica y socialmente. Desde estos presupuestos, todas las premisas teóricas en las que se basa el Estado constitucional (y, en primer lugar, la distinción entre titularidad y ejercicio del poder, en las que se asientan todas las demás) eran inconcebibles.

Lo mismo puede decirse, aunque por razones distintas, incluso opuestas, del pensamiento democrático-radical. En este caso, al pretenderse unificar la sociedad política con la sociedad civil, el ciudadano y el hombre, el titular del poder determinado por el Derecho y el que realmente lo ejerce, se rechazaba la distinción y separación entre la titularidad jurídica del poder y el ejercicio jurídico del mismo, entre el poder (el Estado) y el Pueblo. No habiendo sociedad privada que salvaguardar, ni libertad negativa o individual que proteger, las técnicas garantistas del Estado constitucional carecían de sentido alguno y en especial la que distinguía entre titularidad y ejercicio del poder. Por todo ello, se verá en los dos capítulos siguientes cómo el pensamiento preestatal y el democrático radical desconocerían y combatirían, respectivamente, la técnica de la rigidez constitucional y el concepto de Constitución en sentido formal.

La teoría liberal, en cambio (con la excepción de HOBBES), al distinguir y separar la titularidad jurídica del poder de sus ejercitantes reales, esto es, al separar la sociedad política de los iguales, de los ciudadanos, de la sociedad civil de los desiguales, de los hombres, podría y aún necesitaría distinguir y separar al titular del poder determinado por el Derecho (el Pueblo-ideal, esto es, el Estado) de los órganos ejercitantes, y, en particular, del Pueblo real. Al ser el *telos* de la teoría liberal la defensa de la sociedad frente al Estado, de lo privado frente a lo público, era necesario distinguir y separar la titularidad del ejercicio de la soberanía. Así, escribe U. CERRONI, "para los políticos liberales del siglo XIX —y también, se podría agregar, para los liberales democráticos del XX— la institución representativa se basa en la separación de la "titularidad" de la soberanía con respecto a su "ejercicio", precisamente porque la esencia de la libertad moderna consistía para ellos no en una "participación" en el poder, sino en el "aislamiento" dentro de la esfera individual y "autónoma" del individuo particular (24). La distinción entre titularidad y ejercicio de la soberanía venía a significar, por todo ello, la premisa garantista más importante en tanto que compendiaba y posibilitaba todos los demás mecanismos destinados a separar y a atomizar el ejercicio del poder político, en conformidad con la separación que se hacía de este poder respecto del económico-social, también dividido y atomizado.

III. LA POSTURA DE LOS DIPUTADOS REALISTAS

Las tesis mantenidas por los diputados realistas acerca del origen del poder y sobre la naturaleza del sujeto a quien este poder imputaban, conducían a confundir su titularidad con su ejercicio. Sus premisas ante ambas cuestiones revelaban un inequívoco dualismo, que se concretaba en afirmar la soberanía conjunta o compartida del Rey y las Cortes. Para estos diputados, como para JOVELLANOS, y aún mucho más para MARINA (25), no se trataba tanto de distinguir y separar la titularidad del ejercicio del poder, como de fraccionar el poder mismo entre estas dos instituciones históricas. El Monarca y las Cortes no sólo debían ser los sujetos titulares del poder, sino también las máximas instituciones ejercitantes del mismo. Puede decirse, por ello, que la premisa teórica que se analiza era ajena a sus planteamientos doctrinales, y de hecho ni la defendieron ni siquiera la impugnaron cuando salió a relucir por boca de los diputados liberales; aunque esta impugnación estaba latente en sus postulados. En este sentido, puede ser de interés mencionar una intervención de INGUANZO, en la cual, a tenor de la doctrina de la "soberanía compartida", sacó a relucir una idea muy cara a todos los diputados realistas y firmemente enraizada, como se ha dicho, en el pensamiento preestatal: la idea del "gobierno mixto" o de la "Monarquía moderada".

(24) *La Libertad de los Modernos. O. c.,* p. 213.
(25) *V. Supra.,* Cap. II y III.

Esta última denominación era usada también por los diputados liberales, y en un sentido laudatorio, al ver en esta forma de gobierno una fórmula plausible por su sentido conciliador y por su tendencia equilibradora. No obstante, en este caso, su significado era muy distinto, al concebirse de un modo unitario e ideal el sujeto soberano, la Nación, quien, mediante el texto constitucional, y sólo a través de él, "repartía" y limitaba el *ejercicio* de la soberanía entre el Rey y las Cortes. Esto es, para los diputados liberales el término "Monarquía moderada" no era más que un sinónimo de "Monarquía constitucional", que nada tenía que ver con la idea tradicional del "gobierno mixto". La exégesis que aquí insinúa INGUANZO de la "Monarquía moderada" es, en cambio, bien diferente, al identificarla, incluso de modo explícito, con la teoría preestatal de la forma mixta de gobierno. Lo que aquí el diputado asturiano aconseja repartir y limitar no es el ejercicio de la soberanía sino la soberanía misma; y no a través del texto constitucional, sino en virtud de la "constitución genética o histórica", de la que ya se ha hablado en el capítulo segundo. Así, en efecto, al preguntarse por los medios pertinentes para evitar que la "Monarquía degenerase en poder absoluto y arbitrario", este diputado respondía:

> "¿Serán las leyes? ¿Serán las modificaciones y restricciones parciales que se hagan de aquella autoridad en la constitución misma? Nada de esto... Las Cortes, las Cortes son sin duda el contrapeso que puede tener la autoridad real para moderar su poder. Mas aquí está la gran dificultad. Cómo y en qué forma deban constituirse las Cortes, para que sean un verdadero contrapeso del poder monárquico, y resulte un *Gobierno mixto*. Ello es una verdad indudable que la templanza o moderación de una monarquía pende no de ideas ni planes arbitrarios, sino de reglas y principios constantes de política, principios reconocidos invariables. Pende absolutamente de la combinación que se haga de las diferentes formas de gobierno, del monárquico, del aristocrático y del democrático. De manera que según que estos tres órdenes, o algunos de ellos, se enlacen, casen y combinen unos con otros, resultará o dexará de resultar lo que se llama una *monarquía mixta, templada o moderada*." (26)

---

(26) *DDAC*, T. 8, p. 260.

IV. LA POSTURA DE LOS DIPUTADOS AMERICANOS

La peculiar paráfrasis que del principio de soberanía nacional hacían los diputados americanos no propendía, desde luego, a admitir la distinción entre titularidad y ejercicio de la soberanía. Cierto es que, si se exceptúa al mejicano GURIDI y ALCOCER, en sus tesis no se detectaba ningún sustrato dualista. Pero no lo es menos que el influjo que se perciben en las mismas del dogma de la soberanía del Pueblo y de los postulados arcaizantes procedentes del Derecho Indiano y de la tradición escolástica, no era el más propicio para que a partir de ellas estos diputados pudiesen captar el significado de la premisa que ahora nos ocupa. El concebir a la Nación como agregado real de provincias e individuos implicaba, si no negar la distinción entre titularidad y ejercicio de la soberanía, sí, al menos, dividir atomísticamente la soberanía de la Nación (su titularidad). Pero, además, y sobre todo, en los planteamientos de estos diputados se advierte una confusión de gran importancia para calibrar su postura respecto al problema que se examina. Esta confusión –que, dicho sea de paso, se percibe también en MARTÍNEZ MARINA (27)– consistía en identificar a la Nación con las Cortes. Como consecuencia de ello, identificaban la soberanía de la primera con la de las segundas; y, por consiguiente, la titularidad con el ejercicio de la potestad soberana.

Todas estas confusiones se pusieron de manifiesto en el debate del artículo 373 del Proyecto constitucional (artículo 375 en la redacción definitiva). Este precepto, que era el primero de los dedicados a organizar el procedimiento de reforma, decía textualmente: "hasta pasados ocho años después de hallarse puesta en práctica la constitución en todas sus partes, no se podrá proponer alteración, adición ni reforma en ninguno de sus artículos". A juicio de estos diputados, la restricción temporal que este artículo prescribía para iniciar la reforma constitucional contradecía el principio de soberanía nacional proclamado en el artículo tercero; puesto que, al identificar a la Nación con las Cortes, y a la soberanía de la primera con la

(27) *Cfr. Teoría de las Cortes. O. c.*, T. III, pp. 43 y 46.

preeminencia orgánica de las segundas, el límite temporal que el artículo 373 establecía al *ejercicio* de las Cortes futuras, era concebido como un límite a la soberanía misma de la Nación:

> "Este artículo –argumentaba Leyva– y casi todos los siguientes hacen casi imposible la reforma de los 369 artículos que forman la materia de la constitución, y por consiguiente se embaraza casi perpetuamente *el exercicio de la soberanía, que es inajenable y esencialmente reside en la nación, como hemos proclamado tantas veces.* Esta restricción será justa si la nación, enterada de la constitución, quiere con esta u otras trabas prohibirse poder hacer alternaciones, y no lo será de otra manera." (28)

Como se puede apreciar, no se trataba de una mera confusión terminológica (ya de por sí significativa), al referirse al carácter inalienable del ejercicio de la soberanía, en vez de a la inalienabilidad de la soberanía misma (de su titularidad). Por el contrario, LEYVA, como todos los demás miembros de su grupo, no se percataba de la capital importancia y trascendencia que encerraba el distinguir la titularidad del ejercicio de la soberanía, y por eso empleaba ambos términos de modo indiscriminado. El sentido de este discurso así lo evidencia. Por otra parte, la exigencia de que la Nación ratificase el Proyecto constitucional volvía a poner de relieve el enredo conceptual que azoraba a este diputado. Conviene tener en cuenta, en efecto –y a ello ya nos hemos referido anteriormente–, que los diputados americanos, y entre ellos LEYVA, asignaban este cometido ratificador a unas Cortes especiales convocadas *ex profeso* para ello. Con todo lo cual la Nación volvía a identificarse con las Cortes.

Esta identificación, con todo lo que ella implica para el problema que se ventila, la sacó a relucir OSTOLAZA en la misma disputa del artículo 373:

> "Si las Cortes están penetradas, como yo lo creo –aseveraba este diputado–, de la justicia y utilidad de la constitución, nada deben temer de las Cortes sucesivas, y si no lo están, es en vano *poner*

(28) *DDAC.* T. 11, p. 310.

trabas a una nación a quien V. M. ha enseñado sus derechos y hasta donde se extienden nuestras facultades." (29).

No obstante, la intervención más incisiva corrió a cargo de LARRAZÁBAL durante la polémica que suscitó el artículo 375. Este precepto disponía que cualquier proposición de reforma en algún artículo de la constitución debería hacerse por escrito, y ser apoyada y firmada, a lo menos, por veinte diputados. Requisitos distintos y más complejos, como más adelante se tendrá oportunidad de ver, a los exigidos para proponer la aprobación o reforma de una ley ordinaria. Pues bien, para impugnar este precepto, este diputado, parapetándose en el mismo hilo argumental que LEYVA y OSTOLAZA, afirmó:

> "quando veo que después de sancionado que a la nación pertenece exclusivamente el derecho de establecer sus leyes fundamentales, se la priva ahora de esta autoridad sin límites, ...me parece que se le despoja de sus derechos más inherentes, o para hablar con más propiedad, se destruye su misma esencia. *Después que se ha declarado que la soberanía reside esencialmente en la nación, no alcanzo como pueda usar perpetuamente y con absoluta independencia de este derecho, poniéndole trabas y condiciones duras sin su consentimiento.*" (30)

Como resulta fácilmente inferible, todas estas intervenciones, además de revelar la confusión entre el titular de la soberanía, la Nación, con un órgano ejercitante de la misma, las futuras Cortes ordinarias, translucían también una actitud, de aparente factura democrático-radical, negadora de la distinción entre Cortes constituyentes y Cortes ordinarias. Pero sobre este problema nos extenderemos en el capítulo siguiente.

V. LA POSTURA DE LOS DIPUTADOS LIBERALES DE LA METROPOLI

El distinguir la titularidad del ejercicio de la soberanía era una consecuencia lógica, además de ideológica, que se deriva-

(29) *Ib.*, p. 325.
(30) *Ib.*, p. 367.

ba de los postulados que los diputados liberales habían mantenido acerca del origen y límites de la soberanía y sobre la naturaleza del sujeto a quién atribuían esta cualidad. Por lo que concierne a la primera cuestión, se había visto, en los capítulos segundo y tercero, que, pese a sus diferentes puntos de partida, la idea de soberanía como cualidad unitaria e indivisible, perpetua e inalienable, originaria e ilimitada, era una idea unánimemente aceptada por todos los miembros de este grupo doctrinal. Por lo que atañe a la segunda cuestión, en el capítulo anterior se había mostrado que la Nación para estos diputados se concebía como un ente ficticio, puramente ideal; en definitiva: como un mero sujeto de imputación, carente, por ello, de toda presencia física e incapaz, por tanto, de actuar por sí misma. Desde estas premisas resultaba insoslayable acudir a la distinción entre titularidad y ejercicio de la soberanía, para, *en primer lugar,* poder desarrollar el contenido de esta facultad, ya que de otro modo el principio de soberanía nacional se convertiría en una fórmula huera y en un atributo inane. *En segundo lugar,* era imposible no recurrir a esta distinción si se quería —como, en efecto, así era— limitar materialmente los poderes del Estado, o de la Nación, como estos diputados decían, sin menoscabo de su soberanía. Esto es, si querían articular los mecanismos típicos del Estado constitucional: el sistema representativo y la división de poderes, para así asegurar los derechos individuales. *En tercer lugar,* era ineludible distinguir y separar la titularidad del ejercicio de la soberanía para poder limitar formalmente, mediante una Constitución rígida, los poderes del Estado y formalizar, así, los mecanismos materiales, el contenido del Estado constitucional; sin que ello supusiese poner en entredicho la ilimitada capacidad de creación jurídica del Estado mismo. Y, en efecto, por estas tres razones los diputados liberales de la metrópoli defendieron, frente a la incomprensión o la crítica, o ambas cosas a la vez, de los diputados realistas y americanos, la necesidad de distinguir y separar la titularidad del ejercicio de la soberanía. Veámoslo.

1. La Nación como sujeto ideal y la distinción entre titularidad y ejercicio de la soberanía

En la inexcusabilidad de distinguir y separar la titularidad del ejercicio de la soberanía, al concebirse al sujeto soberano, la Nación, como un ser puramente ideal, insistieron ANER y OLIVEROS:

> "la nación considerada generalmente –decía el diputado catalán– ni puede reunirse para darse leyes, ni puede gobernarse por ella misma. Necesita valerse de cierto número de representantes para que, plenamente autorizados, exerzan las facultades que aquélla por sí misma no puede exercer" (31).

OLIVEROS, por su parte, aludió expresamente a la premisa doctrinal que se examina y en una nueva muestra de historicismo la retrotajo a la legislación tradicional:

> "*se ha hecho en la constitución* –decía–, conforme en todo con nuestras leyes primitivas, *una clara distinción entre la soberanía y su exercicio,* aquélla reside siempre en la nación; la es esencial, han dicho las cortes; siempre es sobre todo la nación, y a su voluntad todo debe ceder. Pero es un delirio pensar que la nación exerza por sí los derechos de la soberanía: ¿En dónde se ha de congregar? ¿Cómo es posible que extendida por las cuatro partes del mundo, se concurra individualmente a la formación de las leyes, a la dirección y gobierno? De donde la necesidad de delegar los derechos de la soberanía, resultando la monarquía moderada de la armonía con que se exerzan por diversas personas y corporaciones" (32).

Precisamente, en la distinción entre titularidad y ejercicio de la soberanía situó TORENO, con acierto, la más importante diferencia que existía (y que existe) entre la Democracia y el Estado liberal, que este diputado identifica aquí con la forma monárquica "Moderada" –esto es, constitucional– de gobierno:

> "¿Quién puede desear la democracia en un buen sistema representativo monárquico? –se preguntaba. Ya se sabe –añadía–

(31) *Ib.*, pp. 322-323.
(32) *Ib.*, p. 337.

lo mucho que en nuestros días se ha perfeccionado el sistema representativo. *Los pueblos modernos no pueden como los antiguos exercer por sí la soberanía.* Su extensión, las distancias que los separan son estorbos físicos que hasta ahora ni el arte ni la industria humana han removido" (33).

2. La articulación del Estado constitucional y la distinción entre titularidad y ejercicio de la soberanía

Los diputados liberales defendieron también la distinción entre titularidad y ejercicio de la soberanía como único medio que permitía articular dos mecanismos consustanciales al Estado constitucional: el sistema representativo y la división de poderes.

A) *El sistema representativo*

En el debate del artículo tercero, TORENO y GALLEGO, aunque no se refirieron de modo explícito al sistema representativo o instituto de la Representación, trajeron a colación la premisa doctrinal que se examina para compatibilizar dos postulados en los que reposa este sistema en una organización política estatal: la unidad de la soberanía (y del sujeto representado) y la delegación de su ejercicio:

> "(El vocablo) esencialmente –decía Toreno– expresa que este derecho (la soberanía) co-existe, ha co-existido y co-existirá siempre en la nación mientras no sea destruida. Envuelve además esta palabra la idea de que es inagenable, y qualidad de que no puede desprenderse la nación, como el hombre de sus facultades físicas, porque nadie en efecto podría hablar y respirar por mí; *así jamás delega el derecho, y sólo sí el exercicio de la soberanía*" (34).

En semejantes términos se expresó GALLEGO, quien, al combatir la teoría del pacto de traslación y la defensa que los diputados realistas hacían del vocablo "radicalmente" para delimitar la soberanía de la Nación, puso de relieve, en primer lu-

(33) *Ib.*, T. 8, p. 129.
(34) *Ib.*, p. 66.

gar, el enmarañamiento en el que estos diputados incurrían al identificar la titularidad con el ejercicio de la soberanía; y, en segundo lugar, la conveniencia de distinguir ambos conceptos:

> "la palabra esencialmente puesta en el primer miembro de este artículo, ha hecho vacilar a varios diputados, quienes, sin duda por no haber meditado bien la materia –decía Gallego retóricamente–, *han confundido la soberanía con el exercicio de ella... La soberanía* –añadía– *no puede ser enajenada, por más que se confíe su exercicio* en todo o en parte a determinadas manos" (35).

Y, en fin, en este mismo debate, GOLFIN acudió también a este importante axioma, pero no con el ánimo de "sentar doctrina", sino con un ejemplo muy oportuno, buscado con indudable habilidad:

> "...Si confundimos al exercicio de la soberanía con la misma soberanía –razonaba este diputado– ¿con qué argumentos probaremos la nulidad de las cesiones hechas en Bayona? ¿Confesaremos que la soberanía de Fernando VII reside en...? No quiero mancillar mis labios pronunciando su nombres" (36).

B) *La división de poderes y los derechos individuales*

Los diputados liberales se escudaron también en la distinción entre titularidad y ejercicio de la soberanía para cohonestar el carácter unitario de la soberanía con la conveniente división de su ejercicio. En realidad, a la premisa que ahora se estudia se había aludido ya en el "Discurso preliminar" al Proyecto constitucional, con el fin, precisamente, de justificar la división de los poderes del Estado. En este documento, en efecto, se hacía una defensa de la "distribución que han hecho los políticos de la autoridad soberana de una nación, dividiendo *su ejercicio* en potestad legislativa, ejecutiva y judicial" (37). División que había sido sancionada previamente en el Decreto de

(35) *Ib.*, pp. 67-68.
(36) *Ib.*, p. 75.
(37) **D. Sevilla Andrés.** *Constituciones y otras Leyes... O. c.*, T. I; P. 123.

24 de septiembre de 1810 (38) y que cristalizó en los artículos 15, 16 y 17 del código constitucional de 1812, que conformaban el gozne sobre el que giraría la estructura orgánica de todo su texto. "La potestad de hacer las leyes –decía el artículo 15– reside en las Cortes con el rey". "La potestad de hacer ejecutar las leyes –sancionaba el 16– reside en el rey". Y, en fin, el 17 prescribía: "la potestad de aplicar las leyes en las causas civiles y criminales reside en los tribunales establecidos por la ley". Preceptos todos ellos que, como disponía el artículo 14, convertían al Gobierno, en sentido lato, de la Nación española en una "Monarquía moderada". Por otra parte, el nexo entre la doctrina constitucional de la división de poderes y el *telos* del Estado liberal –esto es, el aseguramiento de la libertad individual– quedaba patente en el mismo "Discurso preliminar; cuando, tras aconsejarse la división del ejercicio de la soberanía, se decía:

> "la experiencia de todos los siglos ha demostrado hasta la evidencia que no puede haber *libertad* ni *seguridad* ni por lo mismo *justicia* ni *prosperidad* en un Estado en donde el ejercicio de la autoridad esté reunido en una sola mano. Su separación es indispensable" (39).

Pero, ante todo, interesa destacar que para los diputados liberales de la metrópoli la división de poderes sólo podía sostenerse si previamente se aseguraba la unidad del poder del Estado, para lo cual era necesario distinguir la titularidad de la soberanía, atribuida subjetivamente a la Nación de modo único e indivisible, de su ejercicio, asignado a sus distintos representantes y funcionarios. En este sentido, en el debate del artículo 15, García Herreros subrayó la necesidad de no confundir al poder legislativo con la soberanía, ni a la bipartición de aquél entre el Rey y las Cortes con el fraccionamiento de ésta:

> "no se crea –argumentaba– que concediendo al Rey parte en el exercicio del poder legislativo, nos contradecimos y nos oponemos al principio ya sancionado de que la soberanía reside esencialmente

(38) *Cfr.*, p. 91.
(39) *Ib.*, p. 123.

en la nación, y que a ella pertenece exclusivamente el derecho de establecer sus leyes fundamentales. Este reparo es hijo seguramente de la confusión de las ideas y de la inadvertencia de que *aun cuando el poder legislativo sea el principal atributo de la soberanía, no la constituye por sí sólo, sino en unión con los otros dos poderes.* Por manera que la esencia de aquélla consiste en la facultad de dividirlos, distribuirlos y caracterizarlos, señalando a cada uno sus atribuciones y límites sobre principios de unión y contrato, por medio de declaraciones estables, que se llaman en este concepto leyes fundamentales o constitutivas de las autoridades supremas" (40).

Pero fue ARGÜELLES, en la controversia que suscitó el artículo 258 del Proyecto, que instituía un "Supremo Tribunal de Justicia", quien con más claridad puso de manifiesto la necesidad de distinguir la titularidad del ejercicio de la soberanía para acomodar la división de poderes a la unidad de Poder. Y es más: en este discurso se hace patente que este diputado veía en la unidad del sujeto soberano el límite a una excesiva autonomía funcional de los poderes del Estado, en este caso a la "independencia" del poder judicial:

"ya que los jueces ordinarios y los tribunales superiores serán juzgados por el supremo de Justicia, es preciso que éste quede sujeto a la nación baxo una responsabilidad inmediata en los casos de abuso de su autoridad; *este es el único medio de enlazar la potestad judicial con las demás que constituyen el exercicio de la soberanía. Entre todas ha de haber un punto de contacto, de lo contrario la separación pasa a ser una verdadera independencia o aislamiento incompatible con la unidad de poder,* que constituye a los pueblos en nación, baxo qualquiera forma que establezcan su gobierno" (41).

Aunque, en puridad, la unidad de la soberanía (necesaria para que "los pueblos se constituyesen en Nación", esto es, en Estado) no sólo se verificaba y garantizaba por los mecanismos de responsabilidad judicial a los que ARGÜELLES se refería, sino que era ya una realidad desde el momento en que el mismo código constitucional exigía a la judicatura el acatamiento de unas mismas leyes y, por supuesto, de una misma Constitu-

(40) *DDAC,* T. 8, pp. 132-133.
(41) *Ib.,* T. 10, p. 192.

ción (42). Puede decirse, pues, que, merced a distinguir la titularidad del ejercicio de la soberanía, el dogma de la soberanía nacional expuesto por los diputados liberales podía conciliarse con la doctrina constitucional de la división de poderes; sin que en ello, contra lo que SÁNCHEZ AGESTA sostiene, hubiese antinomia o "vía de compromiso" alguna (43).

3. La limitación formal de los poderes del Estado y la distinción entre titularidad y ejercicio de la soberanía

Por último, la distinción entre titularidad y ejercicio de la soberanía salió a relucir de nuevo en el debate del Título X del Proyecto constitucional. Pero, además, en esta ocasión el recurso a esta premisa cobra para este estudio un especial significado, ya que mediante él se pretendió justificar, en polémica con los diputados americanos, las restricciones que este Título establecía a las ulteriores reformas del texto constitucional. Los diputados liberales de la metrópoli sostuvieron, efectivamente, que las cautelas introducidas por este Título, y en particular la que recogía el mencionado artículo 373, en nada contradecían el principio de soberanía nacional proclamado en el artículo tercero. Para ello hicieron hincapié en la necesidad de no confundir a la Nación con las Cortes futuras y sostuvieron que las limitaciones del Título décimo no afectaban a la primera, como sujeto titular de la soberanía, sino a las segundas, como órgano ejercitante de una parte de la misma, y a los demás órganos "ordinarios" del Estado.

> "Es verdad –argumentaba Muñoz Torrero en la discusión del artículo 373, respondiendo a las objecciones del chileno Leyva– que la soberanía es un derecho propio de la nación, es decir, que tiene la potestad de establecer sus leyes fundamentales, y de hacerlas observar: pero de este principio nada se infiere contra el artículo propuesto. *Aquí no se trata ya de la suprema potestad de la nación, sino de su exercicio,* que puede verificarse de modos muy diferentes. ¿Qué perjudica a la soberanía nacional el capítulo ya sancionado, y que aprobó el señor Leyva –inquiría Muñoz Torrero, refiriéndose

(42) *V.* El Título V de la Constitución de 1812, especialmente los artículos 244, 245, 247 y 258.

(43) *Cfr. Historia del constitucionalismo... O. c.,* pp. 91-92.

al capítulo VIII del Título III–, en el que se habla de la formación de las leyes, y se prescriben los trámites que han de observarse para el establecimiento de ellas? Pues tampoco pueden ser contrarias a la misma soberanía aquellas precauciones que han parecido más convenientes para que la constitución tenga la estabilidad y firmeza necesaria, puesto que ésta es la mayor prueba de la autoridad soberana de la nación; así como ninguno puede dar testimonio más calificado de que es dueño de una casa, que quando establece en ella el régimen que quiere" (44).

Estas palabras fueron remachadas por OLIVEROS:

"aunque la nación sea soberana –aducía este diputado– las cortes en lo sucesivo no exercerán por sí solas las facultades de la soberanía que la constituyen. *Las cortes y el rey y los tribunales deben contenerse en sus límites respectivos,* no se ofende, pues, a la soberanía por estas restricciones. La nación las ha puesto...porque es soberana, porque es señora de sus derechos, porque así le conviene, porque estas restricciones determinan la moderación de la monarquía" (45).

Con lo cual, como no es difícil colegir, los diputados liberales no se limitaban a conciliar el carácter jurídicamente ilimitado de la soberanía con la limitación formal de sus órganos ejercitantes, sino que, además, y precisamente por ello, anunciaban ya un postulado doctrinal de enorme importancia para este trabajo, a saber: la distinción entre unos órganos constituidos ordinarios y un órgano especial de revisión. Por eso, como decíamos en la introducción de este capítulo, a partir de discernir y separar la titularidad del ejercicio de la soberanía, se inauguraba en las Cortes de Cádiz (en el plano lógico no en el cronológico) el debate constitucional propiamente dicho, y se concluía la polémica sobre la soberanía. O, dicho desde otro punto de vista, a partir de esta premisa la controversia doctrinal se desplazaba sustancialmente: ya no se trataba de discutir en torno a la creación de un poder soberano, sino sobre el modo de estructurarlo internamente y de asegurar la permanencia de esta estructura interna. Extremo este último al que se dedicarán los dos capítulos que siguen.

---

(44) *DDAC*, T. 11, pp. 317-318.
(45) *Ib.*, p. 338.

CAPITULO SEPTIMO. **LA DISTINCION ENTRE CORTES CONSTITUYENTES, CORTES ORDINARIAS Y CORTES DE REVISION**

I. INTRODUCCION

En este capítulo estudiaremos los diversos planteamientos sustentados por los diputados doceañistas en torno a la premisa en la cual se asienta la técnica de la rigidez, o que configura un texto constitucional rígido, para decirlo con palabras de BRYCE (1): la distinción entre un órgano constituyente y un órgano legislativo, de una parte, y un órgano de revisión, distinto de aquél y de éste, de otra.

En las Cortes de Cádiz, las diversas posturas sobre este asunto se pusieron de manifiesto sobre todo en el debate del Título Décimo del Proyecto, que trataba "De la observancia de la constitución y modos de proceder para hacer variaciones en ella". La larga controversia que suscitó este título se limitó a los artículos 373 y 375, siendo aprobados los demás sin discusión alguna. Los requisitos orgánico-procedimentales que exigía este título para llevar a cabo la reforma constitucional se analizarán más adelante. Baste decir por ahora que la rigidez que establecía era muy extrema. Como señaló el diputado mejicano GURIDI y ALCOCER, mediante él la irrevocabilida del texto constitucional se aseguraba, jurídicamente, durante, al menos, catorce años, "si se consideran a los ocho años de los que habla el artículo 373 –decía este diputado– los seis de las tres

(1) *Cfr.* **James Bryce.** *Constituciones Flexibles y Constituciones Rígidas.* IEP, 2.ª Edic. Madrid (1963), pp. 19-34.

diputaciones (2) que deben intervenir en el plan propuesto. Y a los catorce aún se han de agregar –añadía GURIDI– los que corrieren para establecer la constitución en todas sus partes, pues hasta entonces, según dispone el mismo artículo 373, no han de comenzar a contarse aquellos ocho" (3).

En este debate, el vínculo entre la teoría de la soberanía y la doctrina de la reforma constitucional se puso de manifiesto de modo nítido y no pasó desapercibido a los diputados liberales. En realidad, a este vínculo, cuyo estudio constituye el objeto central de este libro, se había referido ya ARGÜELLES en la discusión del artículo tercero, cuando conectó el principio que en éste se proclamaba con el futuro Título dedicado a organizar el procedimiento de reforma constitucional: "Antes de concluir –decía el diputado asturiano– debe indicar que todavía se propuso la comisión, al extender la cláusula que se discute, dexar abierta la puerta en la constitución a un capítulo, que se presentará a su tiempo, sobre el modo de mejorar en ella lo que la experiencia acredite digno de reforma. Y este artículo (es decir, el tercero) aunque al principio del proyecto tiene íntimo enlace con el capítulo insinuado, tal es la naturaleza de todo sistema" (4).

II. ESTATICIDAD Y DINAMICIDAD DE LOS ORDENAMIENTOS JURIDICOS Y EL PROBLEMA DE LA RIGIDEZ CONSTITUCIONAL. (PRECISIONES CONCEPTUALES)

1. El no planteamiento del problema en el pensamiento político preestatal

Pretender hallar la técnica jurídica de la rigidez constitucional en el pensamiento político preestatal y concretamente en la

(2) Hay que tener en cuenta que, a tenor del artículo 108, las legislaturas o "diputaciones" tendrían una duración de dos años.

(3) *DDAC*, T. 11, p. 330.

(4) *Ib.*, T. 8, p. 54.

teoría pactista monárquica como subespecie de ésta, más que una tarea fallida es una búsqueda absurda. Como se ha visto en los capítulos segundo y tercero, el pensamiento político preestatal partía del carácter natural del poder y, en consecuencia, de la naturaleza limitada de éste y, más concretamente, de la función de creación jurídica que le es consustancial. La permanencia de un supremo orden jurídico-político, que es lo que se pretende con la rigidez, estaba encomendada a unos resortes controladores y limitadores de índole metapositiva: la ley divina y la adecuación del derecho a un criterio teológico, el bien común. Estas limitaciones metapositivas, junto a la primacía de la costumbre, bastaban para someter al poder político de una comunidad a unos fines predeterminados y para impedir el cambio de sus principios esenciales. La capacidad de creación jurídica era, pues, limitada. Los ordenamientos eran estáticos. Cuando a partir de la Baja Edad Media, y merced a la creciente dinamicidad de los ordenamientos jurídicos, surge en el pensamiento político la noción de unas leyes fundamentales, como límite positivo de origen histórico, el carácter inalienable que se les atribuye aseguraba ya su permanencia (5).

2. El planteamiento del problema en la teoría del Estado

La técnica jurídica de la rigidez constitucional sólo es posible cuando los límites metapositivos de un orden jurídico-fundamental son ya insostenibles, del mismo modo que lo es mantener la inalterabilidad de ese orden fundamental en virtud de su antigüedad. ¿Cuándo ocurre esto? Ya lo hemos visto en los capítulos segundo y tercero, cuando se niega el carácter natural del poder político y, por tanto, la naturaleza jurídicamente limitada de éste y de la función de creación jurídica que le es consustancial. Brevemente: cuando se afirma el concepto de soberanía y la existencia de un poder soberano, único e ilimitado, el Estado. El Estado, repitámoslo, no sólo sería el único monopolizador de la creación jurídica, sino que no habría más

(5) *V.* sobre este punto. **I. de Otto,** *Lecciones de Derecho Constitucional... O. c.* Lecciones cuarta y quinta, pp. 109-172.

creación jurídica que la del Estado. El Derecho mundano sería el del Estado y no habría más Derecho que el Derecho mundano. El Estado, artificio puramente humano, se presentaba como un poder normador permanentemente en acción y en pleno dinamismo, tras romper las amarras con cualquier orden metahumano (incluido el histórico), por definición estático. Ni la Naturaleza, entendida como proyección divina, ni la Historia podrían limitar su capacidad creadora. Para asegurar la permanencia de su orden jurídico fundamental sólo se podía recurrir a unos mecanismos puramente positivos y puramente racionales. La técnica de la rigidez constitucional es ya posible.

Ahora bien, la técnica jurídica de la rigidez constitucional no sólo es posible sino necesaria cuando se intenta cohonestar la existencia del Estado, como poder jurídicamente ilimitado, con la defensa de la libertad individual. Habíamos visto anteriormente que esta doble necesidad podía conciliarse imputando la soberanía a la colectividad, que transformaba al Estado en un Estado de Derecho o constitucional. Pero esta limitación interna de los poderes del Estado era una limitación material. Del mismo modo que la idea de Constitución no estaba formalizada. Esta habría de ser la norma fundamental que vertebrase internamente al Estado, al Estado-aparato, a través de unos mecanismos (sistema representativo, división de poderes) que garantizasen los derechos individuales. Pero era preciso dar certeza y asegurar este orden constitucional y con él los mecanismos materiales del Estado de Derecho. Había que formalizar la idea de Constitución, distinguirla jurídicamente de las demás normas del ordenamiento jurídico e impedir que los poderes del Estado la alterasen. En definitiva, era necesario limitar formalmente estos poderes sin que ello supusiese limitar la soberanía del Estado.

La imputación de la soberanía a la colectividad iba a permitir también satisfacer tal pretensión. En efecto, a partir de esta atribución subjetiva se podía distinguir la titularidad del ejercicio de la soberanía, lo que a su vez obligaba a distinguir a la soberanía del poder constituyente. Este sería un poder inherente a la soberanía, el máximo pero no identificado con aquélla. Por ello, una vez constituido el Estado, el órgano que lo ejerciese podría instituirse y limitarse, en una palabra: convertirse en un órgano especial de revisión, sin que ello supiese limitar la soberanía misma. Al instituirse el órgano especial de revisión se garantizaban dos cosas: eliminar el poder constituyente y controlar al órgano legislativo, de modo que éste (y, por supuesto, los demás órganos del Estado) no pudiese variar la norma constitucional y poner en peligro las libertades individuales. En consecuencia, aunque la distinción entre titularidad y ejercicio de la soberanía no conduzca necesariamente a la rigidez, puede decirse que tan sólo partiendo de aquélla puede construirse ésta. De otro modo, el poder constituyente se identificaría con la soberanía misma y el órgano que lo ejerciese no podría, por tanto, so pena de destruirse la soberanía, institucionalizarse y limitarse.

Precisamente, esta es la razón que impide articular la rigidez constitucional desde los postulados hobbesianos. De ellos sí podía extraerse la idea de un poder constituyente, aunque no estuviese mencionada de modo expreso. En rigor, en todo teórico de la soberanía y del Estado tiene que hallarse, implícita o explícitamente, la idea de un poder constituyente. No obstante, como se ha visto, el imputar la soberanía a una voluntad particular impidió a HOBBES distinguir la titularidad del ejercicio de la soberanía. Ello le condujo a condenar no sólo la limitación material del poder, sino también su limitación formal, ya que para él en ambos casos se limitaría la soberanía misma. Por eso, HOBBES, de igual manera que se mostró incapaz de yuxtaponer la idea de soberanía con la de libertad individual de un modo satisfactorio para ésta, no supo tampoco conciliar la ilimitabilidad de la creación jurídica del Estado con la limitación formal de sus poderes normadores.

A) *Soberanía popular y rigidez constitucional*

Algo semejante ocurre con las tesis roussonianas de la soberanía popular. ROUSSEAU atribuye la soberanía al Pueblo, pero, al igual que HOBBES y por las razones que se ha visto, no distingue entre titularidad y ejercicio de la soberanía. Estos planteamientos democrático-radicales, alejados de todo garantismo liberal, le condujeron a identificar –como nota G. DE RUGGIERO (6) y F. H. H.INSLEY (7)– al poder constituyente con la soberanía popular y a ésta con el poder legislativo. Desde estos supuestos resulta, pues, imposible distinguir entre un órgano constituyente y unos órganos constituidos, ni por consiguiente, entre aquél y un órgano de revisión. De las tesis expuestas en el "Contrato Social", y en general en toda la obra roussoniana, se desprende una sola idea sobre la cuestión que se examina: la omnipotencia del órgano legislativo popular, que ejerce las funciones de un ininterrumpido poder constituyente. *El Pueblo constituyéndose permanentemente.* Esta es, en último término, como sostiene CARRE DE MALBERG (8), la idea básica que subyace en los planteamientos de este pensador. Y este juicio puede mantenerse a pesar de alguna frase aislada de ROUSSEAU, vertida en sus "Consideraciones sobre el Gobierno de Polonia" (9), que es citada por algún autor –como BISCARETTI DI RUFFIA (10) o LAFFERIERE (11)– como paradigmática de la postura del filósofo ginebrino sobre el particular. La no sumisión del poder constituyente del Pueblo (al identificarlo con la soberanía) a ninguna norma constitucional, es, además, explícita y rotundamente proclamado por ROUSSEAU en el "Contrato Social":

---

(6) *Cfr. Historia del Liberalismo europeo.* Ediciones Pegaso. Madrid (1944), p. 79.

(7) *Cfr. O. c.*, p. 133.

(8) *Cfr. O. c.*, pp. 513-514 y 532.

(9) "Es necesario sopesar y meditar bien –decía **Rousseau**– los puntos capitales que se establecerán como leyes fundamentales y solamente sobre estos puntos se hará recaer la fuerza del "liberum veto". De esta manera la constitución será sólida y sus leyes irrevocables, en la medida en que éstas pueden serlo: pues va contra la naturaleza del cuerpo político que éste se imponga leyes que no pueda revocar, pero no va contra la naturaleza ni contra la razón el que no pueda revocar estas leyes más que con la solemnidad que él ha utilizado al establecerlas. He aquí toda la cadena que puede darse para el futuro". *Du Contrat Social. O. c.*, p. 378. Comentando este párrafo, escribe **Carre de Malberg:** "(Rousseau) establece, pues, una cierta distinción entre esta ley fundamental y las leyes ordinarias, y... revela un comienzo de separación entre el poder constituyente y el poder legislativo. Pero con ello contradice la doctrina que había sostenido en el "contrato social", según la cual el pueblo no podía encadenarse de ningún modo, ni siquiera a su Constitución". *O. c.*, T. II, pá. 531, nota 19.

(10) *Cfr. Lo Stato Democratico Moderno.* Milán (1946), p. 615.

(11) *Cfr. Manuel de Droit Constitutionnel,* 2.ª Edic. París (1947), p. 292.

"es contrario a la naturaleza del cuerpo político –escribía– que el soberano se imponga una ley que no pueda infringir... No hay ni puede haber ninguna clase de ley fundamental obligatoria para la corporación del pueblo, ni siquiera el contrato social" (12).

Opinión que vuelve a repetir cuando afirma:

"en cualquier situación, un pueblo es siempre dueño de cambiar sus leyes, incluso las mejores; pues si le place causarse daño a sí mismo, ¿quién tiene derecho a impedírselo? (13)

Soberanía popular y rigidez constitucional se presentan, pues, como dos términos incompatibles.

B) ***Soberanía nacional y rigidez constitucional: la doctrina de Sieyes sobre el poder constituyente y su corrección liberal.***

a) *La doctrina de Sieyes sobre el poder constituyente*

La aportación doctrinal más importante de SIEYES a la teoría constitucional reside, sin duda, en la distinción que este autor establece entre un poder constituyente y unos poderes constituidos. Aunque, ciertamente, esta distinción era ya una realidad en la práctica constitucional de los Estados Unidos de América, años antes de que viese la luz el opúsculo de SIEYES sobre el Tercer Estado, en donde esta importante distinción se recoge (14).

Esta premisa doctrinal es una de las consecuencias más importantes que se desprenden del principio de soberanía nacional. Si a la Nación corresponde en exclusiva, a través de una Asamblea constituyente, elaborar la norma constitucional, que instituye y regula los poderes del Estado, sólo a ella corresponderá modificarla en el futuro, a través también de una Asamblea dotada de poderes extraordinarios. En particular, esta premisa se concretó en la distinción y consiguiente separación práctica entre un órgano constituyente y un órgano legislativo,

(12) *Du Contrat Social. O. c.*, L. 1.º, Cap. VII, p. 245. En igual sentido, *V. p. 246.*

(13) *Ib.*, L. 2.º Cap. XII, p. 271. En igual sentido, *V.*, p. 307.

puesto que para el dogma de la soberanía nacional los otros dos órganos constituidos, el ejecutivo y el judicial, no tendrían facultad legislativa alguna, limitándose, respectivamente, a ejecutar y aplicar las leyes, sin poder transgedirlas en ningún caso (15).

Este postulado, al igual que el de la división de poderes, o el de la distinción entre titularidad y ejercicio de la soberanía, que presupone a ambos, iba dirigido —insiste PAUL BASTID (16)— a garantizar las libertades individuales frente a posibles extralimitaciones de los órganos del Estado, especialmente frente a las del órgano legislativo. Se trataba de limitar la función de creación jurídica de éste, de modo que no pudiese modificar el contenido de la norma constitucional; en particular, su parte dogmática, los derechos individuales, que se erigían así, —escribe GARCÍA PELAYO (17)— en límites objetivos a la actividad legiferante del parlamento. Se ha podido decir, por ello, que la doctrina que se examina venía a suponer el corolario de las premisas individualistas de las que partía la teoría liberal del Estado (18).

Ahora bien, en contra de lo que a veces suele creerse, SIEYES, en su panfleto sobre el Tercer estado, aunque *distingue con nitidez y repetidas veces entre un órgano constituyente y un órgano legislativo* (19), *no distingue, sin embargo, entre un órgano constituyente y un órgano de revisión.* Esto es, no distingue entre un órgano constituyente y un órgano constituido especial, distinto del legislativo ordinario, por su cometido y por sus más amplios poderes, pero distinto también de una Asamblea extraordinaria constituyente, en tanto que mientras ésta actúa *ex lege,* la Asamblea de revisión desarrolla su actividad según lo dispuesto por la norma constitucional que se trata de revisar. La función revisora la subsume SIEYES en la constituyente, y

(14) *Cfr.* **Carre de Malberg.** *O. c.,* T. II, pp. 511-513.
(15) *Cfr. Ib.,* pp. 545-546.
(16) *Cfr.* **Paul Bastid.** *Sieyes et sa Pensée.* Libraire Hachette. *O. c.,* p. 589.
(17) *Cfr.* **Manuel García Pelayo.** *Derecho Constitucional Comparado. O. c.,* pp. 37-38.
(18) *Cfr.* **Carre de Malberg.** *O. c.,* T. II, p. 519.
(19) *Cfr.* Cap. V de su obra, *¿Qué es el Tercer Estado?, O. c.,* especialmente pp. 72-74.

ambas son atribuidas a un mismo órgano: a una Asamblea que goza en sendos casos de idénticas características:

> "los representantes ordinarios de un pueblo –escribe Sieyes– están encargados de ejercer, en las formas constitucionales, toda esta porción de la voluntad común que es necesaria para el mantenimiento de una buena administración. Su poder está limitado a los asuntos de gobierno.
>
> (Los) representantes extraordinarios tendrán un nuevo poder *tal como plazca a la nación dárselo.* Puesto que una gran nación no puede reunirse ella misma en realidad todas las veces que circunstancias fuera del orden común pudieran exigirlo, es menester que confíe a representantes extraordinarios los poderes necesarios en esas ocasiones. Si pudiera reunirse ante nosotros y expresar su voluntad, ¿osaríais disputársela porque no la ejerce en una forma más bien que en otra? *Aquí la realidad es todo y la forma nada.* Una representación extraordinaria no se parece en nada a la legislatura ordinaria. Son poderes distintos. Esta no puede moverse sino en las formas y en las condiciones que le son impuestas. La otra no está sometida a ninguna forma en particular" (20).

Y, páginas más adelante, vuelve a corroborar esta identificación entre el órgano constituyente y el órgano de revisión, cuando afirma:

> "sólo una representación extraordinaria puede *tocar* la constitución o *darnos* una" (21).

Estos planteamientos son comprensibles si se tiene en cuenta la influencia que sobre ellos ejercieron las tesis roussonianas. Por este motivo, la doctrina que SIEYES expone en el ensayo sobre el Tercer estado, y en general en sus primeros escritos, es sumamente contradictoria. Por un lado, este autor imputa la soberanía a la Nación y sostiene en consecuencia la necesidad de distinguir y separar la titularidad de su ejercicio, defiende también el sistema representativo y la diferenciación entre un órgano constituyente y unos órganos constituidos; optando, asimismo, por dividir a éstos últimos. Todo ello, junto a la de-

(20) *Ib.*, pp. 83-85.
(21) *Ib.*, p. 90.

fensa a ultranza de la libertad individual, sitúa a este autor, en palabras de P. BASTID, en las antípodas de ROUSSEAU (22). Pero, de otro lado, en su doctrina del poder constituyente se percibe con nitidez el impacto de los postulados roussonianos, en particular, los del "Contrato Social", lo que le lleva a contradecir y a alejarse de sus premisas liberales. En este extremo insisten también P. BASTID (23), y CARRE DE MALBERG (24). En virtud de esta amalgama, este último jurista (25) y TREITSCHKE (26) han podido decir que el libelo sobre el Tercer estado suponía un intento de síntesis (ciertamente imposible) entre la doctrina de la separación de poderes de MONTESQUIEU y la teoría roussoniana de la soberanía popular.

En concreto, SIEYES se acercaba a ROUSSEAU en dos puntos de gran trascendencia, que explican su postura ante el problema que ahora se dilucida (27). En primer lugar, *al identificar al poder constituyente con la soberanía.* Es decir, al no ver en aquél la facultad más importante de la soberanía, sino sencillamente al identificarlo con ésta y al órgano que ejercía el poder constituyente con la Nación. La Asamblea constituyente, decía SIEYES, "se reune y delibera como haría la nación misma si, no estando compuesta más que de un pequeño número de individuos, quisiera dar una constitución a su gobierno" (28). Así, pues, para SIEYES el órgano constituyente actuaba como si la Nación misma actuase directamente. Se arrogaba todo su poder soberano: "un cuerpo de representantes extraordinarios —escribe— *...reemplaza a la nación*" (29). SIEYES, en este caso, y contra lo que él mismo había sostenido, identifica la titularidad con el ejercicio de la soberanía, y el poder constituyente

---

(22) *Cfr. Sieyes et sa Pensée. O. c.,* p. 309.

(23) *Cfr. Ib.,* pp 309 y 396.

(24) *Cfr. O. c.,* T. II, p. 517. Según este autor, la misma opinión mantienen **Zweig** y **Jellinek.**

(25) *Cfr. Ib.,* p. 517.

(26) *Apud.* **P. Bastid.** *Sieyes et sa Pensée. Cfr. O. c.,* p. 395.

(27) Respecto al influjo de **Rousseau** en la doctrina de **Sieyes** sobre el poder constituyente, *V.* **Paul Bastid.** *Ib.,* pp. 391-400, 429-446 y 587-597. **Carre de Malberg.** *O. c.,* T. II, pp. 521-544.

(28) *O. c.,* Cap. V, p. 85. En igual sentido pp. 83-84.

(29) *Ib.,* p. 83.

—como nota CARRE DE MALBERG— se asemeja por completo a la soberanía popular de la que había hablado ROUSSEAU (30). Por tal motivo, de la doctrina de SIEYES se desprende que los órganos constituidos y, más en particular, que el órgano legislativo no podría ejercer el poder constituyente. De esto no cabe duda, y constituye una diferencia entre este autor y ROUSSEAU, para quien, como se ha dicho, tales distinciones eran ajenas. Ahora bien, no es menos cierto que la doctrina de SIEYES permitía, en cambio, que el órgano constituyente ejerciese todos los poderes constituidos, con lo que quedaba sentado teóricamente lo que las convenciones populares llevarían a la práctica en el período más democrático —y, por tanto, menos liberal— de la Revolución francesa (31).

En segundo lugar, *al identificar el poder constituyente con la soberanía y al órgano que lo ejercía con la Nación, SIEYES entiende, al igual que ROUSSEAU —señala SANTI ROMANO— que el poder constituyente debería estar por encima de la legalidad por él establecida* (32). Esto es, SIEYES postula —insistimos: en su "brochure" sobre el estado llano— que el poder constituyente debía permanecer absuelto de cualquier norma legal, lo que impedía articular un poder constituido de revisión. En rigor no podía ser de otro modo: si el órgano constituyente subroga a la Nación soberana, aquél, como ésta, no podía constreñirse a ninguna forma, tan sólo al Derecho Natural. Conviene no olvidar que para SIEYES una nación no salía nunca del estado de naturaleza (33), "una nación —decía— existe ante todo, es el origen de todo. Su voluntad es siempre legal, es la ley misma. Antes de ella, y por encima de ella sólo existe el derecho natural" (34). Al partir de estas premisas, este autor entiende que toda Constitución debe ser

---

(30) *Cfr. O. c.*, T. II, p. 537.

(31) *V.* en este sentido, la crítica liberal de **Lafayette** a la doctrina de **Sieyes,** en **Carre de Malberg.** *O. c.*, T. II, pp. 534-536. Sobre este punto, *V.* también, **Laferriere.** *O. c.*, p. 292.

(32) *Cfr. Principii di Diritto Costituzionale Generale.* 2.ª Edic. Milán (1946), p. 245.

(33) *O. c.*, cap. V, p. 81.

(34) *Ib.*, p. 75. En igual sentido, pp. 78-81.

nacional, pero no en el sentido de que deba constituir a la Nación, sino tan sólo a sus poderes ordinarios (35).

SIEYES concibe, de este modo, al poder constituyente como lo que realmente es: poder prepositivo y suprapositivo, refractario a positivizarse, pura voluntad o decisión que crea y altera toda norma positiva sin sujección alguna a la misma. El poder constituyente deviene, así, escriben ESMEIN (36), BISCARETTI (37) y P. BASTID (38), un poder revolucionario permanente. Aunque este carácter, en rigor, sea distinto en la doctrina roussoniana y en la de SIEYES, como consecuencia de no distinguir el primero entre este poder y unos poderes constituidos. ROUSSEAU afirma la necesidad de una constante actividad constituyente, SIEYES, en cambio, la posibilidad de que ésta actividad pueda ejercerse en cualquier momento, aun cuando en condiciones normales corresponda a los órganos constituidos ejercer el poder de la Nación. En ambos casos, sin embargo, por encima de la legitimidad legal, y antes de ella, se yergue la legitimidad de la voluntad popular: el decisionismo democrático. Afirmación que suponía exaltar lo vivo, lo dinámico y realmente existente, frente a la norma desvivificadora y estática del Derecho y del Estado. Aunque, ciertamente, y CARL SCHMITT bien lo muestra, esta teoría del poder constituyente podía llegar a significar la exaltación del poder no normado de cualquiera que se presentase como el "auténtico intérprete" de la voluntad popular. Por ejemplo, la exaltación de la decisión no normada (irracional) del "jefe", frente a la forma racionalizadora del "Derecho burgués" (38 bis).

---

(35) *Cfr. Ib.*, pp. 78-79. Esta idea la expondría **Sieyes** en la Asamblea Nacional de 1789: "no es la nación la que se constituye –decía–, sino sus establecimientos políticos... La constitución de un pueblo no puede ser más que la constitución de su gobierno". *Apud.* **Carre de Malberg.** *O. c.,* T. II, pp. 522-523.

(36) *Elements de Droit Constitutionnel.* 7.ª Edic. T. I, p. 570.

(37) *Cfr. Lo Stato Democratico. O. c.,* p. 615.

(38) *Cfr. Sieyes et...,* p. 392.

(38 bis) *Cfr.* La teoría schmittiana del poder constituyente en *Teoría de la Constitución. O. c.,* pp. 86-114.

b) *La correción liberal de la doctrina de Sieyes*

Las tesis sustentadas por SIEYES fueron defendidas por un sector de la Asamblea francesa de 1791 y pueden considerarse parcialmente vencedoras en la de 1973 (39). Asimismo, como más adelante se verá, el eco de las mismas se percibe en algunos doceañistas españoles y en el texto constitucional de 1812. No obstante, la postura que finalmente triunfó en 1791, y en 1812, suponía una corrección sustancial de los postulados sostenidos por el publicista francés. La teoría liberal del poder constituyente se propuso reconducir las tesis de SIEYES al principio de soberanía nacional, del cual, en este punto, este autor se había separado. Dicho de otro modo, la versión liberal recogía los postulados de este tratadista pero los filtraba por un cedazo doctrinal que los expurgaba de todas sus connotaciones roussonianas. Con esta labor depuradora se evitaba su evidente contenido revolucionario y democrático.

¿En qué consistía esta labor? Pues en la rectificación de dos premisas consustanciales a la doctrina de SIEYES. En primer lugar, *el poder constituyente no se identificaba ahora con la soberanía, sino que se concebía como una facultad más (sin duda la más importante) de la misma. El órgano que ejercía este poder no debía actuar, por tanto, como si la Nación misma actuase, sino que debía limitarse a ser su representante extraordinario: debía representarla, pero no suplirla o reemplazarla.* De este modo se preservaba intacto el mecanismo básico de la teoría liberal: la distinción entre titularidad y ejercicio de la soberanía. Aun cuando el poder constituyente desplegase su actividad, la Nación seguiría conservando la titularidad de la soberanía, que no sólo comprendía la función constituyente, sino también la función legisladora, la ejecutiva y la judicial. De este modo, para la teoría liberal, basada en el dogma de la soberanía nacional, no sólo los órganos constituidos no podrían ejercer el poder constituyente (tal como SIEYES había afirmado), sino que, a diferencia de lo que se deducía de éste, tam-

(39) *Cfr.* **Carre de Malberg.** *O. c.,* T. II, p. 536, nota 26. Señala también este autor que esta teoría se impuso en las constituyentes francesas de 1848 y 1871.

poco el órgano constituyente podría ejercer ninguna de las competencias o funciones atribuidas a los órganos constituidos. Esta nueva paráfrasis de la doctrina del poder constituyente iba dirigida, ante todo, a impedir que una Asamblea (fuese constituyente o legislativa) absorbiese en sí todas las porciones del poder soberano, lo que contradiría todos los postulados liberales más medulares: la distinción entre titularidad y ejercicio de la soberanía, la distinción entre un poder constituyente y poderes constituidos y la división de éstos últimos. En definitiva, contradiría la esencia misma del principio de soberanía nacional que, repitámoslo, tenía ante todo un significado negativo: evitar a toda costa la soberanía de cualquier órgano, ya que ello podría poner en peligro la libertad individual (40).

En segundo lugar, al concebir al poder constituyente como una facultad más de la soberanía, la teoría liberal, a diferencia de SIEYES, podría afirmar —y de hecho, lo afirmaría— que *el órgano que ejerciese este poder una vez elaborada la norma constitucional, debería actuar conforme a lo establecido por ésta, sin que tal afirmación supusiese limitar la soberanía de la Nación, esto es, su titularidad.* De este modo, el órgano constituyente, al no identificarse con la Nación soberana, podría y debería convertirse en un órgano constitucional. Se instituía, así, un órgano especial de revisión, distinto del legislativo ordinario, pero distinto también del originario órgano constituyente. El poder constituyente *stricto sensu* debería ser considerado en adelante —como nunca había dejado de serlo— un concepto metajurídico por definición: *res factis, non iuris.* Al proceder de este modo, el poder constituyente, esgrimido como el principal ariete teórico para derribar la antigua legalidad monárquica, debería ceder paso al poder constituyente entendido ahora como institución, cuyo objeto sería preservar y revisar, a la vez, la nueva legalidad burguesa constituida. Los teóricos liberales, abogarían, así, por una gradual y preestablecida transformación del orden constitucional y condenarían toda repentina

(40) Sobre este particular es muy útil la lectura de la obra de **Martínez de la Rosa,** *El Espíritu del Siglo,* en donde denuncia, con abundantes referencias a la Revolución francesa, el peligro que suponen para las libertades individuales las omnipotentes Asambleas constituyentes.

palingénesis (41). A esta solución se acogería finalmente la Asamblea francesa de 1791: "rechazando las tesis de Sieyes, según las cuales, el poder constituyente para ser libre no debía sujetarse a ninguna forma preestablecida, los constituyentes de 1791 –escribe BOURDEAU– adoptaron la idea de un procedimiento de revisión previsto por la misma Constitución, y fijaron así los principios de nuestro derecho público en la materia" (42). Y, en efecto, el texto constitucional de 1791, en el artículo primero de su Título tercero, decía: "la Asamblea nacional constituyente declara que la Nación tiene el derecho imprescindible de cambiar su constitución. Y, sin embargo, considerando más conforme con el interés nacional el usar solamente por los medios establecidos en la constitución misma el derecho de reformar los artículos que la experiencia acredite como convenientes, decreta que esta reforma deberá hacerse por una Asamblea de revisión en la forma siguiente..." (43). Ahora bien, merced al dogma de la soberanía nacional, este código no sólo prohibía al órgano legislativo ejercer las tareas revisoras, sino que se prohibía también al órgano de revisión ejercer las tareas legislativas (44).

En consecuencia, pues, del principio de soberanía nacional se desprendía una clasificación tripartita de las Asambleas encargadas de la función legislativa, tomando a ésta en un sentido lato: una Asamblea constituyente, una Asamblea de revisión y una Asamblea ordinaria o legislativa propiamente dicha. Todas ellas representarían a la Nación y ejercerían *una parte* de su soberanía. Su diferente naturaleza jurídica residía en la mayor o menor amplitud de sus poderes. El legislador constituyente no estaría sometido a ningún límite adjetivo o sustantivo, al no haber ninguna norma positiva que le predeterminase o

---

(41) Esta sería también la postura de **Kant.** *Cfr.* **Lumia.** *O. c.*, p. 107 y **Pasini.** *O. c.*, pp. 150-154 y 206-211.

(42) *Droit Constitutionnel et Institutions Politiques.* 16.ª Edic. París (1974), pp. 84-85.

(43) El texto de la Constitución de 1791 puede verse en **Maurice Duverger,** *Constitutions et Documents Politiques.* PUF. París. 6.ª Edic. (1971).

(44) *Cfr.* su Cap. VIII. El primer postulado se contiene en los artículos 2 al 7, el segundo en el artículo 8. *V.* también sobre estos puntos **Carre de Malberg.** *O. c.*, T. II, pp. 548-552.

encauzase su actividad creadora. Para limitarlo la teoría liberal sólo podría apelar al derecho natural, único expediente que permitía justificar el respeto que éste en todo momento debía tener por los "derechos naturales" de propiedad, seguridad, libertad e igualdad; aconsejando también, al no identificarlo con la Nación soberana, su compartimentación funcional. El órgano de revisión, como órgano constituido, debería someterse a la norma constitucional que tratase de reformar, pero sólo a sus prescripciones orgánico-procedimentales, esto es, a unos límites adjetivos. En el tercer supuesto, en cambio, la Asamblea legislativa no sólo debería observar el procedimiento preceptuado en la norma constitucional para la elaboración y aprobación de las leyes, sino que sus disposiciones deberían acomodarse también al contenido de los preceptos constitucionales. Esto es, la Asamblea legislativa debería atenerse tanto a unos límites adjetivos como a unos límites sustantivos. Asimismo, la separación entre el órgano constituyente y el órgano de revisión, de una parte, y los órganos constituidos ordinarios, de otra, implicaba que mientras la Asamblea constituyente y la de revisión ejercerían por sí mismas sus respectivas funciones, la Asamblea legislativa, en cambio, podría compartir la suya con otro órgano constituido ordinario, por ejemplo con el Rey, como de hecho así lo postulaba la teoría constitucional monárquica.

El dogma de la soberanía nacional y la técnica jurídica de la rigidez se presentan, pues, en una relación de causa a efecto. Si se parte de aquél es preciso articular ésta. Aunque no suceda así a la inversa. Esto es, puede construirse la técnica de la rigidez sin necesidad de partir del principio de soberanía nacional. Pero en este caso la introducción de esta técnica es posible, pero no necesaria. Es tan sólo una posibilidad, no una exigencia. Puede decirse, por otra parte, que la técnica de la rigidez puede vertebrarse aun incluso negándose o contradiciéndose el principio de soberanía nacional. Conviene no olvidar, en efecto, que para hablar de esta técnica, como subraya P. VIRGA (44 bis), no es preciso que se distinga entre un órgano

(44 bis) *Cfr.* **Pietro Virga.** *Diritto Costituzionale.* 6.ª Edic. Milán (1967), p. 70.

legislativo y un órgano de revisión. Basta con que el procedimiento para elborar y modficar la norma constitucional sea distinto (más complejo) al que se exige para elaborar y modificar las leyes ordinarias. El órgano legislativo y el órgano de revisión pueden, pues, coincidir, sin que ello implique negar la posibilidad de artícular esta técnica jurídica, aunque comporte, desde luego, contradecir el principio de soberanía nacional. En pocas palabras: puede decirse que este principio exige –y no tan sólo posibilita– una técnica de la rigidez "agravada" o "cualificada", en tanto que los criterios para distinguir las leyes constitucionales de las leyes ordinarias al ser orgánicos deben ser también procedimentales, ya que aquéllos complican éstos, aunque no ocurra así al revés.

Por último, tal vez convenga señalar que el mismo SIEYES asumió y desarrolló con brillantez la metamorfosis doctrinal que los constituyentes de 1791 llevaron a cabo en su escrito sobre el Tercer Estado. Debe hablarse, así, siguiendo a P. BASTID, que ha estudiado minuciosamente la evolución de este tratadista en el punto que ahora se ventila, de un SIEYES revolucionario y de un SIEYES conservador (45). De un SIEYES que propugna la persistencia de un poder constituyente desligado y por encima del orden constitucional, y de un SIEYES que defiende la necesidad de organizar en el seno de ese orden un poder de revisión, cuya tarea sería impulsada –y el nombre es revelador– por un "Collège des Conservateurs" (46). Precisamente, a raíz de este giro tan significativo, el publicista francés plantearía, antes de la famosa sentencia de juez MARSHALL, la conveniencia de un control de constitucionalidad de las leyes y arbitraría un "Jury Constitutionnaire", primer antecedente, quizá, de los modernos órganos políticos, no judiciales, encargados de administrar la justicia constitucional (47).

(45) *Cfr. Sieyes et... O. c.*, p. 391. *V.* sobre la evolución de la doctrina de **Sieyes** sobre el poder constituyente. *Ib.*, pp. citadas en nota 27.

(46) *Cfr. Ib.*, pp. 429-446.

(47) *Cfr. Ib.*, pp. 607-615.

III. LOS PLANTEAMIENTOS DOCTRINALES DE LOS DIPUTADOS REALISTAS

Los presupuestos doctrinales de los diputados realistas, claramente incardinados en el pensamiento político preestatal, eran ajenos por completo a cualquier "debate constitucional". Esto es, al debate en torno al modo de crear y reformar un texto jurídico fundamental, articulado y sistemáticamente concebido. Para estos diputados, la estabilidad de las leyes consideradas fundamentales, definidoras de un orden político esencial, no se aseguraba a través de unas cautelas racionalmente concebidas, como las que le son propias a la técnica jurídica de la rigidez. No había necesidad de ello, ni, en rigor, posibilidad alguna de que esta necesidad se plantease. A estas leyes, lo hemos visto ya, se les asignaba, pura y simplemente, una absoluta irrevocabilidad, en virtud de su carácter histórico, por haber sido secularmente aceptadas, lo que se sobreponía a su originario carácter pactado. ¿Podían los diputados realistas, partiendo de estos planteamientos, captar los problemas inherentes a la reforma constitucional y, en particular, la disquisición doctrinal que ahora nos ocupa? Difícilmente. Lo lógico es que ante estos problemas evidenciasen una palmaria incomprensión de los mismos. Y así fue, en efecto. Las intervenciones de los realistas DOU y GÓMEZ FERNÁNDEZ, únicos diputados de esta tendencia que, en el debate del artículo 373, se manifestaron sobre la cuestión que se examina, ponían de relieve que no captaban el significado de discernir entre unas Cortes constituyentes y unas Cortes ordinarias, lo que, obviamente, les incapacitaba para distinguir entre las primeras y unas Cortes de revisión. Esta misma parquedad ante un tema tan esencial cual es el de si la reforma de la nueva ley constitucional habría de llevarla a cabo una Asamblea especial de revisión o las Cortes ordinarias con el concurso del Monarca, parece reforzar la tesis de que la polémica rigidez *versus* flexibilidad sobrepasaba a los diputados realistas.

Por lo que concierne a DOU y GÓMEZ FERNÁNDEZ, su postura era clara: las Cortes futuras (se supone que con el Rey) podrían en todo momento alterar el texto constitucional, ya que, a su juicio, sus poderes deberían ser exactamente iguales a los que tenían las Cortes de 1812. Por todo ello, consideraban inadmisible que el Proyecto de constitución en su Título X limitase la capacidad de reforma constitucional de las Cortes futuras y, más en concreto, que les impidiese iniciar el proceso revisionista antes de que se agotase el plazo de ocho años, que el artículo 373 requería:

> "¿Con qué razón –se preguntaba Dou– quitaremos nosotros a la nación y a las cortes venideras un derecho que es incontestable? Supóngase que en las cortes venideras se resuelve la convocación de unas cortes extraordinarias para la alteración, variación o reforma de algunos artículos de la constitución, o que a instancia de las provincias, y en el mejor modo que corresponda, se junten cortes extraordinarias con amplias facultades. ¿Quién dirá que en un caso como éste verificándose de aquí a cinco o seis años, no tendrán las cortes la misma autoridad que tenemos nosotros? Esto es algo innegable; y también que lo quita el artículo" (48).

En términos no muy dispares, aunque más reveladores todavía, al no hacer ninguna alusión a las Cortes extraordinarias, se expresó GÓMEZ FERNÁNDEZ:

> "así como la nación –decía este diputado– del modo que se considera en este congreso, ha tirado las líneas, y puesto reglas en la constitución para la común utilidad de los pueblos, y todo para su provecho; del mismo modo, reunida dentro de quatro o cinco años, podrá para su mayor bien proceder a variar algún artículo que exiga variación. Yo digo más: si se advirtiera por V.M. ahora mismo que en la constitución había un artículo, que ya estaba aprobado, del que se podía seguir un perjuicio, o nos privaba de una utilidad, ¿no se quitaría o variaría sustituyéndolo por otro? Con que teniendo el mismo objeto las cortes futuras que tienen éstas, se les debe dexar esta facultad para que hagan las variaciones, sea a los dos o quatro o más años... En qualquier tiempo que se advierta puede la nación reunida en cortes hacer las alteraciones más oportunas" (49).

Estos diputados, pues, y en especial GÓMEZ FERNÁNDEZ, más que rechazar la distinción entre Cortes constituyentes y

---

(48) *DDAC*, T. 11, p. 305.
(49) *Ib.*, p. 307.

Cortes ordinarias, parecieron ignorar su alcance. Ahora bien, sería parcial quedarse con este juicio. Decir que los diputados realistas no se percataron del significado de esta disquisición no es suficiente. No basta tampoco con afirmar –siendo ello cierto– que esta premisa se presentaba como algo ajeno a sus más medulares presupuestos doctrinales. Hay que decir más. Hay que decir que si se partía de éstos, a la hora de enfrentarse a un moderno debate constitucional resultaba lógico que se rechazase (y no tan sólo que se ignorase) todo mecanismo de rigidez constitucional.

Conviene no olvidar, en efecto, que estos diputados, en primer lugar, negaban la noción de poder constituyente (y no tan sólo la posibilidad de su ejercicio en 1812), en consonancia con su postura ante el origen del poder político, como se ha visto en los capítulos segundo y tercero. En segundo lugar, al atribuir el poder político a las dos instituciones históricas, el Rey y las Cortes, consderadas como consustanciales a la constitución tradicional española, identificaban la titularidad con el ejercicio del poder. ¿Cuál era la consecuencia de estos planteamientos? Sin duda, como se ha dicho, no plantearse siquiera la necesidad de elaborar un texto constitucional escrito y dotado de una estabilidad mayor que las demás leyes. En una palabra: ignorar las categorías básicas del constitucionalismo, como la técnica de la rigidez. Ahora bien, tales planteamientos no tenían que desembocar necesariamente en un repudio frontal a la elaboración de un texto constitucional. Y mucho menos cuando esta elaboración se presentaba, como acontecía en 1812, como una exigencia insoslayable, como un "fait accompli". En este caso, ¿cuál era la postura sobre la reforma constitucional más coherente con estos planteamientos? Pues la de afirmar que las Cortes con el Rey eran las únicas instituciones legitimadas tanto para elaborar un texto constitucional como para reformarlo, y desechar la idea misma de unas Cortes constituyentes y, por tanto, la de instituir unas Cortes Especiales de revisión. Los postulados de los diputados realistas sobre la soberanía conducían lógicamente a reivindicar la flexibilidad constitucional: la tesis de que el órgano legislativo, y con el mismo procedimiento utilizado para elaborar las leyes ordinarias, es el único órgano capaz de elaborar y modificar un texto constitucional. La distinción entre Cortes constituyentes, Cortes ordinarias y Cortes de revisión no era, pues, tan sólo ajena a los postulados esenciales de los diputados realistas, sino incompatible con ellos. No se trataba tan sólo de ignorar esta distinción, sino también de rechazarla. Aunque este rechazo fuese en las Cortes de Cádiz más implícito que explícito, más encubierto que razonado.

Años más tarde, sin embargo, la defensa de la flexibilidad constitucional (o de la "omnipotencia parlamentaria", como entre nosotros se llamó) quedaría perfectamente definida y constituiría una premisa de capital importancia para el ideario constitucional del liberalismo moderado durante todo el siglo XIX. En partticular, este postulado, inseparable de la doctrina de la "soberanía compartida" y de la teoría de las leyes fundamentales, se aquitalaría sobre todo en las Cortes reformistas de 1845. Así, en el Dictamen de la Comisión sobre Reforma de la Constitución (de 1837), DONOSO CORTÉS, su secretario y redactor, decía:

> "la potestad constituyente no reside sino en la potestad constituida, ni ésta es otra en nuestra España sino las Cortes con el Rey. *Lex fit consensu populi et constitutione Regis:* esta máxima de nuestros padres, sublime por su misma sencillez, ha llegado hasta nosotros vencedora de los tiempos y de las revoluciones. La Comisión la ha aceptado, y la proclama aquí con un profundo actamiento" (50).

Y en este mismo Congreso, MARTÍNEZ DE LA ROSA, explayándose sobre esta importante premisa, afirmó:

> " ... *Todos reconocemos que corresponde a la Corona y a las Cortes el derecho de reformar la constitución del Estado.* Hubo un tiempo en que prevaleció la opinión contraria, en que se establecían los medios de reformar las constituciones, sin tener en cuenta que no hay ejemplo en la historia de que una constitución haya sido modificada por los trámites que para ello se establecieron... Y es cosa singular que cabalmente los que han negado este derecho a la Corona y a las Cortes son los que se presentan como más acérri-

(50) *DSC,* 1844-45 (Congreso de los diputados). 4-Nov1844.

mos defensores de la soberanía nacional: y por cierto que se aviene muy mal que los que creen que unos diputados tienen el derecho de reformar la ley fundamental, nieguen a sus sucesores igual derecho. *No hay nación que no tenga facultad de reformar las fundamentales como las otras leyes, aunque con más detenimiento*" (51).

Es más: para el doctrinarismo liberal decimonónico, como para el realismo doceañista (cuyo nexo es indudable, como intentamos mostrar a lo largo de este trabajo) la defensa de la flexibilidad constitucional iba inseparablemente ligada a una segunda premisa de capital importancia: a la defensa de unos límites materiales de la reforma constitucional. Pero sobre este importantísimo punto nos extenderemos en el capítulo siguiente.

IV. LOS PLANTEAMIENTOS DE LOS DIPUTADOS AMERICANOS

Los diputados americanos no admitieron tampoco la distinción entre Cortes constituyentes, Cortes ordinarias y Cortes de revisión. Tal actitud era también lógica consecuencia de sus premisas doctrinales sobre el problema de la soberanía. Ciertamente, en este caso la idea de poder constituyente no había sido impugnada (conviene recordar el casi unánime silencio de estos diputados en el debate sobre el origen y los límites del poder), aunque los representantes de Ultramar negasen en las Cortes de Cádiz tal carácter, como se ha visto en el capítulo quinto. Pero, de cualquier modo, al identificar la titularidad con el ejercicio de la soberanía y a la Nación soberana con las Cortes, entendían –como también quedó dicho– que cualquier límite a la actividad de éstas suponía restringir y, por tanto, negar la soberanía de aquélla. Tales planteamientos no podían conducir sino a negar la distinción entre Cortes constituyentes y Cortes ordinarias y, en consecuencia, entre las primeras y las de revisión.

---

(51) *Ib.*, 11-Nov.-1844. *V.* sobre este punto la bibliografía citada en la nota 58 bis del capítulo segundo.

Y, efectivamente, para estos diputados –y para el metropolitano TERRERO, quién, como otras veces, se sumó a sus argumentos (52)– las Cortes ordinarias, siempre que lo estimasen conveniente, deberían estar facultadas para modificar cualquier precepto constitucional, siguiendo para ello el proceso establecido para aprobar las leyes comunes u ordinarias. No obstante, a diferencia de lo que ocurría con los diputados realistas, se colegía que para los diputados americanos (y también para TERRERO) este cometido revisor deberían llevarlo a cabo las Cortes por sí mismas, sin la participación del Monarca. Incluso en algún discurso se hizo patente de modo explícito tal deseo:

> "yo no digo –exponía Guridi y Alcocer– que la constitución deba sancionarse por el monarca, quando es privativa de la nación; pero sí por ésta para darle la mayor robustez e irrevocabilidad" (53).

No era, pues, un prejuicio realista sino más bien la impronta de ciertas premisas democrático-radicales lo que se escondía tras este disentimiento con el mecanismo de la rigidez que el Proyecto de Constitución intentaba introducir. Se trataba de una curiosa defensa de la omnipotencia de las Cortes, de una flexibilidad constitucional cercana en apariencia a las tesis roussonianas, no desde luego a las de SIEYES. Aunque tampoco cabe descartar que los vestigios arcaizantes presentes en sus presupuestos doctrinales les impidiesen penetrar en el alcance de estos problemas. Sea como fuere, el rechazo de la disquición doctrinal que ahora se analiza fue inequívoco.

Tal actitud salió a relucir en la controversia que desató el artículo 100 del Proyecto constitucional. Este precepto, que contenía la fórmula de los *poderes ordinarios* que habían de otorgarse a los diputados en Cortes, adelantaba ya la distinción entre órgano constituyente y órgano legislativo, que recogía y desarrollaba en el Título X, dedicado a organizar el procedimiento de reforma constitucional. Este artículo disponía,

---

(52) Recuérdese, en efecto, que este diputado había combatido los artículos 22 y 29 del Proyecto. *V. Supra.*, Cap. V.

(53) *DDAC*, T. 11, p. 331. El mismo sentido se desprende del discurso que **Terrero** pronunció al discutirse el artículo tercero. *Cfr. Ib.*, T. 8, pp. 48-50.

entre otras cosas, que los representantes ordinarios de la Nación reunidos en Cortes podrían:

> "acordar y resolver cuanto entendieren conduncente al bien de ella, en uso de las facultades que la constitución determine, y dentro de los límites que la misma prescribe, *sin poder derogar, alterar o variar en manera alguna ninguno de sus artículos baxo ningún pretexto*".

Para TERRERO, este párrafo –ciertamente redundante– chocaba con los principios constitucionales ya aprobados:

> "la persuasión de este aserto –argumentaba este diputado– se deduce de principios ineluctables, que no pueden entrar en controversia. El argumento es a mi juicio un invencible Aquiles; lo limito a términos académicos para no dar lugar a ambages, obscuridades y follage de una capciosa oratoria. Primera proposición: la soberanía reside esencialmente en la nación, y por lo tanto le pertenece exclusivamente el derecho de establecer sus leyes fundamentales. Consta por un artículo aprobado ya... Segunda proposición: la reunión de los diputados representa la nación: consta por otro artículo aprobado ya... Tercera proposición, o genuina conseqüencia: *luego las Cortes,* que son la reunión de todos los diputados, *pueden establecer sus leyes fundamentales o constitucionales, luego siempre en todo tiempo, en toda ocasión, en qualesquiera circunstancias en que se congreguen las Cortes tienen este derecho, que les es intrínseco,* porque les es esencial, como le es esencial a la nación la misma soberanía... En vano se ocurrirá –proseguía este diputado– para escapar la irresistible fuerza de este convencimiento (diré como lo entiendo) a los quiméricos efugios de la nación constituyente y constituida. Sea cual fuere el concepto que esto envuelva, con respecto a nuestra España, no tiene ni puede tener lugar... *Siempre que las cortes judguen y entiendan que de derogar, alterar o variar algún artículo de la constitución pueda seguirse un bien general, podrán derogarlo, alterarlo y variarlo,* so pena de no cumplir con su obligación... ¿quién, digo yo –concluía Terrero– ha autorizado a las presentes cortes para atar las manos a las venideras, cuando éstas las tienen libres y desembarazadas? La nación o las cortes, *que son la nación reunida,* se atarán como y quando le parezca" (54).

Como es fácil apreciar, en este sentencioso discurso del inefable TERRERO quedaba bien claro que para éste las Cortes y la

(54) *DDAC,* T. 9, pp. 34-35.

Nación soberana eran una misma cosa, de igual manera que las Cortes constituyentes y las Cortes ordinarias.

Los diputados mejicanos GURIDI Y ALCOCER y RAMOS DE ARISPE se expresaron en unos términos semejantes en el debate del Título décimo del Proyecto constitucional. La identificación —o la no distinción, si se quiere— entre Cortes constituyentes y Cortes ordinarias se revela en estas intervenciones de forma no menos patente:

> "Si hubiera sancionado la constitución una autoridad superior a la de las cortes —decía Guridi en la discusión del artículo 373—, es indudable que no podrían variarla ni alterarla las venideras; *pero la han formado las presentes, cuyo poder es igual al de las futuras.* Ellas no menos que éstas serán la representación nacional y serán como éstas las depositarias de la soberanía del pueblo... A la luz de estos principios inconcusos se ve claramentee que estas cortes no pueden mandar a las venideras, ni coartar sus facultades soberanas, prohibiéndolas hacer lo que éstas pueden executar; esto es, impidiéndolas hacer variar o reformar algún artículo o artículos de la constitución. ¿De dónde les habrá de venir el poder para semejante taxativa?, o, ¿porqué se han de erigir sobre sus iguales? *¿Será porque son constituyentes? No, porque esto lo que quiere decir es que encontrando a la monarquía sin constitución, por no estar en uso de sus leyes fundamentales, las restablecieron... Pero no es decir que tengan más autoridad las presentes que las futuras.* Así como las presentes han hecho la constitución... las futuras la reformarán si fuese necesario; y así como las actuales son constituyentes, las venideras serán reformantes" (55).

Esto es, GURIDI no se limitaba a negar el carácter constituyente de las Cortes de Cádiz, sino que ponía de manifiesto que para él entre las Cortes revestidas de este carácter y las ordinarias no había diferencia alguna en lo que concernía a la amplitud de sus poderes.

Idéntica conclusión cabe extraer de estas palabras de RAMOS DE ARISPE:

> "yo no entiendo por qué se ha de restringir más la libertad del diputado, para que reuna las firmas de otros veinte para hacer una proposición (requisito exigido, como se ha dicho, por el artículo 375

(55) *Ib.*, T. 11, pp. 327-328.

> del proyecto, cuando esta proposición versase sobre algún artículo constitucional). Digo que no se ha de exigir ésto –continuaba Ramos– siendo así que los diputados futuros serán tan representantes de la nación como los de las presentes, en que no se ha hecho esta coartación. *Y así como qualquier diputado de este congreso puede proponer una ley constitucional, así qualquiera de las cortes futuras puede hacer reformas constitucionales.* Sí, Señor, constitucionales; no tengo reparo en decirlo. No hallo razón para que se haga diferencia entre los diputados de este congreso y los de los futuros" (56).

Por último, puede ser de interés señalar que cuando MARTÍNEZ MARINA emite un juicio sobre las cuestiones que ahora se dilucidan se observa un claro paralelismo entre sus tesis y las sustentadas en las Cortes de Cádiz por los diputados americanos y por TERRERO. Como advierte MARAVALL, en la doctrina constitucional de MARINA se desconoce cualquier procedimiento de rigidez constitucional (57). Aunque, en realidad, no se trata de una laguna, de una premisa tácita y sólo inferible –como MARAVALL parece insinuar–, sino de un explícito y nítido rechazo. Así, en la "Teoría" se opone a la distinción entre Cortes constituyentes y Cortes ordinarias, al glosar el mencionado párrafo del artículo 100. Frente a la restricción que este precepto establecía al poder de las Cortes ordinarias, el juicio de MARINA es terminante:

> "hallo también en la fórmula de los poderes –decía Marina– una contradicción: porque si por ella se exige de los electores de provincia que otorguen a los diputados poderes amplios para acordar y resolver cuanto entendieren conducente al bien general, ¿cómo se les ciñe y limita esta facultad en orden a poder derogar, alterar o variar en manera alguna ninguno de los artículos de la constitución?... Las cortes –proseguía– gozan de una autoridad delegada, procedente de la soberanía del pueblo. ¿Se puede concebir o se ha visto jamás que una persona o cuerpo delegado intentase apocar o disminuir a la autoridad del delegante o de prescribirle reglas acerca de la forma y orden con que debe comunicarle la jurisdicción o darle facultades para que haga sus veces? No hay, pues, razón, ni legítimo título –concluía Marina– para prohibir a los ciudadanos el

(56) *Ib.*, T. 11, p. 361.
(57) *Estudio Preliminar... O. c.*, p. 107.

uso de esta justa libertad, que al tiempo del otorgamiento de los poderes puedan encargar a sus agentes y procuradores que propongan en las cortes las mejoras de que es susceptible la constitución y las innovaciones y reformas de aquellos artículos que la reflexión y la esperiencia hayan mostrado ser impracticables o perjudiciales a la sociedad" (58).

Y, en fin, en el "Discurso sobre el origen de la Monarquía" critica abiertamente, con unos razonamientos similares a los utilizados por los diputados de Ultramar, la limitación temporal que el artículo 375 del código doceañista (373 del Proyecto) establecía para que pudiera iniciarse la revisión constitucional (59).

Con lo cual, las coincidencias entre el historiador español y los representantes de América en las Cortes de Cádiz se acrecientan sensiblemente. Y si es posible que hubiese una influencia de aquél sobre éstos, no es menos improbable, como ya se había adelantado en el capítulo primero, que sucediese a la inversa.

V. LOS PLANTEAMIENTOS DE LOS DIPUTADOS LIBERALES DE LA METROPOLI

La distinción entre Cortes constituyentes, Cortes ordinarias y Cortes de revisión era una de las más importantes consecuencias que se derivaban de las premisas mantenidas por los diputados liberales al abordar el problema de la soberanía. Así, en efecto, mientras su crítica al pacto de traslacción y la subsiguiente defensa del concepto de soberanía les conducía a afirmar la idea de un poder constituyente (y la posibilidad de su ejercicio en 1812), su idea de Nación exisgía distinguir la titularidad del ejercicio de la soberanía, lo que les permitía (y aún les exigía) diferenciar a ésta del poder constituyente y, a su vez, convertir al órgano que ejercía este poder en un órgano especial de revisión, distinto del legislativo ordinario.

---

(58) *Teoría de las Cortes. OCEC,* T. II, p. 182.
(59) *Cfr. Discurso... O. c.,* pp. 226-227.

En este sentido, puede decirse que del principio de soberanía nacional, proclamado en el Decreto de 24 de septiembre de 1810 y recogido en el artículo tercero del Proyecto, los diputados liberales de la metrópoli extrajeron, por lo que respecta a la cuestión que se examina, dos postulados básicos: de una parte, un postulado que hacía de la Nación el único sujeto titular del poder constituyente, esto es, tal como disponía el artículo tercero, el único sujeto capaz de establecer, a través de sus representantes extraordinarios, sus leyes fundamentales. De otra parte, un segundo postulado, en perfecta coherencia con el anterior, según el cual sólo a la nación, a través también de sus representantes extraordinarios, habría de corresponder en el futuro el derecho de alterar, suprimir o adicionar sus leyes constitucionales en vigor. Este segundo postulado se recogía en el párrafo citado del artículo 100 y se reafirmaba y desarrollaba en los artículos 373 y siguientes del Título décimo del Proyecto. Se reconocía, pues, una doble distinción (aunque no siempre se expresase con claridad): de un lado, la de Cortes constituyentes y Cortes ordinarias, que junto al Rey ejercerían el poder legislativo; de otro, la de Cortes constituyentes y Cortes de revisión. Veamos como plantearon ambas distinciones los diputados liberales.

1. La distinción entre Cortes constituyentes y Cortes ordinarias

A la distinción entre Cortes constituyentes y Cortes ordinarias se había referido ya el Conde de Toreno en el debate del artículo tercero del Proyecto constitucional:

> "la nación —decía este diputado— establece sus leyes fundamentales; esto es, la constitución, y en la constitución delega la facultad de hacer las leyes a las cortes ordinarias juntamente con el rey; pero no les permite variar las fundamentales, porque para ésto se requieren poderes especiales y amplios, como tienen las actuales cortes, que son generales y extraordinarias, o determinar en la misma constitución cuando, como y de que manera podrán examinarse las leyes fundamentales si conviene hacer en ellas la misma varia-

ción. La nación todo lo puede, y las cortes solamente lo que les permite la constitución que forma la nación o una representación suya con poderes a este fin. *Diferencia hay entre unas cortes constituyentes a unas ordinarias: éstas son árbitras de hacer y variar el código civil, el criminal, etc., y sólo a aquéllas le es lícito tocar las leyes fundamentales o la constitución, que siendo la base del edificio social debe tener una forma más permanente y duradera*" (60).

También ARGÜELLES sacó a relucir esta distinción en la polémica que suscitó el citado párrafo del artículo 100, pretendiendo con ellos contrarrestar la crítica que contra este párrafo había formulado TERRERO:

"*Es necesario tener presente* —decía Argüelles— *que las leyes que hace la nación por sí en virutd de la soberanía que tiene, no pueden ser derogadas sino por otro cuerpo como el que las ha formulado, y las cortes ordinarias como cuerpo constituido, y que forma sus leyes en unión del rey, no pueden derogar las que la nación ha formado*, para esto es preciso que la nación vuelva a reunirse por sí sola como cuerpo constituyente... Las leyes fundamentales pueden variarse siempre que la nación lo tenga por conveniente; pero para eso debe reunirse con poderes especiales *ad hoc*, y en forma distinta de las cortes ordinarias" (61).

Pero fue sobre todo en la disputa que se entabló con motivo del artículo 373 cuando la distinción entre Cortes constituyentes y Cortes ordinarias se trajo a colación con más insistencia. A ella aludieron casi todos los diputados liberales que intervinieron a favor de este precepto. Pero, para evitar reiteraciones, interesa tan sólo transcribir un fragmento del discurso pronunciado por CANEJA:

"*la nación en sí tendrá siempre el derecho de hacer lo que le acomode, pero las cortes ordinarias, hijas de la constitución, ni serán lo mismo que la nación en abstracto, ni deberán confundirse con las extraordinarias y constituyentes, autorizadas con poderes ilimitados, ni podrán abrogarse más facultades que la misma constitución les señale.* Si fuere posible que la nación estuviera siempre reunida o

(60) *DDAC*, T. 8, pp. 64-65.
(61) *Ib.*, T. 9, p. 35.

representada por un cuerpo constituyente, entonces sería inútil el artículo que se discute. Pero semejante estado es repugnante, violento, y aun imposible. Ni una nación puede estar siempre instituyéndose, ni un cuerpo constituyente puede reunirse sino en épocas de revolución y trastorno" (62).

2. La distinción entre Cortes constituyentes y Cortes de revisión

Si la distinción entre Cortes constituyentes y Cortes ordinarias estaba claramente formulada en las intervenciones de los diputados liberales, no sucedía lo mismo a la hora de distinguir a las primeras de unas Cortes especiales de revisión. Esta segunda premisa aparecía bastante difuminada, ya que estos diputados –y los párrafos transcritos así lo atestiguan– a la categoría de Cortes ordinarias contraponían la de Cortes constituyentes, sin discernir dentro de estas últimas entre las que lo eran de modo estricto, al desarrollar su función *ex lege,* y las que se limitarían en el futuro a revisar el texto constitucional conforme a lo que éste prescribía para tal fin. Dicho desde otro punto de vista, los diputados liberales a la categoría de Cortes constituyentes (carácter que asignaban a las de Cádiz) contraponían la de Cortes "delegadas" "ordinarias" o "constituidas", pero dentro de estas últimas sin discriminar entre aquellas que junto al Monarca ejercerían el poder legislativo, de aquellas otras que sin la intervención del Rey habrían de ejercer las tareas de revisión constitucional. No estaba del todo claro si estos diputados subsumían las Cortes de revisión en la categoría de Cortes constituyentes o si englobaban a aquéllas en la categoría de Cortes ordinarias. Aunque de sus intervenciones se deducía que más bien se trataba de lo primero. En todo caso, lo que sí estaba claro es que, en principio, la tríada "Cortes constituyentes, Cortes ordinarias y Cortes de revisión", necesaria para poder articular la técnica "cualificada" de la rigidez constitucional, quedaba desdibujada al reducirse al par "Cortes constituyentes-Cortes ordinarias".

(62) *Ib.,* T. 11, p. 311.

¿A qué obedecía tal fenómeno? Pues a dos razones fundamentalmente: en primer lugar, porque la polémica giró en torno a la distinción entre Cortes constituyentes y Cortes ordinarias, no aceptada –como se ha visto– ni por los diputados realistas ni por los americanos, lo que provocó que la distinción entre Cortes constituyentes y Cortes de revisión perdiese interés inmediato. En segundo lugar, tal actitud respondía al doble influjo doctrinal que se percibe en los planteamientos de los diputados liberales sobre el problema de la reforma constitucional: de un lado, el de la doctrina de SIEYES sobre el poder constituyente; de otro, el de la corrección liberal que de ésta hicieron los constituyentes franceses del 91. Conviene ahondar en este punto con cierto detenimiento.

El influjo de SIEYES se hace patente cuando estos diputados identifican al poder constituyente con la soberanía, y, por tanto (separándose del principio de soberanía nacional y contradiciendo la distinción entre titularidad y ejercicio de la soberanía) atribuyen a las Cortes constituyentes un carácter ilimitado al abarcar todas las facultades inherentes a la soberanía. Tales premisas venían a recogerse ya en el Decreto de 24 de septiembre de 1810, cuando se proclamaba lo siguiente:

> "los diputados que componen este Congreso, y que representan a la Nación española, se declaran legítimamente constituidos en Cortes generales y extraordinarias, *y que reside en ellas la soberanía nacional*" (63).

La identificación entre Cortes constituyentes y soberanía nacional es, pues, diáfana en este texto normativo.

Estos mismos puntos de vista los sacaron a relucir también destacados diputados liberales en el debate constitucional. Así, CANEJA, en defensa del carácter constituyente de las Cortes de Cádiz, afirmó:

> "la nación, Señor, soberana por sí e independiente, tiene sin duda el derecho de establecer sus leyes fundamentales, y de adoptar la forma de gobierno que más le convenga: representada por los diputa-

(63) *V.* **D. Sevilla Andrés.** *Constituciones... O. c.,* p. 91.

dos que componemos estas cortes generales y extraordinarias, *a quienes ella misma ha hecho depositaria de todo su poder y sus derechos,* se halla actualmente exerciendo sus más sagradas facultades: se ocupa en sancionar su constitución" (64).

Es decir, para CANEJA, al igual que para SIEYES, el órgano constituyente no se limitaba a representar a la Nación soberana, sino que la reemplazaba o suplantaba. De ahí que este diputado se refiriese a las Cortes constituyentes como aquellas Cortes "autorizadas con poderes ilimitados" (65).

Un semejante punto de partida se revela en estas palabras de OLIVEROS:

"es cierto, Señor, que la nación es soberana, y que si todos sus constituyentes reunidos o dispersos conviniesen en un pensamiento contrario a la constitución, aquél sería su voluntad y su ley; pero el caso es metafísico y raya en lo imposible. Por lo que toca a las cortes no milita la misma razón. *Estas no exercen todos los derechos de la soberanía, sino quando sus diputados se hallan revestidos de poderes que contengan todo el de la nación, y no serán tales en lo sucesivo los que otorguen los pueblos a sus diputados*" (66).

De lo que se infiere que para OLIVEROS las Cortes de Cádiz, como Cortes constituyentes, sí ejercían "todos los derechos de la soberanía" y "todo el poder de la nación". Aunque, ciertamente, se puede deducir también de este discurso que OLIVEROS, al negar que tal omnipotencia pudiese repetirse una vez aprobado el texto constitucional, pensaba que las Cortes que se encargasen de modificarlo tendrían un carácter sustancialmente distinto al que él atribuía a las constituyentes, dedicadas a elaborarlo. Postulado este último que contradecía los planteamientos doctrinales de SIEYES, a los que aquí parece acogerse este diputado.

Hay que decir, en todo caso, que, con plena fidelidad al principio de soberanía nacional, el criterio de considerar a las Cortes constituyentes como una Asamblea omnipotente que se

(64) *DDAC,* T. 11, p. 31-1.
(65) *V. Supra.,* intervención citada en V., 1, *in fine.*
(66) *DDAC,* T. 11, p. 337.

arroga todas las facultades inherentes a la soberanía, no fue el que triunfó en 1812.

Así, el mismo Decreto de 24 de septiembre de 1810, al mismo tiempo que identificaba el poder constituyente con la soberanía, disponía, sin embargo, lo siguiente:

> "no conviniendo queden reunidos el poder legislativo, el ejecutivo y el judiciario, declaran las Cortes generales y extraordinarias que se reservan el ejercicio del poder legislativo en toda su extensión".

En esta misma disposición se reconocía al Consejo de Regencia, de modo interino, como el único órgano ejecutivo. Asimismo, las Cortes confirmaban, también de modo provisional, a "todos los tribunales y justicias establecidos en el Reino, para que continúen administrando justicia según las leyes" (67).

No obstante, tales propósitos no pasaron de ser una mera declaración teórica. En la práctica las Cortes de Cádiz ejercieron ciertas funciones ejecutivas y judiciales. Tal hecho fue incluso justificado por ARGÜELLES en el debate del artículo 27, y por GALLEGO en el del 242 (68). Para el diputado asturiano, las Cortes de Cádiz, merced al carácter constituyente que ostentaban, entendían y podían entender de todo. Ahora bien, agregaba este diputado:

> "su extensa autoridad es efecto de las circunstancias y del objeto (no hay que disimularlo), que las ha congregado. Las cortes sucesivas no serán más que un congreso legislativo, en el cual sólo se ventilarán proyectos o materias de ley y los asuntos cuya naturaleza les corresponda por la constitución. No se erigirán en tribunal de justicia, en junta militar, en comisión gubernativa" (69).

GALLEGO, por su parte, afirmó:

> "las cortes venideras no deben compararse con las actuales extraordinarias y constituyentes. Aquellas no podrán exercer en ningún

---

(67) *V.* **Sevilla Andrés.** *Constituciones... O. c.*, T. I, pp. 91-92.

(68) "Ni las Cortes ni el Rey —decía este artículo— podrán exercer en ningún caso las facultades judiciales, avocar causas pendientes, ni mandar abrir los juicios fenecidos".

(69) *DDAC*, T. 8, p. 279.

caso la potestad judicial, porque son cortes ordinarias, en quién no reside la soberanía, *la cual reside en las actuales* como representantes de la nación entera que tiene autoridad para hacer una constitución. Las cortes ordinarias sólo tendrán la facultad legislativa, y nada más. *Y si la nación quiere darse otra constitución, formará otras cortes extraordinarias como las actuales, y éstas tendrán en toda su plenitud la autoridad para disponer lo que a la nación le convenga*" (70).

La actitud de los diputados liberales era, pues, muy contradictoria: de un lado, identificaban, siguiendo a SIEYES, la soberanía con el poder constituyente y la Nación con las Cortes que ejercían este poder; de otro, siguiendo el principio de soberanía nacional, distinguían ambas cosas. Fue quizá esta vacilante postura lo que les condujo a subsumir, en unos casos, la función de revisión en la función constituyente, y a identificar a los órganos encargados de ejercer tales funciones; mientras que en otros ambos extremos parecían discriminarse.

Repitámoslo una vez más: si se identificaba al poder constituyente con la soberanía, resultaba forzoso, para no negar esta cualidad, defender la imposibilidad de que el poder constituyente pudiese instituirse o constituirse. En este caso, era necesario considerar al poder constituyente como un poder no sólo prepositivo sino también suprapositivo; y negar, en consecuencia, la posibilidad de articular un poder especial de revisión. Estos planteamientos estaban presentes en el discurso de GALLEGO que se acaba de citar y en este otro que pronunció este diputado en el debate del artículo tercero:

"...Si antes de constituirse la nación fue soberana esencialmente —argumentaba— lo es en el día, y lo será siempre aunque haya pasado por una, dos o diez constituciones... Esta nación por las leyes constitucionales que luego establece contrae ciertas obligaciones consigo misma, pero como voluntariamente las contrae, y el objeto de ellas es la felicidad general de sus individuos, *puede derogarlas o reformarlas desde el momento en que vea que se oponen a dicha felicidad,* que es el único fin de su formación" (71).

(70) *Ib.*, T. 10, pp. 110-111.
(71) *Ib.*, T. 8, p. 68.

Ahora bien, digámoslo de nuevo, si se distinguía al poder constituyente de la soberanía, y al órgano que ejercía este poder de la Nación, era posible convertir al órgano constituyente en un órgano especial de revisión, sin que ello supusiese limitar la soberanía nacional. Tal posibilidad fue reconocida por el Conde de TORENO y aun por el mismo GALLEGO, lo que volvía a poner de manifiesto la contradicción en la que se debatían los diputados liberales, y éste en particular. Por lo que concierne a TORENO, este diputado venía a distinguir entre Cortes constituyentes y Cortes de revisión cuando en el debate del artículo tercero negaba a las Cortes ordinarias de consumo con el Monarca la capacidad para modificar el texto constitucional, y afirmaba que para tan alto cometido se requerían dos cosas:

> "poderes especiales y amplios, como tienen las actuales cortes... *O determinar en la misma constitución quando, como y de qué manera podrán examinarse las leyes fundamentales, si conviene hacer en ellas la variación*" (72).

Por lo que a GALLEGO respecta, este diputado no reconoció de modo explícito tal distinción. Pero venía a reconocer, al menos, que las Cortes futuras (fuesen ordinarias o no) tendrían unos poderes limitados, en cuanto que estaban obligadas a acatar las prescripciones dispuestas en el texto constitucional:

> "estas cortes –argüia Gallego– no han tenido que obedecer leyes, porque no ha habido constitución formada, como la que ha de regir de aquí en adelante para las cortes futuras. *Los diputados de las que vengan no han de tener más facultades que las que les señala la constitución, pues sólo tendrán las que se les den ahora*" (73).

Pero, sobre todo, la distinción entre Cortes constituyentes y Cortes de revisión se plasmaba de modo objetivo en el código constitucional de 1812, lo que contrarrestaba –y decantaba definitivamente– la titubeante actitud mantenida por los dipu-

---

(72) *Ib.*, p. 60.
(73) *Ib.*, T. 11, p. 362.

tados liberales en los debates parlamentarios. Este código, en efecto, instituía un órgano especial de revisión, distinto del órgano legislativo ordinario, formado por las Cortes y el Rey, pero bien diferente también de una Asamblea constituyente. Sin embargo, antes de detenernos en el examen de este extremo conviene hurgar en el trasfondo doctrinal que se ocultaba tras la ambigua y equívoca actitud de los diputados liberales.

3. Poder constituyente versus poder de revisión y el problema del "traspaso" de la soberanía de la Nación al Estado

¿Qué es lo que subyacía en esta dubitativa actitud de los liberales doceañistas? Pues, simplemente, la negativa a aceptar el "traspaso" de la soberanía de la Nación al Estado, que es en lo que se traduce el tránsito del poder constituyente a un poder especial, pero constituido, de reforma. Los doceañistas liberales, con ello, no hacían más que "quedar atrapados" en las contradiciones propias del principio de soberanía nacional. Este principio, en efecto, encierra una determinada lógica interna de la que se desprende –lo hemos visto y lo seguiremos viendo– ciertas consecuencias reales. Pero, a la vez, de este principio se deducen también ciertas consecuencias no menos reales que sobrepasan y aún contradicen su propia lógica interna. Ante todo, hay que señalar que el carácter ideológico del principio de soberanía nacional no reside en ser un reflejo falso de una realidad verdadera, sino en ser simple reflejo verdadero de una realidad falsa por aparente e ideal. Expliquémosnos. Este principio descansa en un postulado falaz: el imputar la soberanía a un sujeto preestatal, a partir del cual se intenta articular de un determinado modo el Estado nacional, es decir la comunidad nacional jurídicamente organizada. Pero, en realidad, la soberanía es una cualidad consustancial y exclusiva del ordenamiento jurídico estatal. Además, los liberales del doce –y aquí reside el núcleo de sus titubeos ante el problema que nos ocupa– no se acogieron a este punto de partida falso a modo de hipótesis ideológicamente necesaria para articular el

Estado liberal (como KANT, por ejemplo, había hecho) (73 bis), sino que aceptaron este punto de partida como apotegma. Por eso, al mismo tiempo que subrayaban el carácter soberano del Estado, su carácter positivo, pretendían mantener también el carácter soberano de la Nación preestatal, su carácter natural y suprapositivo. Por tal motivo, afirmaban, por una parte, que una vez constituido el Estado el poder constituyente de la Nación permanecía; y, por otra, afirmaban y organizaban el poder constituido de revisión, lo que suponía objetivamente liquidar todo poder constituyente. Ello explica también que utilizasen la misma denominación para designar al órgano constituyente "originario" y al "derivado": en ambos casos se trataba de unas Cortes constituyentes.

Hacer del sujeto fundante y fundamentador de la Constitución y del Estado, la Nación, un sujeto que deviene fundado y fundamentado por este último, fue el gran escollo teórico que los diputados liberales fueron incapaces de superar. Y esto es así porque en aquel entonces se estaba lejos de reconocer que el principio de soberanía nacional conduce inexorablemente a afirmar la soberanía del ordenamiento jurídico. Así, en efecto, una vez constituido el Estado es éste el único soberano. O mejor: sólo cuando se constituye tiene sentido hablar de soberanía. Es en el Estado y en concreto en su norma constitucional en donde se encuentra la verdadera fuente de toda positividad; el origen de la validez del resto del ordenamiento jurídico. Por otra parte, no cabe duda de que, objetivamente, una vez ejercido el poder constituyente, este poder desaparece, y el órgano que lo ejerce se transforma en un órgano constituido más. La contradicción en que se debate el principio de soberanía nacional es, pues, insalvable: por un lado exige considerar a la Nación como sujeto siempre soberano, y separar al poder constiuyente de los poderes constituidos; pero, por otro, sólo constituido el Estado tiene sentido hablar de soberanía, y en él sólo puede haber poderes constituidos. Por ello del principio de soberanía nacional se deducen dos consecuencias objetivas: el

(73 bis) *Cfr.* **Lumia.** *O. c.*, pp. 85 y ss. **Bobbio.** *Diritto e Stato... O. c.*, pp. 205 y ss. **Cerroni.** *Kant e la Fondazione... O. c.*, pp. 112 y ss.

"traspaso" de la soberanía al Estado, y dentro de éste la necesidad de distinguir entre unos poderes constituidos ordinarios y un poder constituido de revisión.

Todas estas contradicciones son típicas del primer liberalismo (y están presentes también en los constituyentes de 1791), y son fruto de la lucha o tensión entre su iusnaturalismo ideológico y la incipiente necesidad de afirmar el iuspositivismo. Es el clásico dualismo consustancial al dogma de la soberanía de la colectividad, esto es, –tal como se había dicho en el capítulo cuarto (74)– el que se verificaba al afirmar la soberanía subjetiva de la Nación con la objetiva del Estado, la doctrina política de la soberanía con su doctrina jurídica. Sin embargo, este dualismo tiene un planteamiento muy distinto si se imputa la soberanía al Pueblo o a la Nación.

En el dogma de la soberanía popular, este dualismo es ideológico, pero irresoluble. Se pretende que sea el Pueblo quien determine y defina al Derecho, y no que sea éste quien determine y defina a aquél. En estos planteamientos –que están presentes en ROUSSEAU y en la doctrina de SIEYES sobre el poder constituyente– se pretende, en definitiva, que el Estado soberano no anule la existencia del Pueblo soberano. Soberanía del Pueblo y soberanía del Estado no son dos caras de la misma moneda, sino dos monedas distintas de curso incompatible y excluyente.

En el dogma de la soberanía nacional, en cambio, el dualismo entre soberanía de la Nación y soberanía del Estado es también ideológico, pero compatible. Ambas denominaciones expresan la misma idea, pero desde puntos de vista diferentes. Son dos caras de la misma moneda. Hablar de la soberanía de la Nación es incurrir en un planteamiento ideológico. Hablar de la soberanía del Estado es plantear la cuestión en sus términos objetivos. En el primer caso se quiere hacer referencia al nacimiento del Estado, como si se partiese de su formación. En el segundo caso, se parte ya de un Estado constituido. Así, la Nación, al constituirse, al organizarse jurídicamente, se convierte en Estado; y éste no es más que la personificación jurídica de aquélla. La Nación que se presenta como sujeto funda-

---

(74) *V. Supra.*, II, 2, A.

dor y fundamentador del Estado, pasa a ser fundada y fundamentada por éste, determinada por su ordenamiento jurídico. Se trata, pues, de una antinomia insalvable en el planteamiento liberal, al hacer al mismo tiempo de la Nación un sujeto previo y posterior al Estado. Pero este dualismo se elimina fácilmente desde una perspectiva puramente positivista del problema (75).

No obstante, hay que decir, para terminar, que la postura de ROUSSEAU y la de SIEYES (que ante este problema era la misma) era mucho más coherente con su punto de partida que la sustentada por los constituyentes franceses del 91 y por los liberales españoles del doce. En efecto, aunque la postura de aquellos dos autores fuese insostenible, al atribuir la soberanía a un sujeto preestatal, eliminaban desde luego las antinomias en las que incurrían estos últimos al plantear el problema del poder constituyente y el de la reforma constitucional. La razón es sencilla. ROUSSEAU y SIEYES concebían al poder constituyente como cualidad preestatal y prejurídica, pero reconocían en perfecta coherencia su carácter supraestatal y suprajurídico. La Nación no llegaba a constituirse nunca, subsistía o coexistía su soberanía con la del Estado, y el poder constituyente mantenía su carácter originario, espontáneo, no reglado. Los liberales doceañistas, al igual que los franceses del 91, defendían también estos postulados, pero, en cambio, en la práctica constituían a la Nación y organizaban un poder constituido de reforma. En definitiva, en ambas concepciones se partía de una premisa falsa, pero la distancia entre ésta y los resultados prácticos era mucho mayor en los planteamientos de estos últimos que en los de los primeros.

VI. LA NATURALEZA JURIDICA DEL ORGANO DE REVISION EN EL CODIGO DE 1812

Para delimitar la naturaleza jurídica del órgano de reforma en el código constitucional de 1812 interesa detenerse en tres

(75) *V.* sobre este punto **I. de Otto.** *Voz Nación. O. c.,* p. 56 y ss.

extremos: en primer lugar, en su diferente naturaleza jurídica respecto al órgano legislativo ordinario; en segundo lugar, en su carácter constituido, que lo distingue de una Asamblea constituyente; y, en tercer lugar, en la extensión de sus facultades, más en concreto, en la competencia asignada al órgano de revisión no sólo para ejercer la función de reforma, sino también la legislativa. Examinados estos tres puntos podremos concluir emitiendo un juicio general (no sólo ceñido a la Constitución de 1812) sobre el problema que plantea el órgano de reforma en relación a la teoría de la soberanía.

1. La especifidad del órgano de revisión respecto al órgano legislativo

La Constitución de 1812 distinguía con claridad entre el órgano legislativo ordinario y el órgano de revisión constitucional. El primero era un órgano complejo, ya que en virtud del artículo 15 la potestad de hacer las leyes residía en las Cortes con el Rey. Las Cortes, según disponía el artículo 131, tenían facultad para "proponer y decretar las leyes e interpretarlas y derogarlas en caso necesario". Los artículos 132 a 135 regulaban la iniciativa de las Cortes en las proposiciones de ley, y el 139 el modo en que éstas debían aprobarse. Por su parte, el artículo 171, en su párrafo decimocuarto, concedía al Rey la facultad de hacer proposiciones de ley; el 142 la de sancionar los proyectos de ley aprobados en Cortes; y los artículos 154 a 156 la de promulgarlos y hacerlos publicar y circular. Por lo que concierne a la sanción de los proyectos de ley aprobados en Cortes, la Constitución de 1812 concedía al Monarca un "veto suspensivo", regulado en los artículos 144 a 152. A tenor de estos preceptos, el Monarca podía denegar la sanción y devolver el proyecto a las Cortes. Pero cuando este proyecto de ley fuese propuesto, admitido y aprobado en Cortes por tercera vez, el artículo 149 establecía que la sanción regia debería entenderse otorgada, siguiendo el proyecto los trámites normales de promulgación y publicación. Por último, conviene recordar que el artículo 100 limitaba los poderes del órgano legislativo, al sustraer a éste la competencia de derogar, alterar o variar cualquier precepto constitucional.

Por lo que respecta al órgano de revisión, regulado en el Título décimo, se trataba sin duda de un órgano distinto. A las Cortes reformistas les correspondía deliberar sobre las proposiciones de reforma constitucional, previamente consignada por las Cortes precedentes, y solamente por éstas, ya que se excluía al Rey de la iniciativa de reforma constitucional, y tan sólo a las Cortes de revisión correspondería aprobar y sancionar las proposiciones de reforma. El Monarca, en este caso, habría de limitarse, según prescribía el artículo 384, a hacerlas publicar y circular "a todas las autoridades y pueblo de la Monarquía".

En resumen, el órgano legislativo era un *órgano complejo,* formado por las Cortes y el Rey, *tenía facultades para iniciar, deliberar y decidir,* y *estaba sometido,* entre otras, *a las restricciones establecidas en el artículo 100.* El órgano de revisión, en cambio, era un *órgano único,* formado por unas Cortes especiales sin participación del Rey, *no tenía facultades para iniciar* las proposiciones de reforma, sino tan sólo para deliberar y decidir sobre ellas, y *estaba revestido de unos poderes extraordinarios,* además de los ordinarios, según prescribían los artículos 276 y 381.

2. El carácter constituido del órgano de revisión

El carácter constituido del órgano de reforma se acrecentaba al fraccionar la Constitución de 1812 el proceso de reforma constitucional entre las Cortes ordinarias —sin el Rey— y las Cortes de revisión. Esto es, al hacer depender la apertura del proceso reformista de la iniciativa del órgano legislativo, aunque en este caso se impidiese al Rey hacer uso de la facultad de iniciativa que se le condecía para las leyes ordinarias. Las Cortes de revisión solamente tendrían unas facultades decisorias sobre aquellas proposiciones de reforma que previamente hubiesen sido consignadas por las tres o, en su caso, cuatro legislaturas ordinarias precedentes, según establecían los artículos 379 a 383. Como señala CARRE DE MALBERG respecto a la

Constitución francesa de 1791, que había previsto ya una regulación semejante (76), este hecho atenuaba el sistema de separación entre el poder constituyente y los poderes constituidos (77). O mejor, ya que la primera denominación es en este caso inexacta, atenuaba la separación entre el poder legislativo y el poder (también constituido) de reforma, y venía a reconocer y a subrayar la distinta naturaleza jurídica del órgano que ejercía este poder respecto a una verdadera Asamblea constituyente. Estos extremos se reforzaban si se tiene en cuenta que la Constitución de 1812, al igual que la de 1791, tan sólo contemplaba la posibilidad de llevar a cabo reformas parciales, impidiendo, por ende, una reforma total de su texto (77 bis). Debe decirse, asimismo que en el código doceañista se atenuaba todavía más que en el de 1791 la separación entre el órgano de reforma y el órgano legislativo. Así, en efecto, a tenor de este último, la Asamblea de reforma tendría una composición distinta de la Asamblea Nacional legislativa, ya que al número de diputados previstos para ésta habrían de añadirse doscientos cuarenta y nueve miembros, elegidos por un sistema diferente (78). El có-

---

(76) *V.* su Título VII, arts., 2 y ss.

(77) *Cfr. O. c.,* T. II, p. 512, nota 6.

(77 bis) Este es el criterio que mantiene **J. T. Villaroya** y al que parece sumarse **D. Sevilla Andrés.** *Cfr.*, respectivamente, *Las reformas de la Constitución de 1812 en 1836*. "Revista del Instituto de Ciencias Sociales de Barcelona" (1964), núm. 4, p. 181. Y, *El poder constituyente en España de 1800 a 1868. Ib.*, pp. 154-155. Y, ciertamente, no es difícil convenir con estos dos autores en que el sentido restrictivo que a este respecto animó a los constituyentes gaditanos fue indudable, de igual modo que su plasmación en el articulado de todo el Título décimo del código doceañista. En este título, en efecto, como señala el profesor **Villaroya** en el mismo lugar citado, se habla siempre de "cualquiera proposición de reforma en *algún* artículo de la Constitución..." (artículos 375, 376, 377), lo que daba a entender "que la reforma constitucional sólo podía afectar a preceptos aislados". Además, como ya se ha dicho, los artículos 382 y 383 sólo conferían a las Cortes revisoras la facultad de decidir sobre la reforma de aquel artículo o artículos previamente propuestos por las Cortes anteriores, y no sobre los demás. En los debates parlamentarios el deseo de limitar cuantitativamente las futuras reformas constitucionales no se consignó explícitamente. Sin embargo, los diputados liberales dejaron siempre entrever el carácter parcial que asignaban a las futuras revisiones. Por otra parte, esta misma intención limitadora se desprende, como observan **Carre de Malberg** y **Burdeau,** del Título séptimo de la Constitución francesa de 1791. *Cfr.*, respectivamente, *O. c.,* T. II, p. 510, nota 6. Y, *Traité de Science Politique,* T. III (1950), p. 258.

(78) *V.* art. 5.º de su Título VII. Por su parte, el artículo 6.º de este título prohi-

digo de 1812, en cambio, nada decía sobre la composición y elección de las Cortes encargadas de deliberar y decidir sobre las proposiciones de reforma constitucional; infiriéndose, por tanto, que para este punto regía el mismo sistema que para las Cortes ordinarias.

Al atenuarse la separación y superioridad del órgano legislativo respecto al órgano de reforma, el código de 1812 recortaba, más aún que el de 1791, el principio de soberanía nacional (79). No se cercenaba de modo absoluto, es cierto, puesto que se establecía, de acuerdo con este principio, un órgano revisor superior y distinto del legislativo. Pero no es menos cierto que, al constreñir el órgano legislativo (aunque sin el Rey) la actividad del órgano revisor, y al restringirse cuantitativamente la amplitud de su acción reformadora, se limitaba el principio de soberanía nacional.

3. Las competencias del órgano de reforma: la posibilidad de ejercer las funciones legislativas.

El código constitucional de 1812 atribuía al órgano de reforma no sólo unas facultades revisoras, sino también legislativas. Así, su artículo 382 disponía que las Juntas electorales de provincia otorgarían a los miembros de las Cortes de revisión unos poderes especiales *aparte de los ordinarios,* a los que se refería el artículo 100. La Asamblea de revisión contemplada en este artículo podría, pues, revisar el texto constitucional y legislar, lo que suponía separarse también en este punto del principio de soberanía nacional. Este principio, como se ha dicho ya, exige que los órganos constituidos ordinarios, especialmente el legislativo, no puedan modificar el texto constitucional, pero también que el órgano de reforma no puede ejercer ninguna de las funciones atribuidas a los otros órganos constituidos, en particular la legislativa.

---

bía a los miembros de la legislatura que definitivamente había solicitado la reforma constitucional (esto es, la tercera) poder ser elegidos a la Asamblea de Revisión.

(79) Este es el juicio de **Carre de Malberg** respecto a la Constitución de 1791. *Cfr. O. c.,* pp. 510-512, en nota 6.

Al permitir esta última posibilidad, la Constitución de 1812 se distanciaba de la francesa de 1791, con la que tantas semejanzas guarda en general y en lo que atañe al procedimiento de revisión, en particular. La Constitución francesa, en efecto, prescribía en el artículo octavo de su Título séptimo que una vez finalizada la tarea revisora, los doscientos cuarenta y nueve miembros elegidos "en augmentation" para llevar a cabo este cometido se retirarían "sin poder tomar parte, en caso alguno, en los actos legislativos". La Asamblea de reforma, pues, expiraba tras concluir su misión revisora, y la Asamblea Nacional legislativa, junto al Rey, comenzaría a desarrollar la función legislativa que le estaba encomendada (80).

4. El órgano de revisión en el código de 1812 y el problema de la soberanía (Conclusión)

Los diputados liberales, al instituir un órgano de reforma constitucional bien diferente de una Asamblea constituyente, venían a reconocer objetivamente un hecho que debiera ser obvio, a saber: que en el Estado sólo puede haber órganos constituidos, lo que ante todo quiere decir que es en su norma constitucional, como norma suprema del ordenamiento jurídico, en donde reside realmente la soberanía y no en la "Nación" o en cualquier otro sujeto prejurídico. El instituir un órgano de reforma constitucional (y no importa ahora que sea distinto o igual a los demás órganos del Estado) significa, en efecto, reconocer objetivamente que una vez constituido el Estado —esto es, promulgada su norma constitucional— el problema del "pouvoir constituant" se reduce a un mero problema de competencias orgánicas: indagar a qué órgano y con qué procedimiento le corresponde la máxima parcela de la soberanía *en* el Estado, la máxima cuota de su ejercicio: reformar su Constitución.

Desde este punto de vista, puede decirse que hablar de "poder constituyente" para referirse al órgano de reforma constitu-

---

(80) *V.*, el comentario de **Carre de Malberg** sobre este extremo de la Constitución de 1791. *O. c.*, T. II, pp. 548-552.

cional, como hace CARRE DE MALBERG (81), o de "poder constituyente impropio", como escribe MORTATI (82), o, entre nosotros, de "poder constituyente constituido" o "derivado", como lo llaman, respectivamente, SÁNCHEZ AGESTA (83) y PÉREZ SERRANO (84), no deja de ser, a nuestro juicio, impreciso y equívoco. "La Asamblea deliberativa constitucional", como HANS KELSEN la denomina (85) o, más simplemente, el órgano de reforma debe ser considerado como un órgano de creación especial, caracterizado por crear normas constitucionales, de acuerdo con lo que esas mismas normas disponen. Por ello, la naturaleza jurídica del órgano de reforma es mucho más próxima a la del órgano legislativo que a la del órgano constituyente. De igual modo que la función de reforma constitucional no es más que una función legislativa especial. En este sentido, en los textos constitucionales que, como el de 1812, articulan un órgano especial de revisión distinto del legislativo, además de permitir distinguir entre órganos creadores y aplicadores de derecho –que es, a la postre, como observa KELSEN, en lo que se traduce jurídicamente la división de poderes (86)– permiten distinguir también entre una función de creación constitucional, sometida solamente a límites jurídicos adjetivos u orgánico-procedimentales, y una función legislativa, sujeta además a límites jurídicos sustantivos o de contenido.

---

(81) Para este autor, "los llamados órganos constituyentes no pueden al igual que los órganos constituidos, tener poderes anteriores a la constitución. Todo órgano, incluso el que es llamado a ejercer el poder constituyente, procede esencialmente de la Constitución que le confiere esta capacidad. Desde este punto de vista, se puede decir que, hablando con propiedad, no existe órgano constituyentes: en el Estado no hay más que órganos constituidos". *O. c.*, T. II, p. 500. Sin embargo, como se ve incluso en estos párrafos, este autor sigue denominando "órgano constituyente" al órgano de reforma, aunque señale la diferencia que existe entre el primero y una verdadera Asamblea constituyentes.

(82) *Cfr.* **Constantino Mortati.** *Studi sul Potere constituente e sulla Riforma Costituzionale dello Stato. Raccolta di Scritti.* Milano (1972), T. I, pp. 18-19.

(83) *Principios de Teoría Política.* (Madrid (1970), pp. 329 y ss.

(84) **Nicolás Pérez Serrano.** *El Poder Constituyente.* Madrid (1947), pp. 15 y ss.

(85) *Theorie Pure du Droit.* París (1962), pp. 301-302.

(86) *Teoría General del Derecho y del Estado. O. c.*, pp. 137 y ss., 268 y ss., 282 y ss.

Puede concluirse, en fin, que el distinto titular orgánico de la reforma constitucional viene dado en virtud del distinto sujeto preestatal a quien se imputa la soberanía del Estado. Si se imputa a la Nación, la facultad de revisar su texto constitucional debe recaer en una Asamblea especial, o al menos su sanción debe hurtarse a cualquier órgano constituido ordinario, especialmente a la Asamblea legislativa y al Rey, en la Monarquía constitucional. Si se imputa al Pueblo, la última palabra sobre la reforma constitucional debe recaer en el cuerpo electoral. De ahí la importancia práctica de tener en cuenta al sujeto ideológico de imputación de la soberanía, más allá de la falsedad de esta imputación. Y ahí también se cifra una de las claves esenciales que cabe establecer entre el problema de la soberanía y el de la reforma constitucional.

CAPITULO OCTAVO. LA DISTINCION ENTRE LEYES FUNDAMENTALES, LEYES CONSTITUCIONALES Y LEYES ORDINARIAS. LOS LIMITES DE LA REFORMA CONSTITUCIONAL Y LOS DIVERSOS CONCEPTOS DE CONSTITUCION

I. INTRODUCCION

En este capítulo intentaremos exponer los diversos criterios sustentados por los diputados gaditanos en torno a la distinción entre leyes fundamentales, leyes constitucionales y leyes ordinarias. El debate de este problema se entrecruzó con el de otro de no menor importancia: el de los límites materiales de la reforma constitucional. A su vez, en las respuestas que se dieron a este núcleo de problemas subyacían unos conceptos de Constitución bien distintos, que conviene poner de relieve.

Interesa llamar la atención sobre el nexo entre todas estas cuestiones —que salieron a relucir también en la discusión de los artículos 373 y 375— y las que se han visto en el capítulo tercero. En ambos casos la polémica bascula muy principalmente sobre los límites de la soberanía. Pero si durante el debate de los tres primeros artículos se discutía acerca de los límites de la soberanía desde el punto de vista del poder constituyente, la polémica discurre ahora por otros derroteros. Ahora, el problema gravita sobre los límites de la reforma constitucional, sin duda una de las facultades más importantes inherentes a la soberanía. En ambas discusiones el remitirse a las leyes fundamentales de la Monarquía es también una característica común y capital. No obstante, en la controversia del artículo tercero se discutía acerca de la necesidad de que el Proyecto de Constitución engarzase y recogiese esta legislación histórica. En el debate de los artículos 373 y 375, en cambio, se parte ya de la existencia de un texto constitucional. Por ello, se polemiza ahora sobre el alcance de las leyes fundamentales (de los preceptos constitucionales que supuestamente las recogían) como límites a la ulterior reforma del texto constitucional. Y es más, esta legislación histórica se esgrime, por una parte de los diputados, como una legalidad superpuesta al Proyecto constitucional, como una legalidad previa y superior a él.

II. RIGIDEZ CONSTITUCIONAL Y CONCEPTO DE CONSTITUCION EN SENTIDO FORMAL. LOS LIMITES DE LA REFORMA CONSTITUCIONAL Y LA DUALIDAD CONSTITUCION MATERIAL-CONSTITUCION FORMAL. (PRECISIONES CONCEPTUALES)

1. Rigidez constitucional y concepto de Constitución en sentido formal

El concepto de Constitución en sentido formal se construye al diferenciar jurídicamente las leyes constitucionales de las leyes ordinarias. La rigidez constitucional conlleva esta diferenciación jurídica entre leyes constitucionales y leyes ordinarias, que se establece en virtud de los distintos requisitos orgánicos o procedimentales (o ambos a la vez) que se exigen para elaborar y modificar unas y otras. Por este motivo se ha considerado a la técnica de la rigidez un mecanismo jurídico necesario para construir el concepto de Constitución en sentido formal. Constitución rígida y Constitución en sentido formal se presentan históricamente como dos conceptos idénticos en la originaria teoría constitucional liberal (1).

(1) Aunque, en realidad, esta identidad es falsa. "Hay Constitución formal —escribe **I. de Otto**— cuando hay superioridad jerárquica, sin que para ello sea necesario que exista también rigidez". Por eso, según este autor, "también cabe hablar de Constitución en sentido formal en el caso de las constituciones flexibles, siempre que en ellas se establezca una diferenciación de formas, esto es, siempre que en ellas se excluya la llamada reforma implícita". Ahora bien, la simple jerarquía formal "da certeza a las normas constitucionales, al permitir su identificación, pero no les con-

Puede decirse, a la inversa, que si se desconoce o si no se admite la técnica jurídica de la rigidez, no podrá distinguirse jurídicamente entre leyes constitucionales y leyes ordinarias, ni, por tanto, articularse un concepto de Constitución en sentido formal. Por ello, la teoría política preestatal (y más en particular, la doctrina de las leyes fundamentales) y la teoría democrático-radical coinciden de nuevo al desechar este concepto de Constitución. En el primer caso se desconoce, al desconocer la técnica de la rigidez, en el segundo se rechaza, al rechazar esta técnica. En ambos, el concepto de Constitución sólo podría llegar a afirmarse en un sentido material, esto es, como el complejo de normas encargadas de regular los aspectos más importantes de la organización política de la Comunidad. Las leyes fundamentales, entendidas como el resultado del acuerdo entre el Rey y el Reino, y la ley fundamental, fruto de la voluntad unilateral del Pueblo, supondrían, respectivamente, la Constitución en sentido material para ambas corrientes de pensamiento.

La inexistencia de un concepto de Constitución en sentido formal en la teoría política preestatal no merece más comentarios. Es algo sabido y comúnmente admitido. No ocurre lo mismo en lo que concierne a la teoría democrático-radical (2). Interesa por eso detenerse, brevemente, en relacionar el concepto de Constitución en sentido formal con esta teoría, lo que vale decir con el dogma de la soberanía popular en la que se basa. Como es habitual en este trabajo tomaremos a ROUSSEAU como exponente arquetípico de esta corriente doctrinal.

---

fiere estabilidad frente al legislador, no las sustrae a su disposición... Este es el objetivo que se persigue con la rigidez", *Lecciones... O.c.,* pp. 111-118. *V.* en general, la Lección cuarta. Esta importante distinción que establece el profesor **De Otto** no tiene, sin embargo, gran importancia para este trabajo, debido a la índole histórica del mismo. Históricamente –y ello, al menos en Francia y en España–, el concepto de Constitución en sentido formal y la técnica de la rigidez van unidas, del mismo modo que flexibilidad constitucional y la ausencia de este concepto de Constitución. *V.* bibliografía citada en nota 10.

(2) Así, por ejemplo, **Biscaretti di Ruffia y Laferriere,** basándose en el párrafo de **Rousseau** citado en la nota nueve del capítulo anterior, entienden que en la doctrina de este autor se encuentra ya la base para distinguir formalmente las leyes constitucionales de las leyes ordinarias. *Cfr.* **P. Biscaretti,** *Lo Stato... O. c.,* p. 615. **J. Laferriere.** *Manuel... O. c.,* p. 292.

¿Cuál es su actitud al respecto? Pues sencillamente, al negar cualquier mecanismo de rigidez, negará implícitamente este concepto de Constitución. Como señalan, entre otros, GIOLE SOLARI (3), y JELLINEK (4), la distinción jurídico-formal entre leyes constitucionales y leyes ordinarias era contraria al pensamiento de este autor. ROUSSEAU solamente distingue estas leyes desde un punto de vista material. Así, cuando se refiere en el "Contrato Social" a las leyes fundamentales, la definición que de ellas ofrece es puramente sustantiva. A su juicio, debían considerarse como tales aquellas leyes que regulan "la acción del cuerpo entero actuando sobre sí mismo. Es decir, la relación del todo al todo, o del soberano al Estado" (5). Pero no les confiere respecto a los otros tres tipos de leyes que cita, las civiles, las criminales y las consuetudinarias (6), ningún distintivo jurídico-formal.

En buena medida estos puntos de vista fueron recogidos por SIEYES en su ensayo sobre el Tercer estado. Ciertamente, este autor sí establece una clara diferencia entre leyes constitucionales y leyes ordinarias o positivas, como él las denomina, a tenor del órgano que las crea y reforma; y, por tanto, sí mantiene un concepto de Constitución en sentido formal:

> "... La Constitución –escribe– no es obra del poder constituido sino del poder constituyente. Ninguna especie de poder delegado puede cambiar nada en las condiciones de su delegación. Es en este sentido en el que las leyes constitucionales son fundamentales" (7).

Ahora bien, como viene a decir P. BASTID (8), al no admitir SIEYES un órgano de reforma distinto de la Asamblea constituyente, las leyes constitucionales si bien no podían ser reformadas por el órgano legislativo, no estaban rodeadas, sin embargo, de unos requisitos especiales para su reforma, prefijados en

(3) *Cfr. La Formazione Storica e Filosofica dello Stato Moderno.* G. Giappichelli editore. Turín (1962, pp. 90-91.

(4) *Cfr. O. c.,* p. 388.

(5) *Du Contrat Social, O. c.,* Cap. XII. L. 2.º, pp. 271 y también, pp. 171, 245, 246 y 307.

(6) *Cfr. Ib.* Cap. XII, L. 2.º, pp. 271-272.

(7) *¿Qué es el Tercer Estado? O. c.,* Cap. V, pp. 76-77.

(8) *Cfr. Sieyes et sa Pensée. O. c.,* pp. 394 y ss.

el texto constitucional. La modificación de las leyes constitucionales quedaba siempre a merced del poder constituyente, esto es, de una voluntad fáctica refractaria a organizarse jurídicamente. No había, pues, garantía jurídica alguna que preservase a las leyes constitucionales. La distinción entre éstas y unas leyes ordinarias y, por tanto, el concepto de Constitución en sentido formal, revestía, así, unos perfiles muy distintos a los que entraña la doctrina liberal inspirada en el dogma de la soberanía nacional. De ahí que, contra lo que opina L. DUGUIT (9), esta distinción y este concepto no se hallan formulados en el opúsculo de SIEYES sobre el Tercer Estado.

La distinción entre leyes constitucionales y leyes ordinarias (que, a la postre, viene a significar la aceptación de unos límites formales a la reforma constitucional, imprescindibles para que, en rigor, pueda hablarse de ésta como una función de creación jurídica distinta de la constituyente y de la legislativa) y el subsiguiente concepto de Constitución en sentido formal, fueron acuñados por vez primera, al menos en Europa, por los constituyentes franceses de 1791 (10). Esta distinción y este concepto se presentan como una consecuencia del principio de soberanía nacional y, más en particular, de la técnica de la rigidez, que es consustancial a este principio, como se ha visto en el capítulo anterior. La diferencia entre unas leyes constitucionales y unas leyes ordinarias se establece a tenor de unos criterios exclusivamente jurídico-formales. Se tiene en cuenta tan sólo los diferentes requisitos orgánico-procedimentales requeridos para crear y modificar unas y otras disposiciones normativas, y se prescinde de la mayor relevancia material o política de las mismas. Ciertamente, a las leyes constitucionales se les asigna la regulaciónn de las

(9) *Cfr.* **Leonn Duguit.** *Traité de Droit Constitutionnel.* 3.ª edic. París (1927).

(10) Sobre la génesis y desarrollo de este concepto de Constitución, *V.* **P. Duclos,** *La Notion de Constitution dans l'Oeuvre de l'Assemblée Constituant de 1789.* Tesis Doctoral. París (1932). **G. Burdeau,** *Une Survivance: la Notion de Constitution,* en *"Melanges Mestre"* (1956), pp. 53 y ss. **Lampert,** *La distintion des lois constitutionnelles et des lois ordinaires dans les differents Etats de l'Europe Moderne.* Tesis Doctoral. Strasburgo (1931). **Costantino Mortati,** *Costituzione (Dottrina Generales),* "Enc. del Diritto". T. XI. Giuffrè, Milán (1962). **Pablo Lucas Verdu,** *Constitución,* en "Nueva Enciclopedia Jurídica Seix". Barcelona. Vol. V (1953).

materias de mayor trascendencia política, como los derechos fundamentales de los ciudadanos y la división de los poderes del Estado, dos premisas que para los teóricos de la soberanía nacional conformaban el núcleo de la Constitución en sentido material. Núcleo cuya existencia se juzgaba imprescindible para que se pudiese hablar de Constitución (recuérdese el famoso artículo 16 de la Declaración de Derechos de 1789). Precisamente, en virtud de esta mayor relevancia política o material a las leyes incluidas en el documento constitucional se las cualificaba jurídicamente, lo que aseguraba tanto su certeza como su estabilidad. No obstante, pese a esta posible, pero no necesaria, coincidencia entre la importancia política de una norma y su cualificación jurídica, el único criterio que se considera para discernir los preceptos constitucionales de las leyes ordinarias y de las demás disposiciones normativas de inferior rango, es exclusivamente formal, con independencia de su contenido. Del principio de soberanía nacional (y, en realidad, de toda Constitución rígida, responda o no a este principio) se desprende, pues, un concepto de Constitución en sentido formal, que más que yuxtaponerse se sobrepone al concepto de Constitución en sentido material. Las normas constitucionales se erigen de este modo en la cúspide de la pirámide normativa que ellas configuran y en las que se integran escalonadamente el resto de las normas del ordenamiento jurídico. La Constitución adquiere, así, una función garantizadora del orden político fundamental, en tanto que sustrae este orden de la voluntad de los órganos ordinarios del Estado, limita la capacidad creadora de éstos.

Hay que decir, por último, que este *telos* garantista y limitador, atribuido al concepto de Constitución en sentido formal, sólo tiene sentido cuando se parte de una previa separación entre titularidad y ejercicio del poder, y, por tanto, entre sociedad política y sociedad civil. Ello explica, desde otro ángulo, que este concepto fuese desconocido o rechazado, respectivamente, por la teoría preestatal y por la democrático-radical (11). Des-

---

(11) *V.* sobre este extremo **I. de Otto.** *¿Qué son la Constitución y... O. c.*, pp. 45-53.

de este punto de vista, puede concluirse afirmando que lo formal, que siempre supone un principio de limitación racional, es un elemento ajeno y aun incompatible con los postulados políticos preestatales y con los democrático-radicales, constituyendo, en cambio, un elemento consustancial a los presupuestos liberales (y liberal-democráticos).

2. Los límites de la reforma constitucional y la dualidad Constitución material-Constitución formal

El problema de los límites es una de las cuestiones más importantes que plantea el estudio de la reforma constitucional (12). Especialmente interesante resulta el problema de los límites materiales o sustantivos de la reforma constitucional, sin duda una de las cuestiones más controvertidos en la doctrina (13). En realidad, el problema de los límites formales o adjetivos de la reforma constitucional (del que indirectamente nos hemos ocupado en el epígrafe anterior) no ofrece dificultad alguna: o existen o no existen, merced a existir o no la técnica de la rigidez.

Interesa ahora tan sólo relacionar el problema de los límites materiales de la reforma constitucional con la dualidad Constitución material-Constitución formal, ya que este ligamen cobra una especial importancia en los debates parlamentarios de las Cortes de Cádiz. Muy particularmente, importa precisar que debe entenderse en este capítulo por "límites materiales de la reforma constitucional", y por "Constitución material" y "Constitución formal", que no deben confundirse con los conceptos de Constitución en sentido material y en sentido formal, cuyo alcance ya se ha explicado.

(12) *V.* **Paolo Biscaretti di Ruffia,** *Sui Limiti della revisione Costituzionale,* "Annali del Seminario giuridico della Università di Catania" (1948-1949); **Costantino Mortati,** *Concetto, limiti, procedura della revisione costituzionale,* en *Scritti in Memoria dei Luigi Rossi,* Giuffrè, Milán (1953).

(13) *V.* sobre este particular la bibliografía que cita **R. Morodo** en su trabajo, *Las Doctrinas Políticas sobre la Reforma Constitucional,* en *Estudios de Pensamientos Político* (que contiene trabajos de este autor y de **E. Tierno Galván**) Tucar Ediciones, S. A. Madrid (1976), pp. 212-222.

Por "límites materiales de la reforma constitucional" se debe entender la prohibición que se establece al legislador revisionista para modificar o suprimir determinados preceptos constitucionales, *en virtud de unos criterios metapositivos.* Esto es, la irrevocabilidad de estos preceptos se hace descansar en la trascendencia política o social de los mismos, en su antigüedad, etc., y no en el hecho de que el texto constitucional los declare irrevocables. Dicho a la inversa, no se deben considerar límites materiales de la reforma constitucional la prohibición de alterar o suprimir determinados preceptos constitucionales *en virtud de unos criterios positivos.* Es decir, cuando la intangibilidad de estos preceptos se defiende por el hecho de ser revestidos de esta cualidad por el texto constitucional, o si se quiere, por ser fruto de la voluntad restrictiva del legislador constituyente. En este caso debe hablarse de "límites formales de contenido".

Planteado de este modo, el problema de los límites materiales de la reforma constitucional se incardina de lleno en el problema de la soberanía (o lo que es lo mismo de la positividad), y el aceptarlos o negarlos implicará aceptar o negar la existencia de una "Constitución material" distinta, previa y superior a la "Constitución formal". Por "Constitución material" debe entenderse tanto un complejo normativo de índole histórica —las leyes fundamentales, por ejemplo— como un determinado orden fáctico, político o social, que se normativiza (un ser que se convierte en un deber ser), y que en ambos casos se opone al texto constitucional o "Constitución formal".

Pues bien, el aceptar los límites materiales de la reforma constitucional implica cercenar el concepto mismo de soberanía y aceptar la dualidad "Constitución material-Constitución formal". El orden constitucional material se erige en un límite a la reforma del orden constitucional formal. Este sería el criterio, como más adelante se verá, de los partidarios de la doctrina de las leyes fundamentales, aunque históricamente esta dualidad ha sido defendida desde posiciones doctrinales y políticas muy distintas.

Por el contrario, el no aceptar los límites materiales de la reforma constitucional conlleva rechazar la dualidad "Constitución material "Constitución formal". Y esta es una consecuencia lógica que se desprende de los dogmas de la soberanía popular y nacional (en realidad, del concepto mismo de soberanía), aunque, como se ha dicho, desde el primer dogma la idea misma de reforma constitucional carece de sentido, al desecharse también sus límites formales, esto es, todo mecanismo de rigidez. Pero, en cualquier caso, soberanía popular y soberanía nacional coinciden en negar unos límites previos y externos a la Voluntad General del Pueblo o de la Nación, tanto en el ejercicio del poder constituyente como en el de la reforma constitucional, como venían a reconocer las constituciones francesas de 1793 y 1791 (13 bis). Desde ambos dogmas de la soberanía, pues, la dualidad "Constitución material-Constitución formal" debe descartarse. Desde sus presupuestos, y so pena de contradecirlos, no puede reconocerse ninguna legalidad histórica ni ningún orden normativo anterior y superior al texto constitucional, a la suprema voluntad popular y nacional. El texto constitucional o "Constitución formal" debe ser la única Constitución. Y esta premisa no se quebranta por el hecho de que el texto constitucional declare irreformable un determinado precepto. En rigor, las llamadas "cláusulas de intangibilidad" no vienen más que a reconocer que, aceptándose la idea de soberanía, sea cual sea el sujeto a quién se impute, solo es posible apelar a unos criterios positivos (formales) para salvaguardar la irrevocabilidad de ciertos principios constitucionales especialmente importantes. Pero, además, debe decirse que, desde las coordenadas consustanciales a los principios de soberanía nacional y popular, estas "cláusulas de intangilidad" carecen, en caso de existir, de validez jurídica alguna. El valor de estas declaraciones es puramente político (14).

(13 bis) *Cfr.* artículo 28 de la Constitución de 1793, artículo 1.º del Título VII de la Constitución de 1791.

(14) Esta es la opinión, entre otros, de **Vedel.** *Cfr. Manuel Elementaire de Droit Constitutionnel.* **Sirey.** Paris (1949), pp. 117 y ss. **Laferriere.** *O. c.*, pp. 289 y ss. **G. Burdeau,** *Essai sur la revision des lois constitutionelles.* Tesis Doctoral. París (1930). **Arnoult,** *De la revission des Constitutions francaises, etablissement et revision des Constitutions francaises.* Tesis Doctoral. Nancy (1895). **Aufray,** *Etude sur la facilitè de revision de notre constituion de 1875.* Tesis Doctoral. Rennes (1908) **Bousquet de Florian,** *De la revision des Constitutions.* París (1891).

III. LOS PLANTEAMIENTOS DE LOS DIPUTADOS REALISTAS

1. La no distinción formal entre leyes constitucionales y leyes ordinarias. Los preceptos constitucionales "fundamentales" como límite a la reforma constitucional

Entre los diputados realistas se apreció una disparidad de criterios a la hora de opinar sobre la conveniencia de cualificar jurídicamente a los preceptos incluidos en el Proyecto de Constitución. ANER y VILLANUEVA se mostraron partidarios. INGUANZO y BORRULL, no. Por eso, los dos primeros diputados, a diferencia de los segundos, apoyaron los mecanismos de rigidez que establecían los artículos 373 y siguientes del Proyecto. Ahora bien, más allá de esta diferente actitud, en las intervenciones de estos cuatro diputados se puso de manifiesto un común rechazo a la distinción puramente formal entre leyes constitucionales y leyes ordinarias, y una misma postura ante el problema de los límites materiales de la reforma constitucional, cuestiones ambas que aparecen indisolublemente ligadas en sus discursos.

Para FELIPE ANER no había duda: a las leyes constitucionales era preciso revestirlas de unos requisitos jurídicos especiales que asegurasen su estabilidad:

> "en ninguna cosa han estado más exactas y solícitas todas las naciones, así antiguas como modernas, que han querido darse una constitución –decía– como en asegurar su estabilidad y observancia. ¿Qué de afanes y desvelos costó a los legisladores griegos el establecer su constitución... para que no variasen las leyes constitucionales? ¿Qué cuidado tan exquisito no han tenido los ingleses para precaver qualquiera alteración en su sabia constitución, y para asegurar su observancia? Y nosotros, después de tantos males y trastornos sufridos ¿seremos menos cautos en adoptar los medios más análogos para *perpetuar* la constitución que restablecemos? ...Las leyes fundamentales que compiladas en un código restablecemos –proseguía Aner– por su naturaleza e importancia deben ser estables..."

Sin embargo –y ya este hincapié en la idea de perpetuidad es de por sí revelador– para el diputado catalán no todos los preceptos incluidos en el texto constitucional debían gozar de la misma superlegalidad:

"entre las leyes constitucionales –añadía– unas deben llamarse *perpetuamente estables,* cuales son las que determinan los derechos de los ciudadanos, su religión, la forma de gobierno, etc... Otras *menos estables,* como son las que determinan las cualidades que deban tener los diputados en Cortes, el modo de hacer las elecciones, que las Cortes se reunan anualmente, etc." (15).

Es decir, para ANER –que quizá, observa SEVILLA ANDRÉS, se inspire en MARIANA y en VATTEL al formular esta clasificación de las leyes (16)– dentro de los preceptos constitucionales unos debían considerarse perpetuos y otros, los "menos estables", podrían modificarse siguiendo el procedimiento especial que el Título décimo disponía, distinto del exigido para elaborar y modificar las leyes ordinarias, regulado en el capítulo octavo del Título tercero del Proyecto. Pero conviene insistir en que para este diputado las restricciones establecidas en el Título décimo sólo podían afectar a los artículos constitucionales "menos estables", y no a aquellos que recogían los principios de las leyes fundamentales (los que determinaban "los derechos de los ciudadanos", "su religión", "la forma de gobierno", etc.) los cuales, para él, eran irreformables. Y si apoyaba el procedimiento cualificado de reforma para los primeros lo hacía no por asumir un concepto de Constitución en sentido formal, sino de un modo instrumental: por estimar que de no introducirse unas cortapisas a la reforma de los artículos constitucionales "menos estables" se podría llegar a quebrantar los preceptos constitucionales considerados "fundamentales". Esta idea está claramente expuesta en el fragmento que a continuación se transcribe:

"aunque todas estas leyes no deben reputarse de igual importancia –argüía–, no por eso se debe debe tener menos cuidado en darlas toda la estabilidad posible, para que la alteración, variación o abolición de alguno de estos *principios secundarios,* no minen insensible-

(15) *DDAC,* T. 11, p. 321.
(16) *Cfr. El Poder Constituyente... O. c.,* p. 154.

mente el grande edificio de la constitución... Me parece, pues, que el argumento que se produce por algunos señores de que no todo lo que previene la constitución no es constitucional, no *es bastante* para que se permitan hacer alteraciones, modificaciones, etc., a arbitrio de las cortes sucesivas, por la relación que todos tienen entre sí, y *porque es fácil que una variación de una parte que aparece como menos sustancial, llegue insensiblemente a destruir las bases principales*" (17).

Y, en fin, insistiendo en estas premisas, concluía de este modo:

"las cortes sucesivas ni deben tener las mismas facultades que las actuales, ni conviene que las tengan, porque entonces ni la constitución sería estable, *ni sería fácil conservar inalterables los principios constitutivos de la monarquía moderada*" (18).

Con una finalidad semejante, y desde una idéntica perspectiva doctrinal, apoyó VILLANUEVA el procedimiento cualificado de reforma que prescribía el Título décimo del Proyecto. Para este diputado se trataba simplemente de dilucidar si las restricciones que este último Título establecía "eran o no convenientes para *perpetuar las bases fundamentales de nuestra Constitución*". Para VILLANUEVA la respuesta debía ser afirmativa. Ahora bien, al igual que ANER, opinaba que, de ningún modo, los mecanismos especiales de reforma podían recaer sobre los "artículos principales" del Proyecto constitucional,

"cuales son, por ejemplo, –decía– la monarquía moderada y la unidad de la religión católica, los cuales mira y mirará España como *esenciales a su constitución,* sino sobre otros *subalternos* a ellos que se han sancionado para asegurar en lo posible su *perpetuidad*" (19).

La actitud adoptada por INGUANZO y BORRULL era diferente. A su juicio, las leyes constitucionales y las leyes ordina-

(17) *DDAC*, T. 11, p. 321.
(18) *Ib.*, p. 321.
(19) *Ib.*, pp. 367-368.

rias debían ser reformadas cuando se considerase necesario, y por el mismo procedimiento. Ahora bien, coincidían por ANER y VILLANUEVA en distinguir dentro del Proyecto de Constitución unos preceptos "fundamentales" y unos preceptos subalternos o secundarios. Y los primeros, desde luego, debían sustraerse a cualquier reforma constitucional. Se trataba, pues, de una misma línea doctrinal, aunque se optase en este caso por una opción táctica diferente: ahora, ni siquiera se entendía instrumentalmente necesario ni conveniente dificultar la reforma de los preceptos constitucionales secundarios.

Estas tesis las expuso INGUANZO en el debate del artículo 117. Para el realista asturiano no era justo que los diputados a Cortes tuviesen que jurar, como este artículo disponía, "guardar y hacer guardar religiosamente la Constitución de la Monarquía española". Y no lo era ya que a su parecer entre los preceptos constitucionales había que distinguir aquellos que eran "fundamentales", y por tanto irreformables, de aquellos otros que no gozaban de este carácter, y que por ello podían ser modificados cuándo y cómo conviniere:

> "... (las leyes) *que por su naturaleza y esencia son variables* —argumentaba Inguanzo—, *podrán variarse siempre que convenga,* por más que el legislador quiera y mande que nunca se varíen porque no puede mudar la esencia de las cosas, ni esto cabe en las facultades de ningún legislador del mundo. *Pero las leyes que de suyo y esencialmente son y deben ser perpetuas irrevocablemente, éstas sí que deben constituirse de un modo que no puedan revocarse jamás,* y de éstas sí que se puede capitular y exigir un juramento solemne, para que nadie pueda en tiempo alguno alterarlas. Está pues, reducida la cuestión a saber. ¿Las leyes contenidas en este código de constitución son todas y cada una esencialmente irrevocables, sí o no? Porque si no lo son, en vano nos cansaremos en pretender que los sean, y será jurar en vano jurar su observancia perpetua..."

Y el criterio para distinguir unas leyes de otras lo redujo INGUANZO a los siguientes términos:

> "hay leyes, Señor, que son por esencia inalterables en todo evento, y otras al contrario, que pueden y deben variarse según los tiempos y las circunstancias. A la primera clase pertenecen aquellas que se

llaman, y son realmente *fundamentales*, porque constituyen los fundamentos del estado, y destruidas ellas se destruiría el edificio social. A la segunda pertenecen *todas las demás*, las cuales son de otro orden y concepto distinto, aunque se reduzcan a las primeras" (20).

Con semejantes argumentos intervino BORRULL en el debate del artículo 373. Este diputado, apoyándose en unas declaraciones de MUÑOZ TORRERO, cuyo alcance se verá más adelante, afirmó:

"convengo con lo que en días pasados dixo el señor Torrero, que en la presente constitución hay unas leyes que verdaderamente son las *fundamentales* del estado y otras que pueden considerarse como unos *medios* que se han considerado convenientes para llevarlas a efecto; *pero añado*, que cuando se trata en este capítulo del modo de proceder para hacer variaciones en la constitución, *no debe entenderse de las leyes verdaderamente fundamentales*, porque la nación ni quiere ni piensa en que se alteren... "–y, citando entre éstas a la forma monárquica de gobierno, continuaba–: "...despreciando el dictamen a los filósofos modernos, que quieren que en todas las cortes se pregunte primeramente si les place conservar la forma de gobierno que hasta entonces tenían... Si se atiende, pues, a la declarada voluntad de la nación, el modo que se propone de hacer variaciones de la constitución *no puede contraerse a dichas leyes fundamentales, sino que se ha de referir a las otras, que señalan los medios que deben adoptarse para llevar a efecto las fundamentales*".

Y respecto a estos preceptos "no fundamentales" incluidos en el Proyecto de Constitución, el diputado valenciano pensaba que no había lugar a que se exigiese un procedimiento especial para modificarlos o derogarlos, ya que a su juicio debían regirse por los trámites requeridos para reformar las leyes ordinarias:

"no encuentro justo motivo –decía, refiriéndose al artículo 381– (21) que obligue a prescribir la concurrencia de las dos terceras partes de los votos para su derogación, puesto que por la pluralidad absoluta de ellos se pueden variar qualesquiera otras leyes".

---

(20) *Ib.*, T. 9, pp. 57-58.
(21) El contenido de este artículo, *Infra*.

La razón que adujo BORRULL para equiparar formalmente los preceptos constitucionales "no fundamentales" con las leyes ordinarias era inversa a la que ANER y VILLANUEVA habían alegado. Mientras que para estos últimos el dejar más expedita la reforma de los preceptos constitucionales "no fundamentales" coadyuvaría a quebrantar la permanencia de los preceptos "fundamentales", para BORRULL, en cambio, como sobre las disposiciones constitucionales "no fundamentales" no descansaba "principalmente el magestuoso edificio del Estado" aunque se destruyesen, éste quedaría "en pie; y sin disminución de parte alguna de su fortaleza sus sólidas bases" (22).

En definitiva, los planteamientos de los diputados realistas sobre las cuestiones que ahora nos ocupan pueden resumirse del siguiente modo. En primer lugar, la distinción formal entre leyes constitucionales y leyes ordinarias, o bien se negaba (BORRULL e INGUANZO), o bien se aceptaba, pero de un modo instrumental: en tanto que el cualificar jurídicamente a las primeras se consideraba necesario para conservar los preceptos constitucionales "fundamentales" (ANER y VILLANUEVA). En rigor, la actitud más coherente con los postulados doctrinales realistas era la primera. En efecto, a tenor de las doctrinas de la "soberanía compartida" y de las "leyes fundamentales", las leyes plasmadas en un texto constitucional debían distinguirse de las ordinarias por su contenido, por su mayor relevancia material, al recoger por escrito y de modo sistemático las antiguas leyes fundamentales y las providencias que las desarrollaban. Pero estos preceptos no se distinguían formalmente de las demás disposiciones legales. Las Cortes con el Rey podían elaborar y variar las leyes constitucionales del mismo modo que las ordinarias.

Ahora bien, y ésta era la segunda premisa, las Cortes con el Rey no podían modificar los preceptos constitucionales "fundamentales", que era menester distinguir de los que no lo eran: los "secundarios" o "subalternos". Además, no cabía duda de que, para los diputados realistas, la naturaleza limitadora que los preceptos constitucionales "fundamentales" supo-

(22) *DDAC*, T. 11, p. 354.

nían a la reforma constitucional, no provenía de su inclusión en el texto constitucional. Al contrario, la eficacia limitadora de estos preceptos hundía sus raíces en la importancia política de los mismos, y en su carácter histórico, en su tácita y secular aceptación.

La condena de la idea de poder constituyente conducía, así, a estos diputados a defender la limitación material de todas las reformas constitucionales. Del mismo modo que las leyes fundamentales constituían un punto de partida insoslayable a la hora de elaborar el texto constitucional, y debían prejuzgar su contenido, era preciso respetarlas también cuando se tratase de reformarlo.

2. El concepto histórico tradicional de Constitución

En estos planteamientos de los diputados realistas (fuesen cuales fuesen sus matices, al fin y al cabo contingentes) subyacía un concepto histórico tradicional de constitución, cuyos rasgos ha descrito el profesor GARCÍA PELAYO (23). Consustancial al mismo es, en primer lugar, negar el concepto de Constitución en sentido formal; y, en segundo lugar, distinguir la "Constitución material", histórica en este caso, de la "Constitución formal". Ambas premisas están estrechamente ligadas. La renuencia a aceptar unos límites adjetivos o formales a la reforma constitucional (esto es, a aceptar un concepto de constitución en sentido formal) suponía, en efecto, una garantía de que esta reforma se sometería a unos límites sustantivos o de contenido, mediante los cuales se preservaba la inmutabilidad de ciertos principios e instituciones considerados esenciales a la "verdadera Constitución" o "Constitución material" e incluidos en el texto constitucional o "Constitución formal", posterior e inferior a aquélla. La permanencia de las Cortes y el Rey, pilares de la Monarquía moderada, y de los principios fundamentales que estas instituciones salvaguardaban, se aseguraba, efectivamente, por el solo hecho de afirmar su exclusiva competencia para llevar a cabo la reforma del tex-

(23) *V. Derecho Constitucional Comparado. O. c.*, pp. 38-43.

to constitucional. Al postular estas premisas se sustraía a estas dos instituciones de toda posible modificación constitucional. Se trataba de dos instituciones anteriores y superiores al documento constitucional o "Constitución formal", protagonistas de su elaboración y cambio. El Rey y las Cortes elaboraban y reformaban la "Constitución formal" y en consecuencia no podían ser excluidos (ni autoexcluirse) de ella. Excluir estas dos instituciones supondría violar su soporte legitimador. El documento constitucional o "Constitución formal" se concebía de este modo como la formalización de unas relaciones de poder materialmente, históricamente, preexistentes.

De este modo, para estos diputados, la Constitución de una comunidad no se reducía ni identificaba con un conjunto normativo sistemática y racionalmente trazado, fruto de la voluntad general del cuerpo social. Ni siquiera este conjunto normativo suponía su principal exponente. La "verdadera" Constitución se situaba por encima del texto constitucional, ya que existía antes de él y al margen de él, al mismo tiempo que limitaba el alcance de su contenido en el momento de elaborarlo y de reformarlo. La "verdadera" Constitución se identificaba así con la antigua noción de leyes fundamentales. Las leyes escritas y sistematizadas en un código constitucional debían limitarse a ser la expresión documental de este cuerpo legal histórico, disperso, mezcla de normas escritas y consuetudinarias, de preceptos y de principios.

Se trataba, pues, de un concepto de Constitución histórico y ontológico. Designaba el modo en que efectivamente estaba constituida una comunidad determinada. No era fruto de la razón, sino de la Historia: entendida ésta como tradición, como "norma prescriptiva de futuro", para decirlo con palabras de ORTEGA (24). No expresaba la Voluntad General de una Comunidad en un tiempo determinado, sino la voluntad estática de la Historia.

Estas serían las ideas maestras de la doctrina de la Constitución "histórica", "tradicional" o "interna" de España.

---

(24) *Historia como sistema*. Revista de Occidente. Madrid. 7.ª Edición (1975), p. 81.

Jovellanos la había formulado –como se ha visto ya– en la "Consulta sobre la convocatoria de Cortes por Estamentos" (25), recogiendo la vieja, la viejísima teoría de las leyes fundamentales, revitalizada por el historicismo nacionalista dieciochesco. Los realistas del doce –como se acaba de ver– la defendieron, aunque de un modo más implícito –si bien indisputable– que explícito. Los "moderados" y "conservadores" españoles posteriores la perfilaron y la plasmaron en los textos constitucionales elaborados bajo su hegemonía; desde el Estatuto Real hasta la Ley de Principios del Movimiento Nacional, pasando por las dos constituciones de más larga vigencia en nuestra historia: la de 1845 y la de 1876 (26). Muy especialmente esta doctrina se aquilataría en las Cortes revisionistas de 1845. En ellas, Seijas apuntó con claridad dos de los rasgos –inseparablemente ligados– consustanciales a esta doctrina, y que ya hemos mencionado: la ausencia de un concepto de Constitución en sentido formal y el reconocimiento de una Constitución formal, posterior e inferior a la Constitución material o histórica. La Constitución formal podía variarse al igual que una ley ordinaria, la segunda era intocable:

> "... Necesario es, pues, –decía– que distingamos entre la Constitución y la Carta constitucional... La Constitución de los Estados no se varía, porque ella está fuera del tiro de los hombres. Pueden reformarse las Cartas constitucionales, porque, como he dicho, éstas no son otra cosa que la fórmula abreviada, escrita, de esas relaciones que sirven de base a los Estados... El Congreso ha oído que los principales argumentos se han dirigido a demostrar el riesgo que envolvería el que nosotros tocáramos a la Carta constitucional, porque se dice: reconocida la competencia del Poder legislativo ordinario para tocar a la Constitución o a la Carta constitucional, ese mismo Poder puede tocar a las bases fundamentales de la sociedad. No, este poder no se le concede... Nuestra competencia... está limitada únicamente a establecer esa fórmula que representa la historia del país..." (27).

(25) *Supra.*, Cap. III, IV, 2.
(26) *V.* la bibliografía citada en la nota 58 bis del cap. segundo.
(27) *DSC.*, 1844-45 (Congreso) 2 noviembre 1844.

PIDAL insistiría: la Constitución material o histórica, que reposaba en las dos grandes instituciones: el Rey y las Cortes, suponía una legalidad previa y superior a la "Constitución formal", mera "ley secundaria" que debería limitarse a "arreglar" las relaciones de aquellas dos instituciones:

> "el Trono y la Asamblea; he aquí los dos grandes polos sobre que gira la Monarquía española; y es imposible que una ley secundaria, cual es la que hace la repartición de estas dos grandes legitimidades, sea superior ni igual a una de ellas. Todo lo que arregla las relaciones entre los poderes es inferior en mucho al Trono, es inferior en mucho a la Representación nacional, y de consiguiente la ley política, que en el año 37 no hizo más que eso, es infinitamente inferior al Trono" (28).

La Constitución formal, al igual que la histórica o material, no era fruto de la voluntad unilateral del cuerpo social; no era, en rigor, ley, sino contrato: "Considero y consideraré siempre a las constituciones –decía POSADA HERRERA– un contrato entre el Monarca y su pueblo" (29). Ahora bien, la Constitución material o histórica, pese a haber surgido del acuerdo de las dos grandes instituciones históricas, trascendía de su misma voluntad, la Historia se apropiaba de ella y a la Historia era preciso plegarse:

> "vamos a reunir y a fijar nuestras leyes fundamentales, no dando ese nombre a las que no lo sean, las que realmente lo son –argumentaba Isla Fernández– no las han hecho algunos hombres, sino el tiempo, las generaciones, el estado, circunstancias, intereses y necesidades de los pueblos, son superiores al poder de los hombres sin el auxilio del tiempo, y no es lícito poner en ellas temerariamente la mano" (30).

Pero este concepto histórico tradicional de Constitución iba estrechamente unido a un concepto sociológico (conservador, naturalmente) cuyos trazos ha delimitado también GAR-

(28) *Ib.*, 30 octubre 1844.
(29) *Ib.* 12 noviembre 1844.
(30) *Ib.* 13 noviembre 1844.

CÍA PELAYO (31). La Constitución histórica, el orden histórico, que se normativizaba y contraponía al orden legal reflejado en la Constitución formal, no era un orden del pasado. Era un orden más bien intemporal, ucrónico. Expresaba lo esencial del pasado que él detenía y retenía: era el pasado presente que pretendía conservarse en el futuro. Por eso, al defender ese orden histórico, tradicional, y las instituciones políticas que le eran consustanciales, se defendía también las relaciones de poder presentes, existentes. La Constitución histórica era también la Constitución real. Eran dos enfoques distintos, pero compatibles, complementarios, reconducibles a uno sólo. INGUANZO lo había mostrado en las Cortes de Cádiz. BALMES lo mostraría años más tarde (32). Y también ALCALÁ GALIANO, en sus "Lecciones del Ateneo" (33) y en las Cortes de 1845:

> "yo entiendo por constitución de un Estado –decía–, no sólo lo que han entendido otros, que limitaban este nombre a lo que contiene el texto de un libro, bajo cuyas disposiciones se forman las leyes, sino el conjunto de lo que real y verdaderamente constituye el país; y algo de eso suele estar fuera del mismo texto, así como también suele haber dentro de él algo que no puede mirarse como propiamente constitutivo".

Precisamente, en virtud de esta idea material de Constitución, sociológica en este caso, para ALCALÁ GALIANO la finalidad de un texto constitucional o Constitución formal, consistía –como dijo en este mismo discurso– "en transformar exactamente el poder social en poder político". Pero ese poder social era el poder históricamente dado y la Constitución histórica la Constitución sociológica o real. De ahí que en esta misma intervención este diputado manifestase su respeto "por una forma de gobierno que está ya conocida por sus ventajas (y por), unas leyes que se han recibido de los padres y con las que está enlazada la existencia de la Nación" (34).

---

(31) *V. Derecho Constitucional Comparado. O. c.*, pp. 43-50.
(32) *Cfr. O. c.*, pp. 59 y ss.
(33) *Cfr.* **A. Garrorena Morales.** *O. c.*, pp. 635 y ss.
(34) *DSC.* 1844-45 (Congreso) 2 noviembre 1844.

Hay que decir, para terminar, que la pervivencia de la doctrina de la Constitución "histórica" o "interna" de España y, lo que a ella es consustancial, la contraposición entre una legalidad "fundamental" o material y una legalidad formal, posterior e inferior, no se redujo tan solo a nuestro siglo XIX. Esta doctrina se prolongaría más allá del ciclo constitucional liberal-doctrinario. Sin duda su mayor apogeo se situó en la segunda mitad de la pasada centuria, desde la vigencia de la Constitución de 1845 hasta la Constitución canovista de 1876– que, como es sabido, estuvo en vigor hasta 1923. Pero también se percibe en el Proyecto constitucional de 1929, cuyo artículo 102, en su párrafo cuarto, venía a consagrar esta doctrina al sancionar lo siguiente:

> "la unidad del Estado español, la subsistencia de la Monarquía constitucional hereditaria como forma de gobierno, y la atribución del Poder legislativo al Rey con las Cortes, no podrán en ningún caso ser objeto de revisión" (35).

Además, y en ello han insistido, entre otros, M. RAMÍREZ (36), J. A. GONZÁLEZ CASANOVA (37) e I. DE OTTO (38), la doctrina de la "Constitución histórica" no fue en absoluto ajena a las "leyes fundamentales" del régimen franquista. Recuérdese en este sentido el artículo primero de la Ley de Principios del Movimiento Nacional, que decía: "los artículos contenidos en la presente Promulgación son, por su propia naturaleza, permanentes e inalterables" (39). Declaración muy coherente, por lo demás, con la idea de Nación que sancionaba el Principio V de esta ley –idea cuya génesis doctrinal ya no es conocida (40)–:

---

(35) *V.* **D. Sevilla Andrés.** *Constituciones... O. c.,* T. II, p. 53.

(36) *Cfr. Pervivencia Política del Siglo XIX.* "Separata del Anuario de Estudios Sociales y Jurídicos". Escuela Social de Granada. Vol. II (1973), p. 187.

(37) *Cfr. El Derecho Constitucional y las Instituciones Políticas en España.* Apéndice al libro de **Andre Hauriou,** *Derecho Constitucional e Instituciones Políticas.* Ariel. Barcelona. 4.º Edic. (1971), pp. 865-866. *Id. Teoría del Estado y Derecho Constitucional.* Edit. Vicens-Vives, Barcelona (1980), pp. 404-432.

(38) *¿Qué son la Constitución y... O. c.,* pp. 34 y ss.

(39) *V.* **D. Sevilla Andrés.** *Constituciones... O. c.,* T. II, p. 453.

(40) *V. Supra.,* Cap. III, IV, 2.

"la comunidad nacional –decía este principio– se funda en el hombre, como portador de valores eternos, y en la familia, como base de la vida social; pero los intereses individuales y colectivos han de estar subordinados al bien común de la Nación, *constituida por las generaciones pasadas, presentes y futuras*" (41).

IV. PLANTEAMIENTOS DE LOS DIPUTADOS AMERICANOS

1. La no distinción formal entre leyes constitucionales y leyes ordinarias

Difícil resultaba que los diputados americanos aceptasen la distinción puramente formal entre leyes constitucionales y leyes ordinarias, cuando habían negado –como se ha visto en el capítulo anterior– la técnica jurídica de la rigidez. Y, en efecto, no la aceptaron. Incluso, uno de sus representantes, el guatemalteco LARRAZÁBAL, la impugnó explícitamente en el debate del artículo 375, al criticar las cautelas que este precepto y en general todo el Título décimo establecía para modificar el texto constitucional. Pero en este caso, como era habitual en los diputados americanos, esta crítica se efectuaba desde un flanco doctrinal muy próximo, al menos en apariencia, al dogma de la soberanía popular. Cierto es que este diputado, notoriamente conservador, estaba muy lejos de asumir unas tesis democráticas. Por ello su actitud podía obedecer o bien a una hábil exégesis del anfibológico principio de soberanía nacional (42), o bien a esa mixtura de argumentos arcaizantes y democráticos, que condujo a los diputados americanos a alejarse de las categorías conceptuales del constitucionalismo liberal. Sea como fuere, la distancia de LARRAZÁBAL respecto a la distinción formal entre leyes constitucionales y leyes ordinarias era notoria:

---

(41) *V.* **D. Sevilla Andrés,** *Constituciones... O. c.,* T. II, p. 451.

(42) Sobre la multivocidad y equivocidad del concepto de soberanía nacional, *V.* **A. E. Pérez Luño,** *Aproximación analítico-lingüística, al término "soberanía popular.* Anales de la Cátedra F. Suárez, núm. 16 (1976), pp. 144-146.

"contrayéndome con más particularidad a este artículo (es decir, al 375) y a los quatro siguientes, veo que estando sancionado por el artículo 153 que las leyes se derogan con las mismas formalidades y por los mismos trámites que se establecen; siendo así que en la presente constitución forman artículos proposiciones que hicieron algunos diputados, sin la necesidad de la firma de otros, ahora se exige esta condición... no puedo convenir –concluía– en que siendo propio e inseparable de la nación el derecho de establecer sus leyes fundamentales perpetuamente se les prive de este derecho absoluto con las modificaciones presentes..." (43)

2. La defensa de la perpetuidad del orden constitucional

En el debate del Título décimo los diputados americanos no insistieron en la necesidad de que las ulteriores reformas del texto constitucional se sujetasen a unos límites materiales. Tan sólo criticaron los límites jurídico-formales especiales que este último prescribía para llevarlas a cabo. En este sentido mantuvieron la misma actitud que en la discusión de los tres primeros artículos del Proyecto, en la que, como se recordará, apenas habían mostrado mayor interés en que éste fuese elaborado partiendo de la existencia de una legalidad histórica vinculante. Sí, definitivamente, estaba claro que las leyes fundamentales o Constitución histórica de la Monarquía española poco o nada interesaban a los representantes de Ultramar.

Sin embargo, en la larga disputa que suscitó el artículo 373, los chilenos LEYVA y RIESCO y el mejicano GURIDI y ALCOCER sacaron a relucir una idea muy significativa: la de perpetuar el orden constitucional, siempre y cuando, por supuesto, se aceptase su consabida exigencia de que el Proyecto constitucional fuese ratificado, y si acaso retocado, por unas Cortes especiales, cuya composición fuese más equitativa y respetuosa para con los territorios ultramarinos. Ahora bien, la insistencia de estos diputados en perpetuar el orden constitucional, entroncaba más –dados los términos de sus intervenciones y el sentido de las anteriores– con los postulados iusracionalistas de los siglos XVII y XVIII, que con la teoría tradicional de un orden

(43) *DDAC,* T. 11, p. 367.

jurídico-histórico inmutable, a la que se habían acogido los diputados realistas.

¿En qué consistían estos postulados iusracionalistas y cuáles eran sus diferencias con la vieja teoría de las leyes fundamentales? La idea de un orden jurídico fundamental y perpetuo era una idea muy cara a ciertos tratadistas del Derecho Natural racionalista (como WOLFF o VATTEL, por ejemplo) (44), y esta creencia exigía considerar al texto constitucional –superior plasmación positiva de ese orden derivado de la Naturaleza– como una ley a la que debía otorgarse una validez eterna (45). No obstante, esta absoluta permanencia se defendía a partir de la razón y no de la Historia. De una razón abstracta, desprovista de toda historicidad, universal e inmutable; no limitada –observa GÓMEZ ARBOLEYA– por ningún orden, sino que el orden mismo se tornaba objeto, es decir, consecuencia de la razón (46). En este caso –a diferencia de la teoría de las leyes fundamentales– la permanencia de un orden jurídico superior, plasmado en el texto constitucional escrito, era una exigencia racional, epifenómeno de la creencia en el valor de ordenador social del Derecho, como ha subrayado MAX WEBER (47). El funcionamiento del Estado y de la sociedad se pretendía reducir, así, a un conjunto de leyes universales y eternas, derivadas de la Naturaleza y conocidas a través de la razón. Se trasplantaban, pues, al campo del Derecho los esquemas físico-matemáticos troquelados por NEWTON, GALILEO, KEPLER o COPERNICO. De este modo se reducía toda la pluralidad fenomética "a unidad ontológica y gnoseológica gracias a la ley" (47 bis). Ahora bien –conviene insistir– la permanencia de un

---

(44) *Cfr.* **P. Lucas Verdu.** *Curso de Derecho Político.* T. II (1974), p. 604. Esta intención venía avalada también, escribe **Laferriere,** por la idea contractual que estos teóricos tenían de la Constitución, de acuerdo con las tesis del estado de naturaleza y del pacto social. *Cfr. O. c.,* p. 288. Y también, **Biscaretti,** *Lo Stato... O. c.,* pp. 613-615.

(45) *Cfr. Supuestos Cardinales de la Ciencia Jurídica Moderna.* REP, núm. 52-54, pp. 57 y ss.

(46) *Ib.,* pp. 69-70.

(47) *Cfr. Economía y Sociedad. Esbozo de sociología comprensiva.* FCE. México (1974), T. I, pp. 640 y ss.

(47 bis) **M. García Pelayo.** *Derecho Constitucional Comparado. O. c.,* p. 64.

orden constitucional se exigía tan sólo por imperativos de la razón, que aspiraba a acotar *a priori* todo el devenir histórico. Por eso, esta exigencia no contradecía la admisión de un sujeto soberano que pudiese alterar este orden jurídico fundamental. La primera afirmación era de índole filosófico-política, era un postulado de *lege ferenda,* la segunda, en cambio, era exclusivamente política, y ambas eran compatibles.

Pues bien, a estos axiomas iusracionalistas parecieron acogerse los diputados americanos, especialmente LEYVA:

> "como la constitución –decía este diputado– ha de ser un pacto (idea ciertamente reveladora) a la que se debe dar toda la estabilidad posible, conviene y es justo que la nación, enterada de sus cláusulas, la acepte y jure libremente por medio de otra representación, que al efecto traiga poderes especiales. El conocimiento del asunto de las obligaciones fundamentales a que se han de sujetar todos los españoles, debe determinar su libre consentimiento para darlas una *firmeza perpetua*... La religión de nuestros padres –continuaba diciendo–, el gobierno monárquico del reyno, y los *principios esenciales* en que ha de consistir la libertad civil serán en todos los tiempos el objeto del respeto y del zelo español, y del verdadero interés público. *Si algunas aplicaciones de dichos principios sufren alteraciones, la voluntad de la nación deberá igualmente ser respetada.* Si ellas con instrucciones quieren que *todos* los artículos sean *inalterables, habremos logrado hacer una obra de siglos.* Una constitución libremente hecha y libremente aceptada es sobre todos los tiempos" (48).

De este párrafo se desprende, por tanto –además de la peculiar postura crítica hacia el mandato representativo, que ahora no interesa– dos ideas claves: en primer lugar, la deseable inalterabilidad o eternidad del texto constitucional, sobre todo de sus "principios esenciales"; y, en segundo lugar, la posibilidad de que incluso éstos (aunque ciertamente LEYVA se refiriese a sus "aplicaciones") pudiesen alterarse en caso de que así lo decidiese la voluntad nacional. En este caso, pues, a diferencia de lo que acontecía con los diputados realistas, la perpetuidad de los principios esenciales de la Constitución (e incluso de

(48) *DDAC,* T. 11, pp. 309-310.

toda ella, cosa que no defendían aquéllos) no se prescribía, sino que se aconsejaba. Los principios esenciales de la Constitución no predeterminaban la voluntad nacional, sino que más bien la condicionaban.

GURIDI y RIESCO tan sólo insistieron en la necesidad de perpetuar la Constitución (y en todas sus partes) una vez que fuese ratificada. Sobre la posibilidad de que se pudiesen alterar sus bases fundamentales si así lo deseaba la Nación, nada a favor dijeron, a diferencia de LEYVA, pero tampoco opinaron en contra, lo que sin duda les separaba de las tesis realistas:

> "para perpetuar la constitución, y aun para tenerla absolutamente —decía Guridi—, es necesario no darle desde ahora la qualidad de irrevocable... Convengo en que por su naturaleza exige estabilidad; pero adquiérala después de su sanción" (49).

En términos no muy dispares se expresó RIESCO:

> "Señor, —argüía este diputado— nada más justo que asegurar de un modo estable y permanente las leyes constitucionales de una nación, porque de ellas depende el bienestar de cada uno, y la conservación y felicidad de todos: así que qualquier precaución que se tome, y por estrechas que sean las reglas baxo las quales deban alterarse, ninguna precaución está de más; porque si alguna vez llega a hacerse la más pequeña alteración, necesariamente el edificio se desploma, y la obra, sobre la qual estriba el cimiento de la felicidad pública y particular, viene a tierra. Así yo no me opongo a las medidas que indica este título; pero quisiera... que en las futuras próximas cortes con poderes especiales se jurase y ratificase esta constitución..." (50).

3. La Constitución como ley fundamental eterna fruto de la voluntad unilateral de las Cortes

¿Qué idea de Constitución podía extraerse de todas estas intervenciones? Desde luego, como suele ocurrir con los planteamientos de los diputados americanos, no resulta fácil, ni si-

(49) *Ib.*, pp. 326 y 331.
(50) *Ib.*, pp. 343-344.

quiera posible, emitir un juicio sólido al respecto. Sería una ligereza inducir de los discursos transcritos una idea de Constitución de nítidos contornos. Sin embargo, lo que sí puede decirse es que, en primer lugar, este grupo doctrinal estaba también alejado del concepto liberal de Constitución que se desprende del principio de soberanía nacional, y que luego detallaremos. La crítica de LARRAZÁBAL a la distinción formal entre leyes constitucionales y leyes ordinarias y las reiteradas alusiones de LEYVA, GURIDI y RIESCO a la necesidad de perpetuar el orden constitucional, así parecen corroborarlo. Pero, en segundo lugar, era bastante evidente también que, a diferencia de lo que ocurría con los diputados realistas, el alejamiento de este grupo respecto al concepto liberal de Constitución no obedecía a unos prejuicios historicistas de signo conservador, sino más bien a un extraño mestizaje de premisas democráticas y axiomas iusracionalistas, adobado todo ello con unos residuos arcaizantes (perceptibles en ese constante insistir en la ratificación del Proyecto constitucional). En resumen: los diputados americanos, separándose de los realistas, venían a concebir a la Constitución como única y verdadera ley fundamental, cuyo origen no era el acuerdo contractual de dos partes, el Rey y las Cortes, sino la voluntad unilateral de estas últimas. Sin embargo, a diferencia de los diputados liberales, a esta ley fundamental no le atribuían ninguna formalidad especial a la hora de elaborarla y reformarla, sino que pretendían conferirle una vigencia eterna.

Por último, puede ser de interés señalar que los planteamientos de los diputados americanos sobre las cuestiones que ahora nos ocupan volvían a poner de manifiesto sus paralelismos con las tesis defendidas por MARTÍNEZ MARINA. Este autor, en efecto, no capta el concepto de Constitución en sentido formal (51). Quizá –observa MARAVALL– "por influencia de la Escuela del Derecho Natural y del estamentalismo iusnaturalista del siglo XVIII" (52). Por otra parte, el adherirse en

(51) *Cfr. Discurso...,* pp. 221-225. *Teoría... O. c.,* T. II, pp. 268-269. T. III, pp. 43-44. *Principios. O. c.,* pp. 324-326.

(52) *Estudio Preliminar... O. c.,* pp. 104-107.

su "Discurso" al dictamen de los diputados americanos sobre la conveniencia de ratificar el Proyecto de Constitución, coincide también con ellos al pronunciarse sobre la necesidad de que este orden constitucional permanezca inalterable. Para MARINNA, efectivamente, una vez perfeccionado y ratificado el Proyecto, debería,

> "cerrarse la puerta a toda innovación, aún la más mínima: porque entonces la libertad de poder alterar la ley fundamental y de introducir reformas en ella sería exponente de su ruina... practicadas tan importantes operaciones y agotados ya todos los recursos de la prudencia y de la sabiduría –continúa Marina– establézcase con acuerdo y consentimiento de los ciudadanos una ley cuyo objeto sea hacer la Constitución *invariable y eterna*" (53).

Ciertamente, el sabio asturiano aconsejaba la permanencia absoluta de una Constitución cuando ésta –como la de Cádiz– estuviese enraizada en la Historia (54). Matiz de interés que revela su despegue de un racionalismo jurídico en sentido estricto. Pero no es menos evidente su afán –inexistente en la teoría constitucional liberal– de perpetuar el orden jurídico fundamental una vez cumplido este requisito.

Pero, sobre todo, interesa destacar ahora que esta defensa de la perpetuidad del orden constitucional, no implicaba para MARINA, al igual que para los diputados americanos, que la Nación no pudiese variarlo, como R. MORODO afirma (55). Por el contrario, MARINA– y ello se liga a la no penetración en él de la teoría del poder constituyente– considera que esa refor-

(53) *Discurso... O. c.,* pp. 230-232.

(54) *Cfr.* **J. A. Maravall.** *Estudio Preliminar... O. c.,* p. 56.

(55) *Cfr. La Reforma Constitucional en Jovellanos... O. c.,* p. 92. Para **Morodo,** la defensa que hace **Marina** de la inmutabilidad constitucional "confirma la ausencia de la idea de progreso y del concepto radical francés de que la Nación, en cualquier momento, puede, incluso, destruir una Constitución y darse otra". *Ib.,* p. 92. Sin duda, como ya se ha visto, el concepto de Nación de **Marina** dista mucho del "radical francés", de igual modo que es patente su no captación de la teoría del poder constituyente. No obstante, no son precisamente estas referencias a la permanencia del orden constitucional las que confirman esta tesis. A nuestro juicio, la errónea apreciación de **Morodo,** proviene de equiparar la teoría de **Marina** con la de **Jovellanos,** en lo que concierne a la doctrina de las leyes fundamentales y a los límites de la reforma constitucional.

ma es posible siempre, y si sostiene que una Constitución debe tocarse lo menos posible, no es por incapacidad de la soberanía para modificar su esencia, como pensaba Jovellanos, sino porque debe haber sido hecha con tal saber que pueda prácticamente tenerse por "eterna e inmutable" (56). Esta actitud era, por lo demás, la más coherente con su teoría de las leyes fundamentales y en particular con considerar a estas leyes un límite al poder del Monarca, pero no al de la Nación, quien, al conservar esencialmente la soberanía, podía modificarlas ella sola en ocasiones críticas y excepcionales (57).

V. LOS PLANTEAMIENTOS DE LOS DIPUTADOS LIBERALES DE LA METROPOLI

1. La distinción entre preceptos constitucionales "fundamentales" y las "nuevas medidas o providencias" constitucionales. Sus consecuencias jurídicas

El distinguir dentro del Proyecto constitucional a los artículos "fundamentales" de los "accesorios" o "subalternos", no fue privativo de los diputados realistas. En realidad, esta distinción ya se hallaba recogida –como se ha visto en el capítulo segundo (58)– en el mismo Preámbulo del Proyecto y en su Discurso Preliminar. En el debate del artículo 373 la sacaron a relucir tres sobresalientes diputados liberales: MUÑOZ TORRERO, OLIVEROS y ARGÜELLES. Para el primero, en el Proyecto de Constitución había que diferenciar, conforme a lo dicho en su Proemio, dos cosas:

> "*las antiguas leyes fundamentales o políticas de la Monarquía y las nuevas providencias o medidas que se han añadido,* para que aquéllas tengan un entero cumplimiento, y no vuelvan a caer en el olvido. Las primeras se exponen brevemente en el capítulo III del título

(56) **Maravall.** *Estudio Preliminar. O. c.,* p. 107.
(57) *V. Supra.,* Cap. III, V.
(58) *Supra.,* Cap. II, I.

II, en el que se dice "el gobierno de la nación es una Monarquía moderada. La potestad de hacer las leyes reside en las Cortes con el Rey; en éste la de hacerlas executar, y en los tribunales la de aplicar las leyes a las causas civiles y criminales". Los demás capítulos que tratan de las Cortes y de sus facultades, de la autoridad del rey y de la de los tribunales, no son más que el desenvolvimiento o las conseqüencias inmediatas de los expresados principios" (59).

OLIVEROS, por su parte, abundó en esta distinción al señalar, como lo había hecho ya en el debate de los tres primeros artículos del Proyecto, que éste se limitaba a restablecer las leyes fundamentales de la Monarquía,

> "y que toda la novedad se reduce al orden con que se presentan y a la armonía que se les hace guardar entre sí; añadiendo únicamente aquellas *medidas y provindencias* que han parecido necesarias para que en adelante jamás se olviden tan saludables principios, y tengan exacto cumplimiento las *leyes primordiales* que ha conservado la nación por tantos siglos, y cuya violación la ha expuesto a perecer y ser borrada del número de las naciones en estos últimos tiempos" (60).

Y, en fin, semejantes tesis expuso AGUSTÍN DE ARGÜELLES:

> "... El congreso halló en el proyecto casi lo que la comisión había asegurado en su discurso preliminar. En el fondo nuestras antiguas leyes y nuestras instituciones. Y a pesar de algunas *novedades de orden muy subalterno,* que son suyas, si se quiere, la comisión no ha sido muy original en su obra; lo ha confesado modestamente... El congreso ha restablecido la constitución de la antigua Monarquía, y ha adoptado todas las medidas que creyó necesarias para evitar que en adelante volviese a degenerar en absoluta" (61).

En virtud de estas intervenciones puede decirse que, en principio, el dictamen de estos diputados coincidía con el de los realistas, en tanto que también para aquéllos ni todos los preceptos incluidos en el Proyecto de Constitución tenían el mismo origen (unos procedían de las viejas leyes, otros tenían un

(59) *DDAC,* T. 11, p. 137.
(60) *Ib.,* p. 338.
(61) *Ib.,* pp. 348 y 351.

carácter novedoso), ni tampoco —y esto es más importante— podían tener la misma relevancia: unos, los que se decía exhumar, eran "fundamentales"; otros, los que la Comisión reconocía haber agregado por su cuenta, eran "accesorios" o "subalternos".

¿Qué consecuencias jurídicas se derivaban de esta distinción? Como es fácil sonsacar el problema estriba en analizar el alcance exacto que debe atribuirse a esta mayor relevancia otorgada a unos preceptos constitucionales en detrimento de otros. Esto es, ¿se trataba de una mayor relevancia jurídico-formal, como propugnaban los diputados realistas? ¿O, por el contrario, esta distinción era exclusivamente material, sin que por ello implicase distinguir formalmente a unos preceptos de otros? Sin duda alguna, esta distinción era para los diputados liberales puramente material. Los preceptos constitucionales, fuesen "fundamentales" o "accesorios", eran considerados formalmente iguales. Este criterio lo defendieron de dos modos: implícita y explícitamente.

Por lo que concierne al primer punto de vista, conviene subrayar que en las intervenciones citadas de MUÑOZ TORRERO, OLIVEROS y ARGÜELLES, se distinguía a las disposiciones constitucionales por su origen y contenido, pero no hubo, sin embargo —y este es un dato muy importante—, un expreso reconocimiento, lo que podía entenderse como tácito rechazo, de una desigualdad formal entre las mismas, tal como habían hecho los diputados realistas. Para los liberales se trataba, simplemente, de una distinción histórico-material, pero que no comportaba una desigual consideración formal. En este sentido, recuérdese que cuando BORRULL se había basado en el discurso de MUÑOZ TORRERO en el cual este diputado admitía el distinto carácter de los artículos del Proyecto, añadía por su cuenta, sin embargo, algo muy significativo: la irrevocabilidad de los preceptos "fundamentales", a la que el diputado extremeño no había aludido (62).

Pero, además, el carácter exclusivamente material de la distinción que se examina fue reconocida explícitamente por AR-

(62) *V. Supra.*, III, 1.

GÜELLES y OLIVEROS desde tres puntos de vista diferentes. En primer lugar, *a contrario,* al insistir estos diputados en la igualdad formal de todos los artículos constitucionales; en segundo lugar, al discernir formalmente, fuese cual fuese su contenido, las leyes constitucionales de las ordinarias; y, por último, al rechazar cualquier límite material a las ulteriores reformas del texto constitucional. Conviene centrarse ahora en el primer aspecto, ya que los otros dos merecen un tratamiento específico.

Para defender la igualdad formal de todos los preceptos constitucionales ARGÜELLES y OLIVEROS se basaron en su unidad orgánica, la cual convertía al Proyecto en un conjunto normativo sistemático e inseparable:

> "pudiera decirse, Señor, (y yo anticipo aquí una impugnación) –decía Argüelles en el debate del artículo 373– que no todos los artículos de la constitución son igualmente necesarios y convenientes; pero a esto es muy fácil contestar; porque en un *sistema* de esta naturaleza nadie puede saber qual artículo será el que ofrezca más dificultades e inconvenientes en su observancia. Así que, el que parezca más sencillo y menos interesante podrá verse acaso por la experiencia que es el que más importa conservar" (63).

En esta misma idea volvió a insistir el diputado asturiano cuando esta objección había sido ya formulada por los realistas:

> "se ha dicho, Señor, –decía Argüelles– que como la constitución establece principios que son fundamentales, y entre ellos cosas que sólo son accesorias, y que varios de los señores que hablaron el otro día consideran como puramente reglamentarias, deberían exceptuarse de las primeras y declararse alterables en qualquiera época y por qualesquiera Cortes ordinarias. Esta idea, aunque a primera vista aparece con alguna exactitud, es sin embargo equivocada...
>
> Soy el primero a convenir en que los españoles debemos ser libres por nuestra Constitución anterior. Pero también soy el primero a sostener que mientras no busquemos el medio de asegurar su observancia, es inútil la antigua constitución, los antiguos fueros, las antiguas leyes, y quanto puede haberse hecho en favor de nuestra libertad" (64).

---

(63) *DDAC,* T. 11, p. 306.

(64) *Ib.,* pp. 349-350.

Y, en fin, OLIVEROS, por su parte, afirmó:

"también se han comparado las medidas constitucionales con las leyes positivas, y así como éstas pueden ser revocadas por otras cortes, del mismo modo se ha dicho que deben y pueden ser aquéllas. *Las medidas para la observancia de las leyes fundamentales participan de la estabilidad de éstas,* sobre ellas deben fundarse los códigos civil, criminal y económico; no miran a un objeto particular de la Monarquía sino que son las bases sobre las que estriba; sin ellas, Señor, volvería la arbitrariedad, la anarquía y el despotismo: ¿Cómo se considera que pueden variarse en todas las Cortes sin exponer la seguridad del estado y sin que todo quede en la incerteza? (65).

2. La distinción formal entre leyes constitucionales y leyes ordinarias

La distinción formal entre leyes constitucionales –fuese cual fuese su origen e importancia material– y leyes ordinarias o "positivas", como se las denominaba en el lenguaje jurídico de la época, fue defendida de modo inequívoco por ARGÜELLES y OLIVEROS, en consonancia con el principio de soberanía nacional y con la técnica de la rigidez. En realidad, esta distinción venía ya a reconocerse en las dos últimas intervenciones citadas. Sin embargo, en éstas se igualaba formalmente a todos los preceptos constitucionales en virtud del carácter orgánico del Proyecto, mientras que en las intervenciones que ahora se transcriben la distinción entre leyes constitucionales y ordinarias se establecía única y exclusivamente a tenor de los distintos requisitos orgánico-procedimentales exigidos para elaborar unas y otras:

"en la proposición de una ley qualquiera –decía Argüelles en el debate del artículo 373– hemos establecido reglas que contengan el ímpetu de las innovaciones que no sean muy útiles o necesarias. La sanción del rey es un correctivo para equilibrar el peso de la autoridad legislativa; y ¿seríamos menos circunspectos en materia tan grave y delicada como lo es qualquiera alteración de la ley fundamental? Cada nación ha procurado en todos los tiempos introducir

(65) *Ib.*, p. 338.

en su constitución cierto artificio que la haga duradera... Mas los señores que para impugnar el artículo se fundaron en la constitución inglesa, padecieron notable equivocación. La constitución de Inglaterra prueba mucho a favor del artículo. Ella tiene en sí misma el principio conservador que la hace casi inalterable; pero pende todo del diverso artificio con que está formada. En aquél reyno no hay diferencia por la constitución entre leyes fundamentales y positivas. No hay sino actas del parlamento, cuya naturaleza varía según el objeto de los *billes,* no por el modo de proponerlos ni de deliberar. El veto absoluto del rey es la salvaguardia de la constitución contra las innovaciones que pudieran destruirla o desfigurarla... Mas la comisión no creyó compatible con la índole de nuestra antigua Monarquía introducir en la constitución un principio tan excesivamente conservador... La estabilidad pareció oportuno establecerla sobre principios más consoladores... Por esta razón se han distinguido con toda precisión y claridad *las leyes comunes o positivas* y *las leyes fundamentales o constitucionales.* No dando al rey intervención alguna en la reforma de la constitución, era preciso oponer alguna barrera a la impetuosidad de las Cortes, abandonadas a sí mismas en el exercicio de la autoridad constituyente. Esta barrera existe al principio en los ocho primeros años en que no puede proponerse ninguna alteración; y después en los trámites de las proposiciones y número de los votos para su aprobación" (66).

Con igual criterio habló OLIVEROS en el debate del artículo 375:

"*la Comisión ha querido hacer la distinción entre las leyes positivas y las constitucionales.* Porque debiendo estas últimas ser más estables y firmes, se ha dicho que deben preceder ciertas formalidades para darles más solemnidad por su carácter e importancia que a las leyes comunes" (67).

Como se puede apreciar, pese a coincidir ARGÜELLES y OLIVEROS con ANER y VILLANUEVA a la hora de defender las restricciones y trámites que establecía el Título décimo, cada una de estas dos defensas reposaba en unos principios bien distintos. Para los diputados liberales, la distinción entre leyes constitucionales y leyes ordinarias tenía un valor *per se,* intrínseco. Un valor, por lo demás, de gran importancia, en cuanto

(66) *DDAC,* T. 11, pp. 352-353.
(67) *Ib.,* p. 360.

suponía una premisa protectora del orden constitucional en su conjunto, al limitar la actividad de los poderes ordinarios del Estado. Para ANER y VILLANUEVA, en cambio, esta distinción tenía un valor meramente instrumental y contingente: se aceptaba en tanto que coadyuvaba a preservar las leyes fundamentales de la Monarquía, recogidas de los artículos "esenciales" del Proyecto constitucional.

3. La defensa del carácter materialmente ilimitado de la reforma constitucional

De lo dicho por ARGÜELLES y OLIVEROS ya se podía deducir la disconformidad de estos diputados con el establecimiento de cualquier clase de límites materiales al ejercicio de las ulteriores reformas del texto constitucional. Al concebirse de un modo puramente material, sin consecuencia formal alguna, la distinción que estos diputados establecían entre los preceptos constitucionales, resultaba congruente negar que el Título décimo sólo afectaba a los artículos "accesorios" y no a los "fundamentales".

Por otra parte, esta actitud era coherente con lo que habían manifestado estos diputados en el debate de los tres primeros artículos del Proyecto y en el del 27 (recuérdese la intervención de ARGÜELLES) (68), en los que habían dejado constancia de que una cosa era pretender restaurar la antigua legislación histórica y otra muy distinta tener que acatarla necesariamente y de un modo indiscriminado. Si se afirmaba ésto respecto de los límites del poder constituyente, era hasta cierto punto lógico que se pensase lo mismo respecto al ejercicio de la reforma constitucional.

Pero, sobre todo, el defender el carácter materialmente ilimitado de la reforma constitucional era un axioma consustancial al dogma de la soberanía nacional, como se ha dicho en las precisiones conceptuales a este capítulo.

Y, en efecto, con plena fidelidad a este dogma, ningún dipu-

---

(68) *V. Supra.*, Cap. III, V, 2.

tado liberal sostuvo que los preceptos del Proyecto que recogían las antiguas leyes fundamentales estuviesen excluidos de las futuras modificaciones constitucionales. Incluso, ARGÜELLES proclamó explícitamente, en el debate del artículo 100, que las leyes fundamentales, término con el que se refería en este caso al texto constitucional en su conjunto, podrían ser alteradas en lo sucesivo, siempre y cuando se siguiesen los trámites preestablecidos:

> "las leyes fundamentales –decía– pueden variarse siempre que la nación lo tenga por conveniente; pero para ésto deben reunirse las Cortes con poderes especiales *ad hoc,* y en forma distinta de las Cortes ordinarias" (69).

Esta tesis se recogía en el Título décimo del Proyecto constitucional (que pasó íntegramente a la redacción definitiva), que no contenía siquiera ninguna "cláusula de intangibilidad". Pero, además, el carácter materialmente ilimitado de la reforma constitucional se sancionaba de modo expreso. Así, los artículos 373 y 374 hablaban de "alteración, adición o reforma" del orden constitucional. Y en el primer concepto –escribe R. MORODO–, iba "implícita la concepción radical francesa, conforme con el artículo 3 del mismo texto fundamental (se refiere al de 1812): la posibilidad de la Nación de darse sus leyes fundamentales" (70).

Este mismo autor señala el contraste que, sobre la cuestión que se examina, ofrece el código doceañista respecto al Estauto de Bayona (71). Mientras el primero permitía "alterar" el orden constitucional, el segundo sólo hacía posible introducir en él "adiciones, modificaciones y mejoras" (72). Tan importante matiz era lógica consecuencia del distinto punto de partida que había animado a los redactores de ambos códigos respecto al capital problema de la soberanía: el Estatuto de Bayona (73),

---

(69) *DDAC,* T. 9, pp. 34-35.
(70) *La Reforma Constitucional en Jovellanos... O. c.,* p. 93.
(71) *Ib.,* p. 99.
(72) *V.* su art. 146.
(73) *V.* **Carlos Sanz Cid,** *La Constitución de Bayona.* Madrid (1922).

otorgado e impuesto por JOSÉ NAPOLEÓN, se concebía, y su Preámbulo así lo corroboraba, como "ley fundamental", como base de un pacto que unía a los "pueblos" con el Rey y a éste con aquéllos. El código doceañista, bien al contrario, descansaba en un principio bien distinto: el de soberanía nacional. Por eso, la Constitución doceañista no sólo significaba la réplica patriótica del Estatuto de Bayona, sino también –observa GONZÁLEZ CASANOVA– su réplica liberal (74). A la inversa, puede decirse que el Estatuto de Bayona se limitaba a recoger la filosofía política jovellanista: no era más que un exponente del Despotismo Ilustrado preliberal. De ahí que "en el pensamiento doctrinario posterior, eliminando lo que Bayona tenía de ilegitimidad por el problema dinástico, la Constitución de Bayona sería elogiada como Constitución que unificaba tradición y modernidad" (75).

4. El rechazo de la perpetuidad del orden constitucional

Los diputados realistas habían defendido la inmutabilidad de los preceptos constitucionales "fundamentales"; los americanos la conveniencia de perpetuar el orden constitucional en su conjunto. Los diputados liberales se separaron de ambas tesis. Desecharon este *pathos,* historicista o racionalista, de un orden jurídico fundamental estático y defendieron, en cambio, su carácter cambiante. Este enfoque era una manifestación del nuevo *ethos* relativista liberal y una exigencia que entrañaba también el principio de soberanía nacional. En rigor, el afirmar la volubilidad del orden constitucional era un postulado indisolublemente ligado a la noción misma de soberanía, en la medida en que este concepto contiene en sí –como se ha visto en el capítulo tercero– la idea de positividad y dinamicidad jurídicas, unida a la de la ilimitabilidad material de la creación normativa.

Por otra parte, la metamorfosis que la idea liberal de Cons-

(74) *Cfr. El Derecho Constitucional... O. c.,* p. 869.
(75) **R. Morodo.** *La Reforma Constitucional... O. c.,* p. 93.

titución supuso respecto a la primigenia teoría iusracionalista se explica, asimismo, desde otro ángulo diferente. Y a él alude GARCÍA PELAYO: "como síntesis del enfrentamiento dialéctico entre los supuestos del concepto racionalista de Constitución y el hecho de la mutabilidad de la vida histórica, nació la idea de una superlegalidad constitucional: ya que no es posible sustraer la Constitución al cambio histórico, éste penetrará en la Constitución por las causas previstas por ella, es decir, por un método específico de reforma. Se abandona la tesis de la inmutabilidad del contenido para asegurar su permanencia como forma" (76).

Precisamente, cuando en el Discurso Preliminar al código de 1812 se intente justificar y fundamentar las cautelas introducidas para dificultar las reformas del texto, sus redactores recurrirían a las dos ideas, a cuya tensión dialéctica se refería el precitado autor: en primer lugar, al carácter deseablemente inalterable de la Constitución; en segundo lugar, al reconocimiento, –a su pesar– de la inevitable incidencia mutabilizadora del orden socio-histórico sobre el jurídico:

> "... Como no es dado a los hombres –se decía– llegar a la perfección en ninguna de sus obras, como es inevitable que el influjo de las circunstancias tenga mucha parte en todas sus disposiciones y aquéllas puedan variar sensiblemente de una época a otra, *es indispensable reconocer la dura necesidad de variar alguna vez lo que debiera ser inalterable.* Pero al paso que la Comisión admite como axioma lo que lleva indicado, no puede menos de hacer algunas reflexiones en materia tan grave y delicada. El principal carácter de una Constitución ha de ser la estabilidad derivada de la solidez de los principios en que reposa. La naturaleza de esta ley, las circunstancias que acompañan a toda nación cuando la recibe, y por lo mismo las que puedan sobrevenir en su alteración, dan a conocer que debe ser muy circunspecta en decretar reformas en su ley fundamental. La experiencia es la única autoridad que puede guiarla sin peligro en el tenebroso espacio que media casi siempre entre el error y el acierto" (77).

Es decir, la Comisión se debatía entre dos ideas antagónicas o quizá mejor entre una sola idea: la inmutabilidad del or-

---

(76) *Derecho Constitucional Comparado. O. c.,* p. 120.
(77) **Sevilla Andrés,** *Constituciones y otras Leyes... O. c.,* p. 159.

den constitucional, y una verificación: la del carácter variable y no totalmente premensurable del acaecer político. En esta pugna entre lo racional y lo histórico, lo abstracto y lo empírico, o entre lo normativo y lo normal, para decirlo con palabras de HERMAN HELLER, la solución ideada en el Título décimo del Proyecto se erguía, así, en una síntesis necesaria. Síntesis que OLIVEROS y ARGÜELLES defendieron en el debate del artículo 373 frente a la idea puramente racionalista y preliberal de Constitución sustentada por los diputados americanos:

> "ha dicho el señor Alcocer –argumentaba Oliveros– que por este título se hace irrevocable la constitución, sin advertir que rueda toda la discusión sobre el modo de variarla, alterarla y reformarla" (78).

Y ARGÜELLES, por su parte, situando en sus justos términos la intención de la Comisión constitucional al introducir el mecanismo de la rigidez, afirmó:

> "la constitución debe ser aprobada, no como irrevocable, según se ha supuesto ayer con notable equivocación, sino como alterable, observadas ciertas formalidades, que se juzgan necesarias para que tenga el carácter de estabilidad" (79).

La idea de "perpetuidad" constitucional, ya referida a todas sus disposiciones, como pensaban los diputados americanos, ya sólo a algunas, como estimaban los realistas, cedía paso, así, a la idea de "estabilidad" de *todas* ellas, bajo unos mecanismos jurídicos racionalmente concebidos.

5. El concepto racional-normativo de Constitución

En las premisas sustentadas por el sector liberal de las Cortes de Cádiz, que se acaban de analizar, subyacía un concepto de Constitución de perfiles claramente delimitados. Este con-

(78) *DDAC*, T. 11, p. 338.
(79) *Ib.*, p. 347.

cepto ya no era equiparable a la noción de "leyes fundamentales", aunque los diputados liberales utilizasen ambos términos indistintamente, y confiriéndoles un mismo significado: para ellos, hablar de "leyes fundamentales" era lo mismo que hablar de "leyes constitucionales" o de "Constitución". Eran dos vocablos equivalentes (80). Aplicaban una u otra denominación tanto para referirse a las antiguas leyes de la Monarquía como al nuevo Proyecto constitucional. ¿A qué obedecía este fenómeno? Sin duda a su peculiar historicismo, distorsionante y extrapolativo. Sin embargo, en este empleo sinonímico lo que los diputados liberales transplantaban no eran los rasgos definitorios de las leyes fundamentales al concepto liberal de Constitución, sino los rasgos de éste a aquéllas. Es decir, exactamente al revés de lo que acontecía con los diputados realistas. Estos últimos, siguiendo a JOVELLANOS, y como más tarde haría el moderantismo liberal, intentaban asimilar el concepto liberal de Constitución, integrándolo en los esquemas categoriales consustanciales a la arcaica teoría de las leyes fundamentales, despojándolo, así, de su significado revolucionario. Por el contrario, los diputados liberales –cosa que ya no harían sus sucesores: los "progresistas"– se obstinaban en "constitucionalizar" el pasado, falseándolo históricamente, pero sin que ello les impidiese captar, a diferencia de lo que ocurría con MARINA, el alcance exacto del concepto liberal de Constitución.

¿En qué consistía este concepto? En primer lugar, se trataba de un concepto valorativo o politizado. No era un concepto neutral. Para los doceañistas liberales, aunque no lo expresasen con estos términos, sólo podía merecer el nombre de Constitución aquella norma que incluyera el programa del Estado liberal, que tuviese, por tanto, un contenido determinado: sistema representativo, división de poderes, reconocimiento de los derechos individuales. La Constitución en sentido material se identificaba con este concepto valorativo de Constitución, con su núcleo o contenido esencial. La Constitución para ser realmen-

(80) En el mismo sentido se expresan **Sánchez Agesta y M.º Cruz Seoane.** *Cfr. Historia del Constitucionalismo... O. c.*, pp. 85-86, y *El Primer Lenguaje Constitucional español (Las Cortes de Cádiz)* (1968), pp. 101-107.

te Constitución debía ser constitucional: *Konstitutionelle Verfassung* y no mera *Verfassung,* por utilizar la útil disquisición de buena parte de la doctrina alemana (81). Esta idea planea a lo largo del Discurso Preliminar al Proyecto de 1812 y durante los debates parlamentarios (82).

En segundo lugar, la Constitución debía ser escrita, articulada, sistemática, racionalmente concebida y trazada: "la Constitución de la Monarquía española –se decía en el Discurso Preliminar– debe ser un sistema completo y bien ordenado, cuyas partes guarden entre sí el más perfecto alcance y armonía. Su textura, Señor, por decirlo así, ha de ser una misma mano, su forma y colocación, ejecutada por un mismo artífice" (83).

En tercer lugar, la Constitución no sólo debería tener un contenido determinado (regular ciertas materias), sino también una forma especial, unos requisitos específicos para elaborarla y reformarla, que protegiesen y garantizasen su contenido. La Constitución era fruto de la voluntad unilateral de la Nación, y sólo ella, por medio de unas Cortes constituyentes o de revisión, debería crearla o reformarla. En suma: la Constitución debía ser rígida. Era preciso diferenciar de un modo formal, además de material, las leyes constitucionales de las ordinarias. El ordenamiento jurídico se estructuraba, así, jerárquicamente. La Constitución presidiría esta jerarquía. Todas las leyes y demás disposiciones normativas de inferior rango a ella se subordinaban y no podían contrariar su contenido. La constitución se entendía, pues, como norma directamente aplicable. No otra cosa venían a decir los redactores del Discurso Preliminar al texto de 1812:

> "como toca a la Constitución –se decía allí– determinar el carácter que ha de tener en una nación el código general de sus leyes positivas, deben establecerse en ella los principios de que han de *derivarse* aquéllas y cualesquiera otras disposiciones, que bajo el nombre

---

(81) *Cfr.* **M. García Pelayo,** *Derecho Constitucional Comparado. O. c.,* p. 37.

(82) *V. Supra.,* lo dicho en Cap. VI, V, 2.

(83) **D. Sevilla Andrés,** *Constituciones y otras Leyes... O. c.,* T. I, pp. 120-121.

de ordenanzas o reglamentos hayan de dirigir las transacciones públicas y privadas de los individuos de una nación entre sí, o las que celebren con los súbditos de otros estados con quienes puedan entablar comunicación. *Estas reglas no sólo han de servir para la formación de nuevas leyes, sino para dirigir a las cortes en la derogación o reforma de las que sean incompatibles con el nuevo sistema planteado por la Constitución*" (84).

El nexo entre este concepto de Constitución en sentido formal y la articulación del Estado de Derecho es bien claro. Primero, porque sólo si se distingue a las leyes constitucionales de las ordinarias y se exige que las primeras sean elaboradas y reformadas por un órgano o con un procedimiento específicos, se podría garantizar jurídicamente el contenido de la Constitución, al sustraerlo de los órganos ordinarios del Estado. Sólo, pues, mediante una Constitución rígida se podría conferir certeza y estabilidad a las normas constitucionales, base de la seguridad jurídica, consustancial a un Estado de Derecho (85). Segundo, porque sólo mediante una Constitución de estas características formales se podría llegar a establecer –aunque en aquel entonces no se plantease y aún se desechase (86)– un

(84) *Ib.*, pp. 137.

(85) Sobre este extremo *V.* **Pablo Lucas Verdu.** *Curso de Derecho Político.* Tecnos (1974). T. II, pp. 662-663.

(86) En la Francia de 1791 las causas de la inadmisión de este control de constitucionalidad de las leyes y de la articulación de un órgano encargado de tal cometido, se debió al recelo de los constituyentes ante el poder judicial, concebido según los esquemas de **Montesquieu,** y también, paradójicamente, merced a la exégesis que aquéllos hicieron del principio de soberanía nacional. Decimos paradójicamente puesto que de este principio se desprendía, de una parte, la distinción entre leyes constitucionales y leyes ordinarias, requisito *sine qua non* para poder hablar de un control de constitucionalidad de las leyes y de un órgano que lo lleve a cabo. Pero, de otra, según este dogma, la ley se concebía como la expresión de la voluntad general, con lo cual la existencia de un control judicial o jurisdiccional de la ley se entendía contrario a este principio, ya que supondría reconocer que el órgano al que se encomendaba esta tarea estaría por encima de la Constitución misma. *Cfr.* **P. Biscaretti,** *Lo Stato... O. c.,* p. 634. **Laferriere.** *O. c.,* pp. 333-340 y 310-311. **G. Burdeua,** *Droit Constituionnel... O. c.,* p. 96. En 1812, este problema no llegó a plantearse, y quizá por las mismas razones. Desde luego, lo que sí quedó claro fue la desconfianza que los diputados liberales tenían hacia el poder judicial. *V.*, a título de ejemplo, las intervenciones de **Toreno** y **Argüelles;** *DDAC,* T. 10, pp. 185 y ss. y 203-205, respectivamente.

control de constitucionalidad de las leyes y demás normas de rango inferior. Mecanismo que, como es sabido, supuso la máxima cota alcanzada en el proceso de juridificación y racionalización del Estado de Derecho (87). En este sentido, puede decirse que si bien no es necesario que exista una Constitución rígida para poder hablar de Estado de Derecho (el ejemplo de Inglaterra, prototipo de flexibilidad constitucional y cuna del *Rule of Law,* es evidente) no cabe duda de que "en la medida que todo Estado de Derecho contiene una formalización de sus supuestos materiales –expone LUCAS VERDÚ–, se da un paralelismo entre las dos instituciones" (88).

En cuarto y último lugar, los diputados liberales, al defender la naturaleza constituyente de las Cortes y el carácter materialmente ilimitado de las ulteriores reformas constitucionales, negaban la existencia de una "Constitución material", anterior y superior a la "Constitución formal". La Constitución se identificaba y se reducía al texto constitucional. Era éste quien creaba, quien sentaba las bases de un orden jurídico-político fundamental (y también, en menor medida, de un orden socioeconómico), y no el orden jurídico-político fundamental decantado por la Historia el que creaba el orden constitucional, contraponiéndose y sobreponiéndose a él. Otra cosa es que los doceañistas liberales intentasen constantemente conciliar ambos planos, esto es, que pretendiesen empalmar el orden jurídico histórico, las antiguas leyes fundamentales, con el nuevo orden, el Proyecto constitucional por ellos primordialmente redactado. Objetivamente éste era un vano intento. Pero es que, además, como se ha visto repetidas veces a lo largo de este trabajo, cuando era ineludible escoger entre ambos órdenes, o cuando era menester dar primacía a unos de ellos, era el racional o formal el que se acogía y el histórico o material el que se relegaba o desechaba. El texto constitucional, para estos diputados no se presentada, pues, como la consagración jurídica de unos principios y poderes preexistentes, como por ejemplo el Rey y

---

(87) *V.* sobre este punto, **P. Lucas Verdu,** *Curso de Derecho Político, O. c.,* V. II, pp. 681-682 y 692-693.

(88) *Ib.,* p. 600.

las Cortes, sino que, a la inversa, aquél se entendía como el origen y fundamento de todos los poderes. La Constitución, pues, no era *Actio,* mera formalización de un régimen (de unos principios e instituciones) preexistente, sino auténtica *Constitutio,* norma, forma abstracta y general, desvinculada de unos poderes fácticos previos y posibilitadora de varias acciones y regímenes (89). Por eso, o mejor: como causa de eso, para los liberales del doce el legislador revisionista habría de someterse a los límites formales, orgánico-procedimentales, prefijados en la misma Constitución, pero no tenía por que sujetarse a ningún límite material, ni siquiera a lo que hemos denominado "límites formales de contenido". Se encauzaba, así, a la reforma constitucional por unos límites formales por los que necesariamente debía discurrir. Pero todo precepto y toda institución preceptivamente regulada podría ser reformada, e incluso suprimida, fuese cual fuese su antigüedad o su importancia en el ordenamiento social imperante. Tal reforma al ser legal, era también legítima. Ningún límite externo al texto constitucional podría erigirse en el futuro en valladar obstaculizador o paralizador de la reforma. Ninguna institución o principio podía situarse por encima del texto constitucional ni, por tanto, por encima de la voluntad del legislador revisionista. Lo contrario para estos diputados supondría reconocer la existencia o mejor, la preexistencia de una institución o de unos principios por encima de la voluntad de la Nación, de la cual el texto constitucional no era más que su expresión normativa y el legislador reformista su legítimo representante. La validez de las nuevas normas constitucionales estaría, pues, tan sólo en función de su acoplamiento a los cauces jurídicos predeterminados. Se desprendía, así, de estos postulados una idea de validez puramente positiva, intrínseca, inmanente al orden constitucional mismo que se trataba de reformar, concebido como un puro sistema de normas. Bajo esta idea de validez se ocultaba un concepto de legitimidad puramente racional, y objetivamente con ella se venía a re-

(89) Esta distinción entre *Actio y Constitutio* ha sido tomada, aunque no referida a la Constitución de 1812, de un trabajo inédito de **I. de Otto,** que lleva por título: *La Constitución de 1978 en la Historia Constitucional española.*

conocer a la Constitución como la verdadera soberana, como la fuente de validez de todo el ordenamiento jurídico. Corolario de la historia del concepto de soberanía, que, a la postre, no es más que la historia de su despersonalización.

Estos cuatro rasgos caracterizaban el concepto de Constitución del que partían los doceañistas liberales y que de un modo más o menos explícito defendieron en las Cortes, como se ha visto en este capítulo y en los anteriores. Y bien, ¿tenía mucho que ver este concepto con la noción tradicional de leyes fundamentales? En rigor, muy poco, y ello confirma de nuevo el entronque del liberalismo doceañista con el liberalismo europeo, y más especialmente con el francés, y su ruptura con las categorías tradicionales españolas (y no sólo españolas, sino más bien del Antiguo Régimen). A diferencia de las leyes fundamentales, La Constitución para estos diputados ya no se trataba de un conjunto asistemático de principios más que de preceptos, ni siquiera necesariamente escritos, de origen ignoto e impreciso, de contenido incierto, cuyo acatamiento reposaba en su antigüedad y en la vigencia en la conciencia jurídica de la Comunidad. No era tampoco, como lo eran las leyes fundamentales, consecuencia de un pacto contractual entre dos sujetos, uno de los cuales se subrogaba la soberanía de otro. La Constitución se entendía ahora, desde los presupuestos de la soberanía nacional, como un conjunto normativo, sistemático, escrito, fruto de la razón, de una razón actual y, por tanto, cambiante, que plasmaba la suprema voluntad general de la comunidad nacional y que moldeaba, delineaba y si era preciso alteraba los pilares fundamentales del Estado y de la sociedad civil, y a la que se dotaba de unos requisitos especiales en su elaboración y reforma. De destacar un rasgo de esta nueva idea, mítica y taumatúrgica, sin duda sería éste: la Constitución era ante todo ley, estructura normativa sobre la que la primigenia mentalidad liberal, siempre nomocrática, pretendía hacer reposar todo el tejido social y político. Se está, pues, ante lo que GARCÍA PELAYO ha denominado "concepto racional-normativo de Constitución" (90). Concepto que, a pesar de los

(90) *Cfr. Derecho Constitucional... O. c.*, pp. 32-38.

embates recibidos desde su misma génesis por corrientes políticas y doctrinales de muy distinto signo –y mucho más en España en donde no llegó a cuajar, al menos en la pasada centuria, como recientemente ha recordado GARCÍA DE ENTERRÍA (91)– permanece vigente hoy en sus rasgos esenciales, y desde el que se articularía en Europa toda la dogmática del Derecho Constitucional (que no del Derecho Político) como ciencia autónoma.

VI. LA DISTINCION ENTRE LEYES CONSTITUCIONALES Y LEYES ORDINARIAS EN EL CODIGO DE 1812

La Constitución de Cádiz preceptuaba para la reforma de las leyes constitucionales unos requisitos orgánicos y procedimentales distintos de los exigidos para elaborar y reformar las leyes ordinarias. Los distintos requisitos orgánicos ya han sido examinados en el capítulo anterior al referirnos a la diferencia que este código establecía entre un órgano legislativo, de naturaleza compleja, y un órgano revisor, único y específico (92). Ahora, pues, conviene centrarse solamente en los distintos trámites de procedimiento que este texto prescribía para elaborar y reformar estas dos clases de normas jurídicas.

Por lo que respecta a las leyes ordinarias, el procedimiento para su elaboración y reforma (que era exactamente el mismo, a tenor del artículo 153), venía regulado en el Título III –"De las Cortes"–, en los capítulos VIII –"De la formación de las leyes y de la sanción real"– y IX –"De la promulgación de las leyes". El Título X, por su parte, regulaba el procedimiento a seguir en la tramitación de las leyes constitucionales. En este análisis comparativo es preciso detenerse en las etapas o fases

(91) *Cfr.* **E. García de Enterría,** *La Constitución como norma jurídica, en La Constitución española de 1978. Estudio sistemático.* Civitas (1980), p. 93.

(92) *V. Supra.*, Cap. VII, VI, A.

siguientes: la iniciativa, la deliberación, la aprobación, la sanción, la promulgación, la publicación y la circulación.

1. La iniciativa

Los artículos 132 a 135 otorgaban a *todo diputado* la facultad de proponer a las Cortes "proyectos de ley", obligándoles a hacerlo por escrito y a exponer las causas en que cada proyecto propuesto se fundaba. El proyecto de ley debía ser leído por segunda vez y, en caso de ser admitido a discusión, era necesaria una tercera lectura antes de iniciarse su deliberación. Los plazos entre la primera y la segunda lectura eran de *dos días,* a lo menos (artículo 133), y *de cuatro,* a lo menos, entre la segunda y la tercera (artículo 135). Por su parte, el artículo 171, que regulaba las facultades del Monarca, le concedía a éste, en su párrafo decimocuarto, la potestad para "hacer a las Cortes las proposiciones de leyes o reformas (se entiende que reformas políticas, no constitucionales) que crea condunentes al bien de la Nación, para que deliberen en la forma prescrita". Aunque, ciertamente, escribe J. T. VILLAROYA, se trataba de una iniciativa "tímida y desdibujada" (93).

Por lo que concierne a la iniciativa en las "proposiciones de reforma constitucional" –y nótese la diferencia terminológica que este texto establecía entre éstas y los "proyectos de ley"–, en primer lugar, el artículo 375 obligaba a aguardar ocho años, "después de hallarse puesta en práctica la Constitución en todas sus partes", para que pudieran proponerse. En segundo lugar, esta iniciativa sólo se concedía a los miembros de las Cortes, y no al Rey, como acontecía con los "proyectos de ley". En tercer lugar, era preciso que *veinte diputados,* por lo menos, firmasen y apoyasen las proposiciones de reforma (artículo 377). En cuarto lugar, estas proposiciones debían leerse también durante tres ocasiones, pero se prolongaban los plazos que habían de transcurrir entre cada lectura, al exigirse ahora *seis días.*

---

(93) *Breve Historia del Constitucionalismo Español.* Biblioteca cultural RTVE. Edit. Planeta. Barcelona (1976), pp. 19-20.

2. La deliberación

Los requisitos para deliberar los proyectos de ley ordinarios y las proposiciones de reforma eran asimismo distintos. Para los primeros, el artículo 137 se limitaba a decir que era a las Cortes (y en esa misma legislatura) a quien competía decidir sobre el cese de la discusión del proyecto y sobre la posibilidad de que éste se votase. Por lo que respecta a las segundas, el proceso deliberativo se dilataba y se complicaba sensiblemente, exigiéndose durante el mismo mayorías cualificadas. Así, el artículo 379 disponía que eran necesarias dos terceras partes de los votos emitidos (se entiende de los diputados presentes) para que la propuesta de reformar, adicionar o suprimir un artículo o artículos constitucionales se pudiese volver a tratar en las Cortes siguientes. Estas Cortes, a tenor del artículo 380, tendrían que volver a declarar, con la misma mayoría de votos, si había lugar a otorgar poderes especiales para decidir sobre la proposición. A estas mismas Cortes el artículo 381 les concedía la facultad de decidir, se supone que ahora por mayoría simple, si los poderes especiales debían recaer en las Cortes inmediatamente próximas o en las siguientes. Con lo cual podrían ser cuatro las legislaturas que interviniesen en este complejo proceso.

3. La aprobación

El artículo 139 señalaba que "la votación" —esto es, la aprobación— del proyecto de ley debería hacerse por la *"pluralidad absoluta de votos"*, para lo que era necesario que se hallasen presentes, seguía diciendo este precepto, "a lo menos, la mitad más uno de la totalidad de los diputados" que componían las Cortes. El artículo 383, en cambio, sancionaba que la proposición de reforma constitucional debería ser aprobada *"por las dos terceras partes de los diputados"*, infiriéndose también que para proceder al recuento de votos era preciso el *quorum* de presencia preceptuado por el artículo 139.

4. La sanción

Era en esta fase del *iter* procedimental en donde radicaba la diferencia más importante entre los proyectos de ley ordinaria y las proposiciones de reforma constitucional. A esta diferencia ya hemos aludido en el capítulo anterior (94). Recordémosla ahora brevemente: mientras los artículos 142 y 152 prescribían que los proyectos de ley debían ser sancionados por el Monarca, a quien se le confería un "veto suspensivo", cuando se trataba de las proposiciones de reforma se obviaba el requisito de la sanción regia. Así, el artículo 383 declaraba que una vez aprobada por las Cortes competentes la proposición de reforma, ésta pasaría "a ser ley constitucional y como tal se publicaría en las Cortes". Por su parte, el artículo 384 disponía que esta ley constitucional se presentaría al Monarca —como tal ley, no como simple proposición— para que la hiciese publicar y circular.

5. La publicación, la promulgación y la circulación

Según el código de 1812, las leyes, fuesen ordinarias o constitucionales, deberían ser publicadas en las Cortes, y promulgadas a continuación por el Monarca (artículos 154 y 155). Al cotejar estos dos artículos con el 383 y 384 se desprende que en este último precepto la promulgación se confunde con la publicación. En este sentido, cuando dice que las proposiciones publicadas en las Cortes debían ser presentadas al Rey para que las hiciese publicar, debe entenderse para que las hiciese promulgar.

La Constitución de 1812 en su artículo 156 añadía, además, una última fase en el proceso legislativo: "la circulación". Así, en efecto, todas las leyes, y también, en virtud del artículo 384, las constitucionales, se circularían "de mandato del rey" por los respectivos Secretarios de Despacho —esto es, los ministros en la terminología doceañista, todavía muy anclada en

(94) *V. Supra.*, cap. séptimo.

el lenguaje dieciochesco– directamente a todos y cada uno de los Tribunales Supremos y de las provincias, y demás jefes y autoridades superiores que la (circularían) a las subalternas". Sin duda, tanto la promulgación como la circulación eran dos "actos debidos", esto es, en palabras de P. BARILE, actos "de aplicación automática y de naturaleza declarativa y no discrecional" (95).

(95) **P. Barile,** *I Poteri del Presidente della Repubblica.* "Rivistaa di Diritto Pubblico". (1958), p. 299.

CAPITULO NOVENO. **EL TELOS POLITICO DE LA RIGIDEZ CONSTITUCIONAL EN EL CODIGO DE 1812. RIGIDEZ CONSTITUCIONAL Y MONARQUIA**

I. INTRODUCCION

Una vez que hemos expuesto las diversas posturas doctrinales de los diputados doceañistas sobre el problema de la reforma constitucional, intentaremos desentrañar en este capítulo el *telos* político que los liberales perseguían al defender el mecanismo de la rigidez constitucional consagrado en el Código de 1812. Sin duda, la defensa de este mecanismo respondía –como se ha visto ya– a una concepción global de lo que debía ser una Constitución. Más aún, el afirmar esta técnica era consecuencia de toda una idea de Estado, en la medida en que lo era de todo un concepto de soberanía, atributo esencial de éste. Pero es indudable que el introducir esta técnica en la Constitución de Cádiz obedecía también a unos fines políticos muy concretos. El averiguar cuáles eran éstos constituye el objeto de este capítulo, con el que intentamos ofrecer, antes de cerrar este estudio, un nuevo ángulo de enfoque del problema de la reforma constitucional en la primera Asamblea constituyente española.

II. LA DEFENSA Y GARANTIA DE UN ORDEN CONSTITUCIONAL INNOVADOR Y AMENAZADO

La rigidez constitucional, como todo mecanismo jurídico, cumple siempre unos fines políticos determinados. Desde este punto de vista, todo mecanismo jurídico trasciende de su dimensión estrictamente técnica. La idea de la neutralidad de las técnicas jurídicas, y del Derecho en general, es una vieja idea acuñada por el racionalismo jurídico burgués en su momento más expansivo e ingenuo, pero no deja de ser una ilusión que no se corresponde con la realidad. Es indudable, sin embargo, que hablar de la finalidad política de la rigidez constitucional, o de cualquier otra técnica, *in abstracto*, conduciría a incurrir en estériles generalidades o, lo que es peor, en peligrosas extrapolaciones, pues este mecanismo ha sido utilizado en contextos históricos muy distintos y con fines políticos no siempre coincidentes. A pesar de ello, hay una finalidad común que resta invariable a la hora de introducir la rigidez: la de asegurar la permanencia de la Constitución, o mejor, la de impedir que ésta sea fácilmente modificada.

Naturalmente, como precisaba el vizconde de BRYCE en su clásico libro sobre la materia, este *telos* estabilizador –conservador, en suma– no sólo es un objetivo de los regímenes con Constitución rígida, sino también el de aquellos otros que cuentan con una Constitución flexible (1). La diferencia entre unos y otros, en lo tocante a esta cuestión, estriba en los distintos elementos estabilizadores a los que se recurre, consecuencia del diferente contexto social del que emergen y de los desiguales precedentes históricos que los originan. Así, por ejemplo, donde ha habido un tránsito, se podría decir no traumático, hacia el Estado liberal, fruto de concesiones y adaptaciones mutuas entre fuerzas sociales con intereses contrapuestos –la burguesía y los estamentos privilegiados del Antiguo Régimen, cuya lucha se refleja en parte en el secular enfrentamiento entre el Parlamento y el Monarca– la estabilidad constitucional no está amenazada por la existencia de una Constitución flexible. Tal ha sido el caso de Inglaterra, cuya Constitución es el paradigma de la flexibilidad (2), y en donde su estabilidad se ha conseguido o bien por otros mecanismos jurídicos (de los que luego hablaremos), o bien, sobre

(1) *Cfr. O. c.*, p. 4 y ss., y 131 y ss.

(2) Pese a que en este país surgió el primer texto constitucional escrito y rígido, como **Jellinek** señala, refiriéndose al *Instrument of Government*, promulgado bajo la dictadura de **Cronwell.** *Cfr. O. c.*, p. 38.

todo, por medios extrajurídicos: la homogeneidad social e ideológica, el sistema educativo y otros medios de integración.

Por el contrario –y por poner un ejemplo de gran interés para este trabajo– el introducir la técnica de la rigidez era un requisito necesario para defender y garantizar la estabilidad de aquellas constituciones que históricamente se presentan como el triunfo –radical y súbito– de las fuerzas liberales sobre las anteriormente dominantes, ante el temor de que estas últimas acometiesen una pronta alteración constitucional. De ahí que la rigidez haya sido un rasgo común de los códigos que surgieron en los albores del movimiento constitucional, al socaire de las revoluciones burguesas o de los movimientos de emancipación nacional (o de ambas cosas a la vez) (3). Aunque, desde luego, visto el problema con la suficiente perspectiva histórica, no cabe duda que el juicio de BRYCE: "la estabilidad de cualquier Constitución depende no tanto de la forma como de las fuerzas sociales y económicas que la apoyan y sostienen" (4), era muy atinado. En este sentido, por una curiosa paradoja, no exenta de ironía, de una amarga ironía, la vigencia de las Constituciones españolas está en relación inversa a las dificultades que introdujeron a su reforma. A mayor rigidez, menor vigencia. Así, la más rígida de nuestras constituciones, la de Cádiz, fue la que tuvo, si se exceptúa a la non-nata de 1856, una menor duración (al menos continuada), mientras que las más flexibles, las de 1845 y 1876, fueron las que gozaron de una más prolongada vigencia (esperemos, dicho sea entre paréntesis, que esta relación entre rigidez y vigencia se altere...). Algo semejante –observa BURDEAU– ocurre en la historia constitucional francesa (5).

FRANCINE DEMICHEL señala, refiriéndose a la función garantizadora de la rigidez en los primeros textos constitucionales, que con la clásica distinción entre un poder constituyente y un órgano de revisión, distinto del legislativo, la burguesía se proponía dos cosas: en primer lugar, recalcar el ca-

---

(3) *V*. Constitución de los EEUU de 1787, art. 5., Const. francesa de 1791 (T. VII), de 1793 (arts. 115 a 117) y de 1795 (T. XIII).

(4) *O. c.*, p. 45.

(5) *Cfr. Traité de Science Politique. O. c.*, T. IV, p. 201.

rácter enteramente libre del poder constituyente, creador de la nueva legalidad burguesa; y, en segundo lugar, obstaculizar su modificación por parte de los poderes constituidos ordinarios (6). En este sentido, conviene tener en cuenta que la ausencia en el opúsculo de SIEYES sobre el Tercer estado de la distinción entre un poder constituyente y un órgano revisor, se inscribe en una primera etapa ofensiva de la burguesía, en la cual ésta tenía como fin inmediato y perentorio derrocar el antiguo orden jurídico-político, sin que en esta labor de derribo participasen los Estados Generales, esto es, las instituciones representativas de los estamentos privilegiados del Antiguo Régimen. De ahí el único hincapié de SIEYES en distinguir al poder constituyente de los poderes constituidos. Distinción que venía a expresar la lucha entre la burguesía (los "trabajos particulares") y las clases privilegiadas (la espada, la toga, la Administración), la lucha entre la economía y la política, entre la sociedad y el aparato organizativo (7). Se entiende, pues, que la única preocupación de este autor se centrase en el sujeto capaz de dar una nueva Constitución nacional, pero sin preocuparse de su ulterior reforma, cuestión que políticamente pasaba a un segundo plano (8).

Ahora bien, una vez asentada la nueva legalidad, la bur-

---

(6) *Cfr.* **Francine et Andre Demichel, Marcel Piquemal.** *Institutions et Pouvoir Politique en France. Une Tradution Institutionnelle du Capitalisme Monopoliste.* Editions sociales (1975), p. 26.

(7) *Cfr.* **F. Ayala.** *Introducción a la Edición Castellana de ¿Qués es el Tercer Estado? O. c.,* pp. 14-15 y **Sieyes,** nota 1 a la p. 6.

(8) Por esta razón la teoria de **Sieyes** sobre el poder constituyente venía condicionada, además de por las influencias doctrinales a las que hemos aludido en el capítulo séptimo, por el especialísimo contexto histórico en que fue formulada: en 1788, un año antes de la "Grande Revolution", y con la finalidad política evidente que perseguía: destruir el Antiguo Régimen monárquico. De ahí que —observa **Ayala**— su obra más conocida y polémica tiene un doble intere s: "por una parte, el interés histórico: constituye un documento vivo, inmediato y primordial del advenimiento de la clase burguesa al poder político. Por otra parte, el interés teórico: contiene la formulación original y auténtica de la doctrina del poder constituyente". "Pero estos dos sectores de interés —advierte este autor— no son independientes entre sí ni separables. Al contrario, se dan en una unidad cerrada, y significan, desde la perspectiva de hoy, la incorporación histórica de una teoría política, algo así como el pensamiento encarnado en la realidad, influyendo sobre ésta, pero al mismo tiempo estrechamente condicionado por ella". *Ib.,* p. XIII.

guesía interpretará la teoría de SIEYES de acuerdo con la nueva situación; y este mismo publicista lo haría años más tarde, como se ha dicho anteriormente (9). No se trataba ya de desplegar una teoría que legitimase las aspiraciones de conseguir una Constitución nacional, sino de discurrir en torno a la reforma de esa Constitución ya conseguida, con el propósito, precisamente, de dificultar su modificación; y, en todo caso, con el deseo de establecer un cauce por el que ésta debía discurrir. Al lado del poder constituyente y del órgano legislativo se arbitraba un órgano revisor. La rigidez constitucional actuaba, así, como un mecanismo salvaguardador de la permanencia del orden constitucional: de un lado, porque se dificultaba su mudanza; de otro, porque de producirse ésta, debería llevarse a cabo según un procedimiento prefijado, lo que aseguraba su continuidad jurídica (su forma), y también, en cierto modo, su continuidad política (su contenido).

La rigidez constitucional se presenta, pues, ya originariamente, como un mecanismo de defensa de la Constitución, como una garantía constitucional. Esta tesis, en la que ha insistido CARL SCHMITT (10), es mantenida, entre otros, por MORTATI (11), y en España ha sido acogida, por ejemplo, por LUCAS VERDÚ (12). Recientemente, el profesor DE VEGA ha recordado, abundando en esta consideración, que las cláusulas especiales de revisión constitucional fueron pensadas más como instrumento de conservación que de alteración (13). En términos semejantes se expresa el profesor CONTRERAS (14).

Esta idea de considerar a la rigidez como un mecanismo de defensa de la Constitución, como una garantía de la misma,

---

(9) *Supra.*, Cap. VII, II, 2, B.

(10) *Cfr. La Defensa de la Constitución.* Barcelona (1931), pp. 13 y ss.

(11) *Cfr.* **Costantino Mortari.** *Istituzioni di Diritto Pubblico.* Padua, 9.ª Edic. (1976), T. II, pp. 1223 y ss.

(12) *Cfr. Curso de Derecho Político. O. c.*, T. II, p. 671.

(13) **Pedro de Vega García.** *La Reforma Constitucional,* en *Estudios sobre el Proyecto de Constitución,* CEC, Madrid (1978), p. 220.

(14) *Cfr.* **Manuel Contreras.** *La Reforma Constitucional,* en *Estudios sobre la Constitución Española de 1978,* Univ. Zaragoza (1979), pp. 406-407.

que se plasmó también en algún texto constitucional (15), es perceptible, asimismo, en las argumentaciones de los diputados liberales y en el mismo código de 1812. Para estos diputados, la rigidez significaba, desde un punto de vista político, teleológico, un necesario mecanismo para garantizar la permanencia o estabilidad de la Constitución, por ellos principalmente elaborada. De una Constitución –conviene no olvidarlo– claramente innovadora y subversiva (16), sobre la que se cernía –y de ello eran bien conscientes (17)– la amenaza de un futuro y radical disloque. Y esta amenaza provenía sobre todo de las fuerzas sociales perjudicadas por el nuevo orden de cosas –la mayor parte de la Aristocracia y del Clero, y aun del mismo pueblo, cuyas elementales creencias se hallaban muy alejadas de las ideas liberales (18)– pero también

(15) Así, por ejemplo, el Título XI de la Constitución española de 1931 llevaba la expresiva rúbrica de "Garantías y Reformas de la Constitución", y contemplaba, al lado del procedimiento de reforma, la regulación del Tribunal de Garantías Constitucionales. Un ejemplo semejante lo ofrece la vigente Constitución italiana de 1947, en cuyo Título VI, "Garanzie Costituzionali", se incluyen dos secciones: "La Corte Costituzionale" y "Revisione della Costituzione".

(16) En efecto, la Constitución de 1812 –y en general toda la obra de las Cortes de Cádiz– significaba la ordenación sistemática y racional de un triple proyecto innovador y claramente subversivo. O, si se quiere, de un solo proyecto que incidía en tres planos diferentes. En primer lugar, en ella se organizaba una sociedad clasista, en la que desaparecían los privilegios consustanciales a la antigua sociedad estamental. En segundo lugar, se articulaba una economía de mercado, en virtud de la cual se liquidaba toda suerte de trabas e impedimentos al libre desenvolvimiento de una economía capitalista. Por último, se diseñaba un Estado liberal de Derecho, todo lo tosco que se quiera, pero que socavaba el entramado institucional de la llamada Monarquía absoluta, (*Cfr.* **M. Artola,** *Orígenes*, pp. 457 y ss.). Estaba, pues, proyectado todo un programa social, económico y político. Naturalmente, la Constitución de 1812 era ante todo, pero no sólo, esto último. Este ambicioso proyecto tridimensional, reflejo de los intereses de la burguesía revolucionaria (y metropolitana) española, se desarrollaría a lo largo de nuestra historia contemporánea, cuyo comienzo suele fecharse, con razón, en el decisivo período en que se gesta la *opera magna* gaditana. Los retoques posteriores, de muy diverso signo, al vasto programa legado por los constituyentes doceañistas, marcarían el ritmo de lo que, a grandes líneas, puede calificarse de modelo español de revolución burguesa, siempre peculiarísimo por su timidez y sinuosidad, por su lentitud y su carácter meandrinoso.

(17) *V.* sobre este punto **R. Solís,** *Cara y Cruz... O. c.*, p. 147. *Id. El Cádiz de las Cortes. O. c.*, pp. 246-247.

(18) Una persona tan poco sospechosa de antiliberalismo, **"Clarín",** lo reconocería con estas palabras: "hay que confesarlo, Señores, porque se puede ser muy liberal sin dejar por eso de reconocer que la libertad en España estaba en mantillas.

de aquellas otras insatisfechas por el mismo: las burguesías criollas, descontentas en particular con el sistema electoral y representativo que el código doceañista sancionaba. En las Cortes, la oposición de los diputados realistas a los principios fundamentales de la Constitución, y la de los americanos especialmente a los artículos 22 y 29, (y desde luego en ambos casos a los mecanismos de rigidez), era una prueba fehaciente de este repudio, total o parcial, al nuevo orden constitucional, y ponía en evidencia la endeblez de su base social y, por tanto, su vulnerabilidad (19).

De ahí la importancia que tenía para los diputados liberales (cuya ingenuidad nomocrática era patente) el que se aprobase el Título décimo del Proyecto. Mediante la técnica de la rigidez, tal como estaba concebida en este Título, pretendían conseguir tres cosas: en primer lugar, evitar una prematura reforma constitucional, que obliterase la consolidación del nuevo orden y la extensión de una base social afecta al mismo. De ahí la restricción temporal que sancionaba el artículo 373 del Proyecto. En segundo lugar, pretendían también evitar que una débil mayoría parlamentaria, y sin el debido detenimiento y circunspección, pudiese llevar a cabo la reforma constitucional, una vez que ésta fuese jurídicamente lícita, cumplidos los ocho años de obligada espera (20). De ahí los artículos 374 y siguientes, que establecían los complejos requisitos orgánicos y procedimentales ya estudiados. Por último, los diputados liberales pretendían excluir al Monarca

---

Lo que era profundamente nacional era la religión y la patria; y en la célebre epopeya de nuestra Independencia fueron muchos los que defendieronla libertad, los que procuraban el renacimiento, según ellos, o quizá el nacimiento de la libertad, pero es indudable que la masa general del país por lo que peleaba era por la patria y por la religión".**Leopoldo Alas.** *Alcalá Galiano. El Período Constitucional de 1820 a 1823.* Conferencia pronunciada en el Ateneo y publicada en el libro, *La España del Siglo XIX,* Madrid (1866), T. II, p. 476.

(19) "La Constitución de 1812 –escribe **M. Fernández Almagro–** tan maléfica en bloque para los absolutistas como bienechora para los liberales, caía fuera del interés americano". *La emancipación... O. c.,* p. 77. *V.,* también **D. Ramos,** *Las Cortes de Cádiz y América. O. c., passim.*

(20) Estos dos fines están presentes también –señala **Burdeau–** en la Constitución francesa de 1791. *Cfr. Droit Constitutionnelle et Institutions Politiques. O. c.,* p. 86. *Id. Traité... O. c.,* C. IV., pp. 254-255.

del proceso reformista. Conviene centrarse ahora solamente en los dos primeros móviles garantistas, ya que del tercero hablaremos, con el detenimiento que su importancia requiere, en el epígrafe siguiente.

Por lo que concierne a la primera finalidad, ésta se hacía ya patente, junto al temor a una rápida contraofensiva constitucional, en el "Discurso Preliminar":

> "el que hasta pasados ocho años –se decía allí– después de puesta (la Constitución) en ejecución en todas sus partes, no puedan las Cortes proponer ninguna reforma, tiene su fundamennto en la prudencia y en el conocimiento del corazón humano. Jamás correrá mayor riesgo la Constitución que desde el momento en que se anuncie, hasta que planteado el sistema que establece, empiece a consolidarse disminuyendo el espíritu de aversión y repugnancia que la contradice. Los resentimientos, las venganzas, las preocupaciones, los diversos intereses y hasta el hábito y la costumbre, todo se conjugará contra ella. Por lo mismo, es necesario dar tiempo a que se calme la agitación de las pasiones, y se debiliten los esfuerzos de los que la resisten. De lo contrario se equivocarán fácilmente los efectos de una oposición fomentada y sostenida por los que se suponen agraviados por el nuevo arreglo, con defecto y errores de una Constitución, que en realidad no podrá experimentarse sino después de restablecido el orden y la tranquilidad" (21).

En el debate del Título décimo, la finalidad garantizadora que los diputados liberales asignaban a la rigidez, y el temor de éstos entre una futura alteración constitucional llevada a cabo por las Cortes, se hicieron no menos patentes:

> "veamos –decía el Conde de Toreno en defensa del artículo 373 y en general de todo el Título décimo– si las restricciones que la Comisión pone para alterar la Constitución es conveniente se disminuyan o se conserven como las presenta. Es de temer con justo rezelo que el deseo de la novedad conduzca a las próximas cortes a hacer alteraciones trascendentales, si no se las sujetase, trayendo consigo estas innovaciones dos males necesarios de atajar. Primero, que la variación probablemente no sería para mejorar la Constitución, sino para empeorarla, convirtiéndola

(21) **D. Sevilla Andrés.** *Constituciones... O. c.,* T. I, p. 159.

en más iliberal; los muchos enemigos que la acechan, esperando ocasión para atacarla, lo poco que el espíritu público puede haber trabajado en tan corto tiempo para disiparlos, nos precisa a ser cautos. Segundo, los inconvenientes que nacen de no dar a la Nación un sistema fixo, que forme en ella un carácter estable y duradero, sin el qual la mejor constitución sólo se quedaría en mera teoría" (22).

CANEJA, por su parte, afirmó:

"hablemos, Señor, sin rebozo: el nuevo orden de cosas que se establece por la constitución tiene muchos enemigos, todos sus tiros se dirigirán a destruirla, y el mejor modo para que lo lograsen era dexarles expedito el campo para hacer en ellas las variaciones que quisieren. Seamos cautos, Señor, no edifiquemos sobre arena" (23).

Y ARGÜELLES, en fin, señaló también el peligro de que las próximas Cortes trastocasen el orden constitucional en caso de que no se dificultase su reforma, pero, a diferencia de TORENO y CANEJA, mencionó expresamente los dos principales enemigos que podían desencadenar esa contraofensiva: la Nobleza y el Clero:

"los dos artículos (24) –decía–, para no hablar de tantos otros, que declaran a los españoles sin distinción alguna obligados a contribuir a las cargas del estado, según sus facultades, y a acudir en su defensa quando sean llamados por la ley, ¿serían o no objeto de los primeros ataques? *La nobleza,* creyéndose tal vez agraviada, ¿no intentaría recobrar sus antiguos privilegios...? Lo mismo digo de los *eclesiásticos.* Tal vez creerían disminuida su inmunidad con el artículo que exige de todos los ciudadanos iguales prestaciones para pagar las cargas de la comunidad, guardando exacta proporción con los posibles de cada individuo (25)... El reyno, Señor, vendría a pagar nuestra insensata temeridad si este

---

(22) *DDAC,* T. 11, p. 309.
(23) *Ib.,* p. 323.
(24) Se refería a los artículos 8 y 9.
(25) Se refería al artículo 339.

> Congreso descuidase hacer estable y duradera una Constitución que ha costado tantos afanes" (26).

Este *telos* garantizador, consustancial a la rigidez constitucional, se plasmó también en el Código de 1812. La misma denominación de su Título décimo, en la que se aunaban la idea de "observancia" del orden constitucional, con la de su reforma o variación, así lo acredita. Por otra parte, en este Título, al lado de los preceptos destinados a regular el procedimiento revisor, se insertaban tres artículos –los tres primeros– que contenían una serie de medidas cautelares, las cuales venían a conformar –sobre todo la que prescribía el artículo 372, como observa A. POSADA (27)– un antecedente embrionario de las garantías constitucionales. Así, en virtud de este artículo, las Cortes, en sus primeras sesiones, tomarían en consideración "las infracciones de la Constitución que se les hubiese hecho presentes, para poner el conveniente remedio y hacer efectiva la responsabilidad de los que hubieren contravenido a ella". Por su parte, el artículo 373 (obsérvese que nos referimos a la numeración del texto definitivo) reconocía a todo español el "derecho de representar (esto es, de exigir por escrito) a las Cortes o al Rey para reclamar la observancia de la Constitución". Y, en fin, a tenor del artículo 374, toda persona que ejerciese cargo público, civil, militar o eclesiástico, debería prestar juramento, al tomar posesión de su destino, de "guardar la Constitución", además de ser fiel al Rey y desempeñar debidamente su encargo. Es más: el vínculo entre estos tres preceptos, destinados a hacer "observar la Constitución", es decir, a defenderla y garantizarla, y aquéllos otros encargados de regular su reforma se reconocía explícitamente en el "Discurso Preliminar", cuando se afirmaba que ambas

---

(26) *DDAC*, T. 11, pp. 351-352. El recelo ante un posible disloque del orden constitucional se pone de manifiesto también en la extensión del código de 1812 y en la minuciosidad –a veces casuística– con que fue redactado. *V.* **José Luis Comellas.** *Las Cortes de Cádiz, O. c.*, p. 101 y **J. Becker.** *O. c.*, p. 35.

(27) *Cfr.* **A. Posada.** *La Reforma Constitucional*, 1.ª Edic. Madrid (1931), p. 171.

clases de medidas "aunque al parecer contradictorias, (son) inseparables en la realidad" (28).

II. LA EXCLUSION DEL MONARCA DEL PROCESO DE REFORMA CONSTITUCIONAL

No hay duda, pues, que en el código de 1812 –y para sus principales artífices, por tanto– la rigidez constitucional se presentaba, desde el punto de vista de su función política, como un mecanismo de defensa de la Constitución, como una garantía de la misma.

Ahora bien, con el mecanismo de la rigidez, tal como estaba configurado en el Título décimo, los diputados liberales pretendían algo más y distinto: excluir al Monarca de toda participación en el proceso reformista, tanto en su iniciativa, como, sobre todo, en su sanción. Ciertamente, esta exclusión podría, en principio, considerarse englobada o subsumida en el mencionado *telos* garantizador, consustancial y genérico a la técnica jurídica que se analiza. Y ello por cuanto los diputados liberales, defensores de esta técnica, presumían –muy fundadamente– que si hacían depender de la voluntad del Monarca la estabilidad de un orden constitucional que tan sensiblemente cercenaba sus prerrogativas, éste se vería sumido en una permanente fragilidad e inconsistencia. Su iniciativa de reformar la Constitución, muy probablemente no se haría esperar, de igual modo que casi con toda seguridad accedería a sancionar la reforma ya iniciada. Al sustraerle ambas prerrogativas, la iniciativa y la sanción –y desde luego, al no hacer dependiente de su voluntad en exclusiva la reforma constitucional– ambos peligros se obviaban.

Ahora bien, hay que decir que aunque la exclusión del Monarca de las tareas reformistas guarde en las monarquías que cuentan con una Constitución rígida una estrecha relación con la técnica de la rigidez y con su fin genérico, la conser-

(28) **D. Sevilla Andrés.** *Constituciones... O. c.,* T. I, p. 158.

vación y defensa de un orden jurídico fundamental, hay que distinguir esta exclusión de dicha técnica y de dicho fin.

Hay que distinguirla de dicha técnica, pues, en efecto, una Monarquía constitucional puede contar con una Constitución rígida sin que se sustraiga al Monarca, ni al órgano legislativo ordinario, de participar en el proceso de revisión constitucional. Bastaría en este caso que la Constitución exigiese ciertos requisitos especiales para iniciar, deliberar o aprobar las proposiciones de reforma constitucional –como unas mayorías parlamentarias cualificadas, por ejemplo. Esto es, como se ha dicho ya (29), puede haber rigidez sin que ésta sea "agravada" o "cualificada", es decir, sin que se distinga entre un órgano legislativo y un órgano revisor; bastando simplemente que exista un procedimiento para tramitar las leyes constitucionales distinto del exigido para las leyes ordinarias. *En las Monarquías constitucionales, por tanto, la técnica de la rigidez no tiene que venir acompañada de la exclusión del Monarca de las tareas revisionistas.* Y de hecho, ciertos códigos rígidos del pasado siglo, como el brasileño de 1824, el portugués de 1826 o el belga de 1831, no impedían que el Rey o el Emperador participase, incluso con su sanción, en la reforma del texto constitucional (30).

Además, la exclusión del Monarca de la reforma constitucional hay que distinguirla del fin genérico de la rigidez. Conviene no perder de vista que *la protección de un orden constitucional puede conseguirse, precisamente, exigiendo que el Monarca sancione el proceso reformista.* Así, en ciertas

(29) *Supra.*, pp. 408-409.

(30) *V.* arts. 174 a 177 Const. Brasileña. Arts. 140 a 143 Const. portuguesa, y art. 131 Const. belga. Los textos de estas tres constituciones pueden verse en *Colección de Constituciones en las que van puestas en castellano las de Francia, Bélgica, Portugal, Brasil y Estados Unidos Anglo-americanos, con la española de 1812 y su Discurso Preliminar.* Imprenta del Eco del Comercio. Madrid (1836). Sobre la Constitución portuguesa y brasileña, *V.* **Marcelo Caetano.** *Constituicoes Portuguesas,* 4.ª Edición (1978), pp. 27-40. Sobre la Constitución Belga, y, en particular, sobre su procedimiento de reforma, *V.* **André Mast.** *Une Constitution du temps de Louis Philippe,* "Revue du Droit Publique et de la Science Politique", N.º LXXIII (1957), p. 57. *V.* también, **Jean Masquelin.** *La tecnique des revisions constitutionnelles en droit public belga,* "Annales de Droit et de la Science Politique", T. XII, núm. 27.

constituciones "pactadas" y flexibles del pasado siglo, como las españolas de 1845 y 1876, la sanción regia a los proyectos de reforma (o mejor dicho: su negativa a hacerlo, su veto) suponía el mecanismo jurídico estabilizador y conservador por antonomasia. Lo mismo puede decirse –desde un punto de vista jurídico, no político– de la Constitución inglesa. El veto del Monarca –de *iure,* aunque no de *facto,* ya que su uso contradiría la esencia de la Monarquía parlamentaria– era un mecanismo estabilizador del orden constitucional (31).

En consecuencia, pues, puede afirmarse que la exclusión del Monarca de la reforma constitucional cualificaba o añadía un matiz de sumo interés al mecanismo de la rigidez configurado en el código de 1812. No sólo se trataba de impedir una prematura y fácil reforma, sino también (o precisamente por eso) de excluir al Monarca (lo que vale decir a las clases sociales que en él se arropaban) de toda participación en la misma.

La importancia de esta medida contrasta, sin embargo, con la escasa atención que se le prestó en las Cortes. Resulta curioso observar, en efecto, que mientras el artículo 373 del Proyecto originó un enconado y prolongado debate, el artículo 382, que, como se ha visto, negaba al Rey la sanción de las proposiciones de reforma constitucional, se aprobó sin polémica alguna. El problema, sin duda espinoso, que planteaba una restricción de esta índole a la autoridad del Monarca, fue abordado tan sólo por ARGÜELLES en la discusión del artículo 373, sin que ningún realista –hecho no menos asombroso– hiciese el menor intento por reputar las argumentaciones del liberal asturiano. Para éste diputado –cuya intervención aunque citada ya, es preciso volver a transcribir, siquiera parcialmente, dada su gran importancia– la estabilidad de la Constitución no podía descansar en la voluntad del Rey, sino en los mecanismos de rigidez propiamente dichos. Lo contrario, a su juicio, iría en contra de la naturaleza de la Mo-

(31) *V.* Sobre este punto, **A. V. Dicey,** *Introduction to the study of the Law of the Constitution.* Londres (1889), pp. 362-394.

narquía tradicional española, esto es, aunque explícitamente no lo dijera, se opondría al principio de soberanía nacional:

> "*(En) la Constitución de Inglaterra* –argumentaba–... *el veto absoluto del rey es la salvaguardia de la Constitución contra las innovaciones que pudieran destruirla o desfigurarla... mas la Comisión no creyó compatible con la índole de nuestra antigua monarquía introducir en la Constitución un principio tan excesivamente conservador...* La estabilidad pareció oportuno establecerla sobre principios más consoladores. Por esta razón se han distinguido con toda precisión y claridad las leyes comunes y positivas, y las fundamentales o constitucionales. *No dando al rey intervención por la ley fundamental en la reforma de la Constitución, era preciso oponer alguna fuerte barrera a la impetuosidad de las Cortes, abandonadas a sí mismas en el ejercicio de la autoridad constituyente.* Esta barrera existe al principio en los ocho años primeros en que no puede proponerse ninguna alteración; y después en los trámites de las proposiciones y número de los votos para su aprobación" (32).

De este modo, ARGÜELLES dejaba sentada una de las tesis más importantes del ideario constitucional del liberalismo progresista y democrático español, tan sólo preterida –o, al menos, no explícitamente reseñada– en 1837.

Ahora bien, es preciso añadir una última puntualización respecto a la exclusión del Monarca de la reforma constitucional. Hasta aquí hemos intentado mostrar que esta medida cualificaba o matizaba la técnica de la rigidez y su *telos* genérico, conservador y garantista. Pero es necesario agregar ahora que con esta exclusión se pretendía también algo más y, en puridad, opuesto a este *telos* conservador. Queremos decir con esto que *el sustraer al Monarca del proceso reformista iba dirigido no solamente a defender y conservar la Constitución, sino también a garantizar su ulterior reforma, esto es, a evitar que en el futuro ésta dependiese de la iniciativa o de la sanción del Rey.*

En realidad, el disminuir (eliminando) las facultades del Rey en el proceso de reforma constitucional, en relación a las

(32) *DDAC*, T. 11, p. 353.

que se le otorgaban en el proceso legislativo ordinario, tenía más que ver con esta segunda finalidad que con la primera. En los debates parlamentarios este extremo no se mencionó. Pero es una deducción lógica que se puede probar con facilidad. Así, en efecto, si se siguiese concediendo al Rey, en la tramitación de las proposiciones de reforma constitucional, la débil iniciativa y el veto suspensivo que se le otorgaba para los proyectos de ley ordinaria, por sí mismo no podría modificar nunca la Constitución. Para ello sería siempre necesario contar con el acuerdo de las Cortes. En cambio, con este veto suspensivo el Rey sí podría, y por sí mismo, paralizar (durante un plazo máximo de dos años) una ulterior reforma de la misma.

Por ello, la exclusión del Monarca del proceso de reforma constitucional (a diferencia de la exclusión de las Cortes ordinarias, que sólo perseguía una finalidad garantizadora de la Constitución) incidía en dos frentes distintos: por un lado, se trataba de una medida encaminada a conservar o defender la Constitución; por otro, y primordialmente, era una medida destinada a asegurar su reforma. Del mismo modo que a la hora de elaborar la Constitución se había prescindido del Monarca, se trasladaba todo el peso sobre la reforma constitucional a una Asamblea de revisión. Con ello, los diputados liberales mostraban de nuevo —además de su fidelidad al principio de soberanía nacional— su desconfianza hacia el Monarca (33) y su no entera satisfacción con el código doceañista. La Constitución de Cádiz suponía para ellos un punto de partida ineludible, irrenunciable, pero no necesariamente un punto de llegada. Había que conservar la Constitución, pero también garantizar su reforma en un sentido progresista. Excluyendo al Monarca del proceso revisionista se aseguraban jurídicamente ambas cosas, especialmente la segunda.

Décadas más tarde, consolidado ya el orden liberal burgués y remodelada la correlación de fuerzas sociales ante el pacto de la burguesía con las fuerzas del Antiguo Régimen

---

(33) Como ejemplo de esta desconfianza, V. la intervención de **Caneja** en el debate del artículo 373. *DDAC,* T. 11, p. 313.

—aburguesándose éstas y aristocratizándose aquéllas— la exclusión del Monarca de las tareas reformistas y la rigidez en general, se hicieron innecesarias. El veto absoluto del Rey sería —al menos de *iure,* y a veces de *facto*— el principal muro de contención frente a posibles alteraciones radicales de la Constitución. En ello coincidirían la Carta francesa de 1830 (34), el Estatuto Albertino (35), y las constituciones españolas de 1845 y 1876. La defensa de un procedimiento de reforma que no resultase dependiente de la voluntad del Monarca sería propugnado tan sólo por las fuerzas populares y burguesas más progresistas, y así se plasmaría —por ceñirnos tan solo a España— en la Constitución non-nata de 1856 y sobre todo en la de 1869 (36). Se comprende por ello que varios autores hayan señalado la afinidad de la técnica de la rigidez con el movimiento democrático (37). Aunque, en rigor, es más pre-

(34) Sobre la Carta francesa de 1830 y su procedimiento de revisión, afirma **Andre Horiou** que "se admitía, generalmente, que la Carta podía ser revisada como consecuencia de un acuerdo entre el Rey y las Cámaras". *Droit Constitutionnelle et Institutions Politiques,* 5.ª Edic. (1972), p. 292. Un criterio similar se desprende de lo dicho por **Duguit,** *Cfr. Traité... O. c.,* T. III, p. 702. *V.* en contra, el interesante artículo de **Jpseph Barthelemy,** *La distintion des lois constitutionnelles et des lois ordinaires sous la Monarchie de Jouillet.* "Rev. Droit Public" '1909), pp. 6-47, esp. 19-47. Para una visión más general de la Carta de 1830, *V.* por todos, **Paul Bastid,** *Les Institutions Politiques de la Monarchie Parlamentaire Française (1814-1848).* Sirey. París (1954).

(35) Formalmente, el Estatuto Albertino hacía depender también su reforma del acuerdo del Parlamento y el Monarca, aunque en la práctica no fuese así, a medida que se fue parlamentarizando la Monarquía constitucional italiana. Cfr. **Giuseppe Contini,** *La Revisione Constituzionale in Italia.* Giuffré, Milán (1971), pp. 67 y ss. *Cfr.* también, **Karl Loewenstein,** *Teoría de la Constitución,* Ariel, Barcelona, 2.ª Edic. (1970), pp. 177-178.

(36) En la Constitución de 1856 sólo las Cortes de revisión —denominadas constituyentes— podrían sancionar la reforma, al igual que disponía la Constitución de 1869. Pero mientras en ésta "las Cortes por sí o a propuesta del Rey" podrían iniciar la reforma constitucional, en la Constitución de 1856 la apertura del proceso revisor correspondía conjuntamente a las Cortes y al Rey. (*V.* Título XV Const. 1856 y Título XI Const. 1869). En consecuencia, aunque en la Constitución de 1856 la reforma, una vez iniciada, seguiría su curso al margen de la voluntad regia, el inicio de la misma exigía la anuencia del Monarca: nada, pues, sin su aquiescencia podría modificarse. Sobre la Constitución de 1869, *V.* **Antonio Carro Martínez,** *La Constitución Española de 1869.* Ediciones Cultura Hispánica. Madrid (1952), esp. pp. 378-379.

(37) En esta afinidad había reparado el mismo **Bryce,** *Cfr. O. c.,* pp. 151 y ss. La relación entre rigidez constitucional y Movimiento democrático es señalada actualmente por **Lucas Verdu.** *Cfr. Curso de Derecho Político. O. c.,* T. II, p. 597.

ciso hablar de una articulación específica de la rigidez en las Monarquías constitucionales (la que excluye al Monarca de toda participación decisiva en el proceso reformista) con el movimiento liberal no doctrinario, esto es, con el que se apoya en el principio de soberanía nacional, sea o no democrático este liberalismo (38).

III. LAS CONSECUENCIAS JURIDICAS DE LA EXCLUSION DEL MONARCA DEL PROCESO DE REFORMA CONSTITUCIONAL: ¿MONARQUIA CONSTITUCIONAL O MONARQUIA REPUBLICANA?

CARRE DE MALBERG ha insistido, en sustanciosa polémica con otros juristas, especialmente con DIGUIT, en la trascendencia práctica, política, del principio de soberanía nacional, y en el error de considerarle un principio perteneciente a la "metafísica jurídica" (39). A lo largo de este trabajo –pensamos– se ha tenido ocasión de comprobar lo acertado de estas advertencias. Y en lo que resta de él seguiremos comprobándolo.

Interesa ahora, en particular, detenernos en las consecuencias jurídicas que entrañaba el excluir al Monarca de la reforma constitucional. Medida indisociablemente ligada –como ya se ha puesto de relieve (40)– al dogma de la soberanía nacional y más concretamente a una premisa consustancial a este dogma: la distinción y consiguiente separación entre un órgano legislativo y un órgano especial de revisión.

Ciertamente, sin necesidad de esta exclusión, y, por tanto,

---

(38) Por lo que respecta a la primera objección, ya se ha dicho que no toda forma de rigidez en una Monarquía constitucional exige excluir al Monarca de la reforma constitucional. En segundo lugar, las constituciones que al articular la rigidez constitucional excluyen al Monarca de las tareas reformistas no tienen que ser *a fortiori* democráticas. Ahí están los ejemplos de la Constitución Francesa de 1791 y de la de 1812. Liberal-radicales ambas, pero en absoluto democráticas.

(39) *Cfr. O. c.,* T. II, pp. 178-193.

(40) *Supra.,* Cap. VII, II, 2, B.

sin necesidad de que el código doceañista se inspirase y respondiese al principio de soberanía nacional, la Monarquía se transformaba profundamente por la sola existencia de este código, que creaba y limitaba los poderes del Monarca. En primer lugar, el origen del poder ya no se encontraba en el Rey, sino en el texto constitucional. En segundo lugar, los límites del poder regio ya no venían prescritos en unas imprecisas e inmutables leyes fundamentales, sino en la Constitución, esto es, en un conjunto sistemático de normas que organizaban, encauzaban y limitaban las "prerrogativas" del Monarca y las de los demás poderes u órganos del Estado. Por último, la unidad de éste ya no se configuraba a través del Rey, sino a través de la Constitución. La Monarquía llamada absoluta, que durante tres siglos se había mantenido en España, desaparecía, y en su lugar surgía una nueva Monarquía: la constitucional. En 1812, pues, por el solo hecho de promulgarse la Constitución, se liquidaba el núcleo del principio monárquico, que consideraba al Rey una persona autógena, de la que derivaban todos los poderes del Estado.

No podemos coincidir, por ello, con D. SEVILLA ANDRÉS, para quien "el ejecutivo del 12 se construye siguiendo un principio monárquico en el que el Rey es verdadero conductor de la Nación con poder propio". Tesis que le lleva a afirmar "el carácter originariamente constituyente y no de delegación de un poder constituido, el que posee el monarca de 1812" (41). Por el contrario, entendemos –con SÁNCHEZ AGESTA– que "el Rey pasaba a ser un órgano constituido, establecido por la Constitución" (42).

Ahora bien, en contra de la opinión que parece sostener este último autor, conviene insistir en que, si bien es cierto que en la Monarquía que organizaba el código doceañista el Monarca devenía órgano del Estado –y por ende, constituido–, este hecho no se debía a que este código recogiese y respondiese al principio de soberanía nacional, sino a la sola existencia de la Constitución, ya que ello implicaba reconocer en ésta el

---

(41) *Nota sobre el poder ejecutivo en la Constitución de 1812*. 'Documentación administrativa", núm. 153 (1973), pp. 66 y 71.

(42) *Historia del Constitucionalismo Español. O. c.*, p. 92.

fundamento y el límite de todos los poderes del Estado, incluido el del Monarca. No era necesario, pues, que, de conformidad con el dogma de soberanía nacional, se hubiese hurtado al Rey toda participación decisiva en la reforma constitucional para que, en los términos arriba expresados, la Monarquía se transformase en Monarquía constitucional y se liquidase el principio monárquico.

En rigor, el dogma de soberanía nacional, al no hacer dependiente de la volundad del Monarca la reforma constitucional, no transformaba la Monarquía absoluta en Monarquía constitucional, sino que conllevaba negar esta última forma de Estado. Es evidente que para sostener estas aseveraciones es necesario partir de un determinado concepto de Monarquía constitucional. Aquí entendemos –siguiendo a I. DE OTTO– que la noción jurídica de Monarquía constitucional comporta una determinada posición del Monarca respecto a los demás órganos ordinarios del Estado (o, como suele decirse, a nuestro juicio incorrectamente, respecto a los órganos constituidos); y también respecto al órgano de reforma (o, si se quiere, respecto al poder constituyente). Desde el primer punto de vista, el problema que plantea la Constitución de 1812 escapa a nuestro interés, aunque sería muy dudoso denominar como Monarquía constitucional a una Monarquía en la cual al Rey sólo se le concedía un veto suspensivo. Desde el segundo punto de vista –que es el que aquí importa– la noción jurídica de Monarquía constitucional, escribe I. DE OTTO, "significa, por oposición al principio monárquico, que el Monarca no tiene otros poderes que los que derivan de la Constitución, esto es, que la Constitución no es tan solo *límite,* sino ante todo *fuente* de la que su poder deriva. Incluso en el supuesto de las llamadas constituciones pactadas la teoría jurídica sólo puede alcanzar coherencia si las imputa a un sujeto unitario que no es ninguno de los dos pactantes, sino el Estado o la Nación. De otro modo habría que recurrir a la tesis de la doble soberanía que constituye una *contradictio in adjetis*. El Monarca no es, por tanto, fuente de todo poder, como quiere la teoría del principio monárquico... La Monarquía es órgano constituido. Pero con una peculariedad importante: es órgano que participa del poder de reforma constitucional junto con el electorado. La voluntad de la que emana la Constitución no es la de la Monarquía, sino la de un sujeto superior a ella, que la constituye, pero ese sujeto tiene como órgano de formación de su voluntad al Monarca junto al electorado, o al órgano que representa a éste. La Monarquía constitucional supone, por tanto, –concluye I. DE OTTO– que el Monarca no puede hacer y deshacer por sí solo la Constitución, que no es "suya", pero que al mismo tiempo no puede ser modificada sin contar con su voluntad" (43).

Si se parte de este concepto de Monarquía constitucional –al que también parece acogerse M. ARAGON (44)– es preciso convenir con las dos tesis antes expuestas: primera, que el carácter de órgano constituido que tenía el Monarca en 1812 no era fruto de que el código doceañista respondiese al principio de soberanía nacional, sino de la misma existencia de esta Constitución. Segunda, que al responder este código a este principio y excluir, por ello, al Monarca de la reforma constitucional, la Constitución de Cádiz no consagraba una Monarquía constitucional. La posición del Monarca no era en este caso tan sólo delegada (o "comunicada", como los liberales doceañistas decían) y limitada, sino que su posible limitación futura no dependía –como no había dependido al elaborarse este código– de su voluntad, sino que quedaba a merced exclusivamente de los representantes extraordinarios de la Nación, es decir, de las Cortes especiales de reforma. Estas, con perfecta licitud jurídica, podían hacer abdicar al titular de la Corona, e incluso suprimir la misma institución monárquica.

Los constituyentes de 1812, al proceder de este modo, más que organizar una Monarquía constitucional, destruían, siguiendo los pasos de los liberales franceses del 91, la idea misma de Monarquía y creaban, en todo caso, y desde el punto de vista de la posición del Monarca respecto al órgano de reforma, una Monarquía republicana. En efecto, como escribe JE-

(43) *Sobre la Monarquía,* en *La Izquierda española y la Constitución,* "Taula de Canvi", Barcelona, (abril de 1978), p. 54. Los subrayados son del autor.

(44) *Cfr. La Monarquía Parlamentaria. Comentario al artículo 1-3 de la Constitución española. En libro homenaje a* **M. García Pelayo.** 2 T. Caracas (1980). T. I, pp. 181-222, esp. 212-213.

LLINEK, "doquiera que pueda llevarse a cabo la modificación de la Constitución sin contar con la voluntad del Jefe del Estado, o contra ella, y cualquiera que sea el nombre que se le dé a aquél, no puede llamarse Monarquía, pues se le ha quitado al Monarca la atribución suprema de dar una dirección al Estado" (45). Por eso, para este autor la Constitución francesa de 1791, que excluía al Monarca de las tareas reformistas en los mismos términos que la española del doce, no instituía una verdadera Monarquía, "sino una *República con un jefe hereditario*" (46).

Opiniones semejantes, y no menos rotundas y terminantes, sustenta CARRE DE MALBERG. Para este jurista, al exigir el principio de soberanía nacional que la revisión constitucional no dependa de la voluntad del Monarca, la Monarquía se presenta como "inconciliable" con este principio (47). De ahí que este autor afirme que la Constitución francesa de 1791, en virtud de esta característica, "no instituía una verdadera Monarquía", sino "una *Monarquía simplemente aparente*" (48).

RUIZ DEL CASTILLO, por su parte, llega a unas conclusiones aparentemente similares. Pero este autor, sin embargo, toma como punto de partida no la sustracción del Monarca de la reforma constitucional, sino del proceso constituyente. Cuestiones ambas íntimamente relacionadas, pero que conviene no confundir: "algunas constituciones monárquicas, escribe, –la –francesa de 1791, las españolas de 1812 y 1869– prescinden del rey en la elaboración del proceso constitucional, y más que "aceptadas" por el Monarca aparecen como expresión de un poder constituyente perfecto". Y, en nota, agrega: "cuando se sustrae al rey de toda intervención en el proceso constitucional, el carácter impositivo de la Constitución se acentúa hasta

(45) *O. c.*, p. 518.
(46) *Ib.*, p. 518. Los subrayados son nuestros.
(47) *O. c.*, T. II, p. 192, nota 25.
(48) *Ib.*, T. II, pp. 64-65 (los subrayados son nuestros). Estos criterios de **Jellinek** y **Carre de Malberg** son muy distintos a los que mantiene **C. Schmitt.** Para éste "la Constitución de 1791 era típica de la Monarquía constitucional". *Teoría de la Constitución. O. c.*, p. 92. Tampoco **Kelsen** parece juzgar inconciliable la exclusión del Rey de la reforma constitucional con la Monarquía constitucional. *Cfr. Teoría General del Estado. O. c.*, p. 430.

transformarse jurídicamente en Constitución republicana, aunque políticamente siga existiendo la institución real" (49).

En rigor, para el problema que ahora se dilucida, lo jurídicamente relevante no es que el Monarca participe en el proceso constituyente, mediante su aceptación o sanción, sino que intervenga en el proceso de reforma. Más concretamente, que dependa o no de su voluntad el inicio y la sanción del mismo. No cabe duda que históricamente la participación o ausencia del Monarca en el procedimiento de reforma ha ido pareja a su participación o ausencia en el proceso constituyente creador de esa norma constitucional. En el plano de los principios el carácter correlativo de ambos fenómenos es también innegable, como se ha visto en los capítulos séptimo y octavo. No obstante, cabría suponer una Constitución impuesta al Monarca y que, pese a ello, hiciese depender de la voluntad de éste su reforma posterior. O, a la inversa, podría suceder que un texto constitucional, en cuyo establecimiento hubiese intervenido el Monarca mediante su aceptación o sanción, transfiriese, sin embargo, a una Asamblea de reforma la exclusiva facultad de llevar a cabo su revisión. Incluso, recurriendo al supuesto extremo, es dado imaginar que una Constitución otorgada por el Monarca regule el procedimiento de reforma en los mismos términos del ejemplo anterior. Pues bien, a tenor de los postulados que aquí se han expuesto sólo en el primer caso podría decirse que la Constitución configura una Monarquía. En los dos últimos supuestos, en cambio, pese a la decisiva participación concedida al Monarca en el proceso constituyente, ya no podría hablarse, jurídicamente, de Monarquía, al obviarse en el texto constitucional su participación en las futuras reformas.

Pero, ante todo, lo que interesa subrayar, a modo de resumen o balance último, es que al excluir al Monarca de la reforma constitucional, el mecanismo de la rigidez que el código doceañista configuraba se cualificaba sensiblemente, lo mismo que su finalidad política genérica. Por otra parte, se considere o no a esta exclusión incompatible con la noción jurídica de Monarquía constitucional y con la idea misma de Monarquía, no es difícil concordar en que se trataba de una medida revolucionaria, quizá la más radical de toda la Constitución, como el mismo D. SEVILLA ANDRÉS se ve obligado a reconocer (50), y una de las consecuencias más importantes del dogma proclamado en su artículo tercero.

Sí, ciertamente, llevaba razón K. MARX al afirmar que la limitación del poder regio era el "rasgo más combativo de la Constitución de 1812" (51). Del mismo modo que hay que reconocer que no andaba del todo desencaminado FERNANDO VII cuando, en su Decreto de 4 de mayo de 1814, al querer justificar su abyecta actitud de abolir *manu militari* el código doceañista, aseveraba que sus redactores "...copiando los principios revolucionarios y democráticos de la Constitución francesa de 1791, y faltando a lo mismo que se anuncia al principio de la que se formó en Cádiz, sancionaron, no leyes fundamentales de una Monarquía moderada, *sino las de un gobierno popular con un jefe o magistrado, mero ejecutor delegado, que no Rey,* aunque allí se le dé este nombre para alucinar y seducir a los incautos y a la Nación" (52).

---

(49) *Manual de Derecho Político,* Madrid (1939). T. I, p. 180.

(50) *Cfr. La Constitución de 1812 obra de transición.* REP, núm. 125 (1962), pp. 136-137.

(51) **K. Marx y F. Engels,** *Revolución en España,* Ariel, Barcelona (1973), p. 110.

(52) **D. Sevilla Andrés,** *Constituciones y otras Leyes... O.c.,* T. I, p. 221.

Quizá no esté de más señalar que el artículo 172 de la Constitución de 1812, que regulaba "las restricciones a la autoridad del Rey" (expresiva denominación que desaparecería de los textos constitucionales posteriores, por considerarse vejatoria a la reforzada autoridad regia) contenía, en sus párrafos segundo y duodécimo, unas disposiciones ciertamente radicales. Estos párrafos, en efecto, prescribían que si el Rey se ausentaba del reino o si contraía matrimonio sin consentimiento de las Cortes, debería entenderse que el Monarca abdicaba de la Corona. Por otra parte, el artículo 181 transfería exclusivamente a las Cortes la importante facultad de excluir de la sucesión del reino a aquella persona o personas que fuesen incapaces "para gobernar o hayan hecho cosa que merezcan perder la Corona". Esta disposición pasó a las constituciones progresistas posteriores (*V.* artículo 54 Const. 1837, art. 58 Const. 1856, art. 80 Const. 1869). Pero no a las moderadas, que disponían que estas exclusiones debían hacerse por ley –esto es, mediante el acuerdo de las Cortes y el Rey– (*V.* artículo 54 Const. 1845, y artículo 64 Const. 1876). El artículo 181 de la Constitución de 1812 era coherente con el principio de soberanía nacional (y sólo desde éste puede justificarse), puesto que, como recordó **Argüelles,** si la soberanía se hace residir en la Nación "ésta puede hacer todos los llamamientos y por tanto, todas las exclusiones– que convengan para su felicidad". *DDAC,* T. 9, p. 306. Semejante opinión sostiene **Marina** en la *Teoría de las Cortes, Cfr. O. c.,* T. II, pp. 268 y ss.

RECAPITULACION FINAL

A nuestro entender, de las páginas precedentes cabe extraer una importante conclusión general, ésta: en los debates de las Cortes de Cádiz se puso de manifiesto un íntimo ligamen entre los planteamientos acerca de la soberanía y las posturas sobre la reforma constitucional. Las premisas que se defendieron ante el primer problema condicionaron y aun determinaron las que sostuvieron ante el segundo. Entre unas y otras se apreció una inequívoca congruencia, un estable hilo conductor. Cierto que se produjeron hiatos, pero de escaso fuste, de exigua trascendencia. Las tesis que se mantuvieron ante el origen del poder y sus límites, explican las que se sostuvieron sobre la naturaleza del sujeto a quien se atribuía este poder. Y, a su vez, las posiciones ante este conjunto de cuestiones incidieron decisivamente en las respuestas que se dieron al problema de la reforma constitucional, esto es, a la delimitación del órgano competente para llevarla a cabo y a los límites a los que éste debía sujetarse en su tarea reformista. Dicho en otros términos: una específica idea de Estado (o la ausencia de ella), que se desprende de los planteamientos sobre la soberanía, condujo a una determinada idea de Constitución, que late en los postulados sobre la reforma constitucional.

Lo que se perfila en las Cortes de Cádiz, pues, no es sólo una contienda ideológico-política, sino también una contienda doctrinal, un enfrentamiento entre diversas dogmáticas jurídicas del Estado y entre diversas y correlativas dogmáticas constitucionales. Y si aquella contienda política se prolongó, bajo distintos ropajes, hasta prácticamente nuestros días, este enfrentamiento doctrinal, o al menos gran parte de él, y no poco relevante, persistiría asimismo a lo largo de estos dos últimos siglos. En Cádiz, por tanto, se inaugura nuestra historia contemporánea y nuestra historia constitucional. De eso no cabe la menor duda. Pero se inaugura también algo más y distinto: el moderno debate jurídico-público español, la historia de su pensamiento constitucional, que, por cierto, sería interesante recibiese tanta atención como la que ha merecido la historia de su pensamiento político. En este trabajo creemos que ha quedado demostrado que en el Congreso doceañista las ideologías políticas iban acompañadas de sistemas de conceptos de Teoría del Estado y de la Constitución. Sistemas que, en primer lugar, prestaron respuesta normativa a las exigencias de una determinada *praxis* política; y, en segundo lugar, y principalmente, que constituyeron repertorios categoriales de Derecho público, más o menos compactos, pero siempre coherentes. Esta conclusión general conviene desglosarla en otras tres, con objeto de exponer por separado los trazos esenciales de cada uno de los tres grupos doctrinales (o de cada uno de las dogmáticas) que se han venido delineando a lo largo de este estudio, y en los que se hizo patente la existencia de ese *corpus* de dogmática jurídica que arropaba, en el ámbito del Derecho Público, sus ideologías políticas respectivas.

I

Las dos premisas básicas de los *diputados realistas* ante el problema de la soberanía fueron, de un lado, la afirmación de la naturalidad del poder político; y, de otro, la defensa del carácter bilateral del pacto de sujeción (la "translatio imperii"). De conformidad con ambas premisas, defendieron tanto los límites metapositivos del poder (divinos, naturales y teológicos), como sobre todo sus límites jurídico-positivos de índole histórica: las leyes fundamentales de la Monarquía. Coherentemente con estos presupuestos, no sólo negaron la naturaleza constituyente de las Cortes de Cádiz, sino también la idea misma de poder constituyente. A su vez, estos postulados desembocaron en una idea dualista y organicista de Nación, que sirvió de soporte a la doctrina de la "soberanía compartida" entre el Rey y las Cortes. Los diputados realistas, pues, no se limitaron a impugnar el principio de soberanía nacional, sino el concepto mismo de soberanía. Esta se presentaba como una facultad divisible, y de hecho dividida, alienable y finita, derivada y limitada; con todo lo cual se rechazaba la idea de Estado y la posibilidad de su articulación práctica.

Por otra parte, todos estos puntos de partida explican que los miembros del grupo realista se alejasen de la categorías básicas del constitucionalismo, cuyo significado no lograron tampoco percibir. Así, en efecto, en consonancia con su idea de Nación identificaron la titularidad con el ejercicio del poder, lo cual, junto a su anterior condena de la idea de poder constituyente, condujo a estos diputados a desechar los mecanismos de rigidez y a abogar, en contrapartida, por el carácter flexible del texto constitucional. A su juicio, el órgano legislativo ordinario, formado por las Cortes y el Rey, tendría competencia tanto para elaborar como para modificar este texto, y con el mismo procedimiento que el empleado para las leyes ordinarias, que tampoco distinguieron formalmente de las leyes constitucionales. La distinción que establecieron consistía en diferenciar a las leyes fundamentales de todas las demás disposiciones normativas, y, dentro del proyecto de Constitución, a los preceptos que recogían aquellas leyes del resto de los artículos "no fundamentales", "accesorios" o "subalternos". Estos podrían variarse en todo momento por el órgano legislativo; los fundamentales, nunca. Suponían un límite material insuperable a toda reforma del Proyecto, en virtud de su carácter histórico y de su naturaleza política fundamental.

En todos estos planteamientos, y como corolario de los mismos, subyacía un concepto histórico tradicional de Constitución, que se caracterizaba primordialmente por dos notas: en primer lugar, por carecer de valor formal específico, en segundo lugar, por conllevar la dualidad entre dos constituciones: la "material" o histórica, las antiguas leyes fundamentales, y la "formal", el texto o documento constitucional. La "verdadera" Constitución era la primera, puesto que se consideraba anterior y superior a la segunda. El texto constitucional debía limitarse a recoger y desarrollar las dispersas y diacrónicas leyes fundamentales, es decir, a formalizar unas relaciones de poder preexistentes (un Régimen), decantadas por la Historia, pero que no eran tanto la expresión de un orden pasado, cuanto el reflejo de un orden ucrónico: el pasado presente que pretendía conservarse en el futuro.

Por último, en esta recapitulación final no podemos pasar por alto un hecho de gran alcance que se ha puesto de manifiesto a lo largo de este trabajo, a saber: la pervivencia de las tesis realistas a lo largo de la historia constitucional española. En particular la pervivencia de dos nociones primordiales, eje de todas las demás y estrechamente relacionadas entre sí. Nos referimos, como es fácil suponer, a la teoría de la "soberanía compartida" y a la idea histórica o material de Constitución. Una y otra pasarían a engrosar, vertebrándolo, el acervo doctrinal del posterior pensamiento "moderado" y "conservador", y se plasmarían en los dos códigos constitucionales de mayor vigencia, los de 1845 y 1876. Incluso, los ecos de estas dos concepciones —en las que se cifra la mayor contribución española al constitucionalismo occidental— se translucen parcialmente en las Leyes Fundamentales del no poco doctrinario Régimen franquista. Sin duda alguna, esta pervivencia es sobremanera reveladora e inquietante: la dogmática realista, preestatal y preconstitucional, transida de ideas neoescolásticas y que rezuma por todos sus poros un *pathos* historicista estático, inmovilista, fue, de entre las que en Cádiz se expusieron, la que verdaderamente influyó y configuró la ulterior historia constitucional de España. Que cada cuál extraiga sus propias conclusiones. Digamos, sin embargo, que, a nuestro juicio, en este contrasentido histórico se encuentra la clave de nuestra historia constitucional, o, lo que viene a ser lo mismo, de nuestra invertebración política.

II

La especificidad doctrinal de los *diputados americanos* ante el problema de la soberanía se puso de manifiesto en la defensa de una interesante idea de Nación, sustentada de modo indirecto al amparo de una no menos peculiar teoría de la Representación. La Nación se concebía ahora como un agregado de individuos y provincias o pueblos de la Monarquía. La soberanía debía recaer por ello en cada provincia y en cada uno de sus individuos singularmente considerados. Estos puntos de vista permitieron a estos diputados defender la soberanía latente, originaria, de cada provincia americana, de cada "patria natural", y conllevaban, aunque este extremo no se explicitara en las Cortes, justificar el derecho de cada colonia a dotarse de una estructura jurídico-política independiente de la metrópoli.

Ante el problema de la reforma constitucional se observó en el grupo americano el mismo fenómeno que se había apreciado en el grupo realista: la incomprensión y la crítica de las categorías básicas del constitucionalismo. No obstante, mientras en estos últimos esta actitud radicaba en su coherente ubicación en una línea de pensamiento exclusivamente tradicional, el distanciamiento de los diputados americanos respecto a la teoría liberal se debió a la mixtura de argumentos tradicionales y foráneos que se apreció en sus tesis. Los primeros hundían sus raíces en el pensamiento neoescolástico español del Siglo de Oro, en los principios inspiradores de las Leyes de Indias y en las tradiciones de la Monarquía de los Austrias. Los segundos mostraban el influjo del iusnaturalismo germánico y la impronta del moderno dogma de soberanía popular, expuesto por ROUSSEAU y por los demócratas franceses. Esta amalgama doctrinal les impulsó a identificar la titularidad con el ejercicio del poder, a combatir la rigidez constitucional y, consiguientemente, a desechar la distinción formal entre leyes constitucionales y leyes ordinarias. A su juicio, las Cortes ordinarias –pero sin el Rey– podrían revisar la constitución, y con el mismo procedimiento que el requerido para las demás leyes. Los representantes de Ultramar insistieron además en la conveniencia de perpetuar el orden constitucional, una vez que fuese ratificado por unas Cortes convocadas *ex profeso* para este menester. Pero esta insistencia se refería, en primer lugar, al texto constitucional en su conjunto y no a sus artículos fundamentales; y, en segundo lugar, no significaba aceptar los límites materiales de la reforma constitucional. En este caso, la permanencia absoluta del orden constitucional se aconsejaba por exigencias de la razón, pero no se prescribía por imperativos de la Historia, como habían hechos los realistas.

El concepto de Constitución que se colegía de estos postulados no estaba nítidamente delimitado. Venían a concebirla, separándose de los realistas, como única y verdadera ley fundamental, cuyo origen no era el acuerdo contractual entre el Rey y las Cortes, sino la voluntad unilateral de estas últimas. Sin embargo, a diferencia de los liberales, a esta ley fundamental no le atribuyeron ninguna formalidad especial a la hora de elaborarla y reformarla, sino que pretendieron conferirle una vigencia eterna.

Ahora bien, aunque en las posturas que sustentaron estos diputados estuviese siempre presente una línea argumental de factura democrático-radical, roussoniana, sus disquisiciones doctrinales respondían mucho más a un democratismo o populismo preliberal, enraizado en las tradiciones hispánicas, que a un intento de superar el pensamiento liberal desde unas modernas y foráneas posiciones democráticas. En realidad, las premisas de los diputados americanos fueron, paradójicamente, las que mostraron una españolidad doctrinal más intensa, mayor incluso que las realistas.

Por otro lado, en las tesis de los diputados de Ultramar se advirtió un estrecho paralelismo con los postulados que MARTÍNEZ MARINA mantuvo en su "Discurso sobre el Origen de la Monarquía" y en su "Teoría de las Cortes". En nuestro concepto, es éste uno de los aspectos más sorprendentes, por insospechados, que se desprenden de este estudio.

Por último, los presupuestos de estos diputados, al igual que los de MARINA, pusieron de relieve un fenómeno de gran importancia: la facilidad con que es posible trabar ciertos axiomas de procedencia tradicional con otros de claro origen democrático-radical, inspirados en el dogma de soberanía popular, y la consiguiente colusión que se aprecia entre estas dos corrientes frente a la teoría liberal. En un plano general —y quizá también en el caso de los diputados americanos y en el del sabio español, aunque sería aventurado afirmarlo— se ha visto cómo esta colusión tiene su último asiento en la nuclear similitud que entre aquellas dos corrientes se percibe al ignorar o combatir, respectivamente, una premisa que alberga y explica toda la dogmática liberal sobre el Estado y la Constitución, a saber: el divorcio entre la sociedad política y la sociedad civil.

III

Entre los *diputados liberales de la metrópoli* se evidenció una disparidad de criterios a la hora de pronunciarse sobre el origen de la soberanía, al rehusar unos, y al aceptar otros, las tesis del estado de Naturaleza y del pacto social. No obstante, tal disparidad no impidió que todos ellos impugnasen la clásica doctrina de la "translatio imperii", ni que defendiesen, en cambio, el dogma de soberanía nacional. De igual modo, si bien algunos miembros de esta tendencia sostuvieron implícitamente los límites metapositivos de la soberanía, todos ellos afirmaron su carácter jurídicamente ilimitado y, en particular, la no necesaria atadura de la Nación a las antiguas leyes fundamentales de la Monarquía. En consonancia con este proceder, vindicaron la idea de poder constituyente y revistieron con este carácter a las Cortes de Cádiz. Estas, a su juicio, no debían "mejorar" la antigua legislación, como pensaban los realistas, sino "restablecerla". Y este restablecimiento no era obligado ni indiscriminado, sino voluntario y selectivo. No suponía un límite jurídico a los poderes de las Cortes, sino tan sólo un límite moral.

De acuerdo también con el principio de soberanía nacional, concibieron a la Nación, primero, como un sujeto unitario e indivisible, y, segundo, como un sujeto compuesto exclusivamente de individuos iguales, al margen de toda consideración estamental y territorial. De estas dos notas se deducía una tercera de enorme importancia: la Nación no era, para estos diputados, la suma de sus individuos componentes (esto es, el Pueblo), sino un ser puramente ideal, ficticio, un mero sujeto de imputación del poder, carente de existencia empírica. En consecuencia, la soberanía no la hicieron recaer en el Rey y en las Cortes, de consuno, como pensaban los realistas, ni en el conjunto de los individuos y pueblos de la Monarquía, como estimaban los americanos, sino en la Nación, de modo exclusivo e indivisible.

Los diputados liberales no se limitaron, pues, a defender el principio de soberanía nacional, esto es, una doctrina ideológica y política de la misma, sino su misma idea objetiva y jurídica. La soberanía se presentaba ahora como lo que realmente es: una facultad unitaria e indivisible, inalienable y perpetua, originaria y jurídicamente ilimitada. Estos presupuestos sí eran capaces de servir de cimiento a la idea y a la vertebración práctica, histórica, del Estado, es decir, de un poder unitario, común y público, ejercido en nombre de un todo social formalmente unificado e igual, aunque realmente atomizado y desigual.

Todos estos postulados determinaron sus planteamientos ante la reforma constitucional. El discernir la titularidad de la soberanía, atribuida a la Nación, de su ejercicio, asignado a sus órganos, era una premisa insoslayable, al haber imputado esta cualidad a un sujeto ideal, incapaz de actuar por sí mismo. Pero, además, era una premisa indispensable para conjugar el carácter soberano de la Nación (esto es, objetivamente, del Estado) con su limitación interna, con la limitación de sus órganos. Dicho de otro modo, para convertir al Estado en Estado constitucional, en un Estado de Derecho capaz de garantizar la libertad individual, objetivo prioritario del liberalismo doceañista. Así, en efecto, al distinguir la titularidad del ejercicio de la soberanía, estos diputados pudieron conciliar el carácter unitario e indivisible de la soberanía (de su titularidad) con el postulado de la división de poderes, y su naturaleza inalienable y perpetua con la delegación de su ejercicio, a través del instituto de la Representación. Por último —y principalmente— el distinguir la titularidad del ejercicio de la soberanía, les permitió diferenciar –aunque con titubeos– a esta facultad del poder constituyente, y a la Nación del órgano encargado de ejercer este poder. Como resultas de todo ello, estos diputados pudieron defender y articular la técnica de la rigidez sin lesionar la ilimitada soberanía de la Nación. El poder constituyente se convertiría en adelante en un poder constituido de reforma, y, por tanto, limitado, aunque distinto del poder legislativo ordinario, formado por las Cortes y el Rey. De estas premisas y de las anteriores, los diputados liberales dedujeron otras dos de no menor relevancia: en primer lugar, la distinción puramente formal entre las leyes constitucionales y las leyes ordinarias, a tenor de los distintos requisitos orgánico-procedimentales exigidos para elaborar y modificar unas y otras. En segundo lugar, el carácter materialmente ilimitado de las ulteriores reformas de la Constitución. De igual modo, que el pretender restaurar las antiguas leyes fundamentales no había significado para estos diputados el tener que partir de ellas de un modo necesario e indiscriminado, tampoco sostuvieron que los preceptos del Proyecto constitucional que supuestamente las recogían debían forzosamente sustraerse a las futuras reformas. Ningún precepto, ni ninguna institución, por antigua e importante que fuese, podría dejar de reformarse o suprimirse, si así lo entendían pertinente los representantes extraordinarios de la Nación, reunidos en las Cortes especiales de reforma.

En todos estos postulados subyacía también un concepto de Constitución de claros perfiles, que poco o nada tenía que ver con la noción tradicional de leyes fundamentales. Este concepto, que hemos calificado de "racional-normativo", se caracterizaba por las cuatro notas siguientes: en primer lugar, por ser un concepto valorativo o politizado. La Constitución para ser tal debía tener un contenido determinado: dar cabida al sistema representativo, dividir los poderes del Estado, y reconocer y garantizar los derechos individuales. Es decir, recoger el programa sustancial del Estado liberal de Derecho. En segundo lugar, la Constitución debía ser escrita, sistemáticamente trazada, y recogida en un único documento. En tercer lugar, además de un contenido determinado, debía tener una forma especial: la Constitución debía ser rígida. La norma constitucional se situaba, así, en la cúspide del ordenamiento jurídico, que ella estructuraba de manera jerárquica, desde un punto de vista formal, y a la que quedaban subordinadas todas las demás leyes y el resto de las disposiciones normativas de inferior rango. En cuarto y último lugar, la Constitución se reducía e identificaba con el texto constitucional. La dicotomía "Constitución material-Constitución-formal", que se infería de las premisas realistas, carecía ahora de sentido. El documento constitucional era la única y verdadera Constitución. Y no suponía la consagración o formalización jurídica de unas relaciones de poder preexistentes, decantadas por la historia, sino que, bien al contrario, se concebía como el origen y fundamento de todos los poderes.

Por otra parte, la rigidez constitucional que idearon en 1812 los liberales, al igual que el principio de soberanía nacional en el que se asentaba, no respondía sólo a unas determinadas premisas doctrinales, sino también –como ocurre con todas las categorías jurídicas– a un *telos* político muy concreto, acorde con los intereses específicos de la débil burguesía española en un momento histórico especialmente delicado y complejo. Para los diputados liberales, representantes en las Cortes de esta endeble burguesía, el principio de soberanía nacional era el único axioma capaz de neutralizar las pretensiones de sus enemigos (los franceses y los "afrancesados"), y de sus adversarios (los realistas y los americanos). Frente al invasor y sus cómplices, este principio significaba proclamar la Independencia nacional y la nulidad de los acuerdos de Bayona. Frente a los realistas y las fuerzas sociales del Antiguo Régimen, que ellos representaban, este principio suponía pregonar la nueva legitimidad sobre la que en el futuro debía edificarse el poder. Por último, frente a las exigencias descentralizadoras de los americanos y de las diversas burguesías criollas, el principio de soberanía nacional sacralizaba un Estado unitario y uniforme, que consagraba el control de la burguesía metropolitana en los centros decisivos de poder. Y ello era así, puesto que este principio no sólo conllevaba el rechazo de la soberanía del Pueblo –ignaro y realista– sino también de la soberanía, e incluso de la autonomía, de los pueblos o provincias del todavía vasto Imperio colonial español. Ahora bien, si este dogma legitimaba el nuevo orden de cosas plasmado en la Constitución, la rigidez suponía su mecanismo protector y conservador por antonomasia. Solamente podría recurrirse a él, puesto que, partiendo de la idea de soberanía, esto es, de la de positividad y dinamicidad jurídicas, la estabilidad del orden constitucional sólo podía garantizarse jurídicamente a través de unos mecanismos racionales y positivos. La rigidez, desde un punto de vista teológico-político, se concebía, de este modo, como una garantía constitucional, como un mecanismo de defensa de una Constitución innovadora y vulnerable, ostensiblemente amenazada por diversas fuerzas sociales (especialmente por la Nobleza y el Clero). La exclusión del Monarca del proceso reformista se encuadraba también en este afán garantizador y conservador. Pero, además, y ante todo, iba dirigida a asegurar una ulterior reforma progresista de la misma, para lo que era preciso evitar que ésta dependiese de la voluntad del Rey. De otro lado, con esta exclusión –que tan profundamente transformaba la naturaleza jurídica de la Monarquía– se dejaba sentado un principio básico del posterior liberalismo progresista y democrático.

En puridad, pues, la única Teoría del Estado que se expuso en los orígenes del constitucionalismo hispánico, en las Cortes de Cádiz, fue la que defendieron los diputados liberales de la Metrópoli. Una teoría, por lo demás, escasamente original. Sin duda toda ella estuvo teñida de un marcado historicismo nacionalista (en sus consecuencias muy distinto al de MARTÍNEZ MARINA), y en algún caso, sólo en algún caso, se advirtió la presencia de ciertos resabios procedentes de la tradición noescolástica española. Ahora bien, la influencia más decisiva, aunque no necesariamente la más evidente, procedía del iusnaturalismo racionalista (de SIEYES, ROUSSEAU y LOCKE, principalmente), y del pensamiento constitucional francés a él vinculado, en particular al que triunfó en 1791. Esta influencia, además, fue la que esencialmente se plasmó en la Constitución de 1812, y la que a fin de cuentas confirió a este código un inequívoco carácter revolucionario, al margen de ciertas concesiones secundarias al tradicionalismo. Pieza básica de esta Teoría del

Estado, y piedra miliar de este código, fue el dogma de soberanía nacional. Un dogma que mostró su trascendencia práctica a la hora de estructurar el Poder Público, pero también que, partiendo de él, ineludiblemente se desemboca en el reconocimiento objetivo de la soberanía del Estado. O, lo que viene a ser lo mismo, de la Constitución, al erigirse ésta en la única fuente de validez de todas las normas del ordenamiento jurídico. Por ello, si los diputados liberales dejaron perfilada, explícita aunque embrionariamente, una dogmática jurídico-pública vigente hoy en día en sus rasgos esenciales, no debe perderse de vista que esta dogmática, expurgada de su contenido axiológico y de sus resquicios iusnaturalistas, contenía *in nuce* los supuestos epistemológicos del positivismo jurídico.

Por tanto, y en definitiva, las dos grandes aportaciones del doceañismo liberal, distintas pero inseparables, serían, de un lado, un repertorio de categorías constitucionales (una dogmática liberal), y, de otro, el positivismo jurídico como método científico de análisis del Derecho y del Estado, Ninguna de ellas, sin embargo, gozaría de gran acogida entre nosotros. La causa es clara (siempre volvemos a lo mismo): la casi ininterrumpida hegemonía del constitucionalismo, o quizá mejor del "fundamentalismo" conservador, y los largos períodos históricos de ausencia pura y simple de constitucionalismo. Dos hechos (o uno sólo, tan fuerte es el nexo que los liga) que explican, a nuestro juicio, el fracaso posterior de la dogmática liberal acuñada en Cádiz y el consiguiente desdén hacia el positivismo jurídico que objetivamente subyace a aquélla. Para decirlo a la inversa y de una forma más acerada: al "fundamentalismo" conservador debe achacarse en nuestra patria el triunfo del Régimen sobre el Estado, y, en el plano científico, el predominio del Derecho Político sobre el Derecho Constitucional.